Lutz Köster
Die Auseinandersetzung einer Gesellschaft oder Gemeinschaft nach § 84 InsO

Schriften zum deutschen, europäischen und internationalen Insolvenzrecht

S-INSO Band 21

Schriften zum deutschen, europäischen und internationalen Insolvenzrecht

Herausgegeben von

Professor Dr. Stefan Smid, Kiel
Rechtsanwalt Dr. Mark Zeuner, Hamburg
Rechtsanwalt Michael Schmidt, Berlin

S-INSO Band 21

De Gruyter

Lutz Köster

Die Auseinandersetzung einer Gesellschaft oder Gemeinschaft nach § 84 InsO

De Gruyter

Dr. *Lutz Köster*, Rechtsanwalt, Berlin.

ISBN 978-3-11-024798-5
e-ISBN 978-3-11-024799-2

Bibliografische Information der Deutschen Nationalbibliothek

Die Deutsche Nationalbibliothek verzeichnet diese Publikation in der Deutschen Nationalbibliografie; detaillierte bibliografische Daten sind im Internet über http://dnb.d-nb.de abrufbar.

Datenkonvertierung/Satz: WERKSATZ Schmidt & Schulz GmbH, Gräfenhainichen
Druck und Bindung: Hubert & Co., Göttingen
∞ Gedruckt auf säurefreiem Papier

Printed in Germany

www.degruyter.com

Vorwort

Die vorliegende Arbeit wurde im Herbst 2009 von der Rechtswissenschaftlichen Fakultät der Christian-Albrechts-Universität zu Kiel als Dissertation angenommen. Literatur und Rechtsprechung konnten bis September 2009 berücksichtigt werden.

Mein besonderer Dank gilt meinem Doktorvater, Herrn Prof. Dr. Stefan Smid, der die Anregung zu dem Thema gab, und mich von den Anfängen bis zur Veröffentlichung der Arbeit stets unterstützt und betreut hat, mir aber gleichzeitig Freiraum bei ihrer Gestaltung überließ. Bedanken möchte ich mich auch bei Herrn Prof. Dr. Werner Schubert für seine Anregungen und die zügige Erstellung des Zweitgutachtens.

Ganz herzlich bedanken möchte ich mich bei Herrn Rechtsanwalt Justus Schneidewind aus Potsdam. Durch sein entgegengebrachtes Vertrauen konnte ich schon während der Ausbildungszeit umfangreiche, praktische Erfahrungen auf dem Gebiet des Insolvenzrechts sammeln, was nicht nur die praxisnahe Perspektive der Arbeit maßgeblich gefördert, sondern auch mein Interesse an diesem Rechtsgebiet erst geweckt hat.

Meiner Schwester Eva danke ich für die umfassenden sprachlichen Korrekturhilfen sowie meiner ganzen Familie und meinen Freunden für den fortwährenden Zuspruch. Schließlich danke ich meinen Eltern für ihre liebevolle Unterstützung in allen Lebenslagen. Ihre uneingeschränkte Förderung meiner Ausbildung hat die Fertigstellung erst ermöglicht, weshalb ich ihnen diese Arbeit widme.

Berlin, den 29.08.2010 Lutz Köster

Inhaltsverzeichnis

1. Teil: Einleitung

A. Gegenstand der Untersuchung

Das Insolvenzverfahren erfasst gemäß § 1 Satz 1 InsO nur das Vermögen des Schuldners. In die durch Art. 14 GG verfassungsrechtlich geschützten Rechtspositionen Dritter soll hingegen nicht eingegriffen werden. Vermögensbestandteile Dritter unterliegen deshalb der Aussonderung nach § 47 InsO.

Zu der Insolvenzmasse i. S. d. § 35 InsO gehören aber auch Mitberechtigungen des Schuldners (Miteigentum oder Anteil an einem Gesamtvermögen). Um den widerstreitenden Interessen der übrigen Mitberechtigten und des Insolvenzverwalters Rechnung zu tragen, bedarf es einer rechtlichen Möglichkeit, den wirtschaftlichen Wert der schuldnerischen Beteiligung für die Masse verfügbar zu machen, ohne hierdurch vermögenswerte Rechte der Mitberechtigten zu verletzen.[1] Aus diesem Grund verweist § 84 InsO auf die Realisierung des Wertes der Beteiligung durch Teilung oder Auseinandersetzung außerhalb des Insolvenzverfahrens. Die Vorschrift trennt zwischen der Auseinandersetzung der Gemeinschaft oder Gesellschaft einerseits und dem Insolvenzverfahren des Schuldners auf der anderen Seite.[2] Art und Voraussetzung der Auseinandersetzung richten sich nicht nach den Regelungen der Insolvenzordnung, sondern ausschließlich nach den Vorschriften der einschlägigen materiell-rechtlichen Gesetze[3] (vorwiegend also den gesellschaftsrechtlichen Bestimmungen), wobei die Gemeinschafter- bzw. Gesellschafterrechte anstatt vom Insolvenzschuldner nunmehr gemäß § 80 Abs. 1 InsO vom Insolvenzverwalter wahrgenommen werden. Damit wird die gemeinschaftliche Vermögensbindung berücksichtigt und nur der dem Insolvenzschuldner tatsächlich zustehende Wert der Mitberechtigung gelangt zur Masse.[4]

B. Problemaufriss

Die obigen Ausführungen zum Inhalt und Zweck der Regelung des § 84 InsO verdeutlichen, dass es sich bei der Vorschrift gewissermaßen um eine „Schnittstelle“ zwischen dem Insolvenzrecht und dem Gesellschafts- bzw. Gemeinschaftsrecht handelt. Allerdings ist es in Bezug auf die Art und das Verfahren der Auseinandersetzung mit dem Verweis auf die materiellrechtlichen Regelungen des Gesellschafts- und Gemeinschaftsrechts nicht getan. Aufgrund der Insolvenz des Gemein-

---

1 K/P-Lüke, § 84 Rn. 2.
2 Smid, § 84 Rn. 1.
3 Uhlenbruck-Hirte, § 84 Rn. 14.
4 K/P-Lüke, § 84 Rn. 2.

schafters bzw. Gesellschafters und insbesondere des noch näher darzustellenden Eintritts des Insolvenzverwalters in dessen Rechte sind in der Praxis Besonderheiten bei der Auseinandersetzung zu berücksichtigen, für die das materielle Recht zumindest teilweise keine eindeutigen Vorgaben enthält. Problematisch ist beispielsweise die Stellung des Insolvenzverwalters in der Auseinandersetzung.[5] Einerseits obliegt dem Verwalter als unabhängige Person die Sicherung und Verwaltung der Insolvenzmasse mit dem späteren Ziel der Verwertung und gleichmäßigen Befriedigung aller Gläubiger i. S. d. § 1 InsO. Auf der anderen Seite kann er wegen des Eintritts in die Rechte des Schuldners gemäß § 80 Abs. 1 InsO dazu verpflichtet sein, gemeinsam mit den verbleibenden Gemeinschaftern Geschäftsführungsaufgaben zu übernehmen, so dass unter Umständen ein Interessenkonflikt entsteht.

In Betracht kommt beispielsweise auch die Ausübung der Rechte und Pflichten eines Liquidators seitens des Insolvenzverwalters in der Auseinandersetzung einer Personenhandelsgesellschaft nach § 80 Abs. 1 InsO bzw. § 146 Abs. 3 HGB. Der Liquidator einer OHG oder KG ist aber ausschließlich den Gesellschaftern gegenüber verpflichtet. Deren Interesse genießt bei seiner Aufgabenerfüllung also an sich absoluten Vorrang. Der Insolvenzverwalter hat demgegenüber bei der Ausübung seines Amtes insbesondere den Interessen der im Verfahren angemeldeten Gläubiger Rechnung zu tragen. Dies kann im Einzelfall die schnelle Verwertung eines Gegenstandes auf Drängen eines oder mehrerer Gläubiger, notfalls auch unter Wert, erfordern. Ein derartiges Vorgehen als Liquidator wäre hingegen aus den oben genannten Gründen nicht zulässig. Sofern sich im Liquidationsverfahren die Möglichkeit einer für die Gesellschafter vorteilhafteren Verwertung eines Vermögensgegenstandes bietet, müssen die Liquidatoren eine hierdurch bedingte spätere Beendigung des Verfahrens in Kauf nehmen.[6] Dieses Beispiel soll aufzeigen, dass die Interessen des Insolvenzverwalters in Ausübung seines Amtes keinesfalls immer mit denjenigen Interessen harmonieren, die ihm aufgrund der Wahrnehmung der Gesellschafterrechte des Insolvenzschuldners in der Auseinandersetzung des Gemeinschaftsverhältnisses zuteil werden. Im Gegenteil sind Konstellationen denkbar, in denen diese Interessen miteinander kollidieren.

Obwohl die Vorschrift des § 84 InsO die vormaligen Regelungen der §§ 16, 51 KO in sprachlich leicht modernisierter Fassung übernimmt und damit im Grundsatz auf die Rechtsprechung hierzu zurückgegriffen werden kann[7], fehlt es bislang auch an einer umfangreichen Rechtsprechung zu der Thematik. Erst in der jüngeren Vergangenheit befassten sich einige gerichtliche Entscheidungen mit einzelnen Problemkreisen zu § 84 InsO, etwa der Frage nach der Notwendigkeit eines Insolvenzvermerks im Grundbuch bezüglich der Gesellschaftsgrundstücke bei Insolvenz eines einzelnen Gesellschafters[8] oder nach einem Ausschluss des Aufrechnungsverbots des § 96 Abs. 1 Nr. 3 InsO durch § 84 InsO.[9]

---

5 Smid, InVO 2/2006, 45.
6 MüHdB-Gummert, GesellR, Band II, § 52 Rn. 15.
7 Wimmer/App, § 84 Rn. 1.
8 OLG Rostock, Beschluss v. 11.09.2003, ZInsO 2003, 1002.
9 LG Frankfurt, Urt. v. 30.12.2004-2/31 O 202/04.

C. Ziel und Gang der Untersuchung

Das Anliegen der Arbeit ist eine Darstellung der Auseinandersetzung nach § 84 InsO bei Beteiligung des Insolvenzschuldners an einer Gemeinschaft oder Gesellschaft mit speziellem Augenmerk auf die sich im Auseinandersetzungsverfahren ergebenden insolvenzspezifischen Besonderheiten. Dies verlangt nicht zuletzt ein Hinterfragen der Stellung des Insolvenzverwalters in den jeweiligen „Phasen" der Auseinandersetzung. Aus der zugrunde gelegten Untersuchungsperspektive sollen Problemfelder herausgearbeitet und das Verfahren auf seine rechtliche Effizienz hin überprüft werden. Die Hauptaufmerksamkeit gilt dabei der Frage, wie die Probleme einer praxistauglichen Lösung zugeführt werden können.

Der erste Teil skizziert zunächst den Anwendungsbereich des § 84 InsO. Dazu werden allgemeingültige Kriterien für die Eröffnung des Anwendungsbereiches herausgearbeitet und die unstreitigen Anwendungsfälle benannt. Im Anschluss hieran widmet sich die Arbeit denjenigen Gemeinschaftsverhältnissen, auf die eine Anwendung des § 84 InsO im Einzelnen strittig ist.

Im zweiten Teil befasst sich die Arbeit mit den einzelnen Phasen des Auseinandersetzungsverfahrens. Hierzu werden zunächst die allgemeingültigen Voraussetzungen einer Auseinandersetzung benannt. In einem zweiten Schritt wird dann den unterschiedlichen Teilungsregelungen des BGB und des HGB Rechnung getragen. Im Vordergrund der Untersuchung steht dabei stets das Herausarbeiten möglicher rechtlicher Unklarheiten oder Interessenskollisionen aus Sicht des Insolvenzrechts.

Anhand der erarbeiteten Vorgehensweise wird in einem dritten Schritt auf die rechtlichen und praktischen Gestaltungsmöglichkeiten des Verwalters aufgrund seines Eintritts in die Rechte des insolventen Gesellschafters gemäß § 80 InsO sowie seine rechtliche Stellung in der Auseinandersetzung eingegangen. Neben den allgemeinen Rechten und Pflichten des Insolvenzverwalters in der Auseinandersetzung, wozu u. a. etwa Stimmrechte und Geschäftsführungsaufgaben zählen, wird ferner insbesondere seine Stellung im Hinblick auf die Verwertung einer gemeinschaftlichen Berechtigung an Grundeigentum untersucht. Ein weiteres in diesem Abschnitt behandeltes Thema stellt die Frage nach der Möglichkeit des Insolvenzverwalters zur insolvenzrechtlichen Freigabe des Schuldneranteils an der Gesellschaft oder Gemeinschaft dar. Vor dem Hintergrund des § 84 Abs. 2 InsO wird schließlich innerhalb des Kapitels auf die Bindungswirkungen gesetzlicher und vertraglicher Teilungsbeschränkungen eingegangen. Hierzu gehören auch die so genannten gesellschaftsvertraglichen Klauseln. Aufgrund ihrer unterschiedlichen Ausgestaltung ist freilich eine abschließende Behandlung aller in Betracht kommenden Arten von Gesellschaftsvertragsklauseln im Rahmen dieser Arbeit nicht zu leisten, so dass sich die Ausführungen auf allgemeingültige Ausführungen bzw. die Darstellung des an solche Klauseln mit Rücksicht auf die Insolvenzgläubiger anzulegenden rechtlichen Prüfungsmaßstabes beschränken.

Der letzte Abschnitt der Arbeit befasst sich intensiv mit dem Absonderungsrecht der Mitberechtigten aus § 84 Abs. 1 Satz 2 InsO. Neben den allgemeingültigen Voraussetzungen des in der Vorschrift geregelten Absonderungsrechts bildet den Gegenstand der Untersuchung zum einen die Frage, ob und inwieweit der Bestimmung angesichts der materiellrechtlichen Vorgaben noch eigenständiger Regelungscharakter beizumessen ist, ob also Sachverhaltskonstellationen denkbar sind, bei denen sich das Recht auf abgesonderte Befriedigung nicht schon aus dem materiellen Recht ergibt, so dass es maßgeblich auf die Regelung in § 84 Abs. 1 Satz 2 InsO ankommt. Ferner soll positivrechtlich bestimmt werden, wie weit sich das Recht auf abgesonderte Befriedigung der übrigen Teilhaber erstreckt. In den Fokus rückt hierbei insbesondere die letzte Entscheidung des BGH aus dem Jahre 2006[10] zur Problematik der sog. Bau-Arbeitsgemeinschaften. Der Umfang des Absonderungsrechts ist vor allem vor dem Hintergrund der insolvenzrechtlichen Aufrechnungsverbote der §§ 94 ff. InsO sowie den in der Insolvenzordnung geregelten Anfechtungsmöglichkeiten der §§ 129 ff. InsO des Verwalters im Einzelnen streitig. Insbesondere für an sich vergütungspflichtige Leistungen des Schuldners als Gesellschafter bzw. Gemeinschafter im vorinsolvenzrechtlichen Zeitraum entbrannte in der Vergangenheit eine Diskussion darüber, ob die Vergütungsforderungen für solche Leistungen in die Auseinandersetzungsbilanz mit einzustellen und nur im Wege der Kontenangleichung zu befriedigen sind, mit der Folge, dass den Mitberechtigten hieran ein Recht auf Vorabbefriedigung zustünde, oder ob die Vergütung aufgrund der insolvenzrechtlichen Aufrechnungsverbote bzw. durch Anfechtung seitens des Insolvenzverwalters isoliert geltend gemacht werden können. Ohne ein Ergebnis vorwegnehmen zu wollen, führt dies letztlich und maßgeblich auch zu der Frage, ob der hier behandelten Vorschrift wegen des in ihr statuierten Vorrangs der Abwicklung nach dem materiellen Recht eine Sperrwirkung bezüglich der §§ 94 ff. InsO und der §§ 129 InsO zu entnehmen ist.

---

10 BGH, NJW 2007, 1067–1070.

2. Teil: Anwendungsbereich

A. Grundsatz

Die Norm ist anwendbar auf alle Gemeinschaftsverhältnisse ohne körperschaftliche Struktur, und zwar unabhängig davon, ob die Gemeinschaft oder Gesellschaft im Sinne des § 11 InsO insolvenzfähig ist. Maßgeblich ist allein die Berechtigung mehrerer Personen an einem Gegenstand, so dass dessen Einbeziehung in die Masse die Rechte der übrigen Gemeinschafter beeinträchtigen könnte.[11] Deshalb scheidet eine Anwendung im Falle der Insolvenz des Mitgliedes einer juristischen Person, bei der das Vermögen nicht den Gesellschaftern, sondern der juristischen Person selbst zugeordnet wird, grundsätzlich aus.[12] Unschädlich für die Anwendung der Vorschrift ist dagegen die Anordnung der Eigenverwaltung. Ebenso bleibt die Norm im vereinfachten Insolvenzverfahren anwendbar.[13]

B. Geregelte Gemeinschaftsverhältnisse

Anwendbar ist die Vorschrift zunächst in der Insolvenz über das Vermögen eines Gesellschafters einer Gesellschaft bürgerlichen Rechts.[14] Die in mehreren Gerichtsentscheidungen erörterte Frage, ob die Insolvenz sämtlicher Gesellschafter einer BGB-Gesellschaft auch das Gesellschaftsvermögen umfasst, ist nunmehr ohne Bedeutung.[15] Aufgrund der in § 11 Abs. 2 Nr. 1 InsO vorgesehenen Insolvenzfähigkeit der Gesellschaft bürgerlichen Rechts muss die Insolvenz der Gesellschaft unabhängig von der Insolvenz der Gesellschafter betrachtet werden. Auch für den Anteil an einer Erbengemeinschaft ist § 84 InsO maßgeblich.

Ebenfalls einschlägig ist die Norm bei Bruchteilsgemeinschaften (§§ 741 ff. BGB, für das Miteigentum §§ 1008 ff. BGB), und zwar unabhängig davon, ob sie kraft Gesetzes oder durch Vertrag begründet wurden. Auch die Existenz eines separaten Gesellschaftsvermögens, das bei Bruchteilsgemeinschaften grundsätzlich nicht besteht, ist schon nach dem Wortlaut der Norm nicht erforderlich.[16]

Ferner findet die Vorschrift unstreitig Anwendung auf die Offene Handelsgesellschaft und die Kommanditgesellschaft.[17] Im Hinblick auf die Kommanditgesell-

11 K/P-Lüke, § 84 Rn. 3 u. 9.
12 Smid, § 84 Rn. 6.
13 Wimmer/App, § 84 Rn. 1a.
14 Wimmer/App, § 84 Rn. 11.
15 BGHZ 23, 307, 313 ff.
16 K/P-Lüke, § 84 Rn. 18.
17 Hess/Weis/Wienberg, § 84 Rn. 5.

schaft erlangt die Vorschrift darüber hinaus auch Bedeutung für deren Gestaltungsformen, soweit als Komplementär eine juristische Person eingesetzt wurde, u. a. also die GmbH & Co. KG, die Ltd. & Co. KG und die AG & Co. KG.

C. Nicht erfasste Rechtsverhältnisse

I. Körperschaften

Von der Norm nicht erfasst werden Körperschaften, insbesondere Kapitalgesellschaften. Dies folgt mittelbar schon aus dem Wortlaut der Vorschrift sowie dem Regelungszweck.[18] Der Insolvenzverwalter kann Anteile an einer Kapitalgesellschaft im Wege eines freihändigen Verkaufs verwerten, und zwar selbst dann, wenn der Gesellschaftsvertrag (Satzung) eine Zustimmung der Gesellschaft hierfür vorsieht.[19]

II. Kapitalanlagegesellschaften

Die Beteiligung an einer Kapitalanlagegesellschaft wird von § 84 InsO nicht erfasst. Nach § 1 Abs. 1 KAGG ist das Recht, die Aufhebung der Gemeinschaft zu verlangen, ausdrücklich auch für den Insolvenzverwalter ausgeschlossen. Es kommt nach § 11 Abs. 2 Satz 1 KAGG allenfalls eine Auszahlung des Anteils am Sondervermögen in Betracht. Auf das Fortbestehen und die Belange der Gemeinschaft hat der gewöhnliche Zahlungsanspruch des einzelnen Anlegers keinerlei Einfluss.[20]

III. Wohnungseigentümergemeinschaft

Ebenso ist das Recht beim Wohnungseigentum, die Aufhebung der Gemeinschaft zu begehren, nicht nur für den Eigentümer selbst (§ 11 Abs. 1 WEG), sondern nach § 11 Abs. 2 WEG auch für den Verwalter ausgeschlossen.[21] Eine Verwertung kann daher lediglich durch Veräußerung des Wohnungseigentums erfolgen.

IV. Nicht rechtsfähiger Verein

Beim nicht rechtsfähigen Verein führt die Insolvenz eines Mitglieds trotz des Verweises von § 54 Satz 1 BGB auf § 728 Abs. 2 BGB in der Regel nicht zur Auflösung des Vereins.[22] Die Regelung gilt in diesem Zusammenhang als stillschweigend abbedungen. Zudem verfügt das ausscheidende Mitglied nicht über einen Abfin-

---

18 K/P-Lüke, § 84 Rn. 5.
19 Vgl. § 68 Abs. 2 AktG, § 15 Abs. 5 GmbHG.
20 K/P-Lüke, § 84 Rn. 7.
21 MK-Stodolkowitz, § 84 Rn. 7.
22 Uhlenbruck-Hirte, § 84 Rn. 9.

dungsanspruch. Die Norm des § 84 InsO ist somit für den nicht rechtsfähigen Verein nicht einschlägig.

V. Partenreederei

Obwohl die Partenreederei gemäß § 11 Abs. 2 Nr. 1 InsO insolvenzfähig ist, wird auch sie durch die Insolvenz eines Reeders gemäß § 505 Abs. 2 HGB nicht aufgelöst.[23] Vielmehr ist dessen Schiffspart gemäß § 503 Abs. 1 HGB frei veräußerlich. Die Verwertung des Schiffsparts erfolgt daher wie bei einem Anteil an einer Kapitalgesellschaft durch freihändigen Verkauf.[24] Allerdings ist der Insolvenzverwalter hierbei nach § 505 Abs. 2 HGB auf die Zustimmung der übrigen Mitreeder angewiesen, sofern durch die Veräußerung des Schiffsparts des insolventen Reeders das Recht zur Führung der Bundesflagge wegen § 2 Abs. 2 FlagRG verloren ginge.[25] Der mit dem Verkauf des Anteils einhergehende Wechsel in den Personen der Mitreeder ist gemäß § 505 Abs. 1 HGB auf den Fortbestand der Reederei ohne Einfluss.[26] Die Vorschrift des § 84 InsO ist auf die Partenreederei nicht anzuwenden.

D. Problematische Rechtsverhältnisse

I. Einleitung

Das Anliegen der Arbeit besteht in erster Linie darin, die bei einer Auseinandersetzung zwischen einer Gemeinschaft oder Gesellschaft im Sinne des § 84 Abs. 1 InsO auf der einen Seite und dem Schuldner auf der anderen Seite typischer Weise daraus resultierenden, strukturellen Probleme herauszuarbeiten, dass anstelle des Schuldners der Insolvenzverwalter handelt und zumindest das Anteilsrecht als „Massegegenstand“ den insolvenzrechtlichen Bestimmungen unterliegt. Der Erreichung des Ziels einer Darstellung der strukturellen Besonderheiten, trägt die vornehmliche Behandlung der klassischen Gemeinschafts- und Gesellschaftsformen Rechnung. Auch wenn es sich bei den nachfolgenden Rechtsverhältnissen um aus insolvenzrechtlicher Sicht durchaus relevante Konstellationen handelt (so ist etwa die atypische Stille Gesellschaft schon aus steuerrechtlichen Gründen eine in der Praxis nicht seltene Gesellschaftsform), dienen die nachfolgenden Ausführungen in erster Linie der Vervollständigung. Freilich lassen sich anhand der Ausarbeitung der Besonderheiten bei den typischen Gesellschaftsformen sodann auch rechtliche Rückschlüsse hinsichtlich der nachfolgenden Rechtsverhältnisse ziehen.

---

23 MK-Stodolkowitz, § 84 Rn. 19.
24 K/P-Lüke, § 84 Rn. 10.
25 Rabe, Seehandelsrecht, § 503 Rn. 4.
26 Rabe, Seehandelsrecht, § 505 Rn. 4.

II. Das Gemeinschaftskonto

1. „Und-Konten"

Dürfen alle Kontoinhaber eines Gemeinschaftskontos über den Saldo ausschließlich gemeinschaftlich verfügen (sog. „Und-Konto"), ist der Anwendungsbereich von § 84 InsO eröffnet.

2. „Oder-Konten"

Gemäß einer Entscheidung des BGH aus dem Jahre 1985[27], berührt das Insolvenzverfahren über das Vermögen eines Kontoinhabers den Fortbestand des Giro- und Kontokorrentverhältnisses zwischen dem anderen Kontoinhaber und der Bank nicht, falls beide Inhaber über das Gemeinschaftskonto allein, auch zuungunsten der Gemeinschaft, verfügen können (sog. „Oder-Konto").[28] Dies gilt unabhängig davon, ob die Kontoinhaber als Gesamthandsgläubiger oder Mitglieder einer Bruchteilsgemeinschaft mit besonderer Ausgestaltung[29] verstanden werden. Eine Auseinandersetzung nach § 84 InsO kommt in Betracht, wenn die auf dem Konto eingehenden Beträge den Berechtigten nach dem zugrunde liegenden Kontokorrentverhältnis nur gemeinschaftlich zustehen. Der entscheidende Unterschied zum sog. „Und-Konto" besteht in der Verfügungsbefugnis. Das Zugriffsrecht eines Kontoinhabers auf den Saldo des „Oder-Kontos" besteht in der Insolvenz des anderen Kontoinhabers fort. Will der Insolvenzverwalter den Zugriff des anderen Berechtigten verhindern, muss er die Einzelverfügungsbefugnis umgehend widerrufen, so dass nur noch eine gemeinschaftliche Verfügung über den Saldo möglich ist.[30]

III. Eheliche Gütergemeinschaft

Für die eheliche Gütergemeinschaft existiert eine insolvenzrechtliche Sonderregelung. Wird das Gesamtgut einer Gütergemeinschaft von einem Ehegatten allein verwaltet und über das Vermögen dieses Ehegatten das Insolvenzverfahren eröffnet, so gehört neben dem Sondergut und dem Vorbehaltsgut des Schuldners nach § 37 Abs. 1 Satz 1 InsO auch das Gesamtgut zur Insolvenzmasse. Gleiches gilt gemäß Abs. 3 der Vorschrift für die fortgesetzte Gütergemeinschaft. Da die eheliche Gütergemeinschaft durch die Eröffnung nicht aufgelöst wird und die Anteile an dem Gemeinschaftsverhältnis gemäß § 860 Abs. 1 Satz 1 ZPO nicht pfändbar sind, ist § 84 InsO nur dann einschlägig, wenn die eheliche Gütergemeinschaft bei der Verfahrenseröffnung schon beendet, aber noch nicht auseinandergesetzt ist.[31] Das betrifft vornehmlich den in § 83 Abs. 1 Satz 2 InsO geregelten Fall.[32]

---

27 BGH, WM 1985, 1059.
28 Hess/Weis/Wienberg, § 84 Rn. 14 ff.
29 Canaris, Bankvertragsrecht, Anm. 232; MK-Stodolkowitz, § 84 Rn. 6.
30 K/P-Lüke, § 84 Rn. 22.
31 Wimmer/App, § 84 Rn. 10.
32 K/P-Lüke, § 84 Rn. 4.

IV. Innengesellschaften

1. Die Stille Gesellschaft

Grundsätzlich ist zu differenzieren zwischen der Insolvenz des stillen Gesellschafters und derjenigen des Geschäftsinhabers. Die Anwendung des § 84 Abs. 1 Satz 1 InsO auf die Stille Gesellschaft ist in beiden Fällen umstritten.[33] Als reine Innengesellschaft kann sie kein Gesamthands- bzw. Gemeinschaftsvermögen bilden. Die Einlage des stillen Gesellschafters geht vielmehr nach § 230 Abs. 1 HGB in das Vermögen des Geschäftsinhabers über.[34] Gleichwohl wendet die herrschende Meinung Abs. 1 Satz 1 der Regelung zumindest analog an, da die Auseinandersetzung gemäß § 235 Abs. 1 HGB außerhalb des Insolvenzverfahrens erfolgt. Demgegenüber hält eine Mindermeinung die Anwendung für überflüssig. Ob der Vorrang der gesellschaftsrechtlichen Auseinandersetzung vor der insolvenzrechtlichen Abwicklung aus § 84 Abs. 1 Satz 1 i. V. m. § 235 Abs. 1 HGB folgt oder unmittelbar aus § 235 Abs. 1 HGB geschlussfolgert wird, ist letztlich nahezu ohne Bedeutung.[35] In den allermeisten Anwendungsfällen führt diese Diskussion lediglich zu einer vermeidbaren Rechtsunsicherheit.[36] Relevant wird der Streit allerdings bei der Frage, ob der Verwalter des Geschäftsinhabers aus § 84 Abs. 1 InsO dazu verpflichtet ist, ohne vorherige Anmeldung der Forderung des stillen Gesellschafters zur Insolvenztabelle für ihn eine Auseinandersetzungsrechnung zu erstellen.[37] In diesem Falle könnte sich der Stille darauf beschränken, das sich aus der Abrechnung des Verwalters ergebende Auseinandersetzungsguthaben im Anschluss zur Tabelle als Insolvenzforderung anzumelden.[38] In der Folge wäre die Möglichkeit eines Widerspruches durch andere Gläubiger oder den Verwalter ausgeschlossen. Unbenommen davon bliebe dem Stillen nach der letztgenannten Auffassung auch die Option, die ihm aus der Auseinandersetzung zustehende Forderung selbst zu ermitteln und sogleich zur Tabelle anzumelden.[39]

Die Vorschrift des § 84 Abs. 1 Satz 2 InsO kann hingegen im Hinblick auf einen möglichen Guthabenanspruch nach einhelliger Rechtsauffassung nicht auf die Stille Gesellschaft angewandt werden. Ein Absonderungsrecht i. S. d. Regelung setzt Forderungen aus dem Gemeinschaftsverhältnis und somit ein gemeinschaftlich gebundenes Vermögen voraus, welches bei der Stillen Gesellschaft, wie oben beschrieben, gerade nicht besteht.

---

33 K/P-Lüke, § 84 Rn. 14.
34 Uhlenbruck-Hirte, § 84 Rn. 6.
35 MK-Stodolkowitz, § 84 Rn. 13.
36 K/P-Lüke, § 84 Rn. 15.
37 Grundlach, ZIP 2006, 501 ff.
38 Uhlenbruck-Hirte, § 84 Rn. 6.
39 Jaeger/Henkel, § 16, Rn. 5.

2. Die Unterbeteiligung

Bei der Unterbeteiligung handelt es sich um eine Gesellschaft, genau genommen wie bei der „stillen Beteiligung" um eine Erscheinungsform der Innengesellschaft. Von ihrem Vorliegen ist auszugehen, wenn aufgrund eines Gesellschaftsvertrages zwischen dem Gesellschafter einer Kapital- oder Personengesellschaft (Hauptbeteiligter) und einem Dritten (Unterbeteiligter) der Dritte gegen Leistung einer Einlage obligatorisch zumindest am Gewinn des Gesellschaftsanteils des Hauptbeteiligten partizipiert.[40] Die Rechtsgrundlagen für eine Unterbeteiligungsgesellschaft bilden nach ganz h. M. sowohl die §§ 705 ff. BGB als auch die entsprechend anzuwendenden §§ 235 ff. HGB.[41] Demzufolge kommt es auf die Frage, ob die Unterbeteiligungsgesellschaft ihrer Rechtsnatur nach eine Gesellschaft bürgerlichen Rechts darstellt oder als Variante der Stillen Gesellschaft zu begreifen ist, letztlich nicht an.[42] Ebenso wie bei der Stillen Gesellschaft ist auch für die Unterbeteiligung das Fehlen eines gesamthänderisch gebundenen Vermögens prägendes Merkmal.[43] Deshalb gelten die obigen Ausführungen zur Anwendung des § 84 Abs. 1 Satz 1 InsO entsprechend. Die Insolvenz eines Beteiligten, egal ob Haupt- oder Unterbeteiligter, löst die Gesellschaft auf.[44] Die Auseinandersetzung vollzieht sich außerhalb des Insolvenzrechts analog § 235 HGB. Mangels eines Gesamthandsvermögens scheidet hingegen die Anwendung des § 84 Abs. 1 Satz 2 InsO auf die Unterbeteiligungsgesellschaft mit der gleichen Begründung wie bei der stillen Beteiligung aus, ein Recht auf Absonderung kommt nicht in Betracht.[45]

3. Sonstige Innengesellschaften

Weiterhin muss zwischen der Stillen Gesellschaft, der Unterbeteiligung und anderen Erscheinungsformen der Innengesellschaften differenziert werden. Während für die Stille Gesellschaft ein fehlendes Gesamthandsvermögen charakteristisch ist, bedeutet die Beschränkung auf eine Innengesellschaft nicht unbedingt den Verzicht auf ein eigenständiges gesamthänderisch gebundenes Vermögen.[46] Ausgehend von der Existenz von Innengesellschaften mit Gesamthandsvermögen findet für diese in der Insolvenz über das Vermögen eines Gesellschafters § 84 InsO wie bei einer Außengesellschaft Anwendung.[47]

---

40 Blaurock, Die Stille Gesellschaft, Rn. 30.1.
41 BGHZ 50, 316, 321.
42 Schmidt, DB 1976, 1708 f.
43 K/P-Lüke, § 84 Rn. 17.
44 Blaurock, Die Stille Gesellschaft, Rn. 30.58.
45 K/P-Lüke, § 84 Rn. 17.
46 Soergel/Hadding, vor § 705 Rn. 28.
47 K/P-Lüke, § 84 Rn. 13.

V. Die Kommanditgesellschaft auf Aktien

Bei der Kommanditgesellschaft auf Aktien handelt es sich gemäß § 278 Abs. 1 AktG um eine juristische Person mit der Folge, dass § 84 InsO im Regelfall keine Anwendung findet. Der Gesellschaftsanteil an einer Kommanditgesellschaft auf Aktien ist pfändbar und fällt daher in die Insolvenzmasse.[48] Die Rechtsstellung des persönlich haftenden Gesellschafters richtet sich jedoch gemäß § 278 Abs. 2 AktG nach den für die Kommanditgesellschaft geltenden Vorschriften. Im Falle der Insolvenz des Komplementärs ist § 84 InsO daher einschlägig.[49]

VI. Der Unternehmensvertrag

Weiterhin wird die Anwendung des § 84 InsO auf sog. Unternehmensverträge erwogen, welche das Verhältnis zwischen Mutter- und Tochtergesellschaft eines Konzerns regeln. Zu unterscheiden ist hierbei zwischen dem der Mutter die Weisungs- und Leitungsbefugnis gegenüber der Tochter einräumenden Beherrschungsvertrag und dem Gewinnabführungsvertrag, der die Tochter dazu verpflichtet, den erzielten Gewinn an die Mutter auszuhändigen.[50] Nach einer Auffassung handelt es sich bei diesen „Organisationsverträgen“ zwar nicht um eine reine Ausprägung des in §§ 705 ff. BGB geregelten Vertragstyps. Zum Schutz der Tochtergesellschaften bestehe aber eine Notwendigkeit, die Unternehmensverträge mit der Insolvenz des Mutterkonzerns automatisch enden zu lassen, so dass § 84 InsO gleichwohl anzuwenden sei.[51]

Nach anderer Auffassung fällt der für ein abhängiges Unternehmen vor oder infolge der Insolvenzeröffnung entstandene Verlustausgleichsanspruch i. S. d. §§ 291 f., 302 AktG in dessen Insolvenzmasse. Im Falle der gleichzeitigen Insolvenz des herrschenden Unternehmens sei die Ausgleichsforderung der Tochtergesellschaft einfache Insolvenzforderung. Ein Recht auf abgesonderte Befriedigung nach § 84 Abs. 1 Satz 2 InsO stehe dem abhängigen Unternehmen schon deshalb nicht zu, weil es sich bei dem zugrunde liegenden Rechtsverhältnis allenfalls um eine Innengesellschaft handeln könne, auf die Abs. 1 Satz 2 ohnehin nicht anwendbar sei.[52] Gerichtliche Entscheidungen zu dieser Problematik liegen bislang nicht vor.

VII. Die Europäische wirtschaftliche Interessenvereinigung

Die Europäische wirtschaftliche Interessenvereinigung (EWIV) ist in Deutschland als besondere Form der offenen Handelsgesellschaft ausgestaltet. Zwar überlässt Art. 28 Abs. 1 Satz 2 der EG-Verordnung Nr. 2137 vom 25. Juli 1985[53] die Frage, wel-

---

48 Smid, § 84 Rn. 6.
49 MK-Stodolkowitz, § 84 Rn. 19.
50 Paulus, ZIP 1996, 2141.
51 Paulus, ZIP 1996, 2141, 2144.
52 MK-Stodolkowitz, § 84 Rn. 16; Uhlenbruck, § 11 Rn. 403.
53 ABlEG Nr. L 199/1 v. 31.07.1985.

che Folgen die Eröffnung eines Insolvenzverfahrens über das Vermögen eines Mitberechtigten hat, den einzelnen Mitgliedstaaten der Europäischen Gemeinschaft.[54] Das deutsche Ausführungsgesetz hat aber von dieser Ermächtigung Gebrauch gemacht, indem es gemäß § 1 EWIVG die entsprechende Anwendung der §§ 105 ff. HGB vorschreibt.[55] Insbesondere scheidet auch das Mitglied einer EWIV durch die Eröffnung des Insolvenzverfahrens nach § 9 EWIVG i. V. m. § 131 HGB aus der Vereinigung aus, soweit der Gründungsvertrag für diesen Fall keine anderweitige Bestimmung enthält. Eine in der Praxis sowohl bei der OHG als auch bei der EWIV sehr häufige Vertragsgestaltung sieht jedoch im Falle der Insolvenz eines Mitgliedes die gänzliche Auflösung des Rechtsverhältnisses vor. Dies führt bei der Europäischen wirtschaftlichen Interessenvereinigung zu einer Besonderheit im Auseinandersetzungsverfahren. Im Gegensatz zur OHG werden nicht die Gesellschafter nach § 146 Abs. 1 HGB Liquidatoren, sondern nach § 10 Abs. 1 EWIV nur die Geschäftsführer der Vereinigung.[56] Auch der Insolvenzverwalter tritt bei der Liquidation somit nicht nach § 146 Abs. 3 HGB an die Stelle des insolventen Gesellschafters. Etwas anderes gilt nur dann, wenn der Insolvenzschuldner nicht bloß Gesellschafter, sondern auch Geschäftsführer der Vereinigung war.

VIII. Die Partnerschaftsgesellschaft

Auch auf die durch das Partnerschaftsgesellschaftsgesetz vom 25.07.1994 als Gesellschaftsform für die Freiberufler geschaffene Partnerschaftsgesellschaft findet § 84 InsO Anwendung.[57] Die im ursprünglichen Gesetzesentwurf zur Insolvenzordnung in § 11 Abs. 2 Nr. 1 zunächst vergessene, aber noch vor deren Inkrafttreten durch das Gesetz zur Änderung des Umwandlungsgesetzes als insolvenzfähig anerkannte Gesellschaftsform[58] gilt als Sonderform der BGB-Gesellschaft.[59] Für die Partnerschaftsgesellschaft gelten deshalb gemäß § 1 Abs. 4 PartGG die Regelungen über die GbR entsprechend, soweit nicht etwas anderes bestimmt ist. Im Gegensatz zu den gesetzlichen Bestimmungen der §§ 723 ff. BGB erhebt das Partnerschaftsgesellschaftsgesetz jedoch das Prinzip des Ausscheidens vor der Auflösung der Gesellschaft zum gesetzlichen Regelfall.[60] Insoweit gelten nach § 9 Abs. 1 und § 10 Abs. 1 PartGG die Vorschriften für die Offene Handelsgesellschaft.[61] Die Partnerschaft wird dann mit den verbleibenden Partnern fortgesetzt.

Ebenso wie bei der OHG führt auch bei der Partnerschaftsgesellschaft die Abweisung eines Insolvenzantrages mangels Masse nicht zum Ausscheiden des Partners kraft Gesetzes. Soweit diese Rechtsfolge dennoch erwünscht ist, empfiehlt sich da-

---

54 Hausmaninger/Fey, Unternehmensrecht, 63.
55 MK-Stodolkowitz, § 84 Rn. 11.
56 MK-Stodolkowitz, § 84 Rn. 11.
57 Braun, § 84 Rn. 2.
58 Kesseler, Das Insolvenzverfahren über das Vermögen einer PartG, Rn. 53.
59 MK-Stodolkowitz, § 84 Rn. 10.
60 Castan, Die Partnerschaftsgesellschaft, 119.
61 MK-Stodolkowitz, § 84 Rn. 10.

her eine entsprechende Regelung im Partnerschaftsvertrag, nach der die Ablehnung des Insolvenzverfahrens ebenfalls als Ausscheidensgrund festgelegt wird.[62] Fehlt eine derartige Vereinbarung im Partnerschaftsvertrag, soll die Ablehnung des Verfahrens aber jedenfalls den gerichtlichen Ausschluss des Partners nach § 140 HGB rechtfertigen.[63]

62 Castan, Die Partnerschaftsgesellschaft, 120.
63 Michalski/Römermann, PartGG, § 9 Rn. 8.

3. Teil: Das Auseinandersetzungsverfahren

A. Allgemeines

Die Eröffnung des Insolvenzverfahrens über das Vermögen eines Schuldners, der an einer Gemeinschaft oder Gesellschaft im Sinne des § 84 Abs. 1 InsO beteiligt ist, führt nicht zwangsläufig zu einer tatsächlichen Auseinandersetzung des Gemeinschaftsverhältnisses. Vielmehr ist nur festgelegt, dass eine etwaige Auseinandersetzung nach den Vorschriften des materiellen Rechts stattfindet.[64] Das Verfahren der Auseinandersetzung (Liquidation, Teilung) richtet sich gemäß Absatz 1 Satz 1 der Vorschrift ausschließlich nach dem für das zugrunde liegende Gemeinschaftsverhältnis geltenden Recht. Insofern übt das Insolvenzverfahren zunächst keinen Einfluss aus. Die Anwendung insolvenzrechtlicher Verwertungsregelungen wird durch § 84 InsO gesperrt, so dass es dem Insolvenzverwalter nicht möglich ist, den Anteil des Schuldners entgegen den Vorgaben des materiellen Rechts zu verwerten.[65] Der Insolvenzverwalter ist insbesondere auch dann nicht dazu befugt, im Miteigentum Dritter stehende Gegenstände ohne deren Zustimmung zu veräußern, wenn sie sich im Besitz des Schuldners befinden und der Miteigentumsanteil selbst nach den allgemeinen Vorschriften nicht übertragbar ist.[66] In diesem Fall steht den Miteigentümern sogar ein Aussonderungsanspruch zu, der entweder auf Feststellung des Miteigentums, auf Einräumung des Mitbesitzes oder auf Auseinandersetzung gerichtet ist.

Um den Wert der schuldnerischen Beteiligung für die Insolvenzmasse verfügbar zu machen, kann der Verwalter auf unterschiedliche Mittel zurückgreifen. Zum einen kann er die Auseinandersetzung des Gemeinschaftsverhältnisses nach den allgemeinen Vorschriften betreiben, jedenfalls soweit auch der Schuldner eine Auseinandersetzung beanspruchen könnte. Im Gegensatz zum Schuldner ist er dabei wegen § 84 Abs. 2 InsO grundsätzlich nicht an vertragliche Beschränkungen gebunden.[67] Allerdings verwaltet er nur den Anteil des Schuldners an dem Gemeinschaftsverhältnis. Ein Zugriff auf das Vermögen etwa einer Personenhandelsgesellschaft ist hingegen nicht zulässig, und zwar selbst dann nicht, wenn es sich bei dem insolventen Gesellschafter um den vertretungsberechtigten Komplementär handelt.[68] Sieht das jeweils geltende materielle Recht eine Auseinandersetzung im konkreten Fall vor, so bedeutet dies allerdings wiederum nicht unbedingt die Auflösung des Gemeinschaftsverhältnisses. Die maßgeblichen Vorschriften sind insoweit durchaus unter-

---

64 K/P-Lüke, § 84 Rn. 23.
65 K/P-Noack, GesellschaftsR, Rn. 482.
66 Braun/Kroth, § 84 Rn. 4.
67 RGZ 40, 44.
68 DB 1989, 1130, 1131.

schiedlich. Während die Insolvenz eines Gesellschafters bei der GbR gemäß § 728 Abs. 2 Satz 1 BGB zu deren Auflösung und Liquidation führt, scheidet der Gesellschafter einer Personenhandelsgesellschaft gemäß § 131 Abs. 3 Satz 1 Nr. 2 HGB (nach Einführung des Handelsrechtsreformgesetzes im Jahr 1998 gilt dies aufgrund entsprechender Verweisung nunmehr auch für die OHG) aus der Gesellschaft aus und erwirbt einen Anspruch auf das Abfindungsguthaben. Die Personenhandelsgesellschaft wird hingegen nicht aufgelöst. Weiter finden sich die Auseinandersetzungsregelungen für die Bruchteilsgemeinschaft in §§ 749, 752 ff. BGB, für die Erbengemeinschaft in §§ 2042 ff. BGB (§§ 86 ff. FGG), für die Stille Gesellschaft in §§ 234 ff. HGB, für die Partnerschaftsgesellschaft in § 9 PartGG und für die Aufhebung einer Grundstücksgemeinschaft in §§ 180 ff. ZVG.

Neben einer Auseinandersetzung nach den allgemeinen Vorschriften kommt für den Insolvenzverwalter auch eine Auseinandersetzung durch freihändige Verwertung des Schuldneranteils in Betracht, soweit dies im konkreten Fall zulässig ist. Häufig ist eine solche Möglichkeit jedoch nach dem materiellen Recht ausgeschlossen. Dann verbleibt dem Verwalter als zusätzliche Option nur noch die freihändige Verwertung des gemeinschaftlichen Gegenstandes im Einvernehmen mit den übrigen Berechtigten, wobei der hieraus erzielte Erlös anschließend unter den Gemeinschaftern verteilt werden muss.[69] So ist beispielsweise bei der Bruchteilsgemeinschaft der freihändige Verkauf des gemeinschaftlichen Gegenstandes i. S. d. § 753 BGB regelmäßig erforderlich, wenn auf andere Weise die Verbindlichkeiten der Gemeinschaft nicht beglichen werden können.[70] Denn nur in seltenen Ausnahmefällen besteht die Möglichkeit einer Teilung in Natur entsprechend § 752 BGB.

Zusammenfassend bleibt festzuhalten, dass sich das Verfahren der Auseinandersetzung ausschließlich nach dem für das jeweilige Gemeinschaftsverhältnis geltenden materiellen Recht richtet. Dennoch sind hierbei insolvenzspezifische Besonderheiten zu beachten, die nachfolgend für die einzelnen Gemeinschaftsverhältnisse erörtert werden.

B. Rechtsvorgänge der Auseinandersetzung

Im Zusammenhang mit dem Ausscheiden eines Gesellschafters und vor allem mit der Auflösung der Gesellschaft selbst wird mit einer Vielzahl von Begriffen operiert, deren Verwendung nicht immer ganz einheitlich ist.[71] Das Auseinandersetzungsverfahren unterteilt sich in verschiedene Phasen. Die einzelnen Begrifflichkeiten, wie zum Beispiel Auflösung, Auseinandersetzung oder Beendigung kennzeichnen dabei die zeitliche Abfolge eines Prozesses.[72] Für ein besseres Verständnis ist es zunächst notwendig, die in Rede stehende Bezeichnung der jeweiligen zeitlichen Phase zuzuordnen, um so zu klären, was im Einzelnen gemeint ist. Außerdem werden im Bürgerlichen Gesetzbuch und im Handelsgesetz für denselben Zeitabschnitt

69 RGZ 26, 110, 113; RGZ 51, 331, 344.
70 MK-Stodolkowitz, § 84 Rn. 3.
71 Kötter, FS Geßler, 1971, 247.
72 MüHdB-Gummert, GesellR, Band I, § 16 Rn. 1.

wegen der unterschiedlichen Vorgehensweisen hinsichtlich der Gesellschaftsauflösung zum Teil andere Begriffe verwandt, weshalb eine eindeutige Bestimmung für den Zweck dieser Arbeit unerlässlich ist.

I. Auseinandersetzung nach dem BGB

1. Auflösung

Bei Eintritt einer der sechs gesetzlich normierten Gründe der §§ 723 bis 728 BGB ist eine Gesellschaft bürgerlichen Rechts entweder bereits aufgelöst oder kann durch die Ausübung eines entsprechenden Gestaltungsrechts (Kündigung) sofort aufgelöst werden.[73] Häufigster Auflösungstatbestand dürfte in der Praxis der Wegfall des gemeinsamen Zwecks sein, etwa weil die Gesellschafter das gemeinsam verfolgte Ziel nicht mehr erreichen können oder wollen. Dadurch fehlt es im Moment des Wegfalls an einer der Tatbestandsmerkmale des § 705 BGB mit der Folge, dass die Voraussetzungen für das Fortbestehen des Gemeinschaftsverhältnisses nicht mehr länger gegeben sind. Mit dem Eintritt in die „Auflösungsphase" erhält die Gesellschaft einen neuen Zweck. Aus der vormals werbenden, wird nunmehr eine ausschließlich die rechtliche Auseinandersetzung und Beendigung des Gemeinschaftsverhältnisses bezweckende Gesellschaft.[74] Letztlich handelt es sich somit bei der Auflösung um einen Vorgang der Zweckänderung, wobei die Identität der GbR durch den Übergang in eine Abwicklungsgesellschaft (vgl. § 730 BGB) nicht berührt wird; sie bleibt Gesamthandsgemeinschaft.[75]

Durch die Insolvenz eines Gesellschafters wird, sofern der Gesellschaftsvertrag nicht etwas anderes bestimmt, die GbR nach § 728 BGB unmittelbar aufgelöst. Die Mitteilung des Insolvenzverwalters über den Eintritt der Insolvenz des Mitberechtigten und die damit einhergehende Auflösung an die übrigen Gesellschafter hat daher nur deklaratorische Bedeutung.[76]

2. Auseinandersetzung

Mit der Auflösung der Gesellschaft endet aber noch nicht das während der Dauer ihrer Betätigung entstandene Beziehungsgeflecht zwischen den Gesellschaftern und der Gesellschaft einerseits sowie der Gesellschaft und Dritten auf der anderen Seite. Es bedarf daher einer geordneten, vertraglich oder gesetzlich geregelten Auseinandersetzung, um die trotz Auflösung fortbestehenden Rechtsbeziehungen zu lösen.[77] Im Verlauf des Auseinandersetzungsverfahrens, häufig auch als Liquidation oder Abwicklung bezeichnet, kommt das „Geschäftsleben" der Gesellschaft zum Er-

---

73 MK-Ulmer, BGB, vor § 723 Rn. 12.
74 MüHdB-Gummert, GesellR, Band I, § 16 Rn. 2.
75 Kübler/Assmann, 61 f.
76 MK-Ulmer, BGB, vor § 723 Rn. 12.
77 MK-Ulmer, BGB, § 730 Rn. 1.

liegen und das Gesellschaftsvermögen wird, soweit vorhanden, an die Gläubiger bzw. bei einem ermittelten Überschuss auch an die Gesellschafter der GbR verteilt.[78] Anders als bei rechtsfähigen Körperschaften erfolgt die Auseinandersetzung von Personengesellschaften nach dem Bürgerlichen Gesetzbuch ausschließlich im Interesse der Gesellschafter. Demgegenüber gelten die Gesellschaftsgläubiger schon durch die Haftung der Gesellschafter als hinreichend gesichert.[79]

3. Beendigung

Erst der Abschluss der Auseinandersetzung führt zur endgültigen Beendigung (Vollbeendigung) des Gemeinschaftsverhältnisses. Dementsprechend bedeutet die Beendigung der Gesellschaft ihre vollständige Beseitigung als eigenständiges Gebilde. Gedanklich setzt dies sowohl die Versilberung des Gesellschaftsvermögens und die Begleichung der Schulden der Gesellschaft als auch die Verteilung eines möglicherweise erwirtschafteten Überschusses voraus, so dass im Zeitpunkt der Beendigung weder von der Gesellschaft selbst noch von dem ihr zugeordneten Vermögen etwas übrig ist.[80] Allerdings zählt der Ausgleich der Gesellschafter untereinander nach noch herrschender Meinung nicht mehr zur Auseinandersetzung der Gesellschaft. Da die entsprechenden Regelungen im Bürgerlichen Gesetzbuch maßgeblich auf die Abwicklung des Gesellschaftsvermögens abstellen, gilt die GbR schon mit Feststellung der „Liquidationsanteile" der jeweiligen Gesellschafter in der Schlussbilanz als abgewickelt. Der tatsächliche Ausgleich unter den Gesellschaftern bzw. die Auszahlung der auf dem Rechnungskonto eines Gesellschafters ausgewiesenen Rechnungsziffer zählt daher streng genommen nicht mehr zur Auseinandersetzung.[81]

In der Regel liegt aus den oben genannten Gründen zwischen der Auflösung der Gesellschaft und ihrer Beendigung ein mehr oder minder langer Zeitraum. Nur wenn eine Abwicklung aus rechtlichen oder tatsächlichen Gründen nicht möglich bzw. nicht erforderlich ist, können die Auflösung und die Beendigung ausnahmsweise zeitlich zusammenfallen.[82]

II. Auseinandersetzung nach dem HGB

1. Auflösung

Auch bei einer Personenhandelsgesellschaft (OHG, KG) ist deren Auflösung gleichbedeutend mit der Aufgabe ihres Erwerbszwecks und ihrer Umwandlung in eine Abwicklungsgesellschaft.[83]

---

78 Steding, GesellR, Rn. 175.
79 Kübler/Assmann, 64.
80 Kübler/Assmann, 62.
81 Soergel-Hadding, BGB, vor § 730 Rn. 3.
82 MüHdB-Gummert, GesellR, Band I, § 21 Rn. 8.
83 MüHdB-Gummert, GesellR, Band II, § 48 KG, Rn. 11.

Durch die Handelsrechtsreform aus dem Jahre 1998 wurde jedoch ein Paradigmenwechsel in diesem Rechtsbereich vorgenommen. Nunmehr hat das Prinzip der Unternehmenskontinuität Vorrang vor dem Grundsatz der Höchstpersönlichkeit.[84] Dies heißt nicht nur, dass die Gesellschaft bei Austritt eines Gesellschafters im Gegensatz zur früheren Regelung weiter fortbesteht, sondern auch, dass die Auflösung der Personenhandelsgesellschaft grundsätzlich erst als allerletzte Möglichkeit in Betracht kommt, sog. Ultima-Ratio-Prinzip.[85] So führen zum Beispiel die bloße Aufgabe des Geschäftsbetriebes, eine Störung der Geschäftsgrundlage oder die Erreichung des Gesellschaftszwecks bzw. deren Unmöglichkeit anders als bei der Gesellschaft bürgerlichen Rechts entsprechend § 726 BGB nicht zur Auflösung[86] der Personenhandelsgesellschaft. Letzteres kann aber einen wichtigen Grund für eine Auflösungsklage gemäß § 133 HGB darstellen.

Zu beachten ist, dass der Wegfall einer Personenhandelsgesellschaft nicht identisch mit deren Auflösung ist. Die Bestehensmerkmale des § 105 HGB unterscheiden sich nämlich zum Beispiel von den Voraussetzungen der Auflösungstatbestände der §§ 131 bis 135 HGB. In der Folge führt das nachträgliche Fehlen eines Merkmals der Vorschrift des § 105 HGB nicht zur Auflösung, sondern lediglich zur Umwandlung der Offenen Handelsgesellschaft in eine andere Rechtsform, etwa in eine BGB-Gesellschaft.[87]

2. Liquidation

Die Liquidation der Offenen Handelsgesellschaft oder der Kommanditgesellschaft bedeutet die rechtliche und vermögensmäßige Abwicklung der aufgelösten Gesellschaft.[88] Der Begriff entspricht also dem der Auseinandersetzung bei der BGB-Gesellschaft. Der einzige Unterschied besteht darin, dass sich die Liquidation, soweit der Gesellschaftsvertrag nicht eine von den gesetzlichen Bestimmungen abweichende Regelung vorsieht, nicht nach den §§ 730 bis 735 BGB, sondern nach den §§ 145 ff. HGB mit den dort geltenden Besonderheiten richtet. Im Liquidationsstadium kann die OHG im Gegensatz zur GbR beispielsweise noch werbend tätig sein, solange diese Tätigkeit zumindest dem Fernziel der Abwicklung dient. Eine über das Ziel der Abwicklung hinausgehende Beteiligung am Geschäftsleben kann allerdings schon die konkludente Umwandlung in eine werbende Gesellschaft bedeuten, so dass wiederum von dem Vorliegen einer OHG auszugehen ist.[89]

3. Teilung

Demgegenüber wird mit dem Begriff der Teilung die gesetzliche Regelfolge der Insolvenz eines Gesellschafters, nämlich letztlich die Abwicklung zwischen dem ausscheidenden Gesellschafter und der fortbestehenden Personenhandelsgesellschaft bezeichnet. Hier kann es deshalb zu Irritationen kommen, weil das Teilungs-

---

84 Baumbach/Hopt, § 131 Rn. 1.
85 MüHdB-Gummert, GesellR, Band I, § 83, Rn. 1.
86 BGHZ 10, 44, 51 f.
87 BGHZ 32, 307, 310.
88 Gummert/Gehde, MAH, Personengesellschaftsrecht, § 11 Rn. 119.
89 Rpfleger 1985, 121, 122.

verfahren im Falle des Ausscheidens eines Gesellschafters nicht selten auch mit dem allgemeinen Begriff der Auseinandersetzung umschrieben wird, obwohl hierdurch nicht die Gesellschaft beendet werden soll.

4. Beendigung

Für die Beendigung einer Personenhandelsgesellschaft gilt im Grundsatz dasselbe wie bei der Gesellschaft bürgerlichen Rechts. Sie tritt erst mit Abschluss der Liquidation ein, was gleichbedeutend mit der vollständigen Verteilung des Gesellschaftsvermögens ist. Im Vergleich zu den Regelungen des BGB sind allerdings einige Besonderheiten zu beachten. So findet auch noch nach der Vollbeendigung ein internes Ausgleichsverfahren zwischen den Gesellschaftern statt, wenn infolge der Schlussbilanzierung das Kapitalkonto eines oder mehrerer Beteiligter ein Sollsaldo ausweist.[90] Des Weiteren besteht die Haftung der Gesellschafter für nicht erfüllte Gesellschaftsverbindlichkeiten gemäß § 128 HGB trotz der Beendigung des Gemeinschaftsverhältnisses fort. In zeitlicher Hinsicht beschränkt sich die Haftung aber wegen § 159 Abs. 1 HGB auf fünf Jahre nach der Eintragung der Auflösung (nicht Beendigung). Werden die Beteiligten zu einem späteren Zeitpunkt aufgrund von Gesellschaftsverbindlichkeiten in Anspruch genommen, können sie die Einrede der Verjährung erheben. Die praktische Bedeutung der Verjährungsvorschrift des § 159 HGB ist allerdings als gering einzustufen. Durch die Schuldrechtsreform beträgt die Regelverjährung nunmehr lediglich drei Jahre, so dass die Gesellschafter nach Ablauf von drei Jahren häufig schon nach § 129 Abs. 1 HGB vor persönlicher Inanspruchnahme geschützt sind.[91] Ferner ist die Beendigung der Gesellschaft nach § 157 Abs. 1 HGB ebenso wie deren Auflösung in das Handelsregister einzutragen. Die Eintragung ist jedoch nur deklaratorischer Natur.[92]

C. Auseinandersetzungsvoraussetzungen

I. Fortbestehen der Gemeinschaft

Eine Auseinandersetzung nach § 84 InsO setzt das Bestehen eines auseinandersetzungsfähigen Gemeinschaftsverhältnisses im Zeitpunkt der Eröffnung des Insolvenzverfahrens voraus. Andernfalls fehlt es an einer beschlagnahmefähigen Mitberechtigung des Schuldners.[93] Eine zu diesem Zeitpunkt bereits eingeleitete Liquidation schadet nicht, solange sie nicht schon abgeschlossen ist. Erwirbt der Insolvenzschuldner einen Gemeinschaftsanteil erst im eröffneten Verfahren, ist § 84 InsO aufgrund der Einbeziehung des Neuerwerbs nach § 35 InsO ebenfalls einschlägig.[94]

90 Kraft/Kreutz, GesellschaftsR, 209.
91 Wiedemann, GesellschaftsR, Band II, 749.
92 Grunewald, GesellschaftsR, 123.
93 K/P-Lüke, § 84 Rn. 24.
94 K/P-Lüke, § 84 Rn. 24.

II. Auseinandersetzungsverlangen

Ein selbständiger, originärer Auseinandersetzungsanspruch des Insolvenzverwalters besteht nicht.[95] Der Verwalter kann die Auseinandersetzung daher nicht ohne weiteres verlangen. Die Voraussetzungen einer Teilung oder Auseinandersetzung richten sich vielmehr nach den jeweiligen materiellrechtlichen Bestimmungen. Der Verwalter nimmt an Stelle des Schuldners dessen Rolle im Auseinandersetzungsverfahren ein.[96] Er kann daher die Auseinandersetzung nur betreiben, soweit dem Schuldner ein materiellrechtlicher Auseinandersetzungsanspruch zustünde.[97] Dies ist gemäß § 728 Abs. 1 Satz 1 BGB bei der Gesellschaft bürgerlichen Rechts der Fall. Bei den Personenhandelsgesellschaften hat die Insolvenz eines Gesellschafters die Auflösung nach § 131 Abs. 3 Nr. 2 HGB nur noch dann zur Folge, wenn dies der Gesellschaftsvertrag ausdrücklich anordnet. Demgegenüber kann der Schuldner selbst die Auflösung nach Insolvenzeröffnung wegen des Übergangs der Befugnisse auf den Verwalter nach § 80 InsO nicht mehr verlangen, sofern nicht die Eigenverwaltung angeordnet wurde.[98]

D. Auseinandersetzungsverfahren einer Personengesellschaft am Beispiel der GbR

I. Allgemeines

Die BGB-Gesellschaft soll mit der Insolvenzeröffnung über das Vermögen eines Gesellschafters gemäß § 728 Abs. 2 BGB aufgelöst und liquidiert werden. Der Insolvenzverwalter wird zwar nicht selbst Gesellschafter, nimmt aber während der Auseinandersetzung die gesellschaftsrechtlichen Aufgaben und Befugnisse anstelle des Schuldners wahr.[99] So obliegt ihm während der Liquidationsphase zusammen mit den übrigen Gesellschaftern die gemeinschaftliche Vertretung der GbR im Rechtsverkehr.[100] Zur Masse gehört das dem insolventen Gesellschafter zufließende Auseinandersetzungsguthaben nach § 738 BGB. Ein Grundstück, bei welchem als Eigentümer unter anderem der Schuldner eingetragen ist, zählt als Gesellschaftsvermögen nicht zur Insolvenzmasse nach § 35 InsO und ist ebenso wenig von der Verfügungsentziehung des § 80 InsO betroffen.[101] Ferner ist § 728 Abs. 2 BGB nicht zwingend, sondern kann durch den Gesellschaftsvertrag abbedungen werden.[102] In diesen Fällen beinhaltet der Gesellschaftsvertrag häufig eine Fortsetzungsklausel, die in Anlehnung an die gesetzliche Regel des § 131 Abs. 3 Satz 1 Nr. 2 HGB für die Offene Handelsgesellschaft ein Ausscheiden des insolventen Gesellschafters und

95 Hess/Weis/Wienberg, § 84 Rn. 8.
96 RGZ 42, 103, 105.
97 Braun, § 84 Rn. 5.
98 Hess/Weis/Wienberg, § 84 Rn. 9.
99 Keller, Rpfleger 2000, 201, 202.
100 OLG Rostock, DZWIR 2004, 38, 42.
101 Keller, Rpfleger 2000, 201, 202.
102 MK-Ulmer, BGB, § 719 Rn. 21.

eine Fortführung der GbR mit den übrigen Gesellschaftern vorsieht. Dem ausscheidenden Gesellschafter steht dann gemäß § 738 BGB ein Abfindungsanspruch zu, der in die Insolvenzmasse fällt.

II. Einzelne Schritte der Auseinandersetzung

Die Rechtsfolgen der Auflösung richten sich zunächst nach den gesellschaftsvertraglichen Regelungen und erst in zweiter Linie nach den gesetzlichen Sonderbestimmungen der §§ 730 ff. BGB.[103] An dieser Stelle soll dennoch das Hauptaugenmerk auf den gesetzlichen Vorgaben liegen, da eine abschließende Abhandlung sämtlicher in Betracht kommender Vertragsklauseln wegen deren Vielfältigkeit und individuellen Ausgestaltung nur schwerlich zu leisten ist.

Enthält der Gesellschaftsvertrag keine Vorgaben für die Auseinandersetzung im Allgemeinen bzw. die Eröffnung des Insolvenzverfahrens über das Vermögen eines Gesellschafters im Speziellen, vollzieht sich die Abwicklung also nach den §§ 730 ff. BGB, wobei wegen des Verweises in § 731 BGB die Regelungen über die Bruchteilsgemeinschaft ergänzend zur Anwendung kommen.[104] Die einzelnen Maßnahmen orientieren sich dabei nicht nur inhaltlich an den gesetzlichen Regelungen, vielmehr wird auch ihre Reihenfolge weitestgehend anhand der Gesetzessystematik festgelegt.[105]

Der erste Schritt beinhaltet zunächst den Übergang der Geschäftsführungsbefugnis auf alle Gesellschafter nach § 730 Abs. 2 Satz 2 BGB, die nunmehr als Abwickler tätig werden.[106] Insofern nimmt also auch der Verwalter des insolventen Gesellschafters wegen § 80 InsO Geschäftsführungsaufgaben wahr.[107]

Im Anschluss hieran obliegt den Abwicklern die Feststellung des Gesellschaftsvermögens.[108] Die Anforderungen an diese Maßnahme sind allerdings bei der GbR nicht normiert. Eine mit der für die OHG und die KG geltenden Bestimmung des § 154 HGB vergleichbare Regelung existiert im Gemeinschaftsrecht nicht.[109] Nach dem gesetzgeberischen Leitbild ist die BGB-Gesellschaft nicht auf eine langfristige wirtschaftliche Zusammenarbeit gerichtet. Infolgedessen erschien dem Gesetzgeber die Pflicht zur Erstellung einer Auseinandersetzungseröffnungsbilanz entbehrlich.[110] Soweit die GbR gemäß § 721 Abs. 2 BGB buchführungs- und rechnungslegungspflichtig ist, bleibt sie dies aber auch nach Auflösung.[111] Aus diesem Grunde sowie wegen der aus dem Gläubigerschutzprinzip folgenden Pflicht zur bestmöglichen Vermögensverwertung wird aber zumindest bei dauerhaft unternehmerisch

103 Karsten Schmidt, Gesellschaftsrecht, § 59 V.
104 Karsten Schmidt, Gesellschaftsrecht, § 59 V.
105 Giefers/Ott, GbR, Rn. 633.
106 Staudinger-Habermeier, BGB, § 730 Rn. 4.
107 ZIP 2001, 1207, 1209.
108 Brandani, Die BGB-Gesellschaft in Liquidation, 168.
109 Giefers/Ott, GbR, Rn. 634.
110 MüHdB-Gummert, GesellR, Band I, § 11 Rn. 137.
111 Brandani, Die BGB-Gesellschaft in Liquidation, 170.

tätigen BGB-Gesellschaften die Aufstellung einer Liquidationseröffnungsbilanz für zwingend erforderlich erachtet.[112] Bei Gesellschaften mit übersichtlichen Vermögensverhältnissen reicht hingegen eine einfache Aufstellung der Aktiva und Passiva in Form einer Art Inventur[113] zum Zwecke der Abwicklung aus.[114] Bei sehr leicht überschaubaren Vermögensverhältnissen, namentlich wenn das Aktivvermögen der GbR gering ausfällt oder es bereits zuvor unter den Gesellschaftern verteilt wurde, bedarf es sogar gar keiner gesonderten Bilanzierung zu Beginn der Abwicklung.[115]

In einem nächsten Schritt sind die Liquidatoren sodann dazu verpflichtet, die schwebenden Geschäfte zu beenden und die zwischenzeitlich zur Verwaltung und Erhaltung des Gesellschaftsvermögens erforderlichen Maßnahmen vorzunehmen, vgl. insoweit § 730 Abs. 2 Satz 1 BGB.[116] Weiter sind diejenigen Gegenstände, die ein Gesellschafter der Gesellschaft im Rahmen seiner Beitragspflicht zur Nutzung überlassen hatte, nach § 732 BGB an diesen zurückzugeben.[117]

In dieser Phase der Abwicklung besteht für den Insolvenzverwalter die Gefahr eines Interessenkonfliktes. Zum einen kann es für die Erhaltung bzw. die ordnungsgemäße Verwaltung des vorhandenen Vermögens notwendig sein, auch noch im Abwicklungsstadium neue Geschäfte abzuschließen, um eine bestmögliche Verwertung sicherzustellen.[118] Dies kann eine Verlängerung des Auseinandersetzungsverfahrens nach sich ziehen, an der seitens des Verwalters im Hinblick auf eine zügige Abwicklung des Insolvenzverfahrens regelmäßig kein Interesse besteht. Das gilt jedenfalls dann, wenn er trotz des noch vorhandenen Vermögens aufgrund der Gesellschaftsverbindlichkeiten für die Masse keinen Gewinn aus der „Verwertung" des Gesellschaftsanteils des Schuldners erwartet. Die Aufhebung des Insolvenzverfahrens setzt nämlich nach § 200 Abs. 1 InsO zwingend den Vollzug der Schlussverteilung voraus.[119] Gemäß § 196 Abs. 1 InsO kann die Schlussverteilung aber nur bei Abschlussreife, d. h. nach der Verwertung der gesamten Insolvenzmasse mit Ausnahme des laufenden Einkommens des Schuldners erfolgen. Zwar steht das Vorhandensein unverwertbarer Massegegenstände einer Schlussverteilung nicht entgegen. Denn die mangelnde Verwertbarkeit führt dazu, dass eine Erhöhung der Teilungsmasse nicht eintritt.[120] In der Praxis kann der Insolvenzverwalter in diesem frühen Stadium der Auseinandersetzung aber häufig nicht abschließend beurteilen, ob sich nach der Abwicklung der GbR nicht doch ein Erlösanteil aus der Beteiligung des Schuldners ergibt. Führt der Insolvenzverwalter die Schlussverteilung dennoch durch, ohne dabei den Gesellschaftsanteil zu berücksichtigen, und entsteht aus der Auseinandersetzung entgegen den Erwartungen des Verwalters ein Guthabenanspruch des Schuldners, wird das Insolvenzgericht gemäß § 203 Abs. 1 InsO auf Antrag eines Gläubigers oder des Insolvenzverwalters eine Nachtragsverteilung an-

---

112 Giefers/Ott, GbR, Rn. 634; Brandani, Die BGB-Gesellschaft in Liquidation, 168.
113 Gummert, § 11 Rn. 137.
114 Giefers/Ott, GbR, Rn. 634.
115 Erman-Westermann, BGB, § 730 Rn. 11.
116 Staudinger-Habermeier, § 730 Rn. 4.
117 Giefers/Ott, GbR, Rn. 636.
118 Giefers/Ott, GbR, Rn. 635.
119 Uhlenbruck, § 200 Rn. 2.
120 Gottwald/Eickmann, InsRHdb, § 65 Rn. 11.

ordnen. Die Vorschrift des § 200 Abs. 2 InsO stellt insoweit klar, dass eine entsprechende Nachtragsverteilung, wie schon nach der zur Konkursordnung von der herrschenden Meinung vertretenen Auffassung, auch noch nach Aufhebung des Verfahrens durchzuführen ist.[121] In aller Regel möchte der Verwalter eine solche Situation aber möglichst vermeiden. Kommt es zu einer Nachtragsverteilung, vermittelt dies dem Insolvenzgericht, gerade im Falle einer Beantragung durch einen Gläubiger, den Eindruck, der Insolvenzverwalter habe sich nicht in ausreichender Form um die Verwertung der Insolvenzmasse bemüht oder aber er bringe nicht die erforderliche betriebswirtschaftliche Sachkenntnis mit sich. Dies gilt nicht zuletzt auch wegen der durch die Anordnung der Nachtragsverteilung zusätzlich entstehenden Kosten.[122] Zwar wirkt sich dies nicht auf das laufende Verfahren aus. Der Beruf des Insolvenzverwalters erfordert es allerdings, auch immer die Bestellung durch das Gericht in künftigen Verfahren im Blickfeld zu haben.

Auch die Rückforderung von Gegenständen, die der Insolvenzschuldner der Gesellschaft zur Nutzung überlassen hatte, ist für den Verwalter unter Umständen problematisch. Eigentlich stehen diese Gegenstände im Eigentum des Schuldners und werden daher vollumfänglich von dem Insolvenzbeschlag des § 35 InsO erfasst. Um eine weitere Wertminderung durch den Gebrauch und die Abnutzung der Gegenstände zu verhindern und sie möglichst bald selbst für die Masse verfügbar zu machen, etwa durch einen freihändigen Verkauf, will der Verwalter den Rückforderungsanspruch gegenüber der Gesellschaft daher schnellstmöglich realisieren. Zudem trägt die BGB-Gesellschaft nach § 732 Satz 2 BGB in der Abwicklungsphase weder die Gefahr des zufälligen Untergangs noch diejenige der Verschlechterung der Sache.[123] Andererseits kann es die nunmehr den Insolvenzverwalter treffende Treuepflicht des Schuldners gegenüber den anderen Gesellschaftern gebieten, die betroffenen Gegenstände einstweilen der GbR zu belassen, sofern dies dem Ziel der Abwicklung sachdienlich ist.[124]

Als Nächstes sind die gemeinschaftlichen Schulden aus dem Gesellschaftsvermögen zu tilgen, vgl. § 733 Abs. 1 BGB. Hierzu ist das Vermögen der GbR gemäß § 733 Abs. 3 BGB, soweit erforderlich, zu liquidieren.[125] Noch nicht fällige oder streitige Forderungen bleiben dabei nicht etwa unberücksichtigt, vielmehr sind die Gesellschafter im Innenverhältnis nach § 733 Abs. 1 BGB dazu verpflichtet, wegen dieser Eventualverbindlichkeiten entsprechende Rückstellungen zu bilden. Im Außenverhältnis haben die Gläubiger der GbR demgegenüber keinen Anspruch auf eine entsprechende Vorgehensweise der Gesellschaft. Ihre Rechtsposition bleibt insofern unverändert.[126]

Reicht das Gesellschaftsvermögen zur Berichtigung der Verbindlichkeiten nicht aus, können die rückständigen Einlagen der Gesellschafter ausnahmsweise schon

121 Uhlenbruck, § 203 Rn. 13.
122 Uhlenbruck, § 203 Rn. 1.
123 MüHdB-Gummert, GesellR, Band I, § 21 Rn. 107.
124 MK-Ulmer, BGB, § 732 Rn. 4.
125 Staudinger-Habermeier, § 730 Rn. 4.
126 Giefers/Ott, GbR, Rn. 637 f.

unmittelbar, d. h. also noch vor der Schlussbilanzierung, eingezogen werden.[127] Zur Verwertung des gemeinschaftlichen Vermögens i. S. d. § 733 Abs. 3 zählt nämlich auch das Einziehen der offenen Forderungen.[128] Die Beitragspflicht der Gesellschafter besteht grundsätzlich auch nach der Auflösung fort, wobei das Ziel der vollständigen Abwicklung die Pflichten der Gesellschafter dahingehend beeinflusst, dass eine Einforderung der Beiträge nur noch soweit möglich ist, als diese Beiträge für den Abwicklungszweck tatsächlich benötigt werden.[129]

In der Auseinandersetzung stellt die Einziehung der Einlagen nach vielfach vertretener Ansicht eine Ausnahme von dem Prinzip der Rechtsprechung[130] dar, wonach die Ansprüche aus dem Gesellschaftsverhältnis nicht mehr einzeln geltend gemacht werden können, sondern nur noch als unselbstständige Rechnungsposten in die Schlussrechnung einzubringen sind (sog. Durchsetzungssperre).[131] Nach anderer Ansicht[132] sind auch die zur Tilgung der gesamthänderischen Verbindlichkeiten benötigten rückständigen Einlagen der Gesellschafter von der Durchsetzungssperre betroffen und zwar ausnahmslos. Demzufolge wären diese Ansprüche erst im Rahmen der Nachschusspflicht i. S. d. § 735 BGB nach Feststellung der Schlussrechnung zu begleichen.

Schließlich ist am Ende der Abwicklung als Voraussetzung für die abschließende Verteilung des Überschusses oder die Feststellung einer die Gesellschafter treffenden Nachschusspflicht eine Schlussabrechnung zu erstellen. Hinsichtlich der Anforderungen an eine solche Rechnung gilt das eben bereits bei der Auseinandersetzungseröffnungsbilanz festgestellte entsprechend, d. h. auch hier sind die inhaltlichen und formalen Erfordernisse gesetzlich nicht normiert.[133]

Es besteht jedoch im Gegensatz zur Eröffnungsbilanz Einigkeit darüber, dass eine wie auch immer geartete Schlussrechnung auch für die Abwicklung einer BGB-Gesellschaft unverzichtbar ist.[134] In diese Abrechnung sind die Einzelansprüche zwischen Gesellschaft und Gesellschaftern sowie diejenigen auf dem Gesellschaftsverhältnis basierenden Ansprüche der Gesellschafter untereinander aufzunehmen.[135] Bevor ein eventueller Überschuss verteilt oder ein Nachschuss geleistet wird, muss die Schlussrechnung durch die Gesellschafter festgestellt werden.[136]

Von der Feststellung der Schlussrechnung ist regelmäßig auszugehen, falls die Gesellschafter die Bilanz gemeinsam und im Einvernehmen aufgestellt haben. Andernfalls hat die Billigung der Schlussrechnung durch einstimmigen Beschluss der Gesellschafter zu erfolgen[137], wobei es auch insoweit nicht auf die Zustimmung des Schuldners, sondern auf diejenige des Verwalters ankommt.

---

127 BGH, NJW 1966, 501; OLG Karlsruhe, NJW 1996, 745.
128 Giefers/Ott, GbR, Rn. 642.
129 MüHdB-Gummert, GesellR, Band I, § 11 Rn. 123.
130 BGH, NJW 1995, 2843.
131 Giefers/Ott, GbR, Rn. 642.
132 Brandani, Die BGB-Gesellschaft in Liquidation, 176 f.
133 Giefers/Ott, GbR, Rn. 644.
134 Staudinger-Habermeier, § 730 Rn. 23 f.; Brandani, BGB-Gesellschaft, 176 f.
135 BGH, NJW 1998, 376.
136 MK-Ulmer, BGB, § 734 Rn. 8.
137 Giefers/Ott, GbR, Rn. 644.

III. Rückerstattung der Einlagen, Nachschusspflicht und Überschussverteilung

Konnten trotz der gänzlichen Verwertung des Gesellschaftsvermögens die Verbindlichkeiten der GbR nicht vollständig befriedigt werden, sind zunächst eventuelle rückständige Einlagen der Gesellschafter einzuziehen. Je nach vertretener Auffassung geschieht dies, wie oben beschrieben, allerdings auch schon vor der Rechnungslegung. Reichen auch die noch offenen Einlagen hierzu nicht aus oder bestehen seitens der Gesellschaft keine Ansprüche auf Zahlung rückständiger Einlagen, sind die Gesellschafter im Rahmen ihrer Beitragspflicht gemäß § 735 Satz 1 BGB nachschusspflichtig.[138]

Der für den insolventen Gesellschafter handelnde Verwalter wird aber in aller Regel wegen der Zahlungsunfähigkeit des Schuldners zur Zahlung rückständiger Einlagen oder eines Nachschusses wirtschaftlich nicht in der Lage sein. Für diesen Fall tritt grundsätzlich die subsidiäre Haftung der übrigen Gesellschafter nach § 735 Satz 2 BGB ein. Formal wird die Insolvenzmasse dadurch aber nicht von der Haftung befreit. Vielmehr wird der Fehlbetrag, d. h. also der Betrag, mit dem der insolvente Gesellschafter auf den ihn entfallenden Beitrag ausfällt, im Rahmen der Schlussabrechnung mitberücksichtigt.[139] Der Grund hierfür liegt in der gesamtschuldnerischen Verpflichtung. Gesellschafter, die als Gesamtschuldner für eine Gesellschaftsschuld in Anspruch genommen werden, können nach § 426 Abs. 2 BGB Ausgleich von den mithaftenden Gesellschaftern verlangen.[140] Im Übrigen ergibt sich die Zahlungspflicht des mithaftenden Gesellschafters auch als Sozialanspruch im Wege der actio pro socio. In der Theorie soll sich die Nichtzahlung des insolventen Gesellschafters somit negativ auf seinen im Wege der Schlussbilanzierung ermittelten Überschussanteil auswirken. Sofern das Gesellschaftsvermögen zur Deckung der Verbindlichkeiten nicht ausreicht und die Gesellschafter zur Zahlung rückständiger Einlagen bzw. eines Nachschusses aufgefordert werden, fehlt es aber üblicherweise an einem zu verteilenden Überschuss. Zu beachten ist weiter, dass der Saldenausgleich unter den Gesellschaftern jedenfalls nach noch herrschender Auffassung nicht mehr Bestandteil der Auseinandersetzung ist.[141] Die Vorschrift des § 730 Abs. 1 BGB zielt wegen der Auseinandersetzung ausschließlich auf das Gesellschaftsvermögen ab, welches spätestens mit der Verteilung des Überschusses nicht mehr existiert. Aus diesem Grunde soll der nach einer eventuellen Überschussverteilung zu veranlassende Kontenausgleich nach dieser Ansicht nicht mehr Gegenstand des Auseinandersetzungsverfahrens sein.[142] Zwar steht den Gesellschaftern wegen ihrer Ansprüche aus dem Gemeinschaftsverhältnis auch noch nach Vollbeendigung der GbR ein Absonderungsrecht aus § 84 Abs. 1 Satz 2 InsO zu. Das Absonderungsrecht bezieht sich jedoch wiederum ausschließlich auf den im Wege der Auseinandersetzung ermittelten Anteil des Schuldners, d. h. den Nettoanteil[143], an dem

138 Gummert, § 11 Rn. 141.
139 Gummert, § 11 Rn. 141.
140 MK-Ulmer, BGB, § 735 Rn. 4.
141 BGH, ZIP 1993, 1307 ff.
142 BGHZ 24, 91, 93 f.
143 K/P-Lüke, § 84 Rn. 35.

es hier aber, wie oben bereits beschrieben, gerade fehlt. Letztlich verbleibt den übrigen Gesellschaftern daher lediglich die Möglichkeit, ihre Ausgleichsansprüche gegen den Schuldner als gewöhnliche Insolvenzforderung im Verfahren zur Tabelle anzumelden. Es findet demnach allenfalls eine quotenmäßige Befriedigung ihrer Ansprüche mit Verfahrensabschluss statt. Im Umkehrschluss bedeutet dies für die Insolvenzmasse zumindest eine teilweise Befreiung von der Einlage- bzw. Nachschusspflicht. De facto wird der Schuldner also trotz des Verweises in § 84 Abs. 1 InsO, wonach sich die Auseinandersetzung ausschließlich nach dem jeweils geltenden materiellen Recht richtet, durch die Eröffnung des Insolvenzverfahrens insoweit gegenüber den übrigen Gesellschaftern bevorzugt.

Liegt umgekehrt ein Abwicklungsgewinn vor, d. h. übersteigt das Aktivvermögen die nach Befriedigung der Drittgläubiger und nach Rückstellungen für noch nicht fällige oder streitige Forderungen noch offenen Gesellschafterforderungen einschließlich der Ansprüche auf Einlagenrückerstattung[144], bildet die Überschussverteilung den Schlusspunkt der Auseinandersetzung.[145] Unter Praktikabilitätsgesichtspunkten erscheint es sinnvoll, in Ansehung des Auseinandersetzungsanspruches wegen der Durchsetzungssperre nicht mehr zwischen dem Anspruch auf Rückerstattung der Einlagen nach § 733 Abs. 2 BGB und dem Anspruch auf einen Überschuss gemäß § 734 BGB zu differenzieren. Vielmehr richten sich Inhalt und Umfang des Anspruches auf das (gesamte) Auseinandersetzungsguthaben danach, welche Ansprüche dem einzelnen Gesellschafter im Zuge der Auseinandersetzung zustehen und in der Schlussrechnung gutzubringen sind. Infolgedessen besteht letztlich also ein einheitlicher Anspruch auf das Auseinandersetzungsguthaben, der sowohl den anteiligen Überschuss als auch die rückzuerstattenden Einlagen und sonstige Ansprüche aus dem Gesellschaftsverhältnis als unselbstständige Rechnungsposten erfasst.[146] Streng genommen weicht die von der Rechtsprechung entwickelte Durchsetzungssperre insofern allerdings von den gesetzlichen Vorgaben des § 733 Abs. 1 und Abs. 2 BGB ab, wonach die Erstattung der Einlagen im Anschluss an die Schuldentilgung als „eigenständiger Liquidationsschritt" stattfindet.[147]

Zudem darf hierbei nicht übersehen werden, dass gemäß der gesetzlichen Regel des § 731 Satz 2 BGB für die Überschussverteilung die Vorschriften über die Bruchteilsgemeinschaft (§§ 752 ff. BGB) entsprechende Anwendung finden.

Die Liquidation des Gesellschaftsvermögens hat nach § 733 Abs. 3 BGB nur so weit zu erfolgen, wie dies für die Tilgung der Verbindlichkeiten notwendig ist. Das verbleibende Vermögen wird zunächst nicht verwertet. Stattdessen vollzieht sich die Verteilung des Überschusses an die Gesellschafter gemäß § 752 BGB grundsätzlich durch Teilung in Natur.[148]

Insoweit besteht bei der Auseinandersetzung der BGB-Gesellschaft ein Unterschied zu derjenigen bei der OHG oder der KG. Nur wenn eine Realteilung ausgeschlossen

---

144 Giefers/Ott, GbR, Rn. 645.
145 MK-Ulmer, BGB, § 734 Rn. 1.
146 Staudinger-Habermeier, § 734 Rn. 5; Sudhoff, ZGR 1972, 157 ff.
147 Erman-Westermann, § 730 Rn. 11.
148 Staudinger-Habermeier, § 734 Rn. 4.

ist oder aber hierdurch der Wert des Vermögens gemindert würde, erfolgt eine Verwertung im Wege des Pfandverkaufs i. S. d. § 753 BGB. Freilich ist in der Praxis die Verwertung durch Verkauf wohl eher die Regel, da eine Teilung in Natur nur ausnahmsweise in Betracht kommt. Zudem enthalten Gesellschaftsverträge bei der GbR nicht selten Bestimmungen, die eine Teilung in Natur ausschließen und stattdessen die vollständige Liquidation des Gesellschaftsvermögens anordnen.[149] Existiert solch eine Vertragsklausel nicht, fordert ein Teil der Literatur dennoch die Umsetzung des gesamten Vermögens in Geld.[150] Zwar spricht eine Vielzahl von Argumenten für eine solche Vorgehensweise. So lässt sich die Verteilung des Überschusses in Natur aber nur schwerlich mit dem Prinzip der Liquidationsbefangenheit (Durchsetzungssperre) vereinen. Zudem wäre eine Umsetzung des gesamten Vermögens in Geld auch aus Praktikabilitätserwägungen im Hinblick auf eine sinnvolle Planung und Gestaltung des Auseinandersetzungsverfahrens wünschenswert. In der Praxis lässt sich etwa nur bedingt abschätzen, in welchem Umfang Gegenstände zur Schuldentilgung und zur Einlagenrückerstattung zu verwerten sind, ebenso können die Abwickler die Werthaltigkeit der Drittforderungen nicht sicher vorhersagen.[151] Diese Bestrebungen sind jedoch nach derzeitiger Rechtslage wegen § 731 Satz 2 BGB i. V. m. § 752 BGB als contra legem abzulehnen.

IV. Isolierte Geltendmachung einzelner Gesellschafteransprüche vor der Beendigung nach materiellem Recht

Für das Insolvenzverfahren über das Vermögen des Gesellschafters stellt sich weiterhin die Frage, ob und zu welchem Zeitpunkt einzelne Gesellschafteransprüche geltend gemacht werden können. Diese Frage ist zum einen allgemein im Hinblick auf eine zügige Verfahrensabwicklung[152] von Bedeutung. Zum anderen entscheiden die Fragen nach einer isolierten Geltendmachung sowie dem Fälligkeitszeitpunkt der Gesellschafteransprüche im Einzelfall sogar darüber, ob ein Verfahren überhaupt eröffnet werden kann oder nicht.

Das Problem der Massekostendeckung stellt sich nämlich häufig letztlich als ein Problem der Liquidierbarkeit, also der Eigenschaft von Vermögensgegenständen, mehr oder weniger rasch in Zahlungsmittel umwandelbar zu sein, dar.[153] Damit ist nicht nur die generelle Verwertbarkeit gemeint, sondern insbesondere auch der Zeitraum, in dem die Vermögenswerte realisierbar sind.[154] Das bloße Fehlen einer sog. Anfangsliquidität darf nach einhelliger Rechtsauffassung nicht zu einer Abweisung des Antrages auf Insolvenzeröffnung mangels Masse führen (sog. temporäre Massekostenunterdeckung).

---

149 BGH, NJW 1994, 796.
150 MK-Ulmer, BGB, § 730 Rn. 8; Staudinger-Keßler, § 734 Rn. 5.
151 Brandani, Die BGB-Gesellschaft in Liquidation, 170 f.
152 BT-Drs. 12/2443, 110.
153 HK-Kirchhof, § 26 Rn. 5.
154 Uhlenbruck, § 26 Rn. 10.

Streitig ist aber der Zeitraum, den das Gericht und vor allem der Insolvenzverwalter hinzunehmen haben, bis eine Deckung der Verfahrenskosten durch die Realisierung der Insolvenzmasse möglicherweise erreicht werden kann.[155] Je nachdem welcher Rechtsauffassung gefolgt wird, reicht der Zeitraum von wenigen Wochen bis hin zur vollständigen Verfahrensdauer.[156] Trotz des mit der Insolvenzrechtsreform durch den Gesetzgeber angestrebten Ziels, eine vermehrte Verfahrenseröffnung zu erreichen und dadurch möglichst vielen Schuldnern eine Restschuldbefreiung zu ermöglichen, erscheint jedenfalls die Ansicht von *Uhlenbruck* zutreffend, nach der es dem Insolvenzverwalter zumindest nicht zugemutet werden kann, mit den Kosten für das Verfahren über mehrere Monate hinweg oder sogar jahrelang in Vorlage zu treten auf die Gefahr hin, am Ende doch noch mit den Vergütungs- und Auslageneratzansprüchen auszufallen.[157] Denn weder der Sachverständige noch das Gericht wissen im Zeitpunkt der Verfahrenseröffnung mit Sicherheit, ob etwa bestehende Anfechtungslagen, ein Gesamtschaden der Gläubiger oder beispielsweise die hier in Rede stehenden Gesellschafteransprüche auch tatsächlich zu realisieren sind.[158] Wohlgleich bestimmt sich die Berechnung des für die Verfahrenskostendeckung maßgeblichen Vermögens des Schuldners nach Auffassung des Bundesgerichtshofs aus einem Vergleich des innerhalb etwa einem Jahr in Geld umwandelbaren Vermögens mit den voraussichtlichen Kosten des Verfahrens.[159] Demnach soll die Grenze der Zumutbarkeit für den Verwalter bei etwa einem Jahr liegen, wobei die Umstände des Einzelfalls, insbesondere die Vorhersehbarkeit einer Realisierung des Wertes, nicht außer Acht gelassen werden dürfen.

Für die der Arbeit zugrunde liegende Thematik sind also diejenigen Fälle problematisch, bei denen der Anteil des Schuldners an der Gesellschaft den einzigen Vermögenswert der Insolvenzmasse bildet. Die Ansprüche der Gesellschafter gegen die Gesamthand oder die Mitgesellschafter können nämlich grundsätzlich während der Abwicklung wegen der oben bereits erläuterten Durchsetzungssperre nicht selbständig geltend gemacht werden, sondern bilden unselbständige Rechnungsposten in der Auseinandersetzungsbilanz.[160] Dies gilt nach ständiger Rechtsprechung entgegen dem Wortlaut des § 733 Abs. 2 Satz 1 und 2 BGB auch für den Anspruch auf Rückerstattung des Wertes der von den Gesellschaftern geleisteten Einlagen.[161] Bei einem voraussichtlich länger andauernden Auseinandersetzungsverfahren, etwa wenn die Gesellschaft an verschiedenen Grundstücken beteiligt ist oder in ihrem Eigentum technische Anlagen und Maschinen stehen, die aufgrund ihrer speziellen, auf die Bedürfnisse des Betriebes abgestimmten Anfertigung nur schwer veräußerbar sind, lässt sich der in der Beteiligung des Schuldners an der Gesellschaft liegende Vermögenswert nicht alsbald in Geld umwandeln. Infolgedessen erscheint eine Eröffnung des Verfahrens (wenn außer dem Gesellschaftsanteil keine Insolvenzmasse vorhanden ist) fraglich.

---

155 Uhlenbruck, § 26 Rn. 13.
156 LG Göttingen, DZWIR 2000, 392.
157 Gottwald/Uhlenbruck, InsRHdb, § 15 Rn. 3.
158 Pape/Hauser, Massearme Verfahren, Rn. 96 ff.
159 BGH, ZInsO 2003, 706, 707.
160 Erman-Westermann, § 730 Rn. 11.
161 Staudinger-Habermeier, § 733 Rn. 9.

Allerdings existieren zu dem oben genannten Rechtsinstitut der Liquidationsbefangenheit[162] eine Vielzahl von Ausnahmen, bei denen auch die Rechtsprechung eine isolierte Geltendmachung von Einzelansprüchen für zulässig erachtet. Sie lassen sich in vier Gruppen einteilen:

Zunächst einmal kann der Gesellschaftsvertrag entweder explizit oder zumindest dem Sinn und Zweck nach vorsehen, dass ein bestimmter Anspruch auch im Falle der Gesellschaftsauflösung seine Selbständigkeit behalten soll. Weiter kann bereits vor der Beendigung des Auseinandersetzungsverfahrens feststehen, dass ein Gesellschafter einen bestimmten Mindestbetrag in jedem Fall erhält.[163] Denkbar sind auch Konstellationen, in denen die auf dem Gesellschaftsverhältnis beruhende Treuepflicht verletzt würde, wenn ein Gesellschafteranspruch nicht vorab abgesondert befriedigt werden könnte.[164] Schließlich sind diejenigen Fälle zu nennen, in denen die Gesellschaft sich beispielsweise schon vor der Insolvenz ihres Gesellschafters aus anderen Gründen im Abwicklungsstadium befunden hat und es lediglich noch um die Verteilung des letzten Aktivpostens geht.[165]

Sofern also die Voraussetzungen für eine isolierte Geltendmachung nach einer der genannten Fallgruppen vorliegen, muss der Insolvenzverwalter nicht das Ende der Auseinandersetzung abwarten. Er kann stattdessen den diesbezüglich bestehenden Anspruch notfalls auch klageweise gegen die Gesellschaft unmittelbar nach der Verfahrenseröffnung durchsetzen. Hat der Verwalter sich noch in der Gutachterphase von dem Vorliegen der Anspruchsvoraussetzungen und der Werthaltigkeit der Forderung überzeugt und können die Verfahrenskosten hieraus gedeckt werden, wird er dem Insolvenzrichter wegen der insoweit bestehenden „kurzfristigen" Liquidierbarkeit des Gesellschaftsanteils ohne Bedenken die Eröffnung des Verfahrens empfehlen. Bei der Frage, inwieweit auch insolvenzrechtliche Ausnahmen von dem Prinzip der Liquidationsbefangenheit eingreifen können, handelt es sich letztlich um ein Problem der Reichweite des Absonderungsrechts der übrigen Teilhaber aus § 84 Abs. 1 Satz 2 InsO, auf das noch gesondert einzugehen sein wird.

Besteht demgegenüber keinerlei Möglichkeit, zumindest einen Teil der Mitberechtigung schon vorab zu realisieren, gilt für den Sachverständigen das „Vorsichtigkeitsprinzip".[166] Das heißt, er muss zunächst alle ihm verfügbaren Informationsquellen ausschöpfen, den Sachverhalt sowie die entsprechenden Geschäftsunterlagen eingehend überprüfen (was ohnehin zu den Aufgaben des Gutachters zählt) und dann bei der Schätzung eines in Betracht kommenden Auseinandersetzungsguthabens des Schuldners nach dem Niederstwertprinzip vorgehen, um hinsichtlich seiner Eröffnungsempfehlung zu einer möglichst sicheren Prognose zu gelangen. Des Weiteren sollte der Gutachter darum bemüht sein, schon frühzeitig mit dem zuständigen Insolvenzgericht Kontakt aufzunehmen, um die Auffassung des Gerichts in Erfahrung zu bringen, welchen Zeitraum es für die Erwirtschaftung der

162 Brandani, Die BGB-Gesellschaft in Liquidation, 170.
163 BGH, BB 1999, 1947.
164 BGH, ZIP 1997, 2120.
165 BGH, BB 1999, 1947.
166 Nehrlich/Römermann, § 26 Rn. 25.

Geldmittel zur Verfahrenskostendeckung für noch zulässig erachtet. Infolge der erheblichen Unterschiede der zu dem Thema vertretenen Auffassungen ist unausweichlich diesbezüglich auch eine gewisse Rechtsunsicherheit bei den Insolvenzgerichten eingetreten. Liegt dem Verfahren ein Eigenantrag des Schuldners zugrunde, kann freilich ein entsprechender Stundungsantrag nach § 4a InsO Abhilfe schaffen. Im Übrigen verbleibt nur noch die Möglichkeit, die Verfahrenskosten mittels eines Vorschusses nach § 26 Abs. 1 Satz 2 InsO zu finanzieren.[167]

E. Auseinandersetzung sonstiger Gemeinschaftsverhältnisse des BGB

I. Die Bruchteilsgemeinschaft

Bei der Bruchteilsgemeinschaft fällt sowohl der Miteigentumsanteil des Schuldners wegen dessen freier Verfügbarkeit nach § 747 Satz 1 BGB als auch der Anspruch auf Aufhebung der Gemeinschaft i. S. d. § 749 Abs. 1 BGB in die Insolvenzmasse. Dementsprechend kann der Verwalter wählen, ob er beispielsweise den Miteigentumsanteil des Schuldners an einem Grundstück frei veräußert oder die Aufhebung der Gemeinschaft und den Verkauf des gesamten Grundstücks verlangt.[168] Letztere Möglichkeit steht dem Verwalter wegen § 84 Abs. 1 Satz 2 InsO auch bei einem vertraglichen Ausschluss der Aufhebung der Gesellschaft und der Eintragung eines entsprechenden Vermerks (§ 1010 Abs. 1 BGB) im Grundbuch zu.[169] Nach anderer Auffassung stellt die Eröffnung des Insolvenzverfahrens über das Vermögen eines Teilhabers einen wichtigen Grund dar, bei dessen Vorliegen die Aufhebungsbeschränkung schon nach § 749 Abs. 2 Satz 1 BGB ihre Geltung verliert.[170]

Der gemeinschaftliche Gegenstand selbst, über den die Mitberechtigten gemäß § 747 Satz 2 BGB auch nur gemeinschaftlich verfügen können, fällt hingegen nicht in die Masse. Eine Teilung in Natur gemäß § 752 BGB kommt nur in Ausnahmefällen in Frage. Deshalb muss der Insolvenzverwalter, falls er den Gegenstand zur Realisierung des darin für den Schuldner enthaltenen Vermögenswertes im Wege einer Veräußerung verwerten will, zuvor die Zustimmung der übrigen Miteigentümer einholen.[171] Vor Verteilung des Erlöses, sind Forderungen, die ein Teilhaber gegen einen anderen aufgrund des Gemeinschaftsverhältnisses hat (insbesondere Verwaltungs- und Erhaltungskosten i. S. d. § 748 BGB), auf den ihm zustehenden Teil des gemeinschaftlichen Gegenstandes nach § 756 BGB in Anrechnung zu bringen. So erhält jeder Teilhaber von vornherein nur denjenigen Erlösanspruch, der ihm unter Berücksichtigung aller gegenseitigen Forderungen aus dem Gemeinschaftsverhältnis zusteht. Durch die damit bewirkte „Verdinglichung“[172] werden

---

167 K/P-Pape, § 26 Rn. 13 ff.
168 Wimmer/App, § 84 Rn. 7.
169 Wimmer/App, § 84 Rn. 7.
170 MK-Stodolkowitz, § 84 Rn. 3.
171 Uhlenbruck-Hirte, § 84 Rn. 3.
172 MK-Ulmer, BGB, §§ 755, 756 Rn. 1.

die Ansprüche der Teilhaber außerdem vor dem Zugriff von außenstehenden Gläubigern geschützt. Ein Recht auf Vorwegbefriedigung der Gemeinschaftsgläubiger besteht nicht.

Befindet sich der Vermögensgegenstand im Alleinbesitz des Schuldners, haben die anderen Miteigentümer der Sache bezüglich ihres Miteigentumsanteils einen Aussonderungsanspruch. Dieser Anspruch zielt entweder auf Feststellung des Miteigentums, auf Einräumung des Mitbesitzes oder auf Auseinandersetzung der Gemeinschaft.[173]

Da nunmehr auch der Neuerwerb des Schuldners im eröffneten Verfahren nach § 35 InsO zur Insolvenzmasse zählt, ist eine Konstellation, bei der ein Miteigentumsanteil an einem Gegenstand zur Masse und der andere zum insolvenzfreien Privatvermögen des Schuldners gehört, nicht mehr denkbar.[174]

Die Frage nach der rechtlichen Stellung des Insolvenzverwalters und dessen praktischen Möglichkeiten der Verwertung von Grundeigentum, insbesondere auch bei der hier behandelten Bruchteilsgemeinschaft, wird zudem ausführlich in einem gesonderten Kapitel behandelt.

Beim Wohnungseigentum besteht die einzige Möglichkeit der Verwertung für den Insolvenzverwalter in der Veräußerung des Miteigentumsanteils. Eine Auseinandersetzung nach § 84 Abs. 1 Satz 1 InsO i. V. m. §§ 749 ff. BGB ist wegen § 11 Abs. 2 WEG ausgeschlossen.

II. Die Erbengemeinschaft

Mehrere Erben erwerben die Nachlassgegenstände als Gesamthandseigentümer.

Wird über das Vermögen eines Erben das Insolvenzverfahren eröffnet, gehört entsprechend § 859 Abs. 2 ZPO lediglich dessen Anteil am Nachlass zur Insolvenzmasse. Die Auseinandersetzung erfolgt nach den Vorschriften der §§ 2042 ff. BGB, wobei vom Verwalter insbesondere die gesetzlichen Einschränkungen der Auflösbarkeit nach §§ 2043, 2045 BGB beachtet werden müssen.

Sind die Erbteile wegen der zu erwartenden Geburt eines Miterben noch unbestimmt, kann dies eine Verzögerung der Auseinandersetzung bedeuten.[175] Gemäß § 2042 Abs. 2 BGB gelten die Regelungen der §§ 749 Abs. 2, 3, §§ 750–758 BGB für die Bruchteilsgemeinschaft entsprechend auch für die Erbengemeinschaft. Jeder Mitberechtigte erhält von vornherein nur, was ihm nach Verrechnung aller gegenseitigen Forderungen aus dem Gemeinschaftsverhältnis zusteht; der Zugriff außenstehender Gläubiger wird durch die „Verdinglichung“ der Ansprüche gesperrt.[176]

173 BGH, WM, 1958, 899, 900.
174 Vgl. LG Bayreuth, KTS 1977, 188.
175 Uhlenbruck-Hirte, § 84 Rn. 32.
176 MK-Stodolkowitz, § 84 Rn. 17.

III. Die eheliche Gütergemeinschaft

Wie oben bereits dargestellt, verbleibt für § 84 InsO wegen der Sondervorschrift des § 37 InsO nur dann ein Anwendungsbereich, wenn eine Gemeinschaft beendet, aber noch nicht auseinandergesetzt ist. In diesem Fall fällt der Anteil des insolventen Ehegatten an dem Gesamtgut in die Masse (vgl. § 860 Abs. 2 ZPO). Die Auseinandersetzung richtet sich gemäß § 84 Abs. 1 Satz 1 InsO nach den Regelungen der §§ 1471 ff., 1497 ff. BGB. Anstelle des sich im Insolvenzverfahren befindenden Ehegatten handelt der Insolvenzverwalter. Dessen Rechte sind bei der Auseinandersetzung auf die des Ehegatten beschränkt.[177]

F. Teilung einer Personenhandelsgesellschaft am Beispiel der Offenen Handelsgesellschaft

I. Allgemeines

Die Eröffnung des Insolvenzverfahrens über das Vermögen eines OHG-Gesellschafters löst anders als nach dem bis zur Einführung des Handelsrechtsreformgesetzes im Jahre 1998 geltenden Recht die Gesellschaft nicht mehr auf. Vielmehr scheidet der betroffene Gesellschafter nach § 131 Abs. 3 Satz 1 Nr. 2 HGB mit der Eröffnung des Verfahrens aus der OHG aus, sofern nicht eine hiervon abweichende Bestimmung im Gesellschaftsvertrag festgelegt ist.[178] Der Gesellschaftsanteil selbst fällt hier also nach § 35 InsO im Gegensatz zu der Rechtslage bei einer insolvenzbedingten Auflösung des Rechtsverhältnisses nicht in die Masse, sondern lediglich der dem Schuldner zustehende Abfindungsanspruch.[179] Die maßgeblichen Rechtsfolgen des Ausscheidens regeln die §§ 738 bis 740 BGB, welche gemäß § 105 Abs. 3 HGB entsprechend auf die OHG anzuwenden sind. Das gesetzliche Leitbild ist von dem Anliegen geprägt, die rechtliche und wirtschaftliche Stellung des ausgeschiedenen Gesellschafters derjenigen Position der Gesellschafter im Falle einer auflösungsbedingten Abwicklung möglichst anzupassen.[180] Neben dem nunmehr mitgeschützten Interesse der übrigen Gesellschafter an der Fortführung des Unternehmens dient die Vorschrift also unverändert dem Schutz der Privatgläubiger des Gesellschafters, genau genommen ihrem Interesse an der Liquidierung des zum Vermögen des Schuldners gehörenden Gesellschaftsanteils im Rahmen des Insolvenzverfahrens.[181] Das wichtigste Recht des Schuldners bildet dabei sein Anspruch auf die Abfindung nach § 105 Abs. 2 HGB, § 738 Abs. 1 Satz 2 BGB.

---

177 MK-Stodolkowitz, § 84 Rn. 18.
178 K/P-Lüke, § 84 Rn. 29.
179 Schmidt, GesellR, 1452.
180 Staudinger-Habermeier, BGB, § 738 Rn. 1.
181 Staub-Schäfer, HGB, § 131 Rn. 86.

II. Voraussetzungen des Ausscheidens

1. Grundsatz

Das Ausscheiden des insolventen Gesellschafters tritt nach § 131 Abs. 3 Satz 1 Nr. 3 HGB kraft Gesetzes ein, wenn über sein Eigenvermögen das Insolvenzverfahren eröffnet wurde. Der maßgebliche Zeitpunkt richtet sich nach dem Erlass des Eröffnungsbeschlusses und ist in der Beschlussausfertigung selbst nach § 27 Abs. 2 Nr. 3 InsO anzugeben. Entscheidend für die Wirksamkeit des Eröffnungsbeschlusses ist nicht die Zustellung sondern die Bekanntgabe der Geschäftsstelle.[182] Demgegenüber führt die Anwendung vorläufiger Sicherungsmaßnahmen i. S. d. §§ 21 ff. InsO im Insolvenzeröffnungsverfahren nicht zum Ausscheiden des Gesellschafters.[183]

2. Ablehnung mangels Masse

Ebenso bildet nach herrschender Meinung die Ablehnung des Insolvenzantrages mangels Masse keinen Ausscheidensgrund.[184] Der Wortlaut des § 131 Abs. 3 Satz 1 Nr. 2 InsO knüpft nämlich nicht an die bloße Beantragung, sondern an die Eröffnung des Insolvenzverfahrens an.[185] Ursprünglich ausgelöst wurde die Kontroverse hierüber im Zusammenhang mit der Insolvenz der Gesellschaft selbst nach § 131 Abs. 1 Nr. 3 HGB. Hier hat der Gesetzgeber aber im Zuge der Insolvenzrechtsreform im Jahre 1999 durch Inkrafttreten des neu eingefügten zweiten Absatzes der Vorschrift Abhilfe geschaffen. Dieser statuiert die Ablehnung der Verfahrenseröffnung nur in einem Ausnahmefall zu einem Auflösungsgrund, nämlich nur bei Gesellschaften, zu deren persönlich haftenden Gesellschaftern auch mittelbar keine natürliche Person zählt.[186] In erster Linie zielt die Regelung auf die rechtliche Anpassung der GmbH & Co. KG mit den Kapitalgesellschaften ab. Durch die Konstruktion der Vorschrift als „Regel-Ausnahme-Prinzip" wurde die bis dato herrschende Ansicht bezüglich der Ablehnung mangels Kostendeckung indirekt bestätigt. Dementsprechend ist auch innerhalb des dritten Absatzes heuer nur noch strittig, ob die Ablehnung der Verfahrenseröffnung zumindest in denjenigen Fällen zum Ausscheiden führt, bei denen es sich bei dem Gesellschafter um die Komplementär-GmbH einer GmbH & Co. KG handelt.[187] Die Ablehnung der Eröffnung eines Insolvenzverfahrens über das Vermögen eines OHG-Gesellschafters führt jedenfalls nicht zu seinem Ausscheiden nach § 131 Abs. 3 Satz 1 Nr. 2 HGB, sofern es sich um eine natürliche Person handelt. Nichtsdestotrotz kann in der Ablehnung der Eröffnung mangels Masse ein wichtiger Grund im Sinne des § 140 HGB für eine Ausschließung des Gesellschafters liegen.[188]

---

182 BGH, ZIP 1996, 1909, 1910 f.
183 Gottwald-Haas, InsRHdb, § 94 Rn. 113.
184 BGHZ 75, 178, 179 f.
185 Sudhoff, Personengesellschaften, 6. Teil Rn. 18.
186 Staub-Schäfer, HGB, § 131 Rn. 38.
187 Schmittmann, ZInsO 2005, 1314, 1315 f.
188 MüHdB-Piehler/Schulte, GesellR, Band I, § 74 R.

3. Eröffnung eines Nachlassinsolvenzverfahrens

Ferner soll nach umstrittener Rechtslage auch die Eröffnung des Nachlassinsolvenzverfahrens über den Nachlass eines Gesellschaftererben keinen Ausscheidungsgrund analog § 131 Abs. 3 Satz 1 Nr. 2 HGB darstellen.[189] Nach langer Diskussion hat sich inzwischen zwar auch der BGH der Auffassung von der Nachlasszugehörigkeit der Gesellschafterstellung angeschlossen.[190] Für die Nichtanwendung der Vorschrift des § 131 Abs. 3 Satz 1 Nr. 2 HGB im vorliegenden Fall spricht aber, dass die Nachlassinsolvenz nicht über das Vermögen des Gesellschafters, sondern über den Nachlass des früheren Gesellschafters eröffnet wird.[191] Nichtsdestotrotz soll dem Insolvenzverwalter zur Realisierung des in dem Gesellschaftsanteil liegenden Werts aus einer Analogie zu § 135 HGB das Kündigungsrecht zustehen, sofern der Gesellschaftererbe den Anteil nicht gegen Erstattung des Wertes in den Nachlass übernehmen will.[192]

Ausgehend von der Nachlasszugehörigkeit des Gesellschaftsanteils kommt eine (analoge) Anwendung des § 84 Abs. 1 Satz 1 InsO im Sonderinsolvenzverfahren über den Nachlass gemäß der §§ 315 ff. InsO in Betracht. Erfolgt die Auseinandersetzung nach der Vorschrift des § 84 Abs. 1 Satz 1 InsO, erscheint die Auffassung Lüers vorzugswürdig, den Erben mit der Insolvenzeröffnung über den Nachlass aus der Gesellschaft analog § 131 Abs. 3 Satz 1 Nr. 2 HGB ausscheiden zu lassen, um so eine Befriedigung der Gläubiger des Verstorbenen aus dem in die Insolvenzmasse fallenden Abfindungsanspruch zu ermöglichen.[193]

Andererseits scheidet der Gesellschafter in den allermeisten Fällen mit seinem Tod nach § 131 Abs. 3 Satz 1 Nr. 1 HGB ohnehin aus der Gesellschaft aus und nur dessen Abfindungsanspruch gelangt in den Nachlass. Einer analogen Anwendung des § 131 Abs. 3 Satz 1 Nr. 2 HGB bedarf es also regelmäßig nicht. Lediglich bei Existenz einer Nachfolgeklausel treten ein oder mehrere Erben in die Gesellschafterstellung ein. Liegt eine so genannte qualifizierte Nachfolgeklausel vor, d. h. nur ein oder mehrere bestimmte Erben rücken in die Gesellschafterstellung nach, wird zudem weiterhin vertreten, aufgrund einer Sondererbfolge zähle der Gesellschafteranteil nicht zum Nachlass, sondern zu dem Vermögen des jeweiligen Erben.[194] Der Rechtsstreit wirkt sich somit lediglich bei Bestehen einer einfachen Nachfolgeklausel aus und ist daher in der Praxis von geringer Relevanz.

---

189 Raddatz, Personengesellschaftsanteile, 144 ff.
190 BGHZ 98, 48; 108, 187.
191 MK-Siegmann, § 315 Anh Rn. 23.
192 Flume, NJW 1988, 161, 162; Staub-Schäfer, HGB, § 131 Rn. 88.
193 Uhlenbruck-Lüer, § 315 Rn. 21.
194 BGH, NJW 1984, 2104, 2105.

4. Teleologische Reduktion des Anwendungsbereichs

a) *Zweigliedrige OHG*

Viel diskutiert wird die Frage, ob die Vorschrift des § 131 Abs. 3 Satz 1 Nr. 2 HGB auch in einer zweigliedrigen Personengesellschaft Anwendung findet.[195] Dem Wortlaut der Regelung sind insoweit zunächst keine Einschränkungen zu entnehmen. Scheidet aber der vorletzte Gesellschafter aus dem Unternehmen aus, kann die Gesellschaft nicht fortgeführt werden. Weil das Gesellschaftsrecht eine Ein-Mann-Personengesellschaft nicht kennt,[196] tritt automatisch die Vollbeendigung der Gesellschaft ein.[197] Durch den Wegfall eines der beiden Gesellschafter kommt es deshalb nach der herrschenden Meinung und Rechtsprechung, die § 131 Abs. 3 HGB auch im vorliegenden Fall anwenden, zu einer liquidationslosen Vollbeendigung der Gesellschaft unter Gesamtrechtsfolge des letztverbleibenden Gesellschafters.[198]

Die Kritik an einer Anwendung der Vorschrift bei den zweigliedrigen Personengesellschaften beruht zum einen auf der Haftungsproblematik bei Ausscheiden des letzten Komplementärs aus einer KG entsprechend §§ 161 Abs. 2, 131 Abs. 3 HGB. Verbleibt hier nur ein Kommanditist als Gesellschafter, wird dieser durch den Übergang des Unternehmens im Wege der Gesamtrechtsnachfolge in die persönliche Haftung gedrängt.[199]

Zum anderen führt namentlich Schmidt gegen ein Eingreifen der Regelung bei der GmbH & Co. KG an, Ziel eines koordinierten Insolvenzverfahrens könne hier nur die Vollabwicklung beider Gesellschaften sein, was bei einer Anwendung des § 131 Abs. 3 Satz 1 Nr. 2 HGB durch die damit einhergehende vorrangige insolvenzrechtliche Abwicklung der Komplementär-GmbH letztlich verhindert werde.[200] Das Verfahren der Abwicklung müsse sich an dem Regelfall orientieren, dass die Insolvenz der Gesellschaft und diejenige des Gesellschafters in der Praxis häufig miteinander einhergingen. Weiter führe der Anfall des Anteils der insolventen Beteiligungsgesellschaft beim nicht insolventen Gesellschafter zu einem vom Gesetzgeber nicht gewollten Ergebnis.[201] Denn die dem Verwalter des insolventen Gesellschafters obliegende Verwertung des Anteils bilde einen wesentlichen Ausschnitt einer sonst durchzuführenden Regelliquidation der Kommanditgesellschaft.[202]

Beide Kritikpunkte betreffen aber vornehmlich das Ausscheiden des Komplementärs bei der Kommanditgesellschaft und sind auf die Offene Handelsgesellschaft nicht übertragbar. Insbesondere einer Haftungsbeschränkung des letztverbliebenen Gesellschafters bedarf es bei der OHG nicht, da dieser sowohl vor als auch nach Ausscheiden des insolventen Gesellschafters unbeschränkt für Verbindlichkeiten

195 Gottwald-Haas, InsRHdb, § 94 Rn. 113.
196 BGHZ 65, 79, 82 f.
197 Ebenroth/Boujong/Joost-Lorz, HGB, § 131 Rn. 11.
198 BGHZ 50, 307, 309; BGHZ 113, 132, 133; BGH, NZG 2000, 474.
199 Ebenroth/Boujong/Joost-Lorz, HGB, § 140 Rn. 42.
200 Schmidt, GmbHR 2002, 1209, 1217.
201 Frey/v. Bredow, ZIP 1998, 1621.
202 OLG Hamm, DZWIR 2004, 35, 36.

der Gesellschaft mit seinem Privatvermögen der Gesellschaft aus § 128 HGB haftet.[203] Im Ergebnis ändert sich also durch den Übergang des Unternehmens im Wege der Gesamtrechtsnachfolge insoweit nichts. Der vorletzte Gesellschafter haftet für die vor seinem Ausscheiden begründeten Verbindlichkeiten auch weiterhin mit. Freilich werden die Gesellschaftsgläubiger ihm gegenüber insofern auf eine Realisierung ihrer Forderung durch eine Anmeldung zur Insolvenztabelle nach § 38 InsO verwiesen. Nach dem Ausscheiden hat es der Gesamtrechtsnachfolger dagegen selbst in der Hand, ob er das Unternehmen fortführen und das Risiko einer neuerlichen Verschuldung dabei in Kauf nehmen will.

Hinsichtlich des Arguments, ein Insolvenzverfahren über eine Personenhandelsgesellschaft diene stets auch deren Vollabwicklung, bleibt zudem festzuhalten, dass der Bundesgerichtshof in seiner Rechtsprechung bezüglich der insolvenzrechtlichen Freigabe dem Verfahrensziel der Gläubigerbefriedigung den Vorrang vor einer vollständigen Abwicklung des Gesellschaftsverhältnisses eingeräumt hat.[204] D. h., eine Personenhandelsgesellschaft kann Vermögen außerhalb des Insolvenzverfahrens bilden. Die insolvenzrechtliche Abwicklung muss nicht notwendig die Vollabwicklung der Gesellschaft umfassen, vielmehr existieren die gesellschaftsrechtliche und die insolvenzrechtliche Abwicklung nebeneinander. Eine auf dem oben genannten Rechtsgedanken aufbauende Argumentation im Rahmen des § 131 Abs. 3 InsO geht folglich schon von einer zweifelhaften Grundthese aus.

Für die Offene Handelsgesellschaft verbleibt es daher bei der bisherigen Rechtsprechung des BGH zur früheren Rechtslage im Falle der gesellschaftsvertraglichen Vereinbarung des Ausscheidens eines Gesellschafters mit dessen Insolvenzeröffnung. Bedenken im Zusammenhang mit der automatischen Vollbeendigung der Gesellschaft und der Gesamtrechtsnachfolge des letzten Gesellschafters bestehen hier nicht.[205] Indes entbehrt vielmehr die gegenteilige Annahme, in der Zweipersonengesellschaft trete an die Stelle des Ausscheidens des vorletzten Gesellschafters ausnahmsweise die Auflösung der Gesellschaft, einer hinreichenden rechtlichen Begründung. Allein durch die Reduktion des dritten Absatzes lässt sich dieses Ziel nämlich nicht erreichen. Eine analoge Anwendung des § 131 Abs. 1 HGB kommt im Zusammenhang mit dem Vorliegen personenbezogener Gründe im Sinne des dritten Absatzes nicht in Betracht.[206] Der Wertung des Reformgesetzgebers entspricht es gerade, zwischen den ehemals gesellschafterbezogenen Auflösungsgründen, die nunmehr in Ausscheidensgründe umgewandelt wurden, und denjenigen Gründen, welche die Gesellschaft selbst betreffen, zwingend zu differenzieren.

Auch die teleologische Reduktion des dritten Absatzes im vorliegenden Fall verdient im Ergebnis keine Unterstützung, solange sie sich allein auf die mangelnde Gewährleistung der Unternehmenskontinuität beruft. Bei der Aufhebung des § 142 HGB, welcher die Auflösung bzw. die Auseinandersetzung bei der zweigliedrigen OHG und KG regelte, hat der Reformgesetzgeber klargestellt, dass die in dieser Re-

203 Bork/Jacoby, ZGR 2005, 611, 646.
204 BGH, NJW 2001, 2966, 2967.
205 Schmidt/Zagel-Bierly, OHG, KG und PublikumsKG, Rn. 917 ff.
206 Staub-Schäfer, HGB, § 131 Rn. 108.

gelung zum Ausdruck kommende Vorstellung des historischen Gesetzgebers, Ausschließung und Ausscheiden des Gesellschafters kämen nur dann in Frage, wenn nicht nur das Unternehmen, sondern auch die Gesellschaft selbst fortbestehe, überholt sei.[207] Der Grundsatz der Unternehmenskontinuität in § 131 Abs. 3 HGB wird somit auch ohne Fortbestand der Gesellschaft ausreichend gewahrt, wenn das Vermögen der Gesellschaft einschließlich deren Verbindlichkeiten im Wege der Universalsukzession auf den letztverbliebenen Gesellschafter übergeht und es im Anschluss seiner Entscheidung obliegt, ob er das Unternehmen als Einzelkaufmann fortführt. Offenbar war der Reformgesetzgeber bei der ersatzlosen Streichung des § 142 HGB der Ansicht, es bedürfe für den Fall des Ausscheidens des vorletzten Gesellschafters keiner anderen Regelung als derjenigen für das Ausscheiden bzw. den Ausschluss aus einer mehrgliedrigen Gesellschaft.[208] Eine Ausnahme von der Regelung des § 131 Abs. 3 Satz 1 Nr. 2 HGB bei der Zweipersonengesellschaft kommt somit allenfalls im Wege der ergänzenden Vertragsauslegung in Betracht.[209]

b) Eintritt des Ausscheidensgrundes in der aufgelösten Gesellschaft

Nach früherer Rechtslage vor der Handelsrechtsreform, bei der das Ausscheiden nur aufgrund einer entsprechenden Fortsetzungsklausel eintrat, wurde vielfach angenommen, die Ausschließungsklausel sei in der aufgelösten, aber noch nicht vollständig abgewickelten Gesellschaft nur in denjenigen Fällen anwendbar, bei denen entweder die Auflösung nur vorübergehender Natur war und bereits im Zeitpunkt des Eintritts eines Ausscheidensgrundes feststand, dass die Gesellschaft alsbald fortgeführt werden sollte, oder der in der Person des Gesellschafters vorliegende wichtige Grund zur Ausschließung die ordnungsgemäße Abwicklung der Gesellschaft ernsthaft gefährde, wenn der Gesellschafter Mitglied der Liquidationsgesellschaft bliebe. Andernfalls nahm die Rechtsprechung mangels ausdrücklicher Bestimmungen im Gesellschaftsvertrag für diesen Fall vielfach eine ergänzende Vertragsauslegung vor und wendete die Ausscheidensklausel in der aufgelösten Gesellschaft nicht an.[210]

Demgegenüber wurde in Teilen der Literatur betont, die Vorschrift des früheren § 138 HGB, die das Ausscheiden eines Gesellschafters infolge abweichender gesellschaftsvertraglicher Klauseln zum Gegenstand hatte, sei grundsätzlich auch im Abwicklungsstadium der Gesellschaft anwendbar. In der Regel diene eine solche Klausel zwar der Fortführung der Gesellschaft, dennoch handele es sich ihrer Funktion nach um eine Ausschließungsvereinbarung. Bei einer bereits aufgelösten Gesellschaft folge somit für gewöhnlich aus der Klausel, dass die Auseinandersetzung nur noch unter den verbleibenden Gesellschaftern stattfinde. Eine mögliche Einschränkung derartiger Vereinbarungen im Wege der Auslegung sei allein einer Prüfung des Einzelfalls vorbehalten.[211]

---

207 BegrRegE, BT-Drucks. 13/8444, 67.
208 BegrRegE, BT-Drucks. 13/8444, 67.
209 MK-Schmidt, HGB, § 131 Rn. 75.
210 BGH, WM 1964, 1086 f.
211 Schlegelberger-Schmidt, HGB, § 138 Rn. 3.

Diese Bedenken hinsichtlich des Ausscheidens eines Gesellschafters spiegeln sich heute in der Kommentierung zur Vorschrift des § 131 Abs. 3 HGB wieder. Einige Stimmen lehnen eine Anwendung des dritten Absatzes der Vorschrift für die aufgelöste Gesellschaft generell ab, weil der Normzweck, die Unternehmenskontinuität der Gesellschaft bei personenbezogenen Gründen zu sichern, im Auflösungsstadium entfalle. Anerkannt ist darüber hinaus, die Ausschließungsklage nach § 140 Abs. 1 HGB im Liquidationsstadium nur dann zuzulassen, falls die genannten, vom Bundesgerichtshof formulierten Voraussetzungen vorliegen.[212]

Dem obigen Rechtsstreit kommt auch bei einer Auseinandersetzung infolge der Insolvenzeröffnung über das Vermögen eines Gesellschafters nach § 84 InsO Bedeutung zu. Die Vorschrift bleibt nämlich bei einer bereits eingeleiteten Auseinandersetzung anwendbar, solange das Gesellschafts- oder Gemeinschaftsverhältnis noch nicht vollständig abgewickelt wurde. In der Tat ist der Zweck des § 131 Abs. 3 HGB in der aufgelösten Gesellschaft nur begrenzt erreichbar. Insoweit sprechen vor allem praktische Erwägungen dafür, das zugrunde liegende Gesellschaftsverhältnis unter Mitverwendung des entsprechend § 735 BGB i. V. m. § 93 InsO einzuziehenden Geldbetrages abzuwickeln und die Gesellschaftsverfassung sowie die Vertretungsverhältnisse der Schuldnerin zunächst unberührt zu belassen und erst im Anschluss, im Falle des Bestehens eines Ausscheidensgrundes im Sinne des § 131 Abs. 3 Satz 1 Nr. 2 HGB, das Insolvenzverfahren über das Vermögen des Gesellschafters zu beenden. Vor allem im Hinblick auf die Haftung für Masseschulden erscheint die Abwicklung unter Aufrechterhaltung der Gesellschafterstellung des insolventen Mitgliedes gegenüber der Durchführung zweier unverbundener Insolvenzverfahren vorzugswürdig.[213]

Sind im Gesellschaftsvertrag gemäß § 131 Abs. 3 Satz 1 Nr. 6 HGB weitere Ausscheidensgründe vereinbart, sollte deshalb weiterhin eine (ergänzende) Auslegung die Grundlage für eine Suspendierung der Ausscheidensfolge bilden. Eine generelle Nichtanwendung hinsichtlich der übrigen Fälle des dritten Absatzes im Wege der teleologischen Reduktion scheidet demgegenüber im Liquidationsstadium aus. Vielmehr erfordern die einzelnen Ausscheidensgründe, der Auffassung von Schäfer folgend, eine differenzierte Betrachtungsweise.[214]

Im hier maßgeblichen Fall der Gesellschafterinsolvenz nach Nr. 2 des dritten Absatzes der Vorschrift ist dem Normzweck entsprechend in erster Linie auf den Schutz der Privatgläubiger abzustellen. Rein formal betrachtet erscheint es aus Sicht der Privatgläubiger gleichgültig, ob der Abfindungsanspruch oder der Auseinandersetzungsanspruch zur Insolvenzmasse gelangt. Denn der Ausgeschiedene erhält für seinen Anteil am Gesellschaftsvermögen nach § 105 Abs. 3 HGB i. V. m. § 738 BGB dasjenige, was er bei Auflösung der Gesellschaft und Auseinandersetzung erhalten hätte.[215] Dem gesetzgeberischen Anliegen zufolge entsprechen sich also die Wert-

212 OLG Frankfurt, NZG 2002, 1022.
213 Schmidt, GmbHR 2002, 1209, 1215 ff.
214 Staub-Schäfer, HGB, § 131 Rn. 106.
215 Baumbach/Hopt-Hopt, HGB, § 131 Rn. 48.

haltigkeit des Auseinandersetzungsanspruchs nach Auflösung der Gesellschaft und diejenige des Abfindungsanspruchs nach Ausscheiden eines Gesellschafters.[216]

Andererseits wird vom Insolvenzbeschlag bei Ausscheiden des Gesellschafters im Gegensatz zu einer Auflösung der Gesellschaft nur der ihm zustehende Abfindungsanspruch und nicht sein Anteil als solcher erfasst.[217] Ohne eine Liquidation der Gesellschaft fehlt es mithin an einer Wahrnehmung der Verwaltungsrechte und -pflichten seitens des Insolvenzverwalters anstelle des Schuldners nach § 146 Abs. 3 HGB, § 80 InsO im Auseinandersetzungsverfahren. Abgesehen von der Geltendmachung des Abfindungsanspruchs sowie den weiteren dem Schuldner bei Ausscheiden zustehenden Rechten nach den §§ 738–740 BGB stehen dem Verwalter keinerlei Kontrollrechte oder Entscheidungsbefugnisse innerhalb des Gesellschaftsverhältnisses zu. Da der Anteil des insolventen Gesellschafters mit dessen Ausscheiden den verbleibenden Mitgliedern anwächst, nimmt auch der die Verfügungsbefugnisse des Schuldners ausübende Insolvenzverwalter hinsichtlich der Gesellschaft nur die Position eines Außenstehenden ein. Für die Privatgläubiger des Gesellschafters resultiert hieraus in der Praxis die Gefahr, dass die übrigen Gesellschafter sich bei der Abfindung des Schuldners bzw. deren Berechnung ohne Wissen des Insolvenzverwalters nicht redlich verhalten und der Anspruch der Masse hierdurch geschmälert wird. Auch kann der Insolvenzverwalter die bei der Ausübung seines Amtes gewonnenen Erfahrungen und Sachkenntnisse bei der Vermögensverwertung nicht einbringen. Die Versilberung des Gesellschaftsvermögens ist ausschließlich den verbleibenden Gesellschaftern vorbehalten. Im Ergebnis spricht dies für eine teleologische Reduktion des § 131 Abs. 3 Satz 1 Nr. 2 HGB.

Allerdings darf nicht übersehen werden, dass es sich um eine Gefahr der Masseschmälerung handelt, die in gleicher Weise auch bei einer nicht aufgelösten OHG existiert, bei der die Ausscheidensfolge nach Nr. 2 des dritten Absatzes unstreitig eintritt. Hinsichtlich der Reduktion der gesetzlichen Regelung im Falle einer sich bereits im Abwicklungsstadium befindlichen Gesellschaft entfaltet die Argumentation der mangelnden Kontrolle des Insolvenzverwalters mithin wenig Aussagekraft.

Die obigen Ausführungen verdeutlichen indes, dass sich aus dem Gläubigerschutzprinzip des § 131 Abs. 3 Satz 1 Nr. 2 HGB weder für eine teleologische Reduktion der Ausscheidensfolge noch dagegen Rückschlüsse ziehen lassen. Es lässt sich allenfalls festhalten, dass eine Reduktion zumindest insofern nicht gegen den Normzweck der Bestimmung verstößt.

Neben den Privatgläubigern des insolventen Gesellschafters schützt die Regelung aber auch das Interesse der anderen Gesellschafter am Fortbestand der Gesellschaft. Zwar ist das Ziel der Unternehmenskontinuität, wie bereits dargestellt, in der aufgelösten Gesellschaft nur begrenzt erreichbar. Daraus folgt aber nicht, dass es bei der hier anzustellenden Bewertung gänzlich außer Acht gelassen werden darf. Der Argumentation des BGH in dem oben genannten Urteil aus dem Jahre 1964 fol-

---

216 BT-Drucks. 13/8444, 42.
217 Schmidt, GesellR, 1452.

gend,[218] bedeutet die nunmehrige Verwaltungszuständigkeit des Insolvenzverwalters hinsichtlich des Anteils des Schuldners eine Art Fremdbestimmung, die auch im Abwicklungsstadium zu störenden Interessensgegensätzen bezüglich einer möglichen Erhaltung des Unternehmens führen kann.[219] Im Einzelnen führt der BGH bezüglich des Gemeinschuldners wie folgt aus:

„Er – oder sein Konkursverwalter – wird allein darauf bedacht sein, möglichst bald durch Verwertung des Gesellschaftsvermögens zu Gelde zu kommen. Es ist deshalb unerwünscht, dass er bei der Beschlussfassung über Angelegenheiten der Gesellschaft mitwirkt. Bei der Gesellschaft, die eine werbende Tätigkeit ausübt, liegt das auf der Hand. Es trifft aber auch auf die Gesellschaft im Abwicklungszustand zu. Auch dort können die Interessen des Gesellschafters, der in Konkurs gefallen ist oder seinen Geschäftsbetrieb eingestellt hat, den Interessen der übrigen Gesellschafter widerstreiten, und dieser Interessenswiderstreit kann sich ungünstig und erschwerend für die jetzt noch zu befassenden Beschlüsse auswirken, mögen sie auch nur den Zeitpunkt und die Art der Verwertung des Gesellschaftsvermögen betreffen.“[220]

Aus hiesiger Sicht kann dieser Argumentation nur teilweise gefolgt werden. Zumindest für den Fall, dass die übrigen Gesellschafter die Vollabwicklung des Gesellschaftsverhältnisses beabsichtigen, decken sich ihre Interessen für gewöhnlich mit denen des Insolvenzverwalters an einer bestmöglichen und alsbaldigen Verwertung des Gesellschaftsvermögens. Dass sich die Einflussnahme des Insolvenzverwalters in der Auseinandersetzung per se nicht als Fremdbestimmung erschwerend und ungünstig auf das Verfahren auswirkt, zeigt sich schon an den gesetzlichen Bestimmungen der §§ 727 ff. BGB zur Gesellschaft bürgerlichen Rechts, wonach die Auflösung der Gesellschaft infolge der Insolvenz eines Gesellschafters und die Mitwirkung des Verwalters im Auseinandersetzungsverfahren den gesetzlichen Regelfall bilden. Diese Bestimmungen wurden im Zuge der Handelsrechtsreform nicht an die neu gefassten Regelungen über die rechtsfähigen Personengesellschaften angeglichen.

Auf der anderen Seite begründete der Gesetzgeber die fehlende Umwandlung von Auflösungs- in Ausscheidensgründe mit dem weiten Spektrum der BGB-Gesellschaft. Das gesetzgeberische Leitbild der GbR entspricht nicht einer sich auf dem schmalen Grad zwischen bürgerlichem Recht und Handelsrecht bewegenden, werbend tätigen Außen-Gesellschaft. Vielmehr reicht die Bandbreite der BGB-Gesellschaft vom Unternehmenskonsortium bis hin zur Lotto-Gemeinschaft. Folglich treffe der Grundsatz der Unternehmenskontinuität hier nur für wenige Gesellschaften zu, weshalb die gesetzlich vorgesehene Auflösung auch weiterhin sachgerecht sei.[221]

Ausgehend von dem gesetzgeberischen Leitbild nimmt die BGB-Gesellschaft nicht in gleichem Maße am Wirtschaftsverkehr teil wie die Personenhandelsgesellschaften, weshalb bei der OHG und der KG der Vorrang der Unternehmenskontinuität vor der Personenkontinuität in größerem Umfang berücksichtigt werden muss. Dem obigen Rechtsgedanken des BGH ist daher bei einer Ausgangskonstellation in

218 BGH, WM 1964, 1086 ff.
219 Staub-Schäfer, HGB, § 131 Rn. 106.
220 BGH, WM 1964, 1086, 1087.
221 BT-Drucks. 13/8444, 42.

Gänze zuzustimmen, bei der sich die Teilhaber um eine Unternehmensfortführung bemühen, sei es auch nur durch die Geschäftsübernahme eines einzelnen Gesellschafters, der die gewerbliche Tätigkeit als Einzelkaufmann weiter ausübt. Im Gegensatz zu den Regelungen über die BGB-Gesellschaft sehen die handelsrechtlichen Bestimmungen einen Beschluss zur Fortsetzung der Gesellschaft auch noch in der Liquidationsphase ausdrücklich vor, vergleiche etwa §§ 144 Abs. 1, 145 Abs. 2 HGB. Eine Fortführung setzt aber für gewöhnlich voraus, dass zumindest ein Teil des Gesellschaftsvermögens zu diesem Zweck erhalten bleibt und nicht liquidiert wird, was zu einer anteiligen Reduzierung des Auseinandersetzungsguthabens der jeweiligen Gesellschafter führt. Dieser „Verzicht" ist aber mit den Zielen des Insolvenzverfahrens unvereinbar, weshalb der anstelle des Insolvenzschuldners handelnde Verwalter einem entsprechenden Beschluss der Gesellschaft seine Zustimmung versagen muss. Scheidet der insolvente Gesellschafter demgegenüber aus der aufgelösten Gesellschaft aus, richtet sich die Höhe seines Abfindungsanspruchs gemäß § 738 BGB nach dem Wert seines hypothetischen Auseinandersetzungsguthabens. Zwar fehlt dem Schuldner bzw. dem Insolvenzverwalter dann die Möglichkeit einer Einflussnahme bezüglich der weiteren Verfahrensweise das aufgelöste Gesellschaftsverhältnis betreffend. Umgekehrt wirken sich weitere Beschlüsse der verbleibenden Gesellschafter, selbst wenn sie die Fortsetzung des Unternehmens beinhalten, aber auch nicht mehr nachteilig auf die Höhe des Abfindungsanspruchs des ausscheidenden Schuldners aus. Im Ergebnis erscheint somit eine teleologische Reduktion des Anwendungsbereichs von § 131 Abs. 3 Satz 1 Nr. 2 HGB nicht sachgerecht.[222]

c) *Simultaninsolvenz*

aa) Einleitung

In ähnlicher Weise wird in Erwägung gezogen, den Anwendungsbereich des § 131 Abs. 3 Satz 1 Nr. 2 HGB in denjenigen Fällen teleologisch zu reduzieren, bei denen nicht nur über das Vermögen des Gesellschafters, sondern gleichzeitig auch über das Vermögen der Gesellschaft selbst ein Insolvenzverfahren eröffnet wird. Für die Praxis ist die rechtliche Behandlung der so genannten Simultaninsolvenz von hoher Relevanz.[223] Oftmals führen die finanziellen Probleme der Gesellschaft dazu, dass entweder gleichzeitig oder in unmittelbarem Anschluss an die Gesellschaftsinsolvenz auch über das Vermögen eines oder mehrerer persönlich haftender Gesellschafter ein Insolvenzverfahren eröffnet wird.[224] Erfahrungsgemäß reicht der Wert des pfändbaren Gesamtvermögens aller haftenden Gesellschafter nämlich regelmäßig nicht dazu aus, die Deckungslücke zwischen dem Vermögen der OHG und der Summe aller Gesellschaftsverbindlichkeiten zu schließen.[225]

Entsprechend der Diskussion einer teleologischen Reduktion des Anwendungsbereichs von § 131 Abs. 3 Satz 1 Nr. 2 HGB bei den zweigliedrigen Personenhandelsgesellschaften konzentriert sich die Kritik im Falle der Doppelinsolvenz wiederum

222 Staub-Schäfer, HGB, § 131 Rn. 106; Schmidt, DB 1998, 61, 63.
223 K/P-Noack, GesellR, Rn. 479.
224 Jaeger-Müller, § 93 Rn. 65.
225 MK-Butzer, HdB GesellR, Band I, § 85 Rn. 74.

vornehmlich auf eine Anwendung der Vorschrift bei Vorliegen einer GmbH & Co. KG. Problematisch ist insbesondere das insolvenzbedingte Ausscheiden des (einzigen) Komplementärs, wenn bereits über das Vermögen der Gesellschaft ein Insolvenzverfahren eröffnet wurde. Der Wegfall des Komplementärs führt an sich zur liquidationslosen Vollbeendigung der Gesellschaft, weshalb auch auf der Ebene der Gesellschaft wegen Wegfalls des Verfahrenssubjekts das Insolvenzverfahren zu beenden wäre.[226]

Weil aber diese Konsequenz aus verfahrensökonomischen Gesichtspunkten wenig wünschenswert ist, will ein Teil der Literatur die Rechtsfolge des § 131 Abs. 3 Satz 1 Nr. 2 HGB zugunsten des § 131 Abs. 1 Nr. 3 HGB zurücktreten lassen.[227] Hinzu kommt, dass die KG bei einer Anwendung der Vorschrift mit der typischerweise als reine Verwaltungsgesellschaft mit wenig Eigenkapital ausgestalteten GmbH ihre Geschäftsführung verlöre und die Insolvenz der GmbH gerade auf ihrer Komplementärhaftung beruhe. Es entspräche hier also nicht dem Normzweck des § 131 Abs. 3 Satz 1 Nr. 2 HGB, der zwischen privater und geschäftlicher Sphäre trennt, die Komplementärin ausscheiden zu lassen.[228] Folge einer solchen Handhabung der Vorschrift wäre das Nichtausscheiden der persönlich haftenden Gesellschafter trotz deren Insolvenz, so dass auch die KG weiter fortbestünde und im Rahmen des Insolvenzverfahrens abgewickelt werden könnte.

Andererseits hat der BGH im Jahre 2004 auch für die GmbH & Co. KG nochmals bestätigt, dass die Insolvenz der Komplementär-GmbH zu ihrem Ausscheiden und zur liquidationslosen Vollbeendigung der KG führt[229]. Der Entscheidung lag allerdings ein Sachverhalt zugrunde, bei dem über das Vermögen der Kommanditgesellschaft selbst kein Insolvenzverfahren eröffnet wurde. Eine andere, sich im Vordringen befindliche Auffassung schlussfolgert aus der Rechtsprechung des BGH deshalb, dass die Lösung in den strittigen Fällen in einem Sonderinsolvenzverfahren über das Vermögen der ehemaligen Gesellschaft analog § 11 Abs. 2 Nr. 2 InsO und nicht in einer teleologischen Reduktion des Abs. 3 Nr. 2 zu suchen ist.[230]

Für die Offene Handelsgesellschaft vermag der Rechtsstreit um die rechtliche Behandlung der Doppelinsolvenz bei einer GmbH & Co. KG ohne Bedeutung bleiben, solange im Insolvenzverfahren über das Vermögen der Gesellschaft noch mehrere persönlich haftende Gesellschafter vorhanden sind. Hier verbliebe es beim Trennungsprinzip mit der Folge, dass zwei voneinander unabhängige Insolvenzverfahren durchzuführen sind. Trotz der Verzahnung der beiden Verfahren in der Praxis, häufig handelt es sich unter wirtschaftlicher Betrachtungsweise um die Durchsetzung einer einzigen Forderung, sieht das Gesetz kein Einheitsinsolvenzverfahren vor, weshalb die Verfahren getrennt voneinander abzuwickeln sind.[231] Allerdings

---

226 Mohrbutter/Ringstmeier-Homann, § 26 Rn. 102 ff.
227 Schmidt, GmbHR 2003, 1404 ff.; Westermann, FS Röhricht, 671; Staub-Schäfer, HGB, § 131 Rn. 88a; MK-Schmidt, HGB, § 131 Rn. 76.
228 Staub-Schäfer, HGB, § 131 Rn. 88a.
229 BGH, NZG 2004, 611.
230 LG Dresden, ZIP 2005, 955; AG Hamburg, ZInsO 2005, 837; Albertus/Fischer, ZInsO 2005, 246; Mohrbutter/Ringstmeier-Homann, § 26 Rn. 106.
231 K/P-Noack, GesellR, Rn. 479.

stellt sich das Problem des Wegfalls des Verfahrenssubjekts bei der OHG in gleicher Weise, falls alle Gesellschafter durch Insolvenz aus der Gesellschaft nach § 131 Abs. 3 Satz 1 Nr. 2 HGB ausscheiden[232] oder (zwar nicht, wie bei der GmbH & Co. KG) nur noch ein Kommanditist, aber lediglich noch ein persönlich haftender Gesellschafter verbleibt[233]. Denn auch bei Verbleib nur eines persönlich haftenden Gesellschafters wird die Gesellschaft ohne Liquidation automatisch vollbeendet. Der einzige Unterschied besteht darin, dass der letztverbliebene Kommanditist, vorbehaltlich einer weiteren Haftung aus § 171 HGB bzw. § 25 HGB, nur mit dem von der KG übernommenen Vermögen haftet und deshalb eine Abwicklung der ehemaligen Gesellschaft im Rahmen eines Universalinsolvenzverfahrens über das Vermögen des Kommanditisten ausscheidet oder jedenfalls nur sehr eingeschränkt vollzogen werden kann. Dahingegen haftet der letztverbliebene, persönlich haftende Gesellschafter auch in einem Insolvenzverfahren über sein Vermögen für die Verbindlichkeiten der Personenhandelsgesellschaft grundsätzlich unbeschränkt.[234] Dennoch bedarf es im Hinblick auf § 131 Abs. 3 Satz 1 Nr. 2 HGB einer einheitlichen Vorgehensweise bezüglich aller insolventen Personenhandelsgesellschaften, da die regelmäßige Abwicklung von Personenhandelsgesellschaften durch ein Universalinsolvenzverfahren über das Vermögen des letztverbliebenen, persönlich haftenden Gesellschafters der in § 11 Abs. 2 Nr. 1 InsO normierten Insolvenzfähigkeit dieser Gesellschaften nicht gerecht wird und sich im Grundsatz auch bei der OHG die gleiche Problematik offenbart.

bb) Unzulässigkeit des Gesellschaftsinsolvenzverfahrens durch liquidationslose Vollbeendigung der Gesellschaft

Überzeugend erscheint auch aus hiesiger Sicht die Prämisse, dass ein Insolvenzverfahren über das Vermögen einer OHG (bzw. KG) nicht durch die gleichzeitige oder spätere Eröffnung des Insolvenzverfahrens über das Vermögen eines oder mehrerer persönlich haftender Gesellschafter vereitelt werden darf. Insbesondere in Bezug auf die zweigliedrigen Personenhandelsgesellschaften führt die von der herrschenden Meinung vertretene liquidationslose Vollbeendigung der Gesellschaft infolge der Insolvenz des vorletzten Gesellschafters praktisch zur Unmöglichkeit des Gesellschaftsinsolvenzverfahrens nach § 11 Abs. 2 InsO, weil die Gesellschaft hierdurch als Verfahrenssubjekt für gewöhnlich wegfällt. Diese Rechtsfolge sorgte allgemein für Entrüstung und wurde bisweilen gar als „Horrorvision“ bezeichnet.[235] Vorab gilt es aber zunächst zu klären, ob das Ausscheiden des Gesellschafters in den genannten Fällen tatsächlich zwangsläufig auch die Beendigung des Insolvenzverfahrens über das Vermögen der Gesellschaft nach sich zieht. Dies wird nämlich von einigen Stimmen mit unterschiedlicher Begründung bestritten.

So leiten Grundlach, Frenzel und Schmidt aus der Regelung des § 11 Abs. 3 InsO ab, ein einmal begonnenes Insolvenzverfahren bleibe von dem späteren Ausscheiden persönlich haftender Gesellschafter unberührt, selbst wenn damit das Rechtsverhältnis gesellschaftsrecht-

232 Mohrbutter/Ringstmeier-Homann, § 26 Rn. 102.
233 Gottwald-Haas, InsRHdb, § 94 Rn. 127.
234 Schmittmann, ZInsO 2005, 1314, 1316.
235 Liebs, ZIP 2006, 1716; Albertus/Fischer, ZInsO 2005, 246.

lich als voll beendet gelte.[236] Mit der Einführung der Insolvenzordnung und insbesondere der §§ 11 ff. InsO habe der Gesetzgeber den Boden der klassischen personen- bzw. subjektbezogenen Sichtweise verlassen und die Haftungsverwirklichung derart in den Vordergrund gestellt, dass aus insolvenzrechtlicher Sicht allein eine vermögensbezogene Betrachtungsweise geboten sei.[237] Der Sonderkurs über das Gesellschaftsvermögen werde deshalb durch die Beendigung der Gesellschaft nicht unzulässig. Vielmehr müsse die Gesellschaft bis zur vollständigen Verteilung ihres Vermögens zu dem Zweck der insolvenzmäßigen Abwicklung fortbestehen. Hieran ändere auch das automatische Zusammenfallen aller Gesellschaftsanteile in Person des letzten Gesellschafters nichts. Selbst wenn das ehemalige Gesellschaftsvermögen im Wege der Anwachsung in seinem Privatvermögen aufgegangen sei, könne deshalb noch nicht von einer vollständigen Vermögensverteilung im Sinne des § 11 Abs. 3 InsO gesprochen werden. Denn das dominierende Ziel des Insolvenzrechts, die Haftungsrealisierung, zwinge dazu, im Rahmen des § 11 Abs. 3 InsO nicht nur auf die Aktiva der Personengesellschaften ohne Rechtspersönlichkeit abzustellen. Es ginge letztlich vor allem darum, das Gesellschaftsvermögen den Gesellschaftsgläubigern unter Ausschluss anderer Gläubiger haftungsrechtlich zuzuweisen.[238]

Trotz des prinzipiell wünschenswerten Ergebnisses vermag diese Auffassung in ihrer Begründung nicht zu überzeugen. Die Annahme eines fiktiven Fortbestandes der Gesellschaft lässt sich aus § 11 Abs. 3 InsO nicht ableiten. Die Vorschrift regelt den Fall, dass eine Gesellschaft, obwohl sie sich aufgelöst hat oder zumindest ihre Löschung im Register eingetragen wurde, in Wirklichkeit noch nicht voll beendet ist. Schon der Anwendungsbereich ist demnach in der hier vorliegenden Konstellation einer liquidationslosen Vollbeendigung der Gesellschaft durch das insolvenzbedingte Ausscheiden des vorletzten Gesellschafters nicht eröffnet. Die Vermögensverteilung findet durch automatisches Anwachsen der Gesellschaftsanteile bei dem letztverbliebenen Gesellschafter statt und ist damit gesellschaftsrechtlich bereits vollzogen, es fehlt an der Tatbestandsvoraussetzung einer Gesellschaft im Sinne des § 11 Abs. 3 InsO.[239]

Auch treffen die Feststellungen hinsichtlich der Vermögensbezogenheit des Insolvenzverfahrens nur teilweise zu. Zwar war die frühere Konkursordnung weitestgehend auf die natürliche Person als Gemeinschuldner ausgerichtet und sah die Konkursfähigkeit, etwa von juristischen Personen, nur in Ausnahme- bzw. Spezialvorschriften vor, die zudem der Auslegung bedurften. Weiter trifft es zu, dass die Insolvenzordnung bezüglich dieses Defizits des überkommenen Konkursrechts Abhilfe geschaffen hat, indem sie die Insolvenzfähigkeit von juristischen Personen und Gesellschaften ohne Rechtspersönlichkeit in § 11 InsO statuierte und den allgemeinen Regelungen über das Insolvenzverfahren voranstellte.[240] Hierin mag auch in gewissem Maße eine Abkehr von der subjektbezogenen hin zur vermögensbezogenen Sicht liegen. All diese Überlegungen sind aber nicht dazu geeignet, darüber hinwegzuhelfen, dass auch nach der gegenwärtigen Rechtslage die Insolvenzmasse für sich genommen nicht den Verfahrensschuldner darstellt und es eines weiteren

---

236 Grundlach/Frenzel/Schmidt, DStR 2004, 1658, 1662.
237 Grundlach/Frenzel/Schmidt, DStR 2004, 1658, 1659 ff.
238 Grundlach/Frenzel/Schmidt, DStR 2004, 1658, 1661.
239 MK-Ott, § 11 Rn. 71.
240 BT-Drs. 12/2442, 112.

Zuordnungssubjekts bedarf. Der Insolvenzverwalter kann aber nicht die Rolle des Verfahrenssubjekts einnehmen, wie es anscheinend das OLG Hamm annimmt.[241] In Konsequenz dessen wäre das Gesellschaftsvermögen bei einem fiktiven Fortbestand der Gesellschaft für das Insolvenzverfahren mangels eines Rechtsträgers herrenlos.[242] Eine derartige Annahme lässt sich indes weder auf das materielle Recht noch auf das Insolvenzrecht stützen.

Nicht in Gänze gefolgt werden kann ferner der von Grundlach, Frenzel und Schmidt vorgenommenen Übertragung der im Konkursrecht bestehenden Abgrenzung zwischen Gesamtkonkurs und Sonderkonkurs[243] auf das heutige Insolvenzrecht.[244] Während die Sonderinsolvenzverfahren nach dem Gesetz in § 11 Abs. 2 Nr. 2 InsO geregelt werden und sich ihre verfahrensmäßige Abwicklung nach gegenwärtiger Rechtslage vorrangig nach den Spezialvorschriften der §§ 315 ff. InsO richtet, gilt für die Personengesellschaften § 11 Abs. 2 Nr. 1 InsO. Ihre insolvenzrechtliche Behandlung vollzieht sich grundsätzlich, ebenso wie bei den juristischen und natürlichen Personen im Sinne des ersten Absatzes der Vorschrift, nach den allgemeinen Regelungen der Insolvenzordnung. Auch wenn hinsichtlich der Gesellschaften ohne Rechtspersönlichkeit von einem Sondervermögen gesprochen wird, bedeutet dies nicht, dass es sich bei dem Insolvenzverfahren über ihr Vermögen auch um einen Sonderkonkurs handelt. Infolge der Rechts- und Parteifähigkeit können diese Gesellschaften, was nunmehr auch für die in Nr. 1 des zweiten Absatzes benannte Gesellschaft bürgerlichen Rechts gilt, selbst Träger von Rechten und Pflichten sein. Nach der althergebrachten Unterteilung zwischen Sonder- und Gesamtkonkurs, sofern man sie überhaupt gegenwärtig noch für aussagekräftig erachten mag, liegt wegen der weitgehenden rechtlichen Verselbstständigung dieser Gesellschaften und ihrer Teilnahme am Wirtschaftsleben sowie der daraus folgenden insolvenzrechtlichen Behandlung nach den allgemeinen Vorschriften vielmehr das Verständnis nahe, das Insolvenzverfahren über das Vermögen einer solchen Gesellschaft ohne Rechtspersönlichkeit im Sinne des § 11 Abs. 2 Nr. 1 InsO nicht als „Sonderkonkurs", sondern als „Gesamtkonkurs" in Rechtsträgerschaft ihrer Gesellschafter zu begreifen. Dabei ist zwischen dem Vermögen der Gesellschaft und demjenigen ihrer Gesellschafter strikt zu trennen (vgl. für die Personenhandelsgesellschaften § 124 HGB), das Gesellschaftsvermögen wird aber umfassend (universell) zum Zwecke der Gläubigerbefriedigung nach der Insolvenzordnung abgewickelt.

Namentlich von *Liebs* wird demgegenüber vertreten, das Gesellschaftsvermögen könne dem letztverbliebenen Gesellschafter in einem eröffneten Gesellschaftsinsolvenzverfahren aufgrund der Beschlagnahmewirkung hinsichtlich der Insolvenzmasse nicht anwachsen, das Ausscheiden eines persönlich haftenden Gesellschafters führe deshalb nicht zur Vollbeendigung der Gesellschaft und zu einem Wegfall des Insolvenzverfahrenssubjekts.[245] Seiner Auffassung zufolge verhindern die Verfügungsbeschränkungen der § 21 Abs. 2 Nr. 2, §§ 24, 81, 82 InsO eine Gesamtrechtsnachfolge, und zwar u. U. sogar schon in einem vorläu-

241 OLG Hamm, ZIP 2003, 2264; Mohrbutter/Ringstmeier-Homann, § 26 Rn. 103.
242 Mohrbutter/Ringstmeier-Homann, § 26 Rn. 103.
243 Kilger/Schmidt, Insolvenzgesetze, § 1 Rn. 1 Ad.
244 Grundlach/Frenzel/Schmidt, DStR 2004, 1658, 1659.
245 Liebs, ZIP 2002, 1716, 1717 f.

figen Insolvenzverfahren über das Gesellschaftsvermögen.[246] In seinen Erläuterungen zieht *Liebs* eine Parallele zwischen dem Umwandlungsrecht, wo die Verfügungsbeschränkung den Eintritt einer Gesamtrechtsnachfolge ausschließt.[247] Dem hat sich des Weiteren zumindest im Ergebnis auch Schmittmann, allerdings ohne nähere Begründung, angeschlossen.[248]

Unter Berücksichtigung der neuerlichen Entscheidung des Bundesgerichtshofes vom 07.07.2008[249] zur liquidationslosen Vollbeendigung einer Gesellschaft bürgerlichen Rechts bei gesellschaftsvertraglich vereinbartem Ausscheiden des vorletzten Gesellschafters infolge der Eröffnung des Insolvenzverfahrens über sein Vermögen, kann der Wegfall des Insolvenzverfahrenssubjekts jedoch nicht unter dem Gesichtspunkt der Beschlagnahmewirkung aus § 80 InsO negiert werden. Wie der Bundesgerichtshof in dem Urteil zutreffend bestätigt hat, ändert sich durch die Eröffnung des Insolvenzverfahrens über das Vermögen einer nicht mehr existierenden GbR an der materiellen Rechtslage nichts. Ein Eröffnungsbeschluss gegen einen nicht existenten Schuldner geht ins Leere und ist nach allgemeiner Auffassung nichtig. Auch die Prozessgerichte sind an einen solchen Beschluss nicht gebunden.[250] In Betracht kommt allerdings eine Umdeutung in einen sich gegen den letztverbliebenen Gesellschafter richtenden Eröffnungsbeschluss, da der Schuldner lediglich falsch bezeichnet wurde. In dem vom Bundesgerichtshof zu entscheidenden Fall kam es freilich hierauf nicht an, da auch über das Vermögen des letztverbliebenen Gesellschafters bereits ein Verfahren eröffnet war.

Wenn also *Liebs* das Nichteintreten der Gesamtrechtsnachfolge aus der Erstreckung der Beschlagnahmewirkung auf das Gesellschaftsvermögen ableitet, ist dieser Rechtsgedanke nach den zutreffenden Feststellungen des BGH in dem vorbenannten Urteil im Ergebnis nicht haltbar. Bei der die Beschlagnahmewirkung anordnenden Vorschrift des § 80 InsO handelt es sich sowohl inhaltlich als auch der systematischen Stellung nach um eine Bestimmung, welche die unmittelbaren Folgen der Eröffnung des Insolvenzverfahrens regelt. Zwar hat der mit der Beschlagnahmewirkung einhergehende Übergang der Verfügungsbefugnis auf den Insolvenzverwalter im Hinblick auf die Rechtsausübung auch materiellrechtliche Wirkungen, dennoch verbleibt die Rechtsinhaberschaft, hier also bezüglich des Gesellschaftsvermögens, bei dem nach den maßgeblichen materiellrechtlichen Bestimmungen berechtigten Rechtsträger. Wenn dieser Rechtsträger nicht mehr der Insolvenzschuldner, sondern eine „Person" außerhalb des Insolvenzverfahrens ist, kann die Verfügungsbefugnis über das Recht auch nicht mehr länger dem Insolvenzverwalter zustehen. Jede gegenteilige Annahme überdehnt die Bedeutung der Vorschrift des § 80 InsO als Verfahrensregelung, die nur innerhalb des Insolvenzrechts, d. h. auf die von dem jeweiligen Verfahren betroffenen Rechte und Rechtsgüter, Anwendung findet. Andernfalls würde man § 80 InsO als gesellschaftsrechtliche Spezialnorm interpretieren, die den materiell-rechtlichen Fortbestand abweichend von den allgemeinen ge-

246 Liebs, ZIP 2002, 1716, 1718.
247 Mohrbutter/Ringstmeier-Homann, § 26 Rn. 104.
248 Schmittmann, ZInsO 2005, 1314, 1316.
249 BGH, ZIP 2008, 1677.
250 BGH, ZIP 2008, 1677, 1678.

sellschaftsrechtlichen Bestimmungen anordnet. Eine derartige Annahme lässt sich aber, wie *Homann* zutreffend ausführt, nur schwerlich mit dem Charakter der Regelung als Verfahrensvorschrift zur Gesamtvollstreckung sowie der systematischen Stellung des Insolvenzrechts insgesamt vereinen.[251]

Nicht zu leugnen sind darüber hinaus die strukturellen Unterschiede zum Umwandlungsrecht. Während sich der Rechtsübergang bei einer Umwandlung immer durch eine Verfügung über das Gesellschaftsvermögen vollzieht und damit konsequenterweise bei Bestehen einer Verfügungsbeschränkung nicht mehr greifen kann, tritt die Rechtsfolge bei der Anwachsung sämtlicher Gesellschaftsanteile in der Hand des letztverbliebenen Gesellschafters kraft Gesetzes ein.[252] Hieran ändert auch das Bestehen einer insolvenzrechtlichen Verfügungsbeschränkung nichts. Im Ergebnis lässt daher auch der von *Liebs* bemühte Vergleich[253] keine von den obigen Feststellungen abweichenden Schlussfolgerungen zu.

Der Auffassung des Bundesgerichtshofes zu einer im Hinblick auf die Ausscheidensfolge dem Recht der Personenhandelsgesellschaften angenäherten BGB-Gesellschaft folgend[254], verbleibt es im Ergebnis auch für die OHG und die KG sowie ihre Ausgestaltungsformen bei der grundsätzlichen Gefahr einer Beendigung des Insolvenzverfahrens durch die Insolvenz ihrer persönlich haftenden Gesellschafter.

cc) Abwägung zwischen teleologischer Reduktion des § 131 Abs. 3 Nr. 2 HGB und Eröffnung eines Partikularinsolvenzverfahrens über das Vermögen der ehemaligen Gesellschaft analog § 11 Abs. 2 Nr. 2 InsO

Ausgehend von der oben genannten Prämisse, dass es nicht Sinn und Zweck der Regelung des § 131 Abs. 3 Satz 1 Nr. 2 HGB sein kann, ein Insolvenzverfahren über das Vermögen einer OHG oder KG für die Praxis in den allermeisten Fällen auszuschließen, stellt sich daher in der Tat die Frage, wie dieses Ziel auf einem rechtlich gangbaren und in der Umsetzung tauglichen Wege erreicht werden kann. Mangels anderer ersichtlicher Alternativen drängt sich entsprechend der gegenwärtigen Diskussion hier tatsächlich auf, entweder den Anwendungsbereich des § 131 Abs. 3 Nr. 2 HGB in den maßgeblichen Ausgangslagen zugunsten des ersten Absatzes der Vorschrift zurücktreten zu lassen oder aber die Insolvenz der Gesellschaft infolge des Wegfalls des Verfahrenssubjekts als Partikularinsolvenzverfahren analog § 354, §§ 315 ff. InsO über das Vermögen der ehemaligen Gesellschaft in Rechtsträgerschaft des letztverbliebenen Gesellschafters fortzuführen.

Voraussetzung eines solchen Analogieschlusses zu den Regelungen über das Nachlassinsolvenzverfahren im letztgenannten Sinne ist zunächst das Vorliegen einer planwidrigen Regelungslücke. Die Lücke besteht vorliegend darin, dass ein Insolvenzverfahren über das Vermögen der Personenhandelsgesellschaft mit Ausscheiden des vorletzten Gesellschafters unzulässig wird, weil diese voll beendet und ihr Vermögen dem letzten Gesellschafter angewachsen ist.[255] Zweifelhaft erscheint in-

251 Mohrbutter/Ringstmeier-Homann, § 26 Rn. 104.
252 Mohrbutter/Ringstmeier-Homann, § 26 Rn. 104.
253 Liebs, ZInsO 2002, 1716, 1718.
254 BGH, ZIP 2008, 1677.
255 Schmittmann, ZInsO 2005, 1314, 1316.

des die Planwidrigkeit dieser Regelungslücke. Bezüglich der GmbH & Co. KG geht die befürwortende Auffassung von einer planwidrigen Lücke aus, weil zu Zeiten der Beratungen zur Insolvenzordnung in den 90er Jahren die rechtliche Situation des verbleibenden Kommanditisten bei Vereinigung aller Gesellschaftsanteile in seiner Person unter gleichzeitiger Annahme einer Haftungsbeschränkung noch weitestgehend ungeklärt gewesen sei.[256] Dies verdeutliche auch die neuere Rechtsprechung des BGH, der, um eine Haftungsbegrenzung des verbliebenen Kommanditisten zu erreichen, auf die Erbfallregelung des § 27 Abs. 1 HGB zurückgreifen müsse. Überdies folge die Planwidrigkeit im Allgemeinen schon aus der Tatsache, dass der Gesetzgeber die Problematik bislang nahezu ignoriert habe.[257] Andererseits spricht die ersatzlose Streichung des § 142 HGB, wie bereits hinsichtlich einer generellen Anwendung der Vorschrift bei den zweigliedrigen Personenhandelsgesellschaften festgestellt, gerade nicht dafür, dass der Gesetzgeber die vorliegende Ausgangslage versehentlich übersehen hat. Vielmehr liegt die Vermutung nahe, der Reformgesetzgeber habe im damaligen Zeitpunkt die Ansicht vertreten, es bedürfe für den Fall des Ausscheidens des vorletzten Gesellschafters keiner anderen Regelung als derjenigen für das Ausscheiden bzw. den Ausschluss aus einer mehrgliedrigen Gesellschaft.[258] Er hat sich also letztlich bewusst gegen eine Sonderregelung entschieden.

Weiter gilt es zu klären, inwiefern der hier vorliegende Fall des Wegfalls des Verfahrenssubjekts mit derjenigen Ausgangslage im Falle des Todes einer natürlichen Person als Verfahrensschuldner vergleichbar ist. Dem kann zumindest dem Grunde nach auch aus hiesiger Sicht zugestimmt werden. Im verfahrensrechtlichen Sinne „stirbt“ die Gesellschaft durch das Ausscheiden des vorletzten Gesellschafters und der automatischen Anwachsung der Anteile beim verbleibenden Gesellschafter und ihrer daraus resultierenden Vollbeendigung gewissermaßen ähnlich dem Ableben einer natürlichen Person. Bei Tod des Insolvenzschuldners wird das Insolvenzverfahren als Nachlassinsolvenzverfahren fortgeführt. Der Gegenstand des Verfahrens bleibt gleich, das ehemalige Vermögen des Vorverstorbenen bildet als Nachlass die Insolvenzmasse und der Erbe wird zum Schuldner des Verfahrens.[259]

Bedenken hinsichtlich der Vergleichbarkeit der Sachverhalte ergeben sich allerdings im Hinblick auf die (vermögensrechtlich entkleidete) Schuldnerrolle des Gesamtrechtsnachfolgers.[260] Während im Nachlassinsolvenzverfahren die Position des Verfahrensschuldners eindeutig einem oder mehreren Erben des Vorverstorbenen als Rechtsträger des Nachlasses zugewiesen ist, lässt sich die Frage bei der automatischen Vollbeendigung der Gesellschaft durch die Rechtsfolge des § 131 Abs. 3 Satz 1 Nr. 2 HGB nicht so ohne weiteres beantworten. Hier soll nach der die Anwendung eines Partikularinsolvenzverfahrens befürwortenden Ansicht der letztverbliebene Gesellschafter als Rechtsträger des Gesellschaftsvermögens Verfahrensschuldner werden.[261] Fraglich erscheint aber beispielsweise, was in dem zugegebenermaßen

256 Schmittmann, ZInsO 2005, 1314, 1316.
257 Albertus/Fischer, ZInsO 2005, 246, 249.
258 BegrRegE, BT-Drucks. 13/8444, 67.
259 Mohrbutter/Ringstmeier-Homann, § 26 Rn. 106.
260 Gottwald-Haas, InsRHdb, § 94 Rn. 127.
261 Albertus/Fischer, ZInsO 2005, 246.

seltenen Fall geschieht, wenn tatsächlich zeitgleich über das Vermögen aller Gesellschafter das Insolvenzverfahren eröffnet wird, mithin bei einer konsequenten Anwendung des § 131 Abs. 3 Satz 1 Nr. 2 HGB kein Gesellschafter als Gesamtrechtsnachfolger übrig bliebe.[262] Aber auch wenn infolge ihrer persönlichen Haftung für die Gesellschaftsverbindlichkeiten nacheinander Insolvenzverfahren über das jeweilige Vermögen der Gesellschafter eröffnet werden, bliebe es letztlich dem Zufall überlassen, in wessen Rechtsträgerschaft das Regelinsolvenzverfahren als „Sonderkonkurs" über das Vermögen der ehemaligen Gesellschaft fortzuführen wäre. Sachlich richtig und zweckmäßig erschiene es aber, alle Gesellschafter, deren Insolvenzgrund im Wesentlichen auf den Gesellschaftsverbindlichkeiten beruht und über deren Vermögen nach oder gleichzeitig mit der Gesellschaftsinsolvenz ein Verfahren eröffnet wird, gemeinsam als Rechtsträger des Gesellschaftsinsolvenzverfahrens beizubehalten.

Für die Lösung des Problems im Wege des Analogieschlusses spricht freilich, dass dieser den materiellrechtlichen Wechsel der Rechtsinhaberschaft bezüglich der Gesellschaftsanteile vollumfänglich berücksichtigt und dennoch zu einer Zulässigkeit des Gesellschaftsinsolvenzverfahrens gelangt.[263] Die obigen Zweifel einmal außer Acht gelassen, führt die Annahme des Vorliegens einer planwidrigen Regelungslücke und einer Vergleichbarkeit der Sachverhalte aber immer noch nicht zur Zulässigkeit einer analogen Anwendung der Regelungen über das Nachlassinsolvenzverfahren. Als weitere Voraussetzung müssten die Bestimmungen der §§ 315 ff. InsO überhaupt analogiefähig sein. Laut der die analoge Anwendung befürwortende Ansicht, hat der Gesetzgeber das Verfahren nach §§ 315 ff. InsO über den Nachlass als einziges Partikularinsolvenzverfahren bezeichnet.[264] Spezialvorschriften sind aber eines Analogieschlusses im Grundsatz gerade nicht zugänglich. Deshalb behilft sich die obige Auffassung mit der Überlegung, es sei nicht ersichtlich, dass der Gesetzgeber die Insolvenzverfahren über Sondervermögen nach § 354 ff. InsO habe abschließend regeln wollen.[265] Dieser lapidare Hinweis stößt auf erhebliche rechtliche Bedenken. Tatsächlich hat nämlich auch der Gesetzgeber den Ausnahmecharakter der Vorschriften erkannt, indem er eine entsprechende Anwendung der §§ 315 ff. InsO nur kraft ausdrücklicher Verweisung, vergleiche etwa die Regelungen über das Gesamtgut einer fortgesetzten Gütergemeinschaft und im Speziellen den Verweis in § 332 Abs. 1 InsO, zulässt. Demgegenüber lässt sich aus den §§ 354 ff. InsO keine gegenteilige Aussage treffen. Die Regelungen über das Partikularinsolvenzverfahren über das Inlandsvermögen des Schuldners beziehen sich schon der Gesetzessystematik zufolge nicht auf das Nachlassinsolvenzverfahren, sondern sind in einem eigenständigen Gesetzesabschnitt geregelt. Inhaltlich tragen sie einer Ausgangssituation Rechnung, bei der ein Insolvenzschuldner sowohl Vermögen im Inland als auch im Ausland inne hält und dem deutschen Gericht bezüglich des Auslandsvermögens die Zuständigkeit fehlt. Unabhängig davon, ob man diese Regelungen nur in Ansehung einer analogen Anwendung der Vorschriften

262 OLG Hamm, GmbHR 2003, 1361, 1362; Albertus/Fischer, ZInsO 2005, 246, 250.
263 Herchen, EWIR 2005, 809, 810; Mohrbutter/Ringstmeier-Homann, § 26 Rn. 105 f.
264 Schmittmann, ZInsO 2005, 1314, 1316.
265 Schmittmann, ZInsO 2005, 1314, 1316.

über das Nachlassinsolvenzverfahren als Argument heranzieht oder aber gar eine analoge Anwendung nur der §§ 354 ff. InsO befürwortet, sind diese Überlegungen in der vorliegenden Konstellation wenig zielführend. Für eine (unmittelbare) analoge Anwendung der §§ 354 ff. InsO fehlt es schon an einer Vergleichbarkeit der Sachverhalte. Während bei Vermögen des Schuldners im In- und Ausland in Bezug auf die deutsche Gerichtsbarkeit eine Notwendigkeit zur Durchführung eines Partikularinsolvenzverfahrens besteht, existiert dieses Bedürfnis bei den Personenhandelsgesellschaften gerade nicht. Ziel eines Insolvenzverfahrens über das Vermögen einer solchen Gesellschaft ist, auch wenn man sich der hier diskutierten Meinung zur Durchführung eines Sonderinsolvenzverfahrens über das Vermögen der ehemaligen Gesellschaft anschließt, die vollständige Abwicklung des Gesellschaftsvermögens oder jedenfalls die Beschlagnahme sämtlicher vermögenswerter Rechte und Rechtsgüter. Im Hinblick auf die §§ 354 ff. InsO liegt mithin keine Vergleichbarkeit der Sachverhalte vor.

Ausgehend von den genannten rechtlichen Bedenken gegen eine Abwicklung der Personenhandelsgesellschaften analog der §§ 315 ff. InsO im Wege des Sonderinsolvenzverfahrens, erscheint es vorzugswürdig, den § 131 Abs. 3 Satz 1 Nr. 2 HGB dort hinter die Regelung des ersten Absatzes zurücktreten zu lassen, wo sich entweder die Gesellschaft infolge ihrer Insolvenz bereits im Abwicklungsstadium befindet oder aber die Insolvenz der Gesellschafter zeitgleich mit derjenigen der Gesellschaft eintritt.

Beachtenswert ist in diesem Zusammenhang ein neueres Urteil des Bundesfinanzhofes, der sich in seiner Begründung inhaltlich gegen die frühere Rechtsprechung des BGH richtet.[266] Ausgangspunkt der Entscheidung war wiederum eine gesellschaftsvertragliche Klausel, die im Falle der Insolvenz eines Gesellschafters sein Ausscheiden aus dem Rechtsverhältnis vorsah.

Das Gericht nahm eine ergänzende Auslegung des Gesellschaftsvertrages dahingehend vor, dass die Gesellschafter trotz ihrer Insolvenz nach der Eröffnung des Insolvenzverfahrens über das Vermögen der Gesellschaft nicht mehr aus dem Unternehmen ausscheiden sollten. Begründet wurde die Einschränkung zum einen damit, dass die in Insolvenz gefallenen Gesellschafter bzw. ihre Insolvenzverwalter das Insolvenzverfahren der Gesellschaft selbst nicht negativ beeinflussten. Zum anderen führte der Bundesfinanzhof lediglich ergänzend aus, dass die liquidationslose Vollbeendigung der Klägerin (KG) möglicherweise die Beendigung des Insolvenzverfahrens über ihr Vermögen zur Folge hätte, eine solche Rechtsfolge aber von den Gesellschaftern ersichtlich nicht gewollt sei.[267]

Diese Entscheidung stellt eine Abkehr von der bereits zitierten Rechtsprechung des BGH aus dem Jahre 1964 dar, der in einem ähnlich gelagerten Fall genau umgekehrt argumentierte und in der Mitwirkung des Insolvenzschuldners bzw. dessen Verwalters eine Art störende Fremdbeeinflussung bei der Abwicklung der Gesellschaft erblickte, weshalb er die Ausscheidensklausel auch in der aufgelösten Gesellschaft anwandte.[268] Allerdings lag dem BGH ein Sachverhalt zugrunde, bei dem die Gesell-

---

266 BFH, DStR 2006, 2168.
267 BFH, DStR 2006, 2168, 2170.
268 BGH, WM 1964, 1086, 1087.

schaft nicht infolge ihrer Insolvenz, sondern aus anderen Gründen aufgelöst wurde. Der vom Bundesfinanzhof entschiedene Fall steht der hier diskutierten Problematik insoweit also näher.

Die Kehrtwende in der Rechtsprechung, auch wenn sie sich nicht auf die gesetzliche Ausscheidensfolge des § 131 Abs. 3 Satz 1 Nr. 2 HGB, sondern auf eine der Gesetzesregelung inhaltlich entsprechende Vertragsklausel bezog, ebnet den Weg zu einer teleologischen Reduktion auch der gesetzlichen Bestimmung über das Ausscheiden des Gesellschafters infolge seiner Insolvenz in der genannten Ausgangslage. Es darf daher mit Spannung erwartet werden, wie die Rechtsprechung hier künftig entscheiden wird, wenn Gegenstand eines Rechtstreits nicht eine Fortsetzungsklausel, sondern, was wegen der Änderung der Vorschrift im Zuge der Handelsrechtsreform im Jahre 1998 in Zukunft immer häufiger der Fall sein wird, die Regelung des § 131 Abs. 3 Satz 1 Nr. 2 HGB ist.

Hinter der Bevorzugung einer teleologischen Reduktion der Vorschrift schwebt freilich die grundsätzliche Überzeugung, dass es nicht Sinn und Zweck des Insolvenzrechts sein kann, gerade die GmbH & Co. KG, es handelt sich bei dieser Personenhandelsgesellschaft um eine in der Praxis sowohl aus steuerrechtlichen als auch aus gesellschaftsrechtlichen Gründen sehr beliebte Rechtsform von Unternehmen[269], in den allermeisten Fällen durch ein Partikularinsolvenzverfahren abzuwickeln, das im Gesetz nicht geregelt ist und daher nur im Wege einer analogen Anwendung der Vorschriften der §§ 315 ff. InsO über das Nachlassinsolvenzverfahren hergeleitet werden kann, obwohl diese Regelungen vom Gesetzgeber als einziges Partikularinsolvenzverfahren bezeichnet werden.

Die sich gegen eine solche Vorgehensweise richtende neuere Literatur bezweifelt auch dementsprechend nicht mehr, dass dieser Ansatz in seinen praktischen Konsequenzen zielführend ist. Kritisiert wird lediglich, die Lösung auf der materiellrechtlichen Ebene des Gesellschaftsrechts zu suchen, obwohl das Problem gleichsam durch eine analoge Anwendung der §§ 315 ff. InsO im Insolvenzverfahrensrecht, also am Ort der Entstehung, beseitigt werden könne.[270] Die Argumentation beruht also auf einer Betrachtungsweise, welche die Regelung des § 131 Abs. 3 Satz 1 Nr. 2 HGB als rein materiellrechtliche Norm des Gesellschaftsrechts begreift. Daran schließt sich unweigerlich die Frage an, ob ein solches Rechtsverständnis zutreffend ist, oder aber, ob es sich nicht vielmehr um eine im Gesellschaftsrecht verortete insolvenzrechtliche Bestimmung handelt. Dem Inhalt nach regelt die Vorschrift eine gesetzliche Folge der Insolvenzeröffnung über das Vermögen eines Personenhandelsgesellschafters, nämlich sein Ausscheiden aus dem Rechtsverhältnis. Neben dem Interesse der übrigen Teilhaber an einer Fortführung des Unternehmens dient die Vorschrift in allererster Linie der Realisierung des in der Beteiligung liegenden Wertes zugunsten der Privatgläubiger des insolventen Gesellschafters. Dies deckt sich mit dem Hauptverfahrensziel der Insolvenzordnung einer bestmöglichen und gleichmäßigen Befriedigung aller Gläubiger des Insolvenzschuldners. Wenn es sich bei § 131 Abs. 3 Satz 1 Nr. 2 HGB aber letztlich um eine Ausprägung des im Insol-

---

269 Schmittmann, ZInsO 2005, 1314.
270 Mohrbutter/Ringstmeier-Homann, § 26 Rn. 105.

venzrecht verankerten Prinzips der Haftungsrealisierung handelt, geht die Kritik an der von Homann als „Übergriff" in das materielle Gesellschaftsrecht bezeichneten Reduktion der Vorschrift in den maßgeblichen Fällen nach der hier vertretenen Auffassung fehl. Es trifft eben gerade nicht zu, dass man ein im Insolvenzverfahrensrecht verortetes Problem auf der Ebene des Gesellschaftsrechts zu lösen versucht. Vielmehr führt eine entsprechende Anwendung der §§ 315 ff. InsO zu einem vom Gesetzgeber an sich nicht vorgesehenen Verfahren über das Sondervermögen der ehemaligen Gesellschaft und bedeutet eine insolvenzmäßige Abwicklung dieser Personenhandelsgesellschaften innerhalb einer rechtlichen Grauzone. Vorzugswürdig erscheint es demgegenüber, die Lösung des Problems in der Tat im Kern ihrer Entstehung, d. h. durch eine Reduktion des § 131 Abs. 3 Satz 1 Nr. 2 InsO zu suchen, einer Bestimmung, die sowohl ihrem Regelungsgegenstand nach als auch im Hinblick des damit verfolgten Normzwecks insolvenzrechtlicher Natur ist.

dd) Ergebnis

Nach der Bundesgerichtshofs Entscheidung vom 15.03.2004 sowie der neuerlichen Entscheidung des BGH vom 07.07.2008[271] zur liquidationslosen Vollbeendigung einer Gesellschaft bürgerlichen Rechts bei gesellschaftsvertraglich vereinbartem Ausscheiden des vorletzten Gesellschafters infolge der Eröffnung des Insolvenzverfahrens über sein Vermögen kommt eine teleologische Reduktion des § 131 Abs. 3 Satz 1 Nr. 2 HGB generell für die zweigliedrige Personenhandelsgesellschaft, ebenso wie bezüglich einer sich bereits aus anderen, also nicht insolvenzbedingten Gründen im Abwicklungsstadium befindlichen Gesellschaft wie oben dargestellt nicht in Betracht. Zum einen hat der BGH eindeutig festgestellt, dass es auch in diesen Ausgangssituationen bei der Ausscheidensfolge hinsichtlich des Schuldners verbleibt, zum anderen hat er das Hauptargument der Gefahr einer unbeschränkten Haftung des an sich nur in Höhe seiner Einlage haftenden Kommanditisten einer GmbH & Co. KG entkräftet, indem er die Kommanditistenhaftung durch eine entsprechende Anwendung der §§ 27 Abs. 1, 25 HGB begrenzt hat.[272] Im Falle der Simultaninsolvenz besteht aber wegen § 131 Abs. 3 Satz 1 Nr. 2 HGB das oben beschriebene Problem einer „Unmöglichkeit" des Insolvenzverfahrens über das Vermögen der Personenhandelsgesellschaft, welches durch die oberste Rechtsprechung nicht beseitigt wurde und in dem genannten Urteil auch gar nicht Gegenstand der Entscheidung war. Das Hauptargument für eine teleologische Reduktion im Falle der sog. Doppelinsolvenz wurde also nach wie vor nicht entkräftet.[273] Die obigen Ausführungen verdeutlichen, dass es aus hiesiger Sicht vorzugswürdig erscheint, ausschließlich in denjenigen Fällen eine Reduktion der Regelung in Erwägung zu ziehen, bei denen über das Vermögen der Gesellschaft selbst ein Verfahren eröffnet wurde und ihre Gesellschafter entweder gleichzeitig oder im Nachhinein wegen eigener Insolvenz nach der Vorschrift an sich ausscheiden würden. Nur diese Vorgehensweise gewährleistet eine geordnete und koordinierte Abwicklung der verschiedenen Haftungsmassen (vgl. insbesondere § 93 InsO, § 171 Abs. 2 HGB)[274] und wird der hohen prak-

271 BGH, ZIP 2008, 1677.
272 BGH, ZIP 2004, 1047, 1048.
273 Albertus/Fischer, ZInsO 2005, 246, 248.
274 Gottwald-Haas, Insolvenzrechtshandbuch, § 94 Rn. 127.

tischen Relevanz sowie den verschiedenen Interessen der Beteiligten wirklich gerecht, ohne dabei gleichsam auf einer „wackeligen" Rechtsgrundlage zu stehen. Zwar hat die zwischeninstanzliche Rechtsprechung teilweise ein Sonderinsolvenzverfahren über das Vermögen der ehemaligen Gesellschaft angenommen. Höchstinstanzlich wurde über den hier behandelten Sachverhalt jedoch noch nicht entschieden. Als richtungweisend kann aber insofern das Urteil des Bundesfinanzhofes aus dem Jahr 2006 zu einer mit der gesetzlichen Bestimmung gleichlautenden Vertragsklausel angesehen werden, wonach die Ausscheidensregelung im Gesellschaftsvertrag im Insolvenzverfahren über das Vermögen der Gesellschaft im Wege einer ergänzenden Vertragsauslegung vom BFH kassiert wurde.[275] Inhaltlich ist den Argumenten des Bundesfinanzhofes vollumfänglich zuzustimmen. Sie legen zudem nahe, konsequenterweise auch den Anwendungsbereich der gesetzlichen Regelung des § 131 Abs. 3 Satz 1 Nr. 2 HGB in einer solchen Ausgangskonstellation teleologisch zu reduzieren. Es bleibt abzuwarten, ob sich der BGH dem bei Vorlage einer entsprechenden Entscheidung in Zukunft anschließen wird.

III. Abfindungsanspruch

1. Allgemeines

Im Hinblick auf die Realisierung des in der Beteiligung des Schuldners liegenden Wertes für die Insolvenzmasse bildet der Anspruch des Ausscheidenden auf seine Abfindung nach § 105 Abs. 2 HGB, § 738 Abs. 1 Satz 2 BGB die zentrale Forderung auch im Gesellschafterinsolvenzverfahren. Um die rechtliche Stellung eines ausscheidenden Gesellschafters derjenigen Stellung der Gesellschafter bei Auflösung des Gesellschaftsverhältnisses möglichst anzupassen, versteht der Gesetzgeber das Recht aus § 738 Abs. 1 Satz 2 BGB als umgestalteten Anspruch auf das Auseinandersetzungsguthaben,[276] insofern ist vielfach auch von einer sog. partiellen Auseinandersetzung bei Ausscheiden eines Gesellschafters die Rede.[277] Seinem Charakter nach weist der Anspruch auf die Abfindung eine Doppelnatur auf. In Ansehung seiner Entstehungsvoraussetzung des ersatzlosen Ausscheidens eines Gesellschafters bei ansonsten unverändertem Fortbestand der Gesellschaft stellt er sich als Sozialverbindlichkeit dar. Andererseits ist er bezüglich der Geltendmachung, weil der Gesellschafter infolge seines Ausscheidens zumindest grundsätzlich bei der Durchsetzung nicht mehr den Schranken des Gesellschaftsverhältnisses unterliegt, echtes Gläubigerrecht.[278]

---

275 BFH, DStR 2006, 2168, 2170.
276 Staudinger-Habermeier, BGB, § 738 Rn. 1.
277 Staub-Schäfer, HGB, § 131 Rn. 139.
278 Staub-Schäfer, HGB, § 131 Rn. 139.

2. Anspruchsgegner

Ebenso wie der Anspruch auf das Auseinandersetzungsguthaben bei Auflösung richtet sich auch der Abfindungsanspruch im Falle des Ausscheidens in erster Linie gegen die Gesellschaft. Löst sich die Gesellschaft infolge des Ausscheidens des vorletzten Gesellschafters automatisch auf, ist die Forderung gegenüber dem Übernehmer, also üblicherweise dem Gesamtrechtsnachfolger, geltend zu machen.[279]

Die ganz herrschende Meinung bejaht darüber hinaus, jedenfalls für die Personenhandelsgesellschaften, auch eine persönliche Inanspruchnahme der in der Gesellschaft verbleibenden Gesellschafter aus §§ 128, 171 f. HGB.[280] Insbesondere hinsichtlich der Gesellschafter einer GbR ist dies allerdings umstritten. So schlussfolgert eine Mindermeinung aus der Regelung des § 707 BGB, auch der Abfindungsanspruch könne als Sozialverbindlichkeit während des Bestehens der BGB-Gesellschaft nur gegen diese selbst und nicht gegenüber den Gesellschaftern geltend gemacht werden. Die gegenteilige Auffassung sei ein Zugeständnis an die eigene Rechtsfähigkeit der GbR, verstoße aber insofern gegen den eindeutigen Gesetzeswortlaut.[281]

Dem kann hier sowohl hinsichtlich der OHG als auch in Bezug auf die GbR nicht gefolgt werden. Denn dieser Rechtsgedanke berücksichtigt nicht hinreichend, dass sich der Abfindungsanspruch bezüglich seiner Geltendmachung als echtes Gläubigerrecht darstellt. Aufgrund des Ausscheidens des insolventen Gesellschafters unterliegt er gerade nicht mehr der gesellschaftsvertraglichen Bindung, weshalb auch § 707 BGB nicht eingreifen kann. Aus der vormaligen Gesellschafterstellung treffen den Gesellschafter bzw. den für ihn handelnden Insolvenzverwalter allenfalls nachvertragliche Treuepflichten, aus denen aber ein allgemeines Verbot einer persönlichen Inanspruchnahme der Gesellschafter keinesfalls abgeleitet werden kann. Erst recht gilt dies bei insolvenzbedingtem Ausscheiden des Gesellschafters, wo infolge einer Berührung von Drittinteressen im Regelfall aus der nachvertraglichen Treupflicht schon eine Stundungspflicht bei der Auszahlung der Abfindung nicht gerechtfertigt ist.[282] Im Übrigen geht auch die Annahme fehl, es bedürfe hinsichtlich der BGB-Gesellschafter einer besonderen Verpflichtungsgrundlage.[283] Richtig ist zwar, dass die persönliche Haftung der Gesellschafter nicht unmittelbar der Bestimmung des § 738 Abs. 1 Satz 2 BGB entnommen werden kann. Seitdem die höchstrichterliche Rechtsprechung zu einer akzessorischen Gesellschafterhaftung übergangen ist und nunmehr auch eine entsprechende Anwendung der Haftungsnormen für die OHG bei der GbR bejaht[284], bedarf es jedoch keiner besonderen Begründung der Gesellschafterhaftung. Sie folgt vielmehr aus einer analogen Anwendung der allgemeinen Haftungsregelung des § 128 HGB. Angemerkt sei zudem,

---

279 BGH, ZIP 1990, 305, 306.
280 a. A. Staudinger-Habermeier, BGB, § 738 Rn. 12.
281 MK-Ulmer, BGB, § 738 Rn. 12.
282 Staub-Schäfer, HGB, § 131 Rn. 141.
283 MK-Ulmer, BGB, § 738 Rn. 12.
284 BGHZ 148, 201, 207.

dass die Gesellschafterhaftung gegenüber dem Anspruch gegen die Gesellschaft (entgegen der wohl überwiegenden Auffassung in der Literatur) nach der Rechtsprechung des Bundesgerichtshofes auch nicht subsidiär ist.[285]

3. Abfindungsbilanz

a) *Rechtliche Bedeutung*

In Anlehnung an § 154 HGB wurde nach früherer Ansicht auch bei Ausscheiden eines Gesellschafters eine Abfindungsbilanz oder auch Abschichtungsbilanz genannte Schlussabrechnung benötigt, um auf Grundlage der Substanzwertmethode den Abfindungsanspruch des ehemaligen Mitgliedes festzustellen. In den 70er Jahren hat sich allerdings hinsichtlich der Ermittlung des Abfindungsanspruchs bzw. bezüglich der Unternehmensbewertung im Allgemeinen eine Kehrtwende vollzogen, in deren Folge nunmehr auch die höchstrichterliche Rechtsprechung das so genannte Ertragswertverfahren regelmäßig für maßgeblich bei der Bewertung des Gesellschaftsanteils erachtet.[286] Dies bedeutet, dass die Gegenstände des Gesellschaftsvermögens nicht mehr mit ihrem Substanzwert, d. h. ihrem Zerschlagungs- bzw. Verkehrswert, in Anrechnung gebracht werden und die Summe hieraus zuzüglich eines sog. Firmenwertes, dem „good will“, den Gesamtunternehmenswert bildet, sondern die Unternehmensbewertung im Grundsatz anhand einer Schätzung der voraussichtlichen künftigen Jahreserträge der Gesellschaft (ergänzt um die Abzinsung auf den Bewertungszeitpunkt unter Zugrundelegung des hierfür maßgeblichen Kapitalisierungszinsflusses) erfolgt.[287] Nach dem herkömmlichen Verständnis einer Vermögensbilanz, in der sämtliche Aktiva der Gesellschaft zu den Liquidationswerten am Stichtag abgebildet werden, hat die Abfindungsbilanz zwar damit an Bedeutung eingebüßt[288], sie bleibt aber nach wie vor für die Feststellung des Abfindungsanspruchs des ausscheidenden Gesellschafters unerlässlich. Der im Wege der Ertragswertmethode ermittelte, fiktive Auseinandersetzungsgewinn bildet nämlich für sich genommen noch nicht die Abfindung. Vielmehr sind auf den so genannten jeweiligen Gesellschafterkonten auch die zu unselbstständigen Rechnungsposten gewordenen, gesellschaftsvertraglichen Ansprüche, wie etwa Ansprüche gegenüber der Gesellschaft auf Rückgewähr dem Werte nach eingebrachter oder zur Benutzung überlassener Gegenstände, sowie sonstige auf dem Gesellschaftsverhältnis beruhende Sozialverbindlichkeiten zu berücksichtigen.[289] Ebenso im Hinblick auf den Ertragswert außer Ansatz (aber für den Abfindungsanspruch zwingend zu berücksichtigen) bleiben die sonstigen, nicht betriebsnotwendigen Aktiva.[290] Von der Erfordernis einer Abfindungsbilanz ist also auch bei Zugrundelegung der Ertragswertmethode unbedingt auszugehen.

---

285 BGH, NJW 1980, 339, 340; MüHdB-Piehler/Schulze, GesellR, Band 1, § 75 Rn. 80.
286 BGHZ 116, 359, 370 f.
287 Hülsmann, ZIP 2001, 450 ff.
288 Ebenroth/Boujong/Joost/Strohn-Lorz, HGB, § 131 Rn. 101 f.
289 Staudinger-Habermeier, BGB, § 738 Rn. 15.
290 Staub-Schäfer, HGB, § 131 Rn. 144.

Ferner ist der Rechtsprechung zwar die oben beschriebene Neigung zur Ertragswertmethode nicht abzusprechen[291], der BGH erblickt jedoch in der Frage nach der richtigen Bewertungsmethode keine Rechts-, sondern ein Tatsachenfrage und ist hiervon bisher auch noch nicht abgewichen[292]. Wenn aber der Tatrichter bei der Schätzung des Gesellschaftsvermögens nach § 738 Abs. 2 BGB nicht an bestimmte Bewertungsmethoden gebunden ist und in Zweifelsfällen ein Sachverständigengutachten hierüber einholen muss[293], bedarf es erst recht einer ordnungsgemäßen Bilanzierung. Denn selbst bei Zugrundelegung der Auffassung des BGH ist der Übergang zwischen Rechts- und Tatsachenfrage hinsichtlich des Verfahrens der Wertermittlung fließend. Soweit sich aus dem Gesetz Bewertungsmaßstäbe für die Ermittlung im Rahmen des § 738 BGB entnehmen lassen, sind diese als Rechtssätze zwingend zu beachten und müssen auch anhand einer Abrechnung überprüfbar bleiben.[294]

b) *Berechnung und Feststellung*

aa) Gesetzliche Bewertungsmaßstäbe

Ausgehend von der Rechtsprechung des BGH, nach der die Wahl der Bewertungsmethode letztlich als Tatsachenfrage anzusehen ist, weil keine Wertermittlungsmethode existiert, die den Unternehmenswert für alle Arten von Erwerbsgesellschaften gleichermaßen zutreffend erfasst[295], sollen im Anschluss zunächst diejenigen Rechtsgrundsätze herausgearbeitet werden, die nach dem Gesetz bzw. der höchstrichterlichen Rechtsfortbildung allgemein anerkannt sind und daher zwingend beachtet werden müssen. Im Anschluss kann sodann die sich aus diesen Rechtsgrundsätzen regelmäßig ergebende Vorgehensweise skizziert werden. Die Beschreibung der auch nach der Rechtsprechung üblicherweise zu verwendenden Ermittlungsmethode, welche zumindest im Grundsatz nach dem Ertragswert des Unternehmens fragt, darf aber nicht darüber hinwegtäuschen, dass es sich schlussendlich um eine Einzelfallentscheidung handelt. So erfolgt beispielsweise die Bewertung von Grundstücksgesellschaften in der betriebswirtschaftlichen Praxis nach eigenen, abweichenden Bewertungsgrundsätzen.[296] Von Interesse sind in diesem Zusammenhang auch die Stellungnahmen des Instituts der Wirtschaftsprüfer (IDW), deren „Grundsätze zur Durchführung von Unternehmensbewertungen" sich bei der Bewertung kleinerer und mittlerer Unternehmen zu einem Standard entwickelt haben.[297]

Den Ausgangspunkt der sich entwickelten Rechtsgrundsätze bildet die Regelung des § 738 Abs. 1 Satz 2 BGB. Nach deren Inhalt soll die Liquidation der Gesellschaft fingiert werden, was früher gedanklich häufig mit der Zerschlagung des Unternehmens gleichgesetzt wurde und infolgedessen zur Rechtfertigung einer Feststellung des Abfindungsanspruchs nach der Substanzwertmethode diente.

---

291 BGH, NJW 1999, 283.
292 BGH, NJW 1992, 892, 893.
293 BGH, NJW 1993, 2101, 2103.
294 MüHdB-Piehler/Schulte, Band 1, GesellR, § 75 Rn. 23.
295 BGH, NJW 1999, 283.
296 Großfeld, Unternehmens- u. Anteilsbewertung, 74.
297 WPg 1983, 468 ff.; WPg 1998, 26; WPg 2000, 825.

Inzwischen hat sich insoweit eine andere Auslegung der Norm durchgesetzt. Richtigerweise spricht die Bestimmung nicht von der Liquidation des Unternehmens, sondern nur von derjenigen der Gesellschaft. Unter betriebswirtschaftlichen Aspekten ist aber bei Auflösung der Gesellschaft zunächst zu versuchen, das Unternehmen als Ganzes zu veräußern.[298] Deshalb besteht auch inzwischen in Rechtsprechung und Literatur Einigkeit darüber, den Abfindungsanspruch des ausscheidenden Gesellschafters auf Grundlage des wirklichen Wertes des lebenden Unternehmens als Ganzes, mithin also des fortgesetzten Unternehmens (going concern), zu ermitteln.[299]

Auf dem obigen Rechtsgedanken aufbauend und damit unmittelbar verknüpft schließt sich sogleich ein weiterer Bewertungsmaßstab aus der Rechtsordnung an. Wenn auch hinsichtlich der Feststellung des Abfindungsanspruchs im Grundsatz nach § 738 Abs. 2 BGB eine Schätzung des Wertes des lebenden Unternehmens als Ganzes maßgebend ist, so bildet die gesetzliche Untergrenze für den auf diesem Wege ermittelten Gesamtwert doch die Summe der Liquidationswerte aller Aktiva der Gesellschaft, also der Zerschlagungswert des Unternehmens.[300] Der Umstand, dass die Bewertung unter Zugrundelegung des fortgesetzten Unternehmens als Ganzes zu erfolgen hat, darf nicht zum Nachteil des Ausscheidenden oder, wie hier im Insolvenzfalle, zum Nachteil seiner Gläubiger gerieren. Freilich kommt dieses sog. Mindestwertprinzip in der Praxis nur in seltenen Ausnahmefällen zur Anwendung[301], weil der Wert des lebenden Unternehmens regelmäßig höher anzusiedeln ist als dessen Zerschlagungswert.

Ferner resultiert aus den gesetzlichen Vorgaben noch ein gemeinhin als selbstverständlich hingenommener Rechtsgrundsatz, der dennoch nicht unerwähnt bleiben soll. Der Gesetzgeber schreibt nämlich bezüglich der Feststellung des Abfindungsanspruches die sog. indirekte Methode vor. Aus der Formulierung im zweiten Absatz der Regelung „Wert des Gesellschaftsvermögens“ ergibt sich unweigerlich, dass der Wert des Gesellschafteranteils nicht direkt bestimmt, sondern aus dem Wert des gesamten Unternehmens quotal abgeleitet werden muss.[302]

Zutreffend ist es darüber hinaus, den in § 738 BGB normierten Abfindungsanspruch nicht als singuläres Recht, sondern die §§ 738–740 BGB insgesamt als gesetzliche Einheit zu begreifen, der das Prinzip einer Gesamtabrechnung zugrunde liegt. Infolgedessen stellt der Abfindungsanspruch das Ergebnis einer zwischen der Gesellschaft und dem ausscheidenden Gesellschafter stattfindenden Abrechnung über sämtliche wechselseitigen Ansprüche dar. Hiervon ausgehend bilden die Einzelansprüche, wie bei der Liquidation des Gesellschaftsverhältnisses, nur unselbstständige Rechnungsposten in der Bilanz. Mit anderen Worten findet also die bereits bei der Auseinandersetzung der GbR dargelegte und von der Rechtsprechung ent-

---

298 Schlegelberger-Schmidt, HGB, § 138 Rn. 55.
299 Baumbach/Hopt, HGB, § 131 Rn. 49.
300 Großfeld, Unternehmens- u. Anteilsbewertung, 93.
301 Neuhaus, Unternehmensbewertung, 62.
302 Ebenroth/Boujong/Joost/Strohn-Lorz, HGB, § 131 Rn. 97.

wickelte Durchsetzungssperre auch bei Ausscheiden eines Gesellschafters Anwendung, vorbehaltlich der allgemein anerkannten Ausnahmen.[303]

Unter Heranziehung dieser Rechtsgrundsätze hat sich sowohl in der Literatur als auch in der Rechtsprechung für den Regelfall die nachfolgend beschriebene Vorgehensweise bei der Ermittlung des Abfindungsanspruchs weitgehend durchgesetzt.

bb) Ertragswertmethode

Die Berechnung des Abfindungsanspruchs erfordert zunächst die Feststellung des Unternehmenswerts auf Grundlage der Ertragswertmethode. Dieser ergibt sich aus einer Addition des Barwerts der zukünftigen Erfolge des betriebsnotwendigen Vermögens, dem Ertragswert im eigentlichen Sinne, und dem Barwert des Nettoveräußerungserlöses des nicht betriebsnotwendigen Vermögens, mithin derjenigen Vermögensgegenstände, die veräußert werden können, ohne dass hiervon die Erfüllung des Sachziels der Unternehmung gefährdet wird. Die beiden wesentlichen Bestandteile des (reinen) Ertragswerts bilden also die voraussichtlichen Zukunftserträge sowie die Festlegung des Kapitalzinsflusses zur Barwertermittlung. Die erstgenannten Zukunftserfolgswerte werden aus Praktikabilitätserwägungen allgemein üblich auf Basis des betrieblichen Rechnungswesens, also insbesondere der Gewinn- und Verlustrechnungen, ermittelt, obwohl den Eigentümern des Unternehmens tatsächlich nur die Überschüsse der Einzahlungen über die Auszahlungen zur Verfügung stehen. Früher wurden die so ermittelten Ertragswertüberschüsse des Unternehmens aber dennoch mit den Einzahlungsüberschüssen der Anteilseigner gleichgesetzt. Durch die Neufassung des IDW Standards vom 18.10.2005 hat jedoch inzwischen eine Abkehr von der Vollausschüttungshypothese stattgefunden und das vorhandene Defizit wurde beseitigt. Bei der Ermittlung der Einzahlungsüberschüsse aus den Ertragsüberschüssen werden nunmehr vertragliche und rechtliche Ausschüttungsrestriktionen sowie am Bewertungsstichtag dokumentierte Unternehmenskonzeptionen über das Ausschüttungsverhalten beachtet und auf deren Grundlage eine Prognose darüber angestellt, welche Überschüsse den Anteilseignern tatsächlich zur Verfügung stehen.[304]

Als Basis der Vergangenheitsanalyse dienen regelmäßig die Informationen aus den Gewinn- und Verlustrechnungen der letzten drei bis fünf Jahre vor dem Bewertungsstichtag. Im Hinblick auf die Prognose der künftigen Ertragslage bedarf es hierbei freilich einer Bereinigung, soweit einzelne Betriebsergebnisse in der Vergangenheit nicht repräsentativ für die Zukunft sind. Überdies sollte innerhalb der Vergangenheitsanalyse eine Gewichtung der jährlichen Ertragsüberschüsse erfolgen, insbesondere wenn die Umsätze des Unternehmens stark variiert haben. So dürfte häufig der zuletzt ermittelte Jahresüberschuss in Bezug auf die Prognoseentscheidung eine größere Aussagekraft entfalten als Gewinn- und Verlustrechungen, die bereits fünf Jahre zurückliegen.[305]

---

303 BGH, NZG 2000, 832, 833.
304 IDW Satz 1, WPg 2005, 1303, 1308.
305 Großfeld, Unternehmens- u. Anteilsbewertung, 79.

Die Vergangenheitsanalyse dient sodann der Prognose der künftigen finanziellen Überschüsse. Erfolgt die Bewertung, wie bei kleinen und mittleren Unternehmen noch allgemein üblich, nach der traditionellen, pauschalen Methode, beschränkt sich die Prognose im Grundsatz auf eine mechanische Projektion der vergangenen Ergebnisse in die Zukunft, indem der gewichtete Durchschnitt dieser Ergebnisse auch als in Zukunft nachhaltig zu erzielender Ertrag angenommen wird.[306] In zeitlicher Hinsicht unterscheidet die Bewertungspraxis zwischen der sog. Detailplanungsphase, einem Prognosezeitraum von etwa drei bis fünf Jahren, und einer zweiten, ferneren Phase, die den Zeitraum nach der Detailplanungsphase betrifft und deren Planung im Wesentlichen nur noch auf einer mehr oder weniger pauschalen Fortschreibung der ersten Phase basiert[307]. In der näheren Phase wird demgegenüber auf Grundlage der pauschalisierten „Hochrechnung" der vergangenen Jahreserträge, weil sich im Regelfall relativ verlässliche Planungen der Aufwendungen und Erträge ermitteln lassen und die Rahmenbedingungen des Marktes bzw. des Wettbewerbes voraussehbar sind, ein individueller Jahreserfolg erstellt.[308]

Nichtsdestotrotz bleibt die Zukunftsprognose die Schwachstelle der Ertragswertmethode. Streitig ist etwa, inwieweit Steuern hierbei berücksichtigt werden müssen. Während vom Unternehmen geschuldete Ertragssteuern oder etwa die Gewerbesteuer nach einhelliger Auffassung von den für die Zukunft prognostizierten Jahreserfolgen in Abzug zu bringen sind, war dies im Hinblick auf die Einkommenssteuer der Gesellschafter lange zweifelhaft. Nach neuerer Betrachtung sind aber auch die Einkommenssteuern der Gesellschafter von den voraussichtlich erzielten Jahresüberschüssen abzusetzen, wobei die persönlichen Steuerverhältnisse der Gesellschafter unbeachtet bleiben und stattdessen von einem typisierten Steuersatz von 35 Prozent ausgegangen wird.[309]

Ebenso umstritten war in der Vergangenheit die Frage, inwiefern bei der Ermittlung der Zukunftserfolge des Unternehmens die Finanzierung der Abfindung des ausscheidenden Gesellschafters zu berücksichtigen ist. Nach der hier vertretenen Ansicht ist dies aber abzulehnen. Andernfalls würde der Gesellschafter, wie die herrschende Meinung zutreffend ausführt, seine Abfindung zum Teil selbst finanzieren.[310] Selbiges lässt sich aber mit dem gesetzgeberischen Leitbild in § 738 BGB, das von einer Anpassung des Abfindungsanspruchs an den Anspruch auf das Auseinandersetzungsguthaben bei Auflösung der Gesellschaft geprägt ist, nicht vereinen.

Nachdem der Ertragswert der Gesellschaft als globales Aktivum ermittelt wurde, fließen die nicht betriebsnotwendigen Aktiva, die Ansprüche der Gesellschafter auf Rückerstattung der Einlagen, auf Rückgewähr überlassener oder dem Werte nach eingebrachter Gegenstände sowie alle sonstigen im Rahmen der Abfindung zu berücksichtigenden Sozialverbindlichkeiten und Sozialansprüche in die Abfin-

306 Großfeld, Unternehmens- u. Anteilsbewertung, 92 f.
307 IDW S. 1, WPg 2005, 1303, 1311.
308 Ebenroth/Boujong/Joost/Strohn-Lorz, HGB, § 131 Rn. 78.
309 IDW S. 1, WPg 2005, 1303, 1309.
310 MüHdB-Piehler/Schulte, GesellR, Band 1, § 75 Rn. 29.

dungsbilanz mit ein. Auf Grundlage des sich aus der Höhe der jeweiligen Anteile ergebenden Gewinnverteilungsschlüssels wird schließlich die Abfindung des Gesellschafters quotal ermittelt. Ob sich der Gewinnverteilungsschlüssel während der Dauer der Gesellschaft verändert hat, ist ebenso wie die Frage, ob der Insolvenzschuldner zum Kreis der Gründungsgesellschafter zählt, irrelevant.[311] Maßgeblich ist allein der am Bewertungsstichtag gültige Verteilungsschlüssel, ohne dass eine besondere Stellung des Gesellschafters, wie etwa beherrschender Einfluss in der Gesellschaft wegen ihm übertragener Geschäftsführungsaufgaben oder einer Bevollmächtigung zur Alleinvertretung einen Zuschlag auf den für ihn ermittelten Wert rechtfertigt.[312]

cc) Substanzwertmethode

Abgesehen von denjenigen Fällen, bei denen der Gesellschaftsvertrag Abrechnungsregelungen enthält, die ausdrücklich auf den Substanzwert abstellen, hat die Substanzwertmethode nach alledem lediglich noch in zweierlei Hinsicht für die Berechnung des Abfindungsanspruchs Bedeutung und gilt ansonsten ebenso wie die hierauf basierenden Mittelwert- und Übergewinnmethoden und das vornehmlich von der Finanzverwaltung verwendete so genannte Stuttgarter Verfahren für die Ermittlung des Unternehmenswerts als überholt.[313] Zum einen bedarf es auch nach der hier beschriebenen, weit verbreiteten Vorgehensweise einer gesonderten Bewertung des nicht betriebsnotwendigen Vermögens, weil diese Vermögensgegenstände der Gesellschaft, obwohl sie den Unternehmenswert beeinflussen, von der Ertragswertmethode nicht berücksichtigt werden.[314] Die so genannten neutralen Vermögensgegenstände sind deshalb mit ihrem abgezinsten Netto-Veräußerungserlös dem im Wege des Ertragswertverfahrens errechneten Unternehmenswert hinzuzuaddieren.

Zum anderen bildet der Substanzwert des Unternehmens die gesetzliche Untergrenze des auf Grundlage des Ertragswertverfahrens ermittelten Unternehmenswerts. In Zweifelsfällen, also bei ertragsschwachen oder gar verlustbringenden Gesellschaften, sollte demzufolge eine Art Kontrollrechnung erstellt werden, ob die aus der Veräußerung der einzelnen Vermögensgegenstände und Rechte der Gesellschaft zu erzielenden Erlöse in Summe höher sind als der im Rahmen des Ertragswertverfahrens ermittelte Unternehmenswert.[315] Regelmäßig reicht aber eine überschlägige Ermittlung des Liquidationswerts aus, wenn dieser offensichtlich deutlich hinter dem Zukunftserfolgswert zurückbleibt.[316]

dd) Discounted-Cash-Flow-Verfahren

In der betriebswirtschaftlichen Literatur befindet sich seit den 90er Jahren darüber hinaus noch eine weitere Bewertungsmethode auf dem Vormarsch, das so genannte

311 BGH, WM 1981, 627.
312 Piltz/Wissmann, NJW 1985, 2673, 2680.
313 Ebenroth/Boujong/Joost/Strohn-Lorz, HGB, § 131 Rn. 70 ff.
314 Ulmer, FS Quack, 477, 479 u. 497 f.
315 BGH DStR 2006, 1005, 1006.
316 WP-HdB 2002, Bd. II, Rn. A 345.

Discounted-Cash-Flow-Verfahren. Diese Verfahrensart zielt ähnlich wie die Ertragswertmethode auf den geschätzten Barwert künftig von der Gesellschaft zu erzielender finanzieller Überschüsse des betriebsnotwendigen Vermögens ab. Der wesentliche Unterschied zum Ertragswertverfahren besteht allerdings darin, wie diese Überschüsse ermittelt werden. Während der Überschuss nach dem Ertragswertverfahren aus der im Wesentlichen aus den Gewinn- und Verlustrechnungen abgeleiteten Differenz zwischen Erträgen und Aufwendungen einschließlich Fremdkapitalkonten und Steuern errechnet wird, knüpft das DCF-Verfahren primär an den sog. Cash-Flow, d. h. die Summe der allen Kapitalgebern (also Gesellschaftern und Fremdkapitalgebern) gemeinsam zur Verfügung stehenden Zahlungsströme, an. Abgezogen werden hiervon die Investitionskosten und Unternehmenssteuern, im Gegensatz zur Ertragswertmethode allerdings ohne Berücksichtigung von Abschreibungen und Fremdkapitalkosten.[317] Je nach Behandlung der Kapitalkosten existieren verschiedene Ausprägungen des DCF-Verfahrens, etwa der Weighted-Average-Cost-Of-Capital-Ansatz (kurz WACC-Ansatz) oder der Adjusted-Present-Value-Ansatz (auch APV-Ansatz).

Die Jurisprudenz hat die Verdrängung des Ertragswertverfahrens in der betriebswirtschaftlichen Praxis bisher mit der Begründung, es handele sich bei dem DCF-Verfahren um eine Berechnungsmethode, die in erster Linie auf börsennotierte Unternehmen zugeschnitten sei, weitestgehend ignoriert.[318] Tatsächlich hat die DCF-Methode vor allem im Vorfeld der Börseneinführung von Unternehmen große praktische Bedeutung erlangt. Allerdings hat inzwischen auch das Institut der Wirtschaftsprüfer das Discounted-Cash-Flow-Verfahren als grundsätzlich gleichwertig anerkannt.[319] Ohne auf Einzelheiten einzugehen, liegen die Vorteile gegenüber der Ertragswertmethode vor allem darin, dass durch die Anknüpfung an den Cash-Flow die Unternehmensbewertung bilanzpolitischen Spielräumen und Gestaltungen weitestgehend entzogen wird. Der Auffassung von Lorz folgend, stellt sich die Art der Unternehmensbewertung im Bereich kleinerer und mittlerer Unternehmen aber deshalb als problematisch dar, weil sich der nach der Berechnung des systematischen Risikos erforderliche Faktor hier nicht, wie bei den Aktiengesellschaften, ohne weiteres berechnen lässt. Nach seiner Ansicht bedarf es daher im Ergebnis bei Abfindung eines ausscheidenden Personenhandelsgesellschafters der kritischen Analyse des Einzelfalls.[320] Im Regelfall führen die auf derselben konzeptionellen Grundlage aufbauenden Methoden, nämlich einer Prognose der in Zukunft voraussichtlich zu erzielenden Überschüsse, zudem bei gleichen Bewertungsannahmen auch zu gleichen Unternehmenswerten. Berücksichtigt werden sollte aber nichtsdestotrotz, dass es sich bei dem DCF-Verfahren auch im internationalen Kontext um die gegenüber dem Ertragswertverfahren gebräuchlichere Methode handelt.[321]

Durch die Einführung des Gesetzes zur Modernisierung des GmbH-Rechts und zur Vermeidung von Missbräuchen zeichnet sich die zunehmende Bedeutung des DCF-

317 WPg 2000, 825, 837 ff.
318 MüHdB-Piehler/Schulte, Band 1, GesellR, § 75 Rn. 38; Hülsmann, ZIP 2001, 450, 451.
319 IDW S. 1 WPg 2005, 1303, 1313.
320 Ebenroth/Boujong/Joost/Strohn-Lorz, HGB, § 131 Rn. 91 ff.
321 Ebenroth/Boujong/Joost/Strohn-Lorz, HGB, § 131 Rn. 91.

Verfahrens nunmehr auch innerhalb Deutschlands ab. Dieses Gesetz sieht unter anderem Missbrauchskontrollen bei der Unternehmensgründung, die Etablierung einer so genannten Seriositätsschwelle und einen Verlustpuffer bei der Unternehmensführung vor, um die Effektivität des Gläubigerschutzes zu steigern.[322] Ob die im Gesetz vorgesehenen Maßnahmen in der Praxis tatsächlich zu einer Verbesserung des Gläubigerschutzes gegenüber der bisherigen Rechtslage führen und wie sich die Verwirklichung der Regelungen in der Praxis gestalten lässt, ist zwar höchst umstritten; dennoch sollen die Instrumente zur Vermeidung von Missbräuchen ihrer Intention nach eine zunehmende Orientierung der Bewertung von Gesellschaften an Cash-Flow-Größen (d. h. also anhand der Zahlungsströme eines Unternehmens und nicht an dessen Vermögen) erlauben.[323]

Im Zusammenhang mit der Einführung des Gesetzes zur Modernisierung des GmbH-Rechts und zur Vermeidung von Missbräuchen im November 2008 zeigt sich die Abwendung von den so genannten Festkapitalsystemen auch dadurch, dass anlässlich der in § 64 Satz 3 GmbHG n. F. statuierten Solvenzerklärung des Geschäftsführers im Falle einer drohenden Zahlungsunfähigkeit der Gesellschaft immer wieder auch die Einführung regelmäßiger Bonitäts- bzw. Solvenztest vor einer Gewinnausschüttung diskutiert wird. Die hierzu von der Finanz- und Betriebswirtschaft entwickelten Theorien basieren als „verkürzte Unternehmensbewertung" alle samt auf dem DCF-Verfahren.[324] Es trifft also im Ergebnis nicht zu, dass die Discounted-Cash-Flow-Methode nur für börsennotierte Bedeutung erlangt. Zwar gilt die sich durch das MoMiG abzeichnende Tendenz weg von den Festkapitalsystemen und hin zu einer Ermittlung des Unternehmenswerts anhand des auf Grundlage der künftigen finanziellen Überschüsse ermittelten Barwerts unmittelbar nur für die GmbH als „kleine" Kapitalgesellschaft. Hat sich die Bewertungsmethode jedoch in diesem Bereich erst einmal durchgesetzt, dürfte der Vormarsch des DCF-Verfahrens auch vor den Personenhandelsgesellschaften und der werbend tätigen Gesellschaft bürgerlichen Rechts unter dem Gesichtspunkt einer einheitlichen Unternehmensbewertung nicht dauerhaft zu ignorieren sein. Vor diesem Hintergrund werden zukünftig wohl auch die Rechtsprechung sowie die gesellschaftsrechtliche Literatur nicht umher kommen, sich näher mit dem Discounted-Cash-Flow-Verfahren auseinanderzusetzen.

ee) Beteiligung am Ergebnis schwebender Geschäfte

Die Vorschrift des § 740 Abs. 2 BGB statuiert die Beteiligung des Schuldners an schwebenden Geschäften.

Hierunter versteht man diejenigen unmittelbar auf Erwerb gerichteten Rechtsgeschäfte der Gesellschaft, für die im Zeitpunkt des Ausscheidens bzw. dem hiervon abweichenden Abfindungsstichtag bereits eine rechtliche Bindung begründet und mit der Ausführung begonnen wurde, die aber beiderseitig noch nicht vollständig erfüllt sind.[325] Nach früherer Ansicht finden sie in der Abschichtungsbilanz keine Berücksichtigung, sondern sind ent-

---

322 Eidenmüller, ZGR 2007, 168, 183.
323 Eidenmüller, ZGR 2007, 168, 183.
324 Knof, DStR 2007, 1536, 1541.
325 BGH, WM 1993, 1194; OLG Celle, BB 1954, 757.

sprechend § 740 Abs. 1 BGB in eine (gesonderte) Gewinn- und Verlustrechnung mit einzubringen. Am Ende eines jeden Geschäftsjahres kann der ausgeschiedene Gesellschafter sodann nach § 740 Abs. 2 BGB von der Gesellschaft Rechenschaft über die inzwischen beendigten Geschäfte und Auszahlung des ihm hieran gebührenden Betrages verlangen. Weiter steht ihm ein Recht auf Auskunft über den Stand der schwebenden Geschäfte zu.[326]

Ausgehend von der früher vorherrschenden Unternehmensbewertung nach der Substanzwertmethode, bezweckte die Regelung, die Auseinandersetzung bzw. die Erstellung der Abfindungsbilanz von der Berücksichtigung solcher schwebender Geschäfte im Wege der Schätzung gemäß § 738 Abs. 2 BGB zu entlasten.[327] Für das Insolvenzverfahren über das Vermögen des ausgeschiedenen Gesellschafters sind die Rechtsfolgen dieser Regelung misslich. Entweder die Schlussverteilung müsste bis zum Zeitpunkt der Beendigung sämtlicher schwebender Geschäfte warten, was unter Umständen eine erhebliche Verzögerung des Insolvenzverfahrens bedeuten kann. Oder aber der dem Gesellschafter hinsichtlich dieser Geschäfte gebührende Betrag bliebe für die Insolvenzmasse zunächst unberücksichtigt und böte gegebenenfalls Anlass für eine mit zusätzlichen Kosten verbundene Nachtragsverteilung.

Allerdings erwies sich die aus § 740 BGB resultierende Ergebnisbeteiligung wegen der Aufrechterhaltung der Rechtsbeziehungen zwischen der Gesellschaft und dem ausgeschiedenen Gesellschafter über einen längeren Zeitraum sowie der damit einhergehenden Fülle an Anwendungsschwierigkeiten, insbesondere im Hinblick auf die bilanziellen Anforderungen, als problematisch und wurde in Konsequenz dessen häufig gesellschaftsvertraglich abbedungen.[328] Ein weiterer Grund für die regelmäßige Abbedingung der Beteiligung an schwebenden Geschäften lag auch in der Vermeidung von Auseinandersetzungen zwischen den Gesellschaftern über die zutreffende Abgrenzung der einzelnen Geschäfte.[329] Infolgedessen war der Regelung bereits früher nur geringe praktische Relevanz beizumessen.

Bei der Berechnung des Abfindungsanspruchs nach der nunmehr vorherrschenden Ertragswertmethode sind die künftigen Erträge und damit auch das Ergebnis der schwebenden Geschäfte allerdings an sich bereits im Abfindungsanspruch erfasst.[330] In Konsequenz dessen bedarf es eigentlich keiner gesonderten Abrechnung mehr, weshalb ein Teil des Schrifttums und der Rechtsprechung die Bestimmung des § 740 BGB jedenfalls bei Ermittlung des Abfindungsanspruchs nach der heute vorherrschenden Ertragswertmethode für hinfällig erachtet.[331]

Dem steht andererseits der insoweit eindeutige Wortlaut der Vorschrift und darüber hinaus auch die frühere Rechtsprechung des BGH entgegen.[332] Danach liegt ein Verständnis nahe, den Anspruch auf die Beteiligung an schwebenden Geschäften durch gesonderte Abrechnung als echte Ausnahme vom Prinzip der Gesamtabrechnung

---

326 Michalski, OHG Recht, § 131 Rn. 51.
327 BGH, NJW 1993, 1194 f.
328 Rolf/Vahle, DB 1983, 1964, 1968.
329 Ebenroth/Boujong/Joost/Strohn-Lorz, HGB, § 131 Rn. 107.
330 Schulze-Osterloh, ZGR 1986, 545, 557 ff.
331 OLG Hamm, NZG 2005, 175; Roolf/Vahl, DB 1983, 1964, 1965 ff.
332 BGH, NJW 1993, 1194.

(Durchsetzungssperre) zu verstehen. Erfolgt die Ermittlung des Abfindungsanspruchs dennoch nach dem Ertragswertverfahren, sind die sich hieraus ergebenden praktischen Konsequenzen freilich absurd. Denn die Ergebnisse der schwebenden Geschäfte dürften nicht in den Zukunftserfolgswert des Unternehmens einfließen, ihr Vorhandensein müsste aber dennoch als Merkmal einer allgemeinen Ertragsfähigkeit des Unternehmens bei der Berechnung in irgendeiner Form berücksichtigt werden.[333] Nach anderer Auffassung soll das Ergebnis der schwebenden Geschäfte mit einem Schätzwert in der Ertragswertermittlung zu berücksichtigen sein, so dass im Rahmen der jährlichen Abrechnung der Vorschrift des § 740 Abs. 2 BGB lediglich noch eine Korrektur der bereits erfolgten Schätzungen erfolgen würde.[334] Dies verstößt allerdings ebenso gegen die gesetzliche Regelung, wonach der ausscheidende Gesellschafter seine Beteiligung an diesen Geschäften erst am Schluss eines jeden Geschäftsjahres und eben nicht schon vorab erhält. Eine dritte Ansicht will deshalb den Ertragswert zunächst auf üblichem Wege ermitteln und ihn sodann um das geschätzte Ergebnis der schwebenden Geschäfte kürzen, so dass im Folgezeitraum die Vorschrift des § 740 BGB in dem vom historischen Gesetzgeber beabsichtigten Sinne anwendbar bliebe.[335]

Aus hiesiger Sicht überzeugt keine der letztgenannten Auffassungen. Im Ergebnis handelt es sich hierbei ausschließlich um Hilfskonstruktionen, die das Problem einer noch nicht stattgefundenen Anpassung des geltenden Rechts an die geänderte Bewertungs- und Teilungspraxis zu umgehen versuchen, wobei die hiernach empfohlenen Berechnungsmethoden nur ein Zugeständnis an rechtsdogmatische Zwänge, aber letztlich weder sachdienlich noch praktikabel sind.

Richtig ist zwar, dass die Geltung des § 740 BGB einer Berücksichtigung der schwebenden Geschäfte im Rahmen des Abfindungsanspruchs an sich entgegensteht. Andererseits folgt auch die Rechtsprechung inzwischen nahezu einhellig in den allermeisten Fällen bei der Ermittlung des Abfindungsanspruchs der Ertragswertmethode. Hiervon ausgehend, fließen die Erfolgsbeiträge aus den schwebenden Geschäften bereits in den Ertragswert des Unternehmens ein, so dass für eine erneute Berücksichtigung nach ihrer jeweiligen Beendigung kein Raum mehr verbleibt.[336] Konsequent erscheint es daher, den § 740 BGB bei Berechnung des Abfindungsanspruchs nach dem Ertragswertverfahren im Wege der teleologischen Reduktion für nicht anwendbar zu erklären.[337] Zum einen ergibt sich zum Beispiel etwa auch die für die Auseinandersetzung zwischen dem ausscheidenden Gesellschafters und der Gesellschaft maßgebliche Durchsetzungssperre nicht aus dem Gesetz, eine „Fortentwicklung“ der gesetzlichen Vorgaben in diesem Bereich ist also keinesfalls unüblich. Zum anderen entspricht die aus der Vorschrift resultierende Aufrechterhaltung des rechtlichen Beziehungsgeflechts zwischen Gesellschafter und Gesellschaft über einen längeren Zeitraum auch nicht den Anforderungen an den heutigen, schnelllebigen Wirtschaftsverkehr und führt gerade in dem der Arbeit zugrunde liegenden

---

333 Weipert, EWiR 1986, 777, 778.
334 Neuhaus, Unternehmensbewertung, 136 ff.
335 MüHdB-Piehler/Schulze, GesellR, Band 1, § 75 Rn. 55.
336 OLG Hamm, NZG 2005, 175.
337 MK-Schmidt, HGB, § 131 Rn. 115.

Fall des insolvenzbedingten Ausscheidens des Gesellschafters u. U. zu einer nicht hinnehmbaren Verzögerung des Verfahrens. Nach der hier vertretenen Auffassung findet die Beteiligung an den schwebenden Geschäften bei den sich an den zukünftigen Überschüssen der Gesellschaft orientierenden Berechnungsmethoden bereits im Abfindungsanspruch ihre Berücksichtigung, so dass es einer gesonderten jährlichen Abrechnung der sich hieraus ergebenden Ansprüche nicht mehr bedarf und auch keine Ausnahme von dem Prinzip der Gesamtabrechnung anzunehmen ist. Die zukünftigen Tendenzen in der höchstrichterlichen Rechtsprechung bleiben, insbesondere da sich auch das OLG Hamm in einer Entscheidung vom 11.05.2004[338] der letztgenannten Auffassung angenähert hat, abzuwarten.

ff) Feststellung

Von der Aufstellung der Abrechnungsbilanz nach der oben beschriebenen Methode ist ihre Feststellung zwingend zu trennen. Die formelle Feststellung der Bilanz bedeutet die verbindliche Festlegung der zur Bemessung des Abfindungsanspruchs dienenden Rechnungsposten zwischen den Beteiligten vorbehaltlich etwaiger Irrtümer über den diesen Rechnungsposten zugrunde liegenden tatsächlichen Sachverhalt.[339] Zu beachten ist aber, dass die Feststellung weder Voraussetzung für die Entstehung des Abfindungsanspruchs noch für dessen Fälligkeit ist.[340] Entsprechend § 271 Abs. 1 BGB ist der Anspruch auf die Abfindung vielmehr sofort mit dem Ausscheiden bzw. zum hiervon abweichend vereinbarten Abfindungsstichtag zur Auszahlung fällig. Die überkommene Ansicht stellte demgegenüber auf den Zeitpunkt der Feststellung der Abfindungsbilanz ab. Sie ist jedoch schon deshalb abzulehnen, weil dem Gesellschafter nach dieser Meinung keinerlei Möglichkeit verbliebe, die Gesellschaft mit der Zahlung der Abfindung in Verzug zu setzen und auf diesem Wege eine Verzinsungspflicht auszulösen, falls sich die verbleibenden Gesellschafter einer Mitwirkung bei der Aufstellung oder Feststellung der Abrechnung entziehen.[341]

Anders als bei der Auseinandersetzungsbilanz bei Auflösung der Gesellschaft besteht deshalb nach herrschender Meinung seitens des Ausscheidenden auch kein unmittelbarer (gerichtlich durchsetzbarer) Anspruch auf einen Feststellungsbeschluss der Beteiligten.[342] Bei Zweifeln hinsichtlich der Aufstellung der Bilanz tritt seitens des ausscheidenden Insolvenzschuldners an die Stelle der vormaligen gesellschaftsrechtlichen Einsichts- und Kontrollrechte aus §§ 118, 164 HGB das Recht zur Urkundseinsicht nach § 810 BGB[343], welches infolge des Übergangs seiner Verfügungsbefugnis entsprechend § 80 InsO vom Insolvenzverwalter wahrgenommen wird. Streitigkeiten über einzelne Posten sind im Wege der Leistungs- bzw. Feststellungsklage zu klären. Weil die Fälligkeit im Regelfall damit aber schon eintritt, bevor die exakte Anspruchshöhe feststeht, können die Klage auf Bilanzaufstellung

338 OLG Hamm, NZG 2005, 175.
339 Staub-Schäfer, HGB, § 131 Rn. 146.
340 OLG Köln, DB 1994, 2019, 2020.
341 Ebenroth/Boujong/Joost/Strohn-Lorz, HGB, § 131 Rn. 67.
342 MK-Ulmer, BGB, § 738 Rn. 28.
343 BGH, WM 1994, 1925, 1928.

bzw. gerichtliche Festsetzung streitiger Ansätze und die Klage auf Zahlung der Abfindung im Wege der Stufenklage nach § 254 ZPO miteinander verbunden werden.[344]

Da die Gesellschaft Schuldnerin des Abfindungsanspruchs ist, muss richtigerweise auch sie im Hinblick auf die Feststellung der Bilanz als Verpflichtete angesehen werden und nicht etwa die Gesellschafter. Wird die Abfindungsbilanz von den verbleibenden Gesellschaftern und dem Schuldner gemeinsam festgestellt, so handelt es sich hierbei also genau genommen um eine vertragliche Vereinbarung zwischen dem Ausscheidenden und der Gesellschaft. Zutreffend führt die herrschende Ansicht aus, diese vertragliche Vereinbarung eigener Art weise vergleichsähnliche Züge auf. Deshalb handelt es sich der Rechtsnatur nach auch nicht um ein abstraktes Schuldanerkenntnis im Sinne der §§ 781, 782 BGB, sondern um ein deklaratorisches Schuldanerkenntnis in Form eines vergleichsähnlichen Vertrages mit der Folge, dass sich die Wirkungen des Feststellungsaktes nach § 779 BGB richten.[345] Hiernach ist die Feststellung unwirksam, wenn sich im Nachhinein herausstellt, dass beide Seiten von einem unzutreffenden Sachverhalt ausgegangen sind und durch die Feststellung eine Ungewissheit behoben werden sollte, die bei Kenntnis der wahren Sachlage gar nicht bestanden hätte. Hinsichtlich der Abfindungsbilanz dürfte dies zum Beispiel diejenigen Fälle betreffen, bei denen Aktiva der Gesellschaft zu Unrecht berücksichtigt oder Sozialverbindlichkeiten schlichtweg vergessen werden.[346]

IV. Insolvenzmassehaftung

1. Privatgläubiger des insolventen Gesellschafters

Zu differenzieren ist zunächst notwendig zwischen den Privatverbindlichkeiten des Schuldners und denjenigen Schulden, die auf seiner Stellung als persönlich haftender Gesellschafter der Offenen Handelsgesellschaft beruhen. Hinsichtlich der Privatgläubiger des Schuldners verbleibt es bei den allgemeinen Grundsätzen des Insolvenzverfahrensrechts. Es treten keinerlei Besonderheiten auf.[347]

2. Gesellschaftsgläubiger

a) *Ausgangsproblematik*

Problematischer gestaltet sich die Rechtslage demgegenüber bezüglich der Gesellschaftsgläubiger. Hier sind mit der Einführung der Insolvenzordnung einige nicht unwesentliche Neuerungen in Kraft getreten.[348]

Zum einen ordnet § 93 InsO für den Fall der Insolvenz der Gesellschaft an, dass die persönliche Haftung eines Gesellschafters für die Verbindlichkeiten der Gesellschaft während der

344 BGH, FamRZ 35, 38.
345 Zunft, NJW 1959, 1945, 1946; BGH, NJW-RR 1995, 413.
346 Staub-Schäfer, HGB, § 131 Rn. 147.
347 Jaeger-Müller, § 93 InsO Rn. 66.
348 K/P-Noack, GesellR, Rn. 479.

Dauer des Gesellschaftsinsolvenzverfahrens nur noch vom Insolvenzverwalter geltend gemacht werden kann. Inhaltlich sperrt die Regelung also einerseits eine Realisierung dieser Ansprüche durch die Gesellschaftsgläubiger (sog. Sperrwirkung) und ermächtigt andererseits den Insolvenzverwalter der Gesellschaft zu deren Wahrnehmung (sog. Ermächtigungswirkung).[349]

Vor dem Hintergrund der schon zu Zeiten der Konkursordnung durchgängig zu konstatierenden Masseknappheit führte die haftungsrechtliche Behandlung der Doppelinsolvenz von Gesellschaft und Gesellschafter zu Zweifelsfragen, die auch nach Inkrafttreten der Insolvenzordnung nur in geringem Umfang an Bedeutung verloren haben. Zum anderen hat daher insbesondere das Fehlen einer dem damaligen § 212 KO entsprechenden Bestimmung in der Insolvenzordnung die Diskussion zwischen einer Doppelberücksichtigung der Gesellschaftsgläubigerforderungen im Gesellschafts- und Gesellschafterinsolvenzverfahren auf der einen Seite und dem zu Zeiten der Konkursordnung vorherrschenden Prinzip der Ausfallhaftung auf der anderen Seite neuerlich entfacht.

Nicht unerwähnt soll an dieser Stelle bleiben, dass die nachfolgenden Ausführungen zur Haftungsproblematik zumindest teilweise in ähnlicher Art auch auf die Gesellschaft bürgerlichen Rechts zutreffen können, denn auch bei einer GbR haften die Gesellschafter grundsätzlich unbeschränkt und persönlich. So wird seit dem Übergang der höchstrichterlichen Rechtsprechung zur akzessorischen Gesellschafterhaftung inzwischen auch die gesamtschuldnerische Haftung in der GbR bejaht.[350] Die Diskussion hierüber konzentriert sich allerdings im Wesentlichen auf die Personenhandelsgesellschaften, was aber in erster Linie an ihrer größeren Bedeutung für den Wirtschaftsverkehr liegen mag.

b) *Ausschließliche Insolvenz des Gesellschafters*

Im Grundsatz sind die Gesellschaftsgläubiger mit ihren Ansprüchen aus § 128 HGB einfache Insolvenzgläubiger gemäß § 38 InsO. Wie oben beschrieben bewirken die Mithaftung der übrigen Gesellschafter und diejenige der Gesellschaft selbst aufgrund der gesetzlichen Neuerungen keine Reduzierung ihrer Forderungen, vielmehr können die Gläubiger ihre Ansprüche bis zur vollen Befriedigung in der Gesellschafterinsolvenz unabhängig etwaiger, späterer (Teil-)Leistungen anderer Gesellschafter oder der Gesellschaft anmelden. Eine Teilnahme an der Verteilung der Masse scheidet nur dann aus, wenn Leistungen der Gesellschaft oder der anderen Gesellschafter zu einem gänzlichen Erlöschen der in Rede stehenden Forderung geführt haben.[351] Sofern dem insolventen Gesellschafter im Zusammenhang mit den Gesellschaftsgläubigerforderungen gegenüber den übrigen Gesellschaftern bzw. der Gesellschaft Freistellungs- oder Regressansprüche zustehen, sind diese wegen des Übergangs der Verfügungsbefugnis nach § 80 InsO ebenfalls vom Insolvenzverwalter geltend zu machen.[352]

---

349 MüHdB-Butzer/Knof, GesellR, Band I, § 85 Rn. 51.
350 BHZ 148, 201, 207.
351 Staub-Schäfer, HGB, § 131 Rn. 90.
352 Gottwald-Haas, InsRHdB, § 94 Rn. 125.

Aus zweierlei Gründen können demgegenüber Rechtshandlungen der in der Gesellschaft verbleibenden Gesellschafter nach Eröffnung des Insolvenzverfahrens keine neuen Insolvenzforderungen begründen. Schon die Nachhaftung des ausscheidenden Insolvenzschuldners aufgrund seiner vormaligen Stellung als persönlich haftender Gesellschafter ist per se auf solche Ansprüche begrenzt, die während seiner Mitgliedschaft begründet wurden. Wäre dies nicht der Fall, würde darüber hinaus auch die Sperrwirkung des § 38 InsO eingreifen und zu dem gleichen Ergebnis führen.

Schließlich bleibt anzumerken, dass Gesellschaftsgläubiger, obwohl sie ihre Forderung in voller Höhe im Gesellschafterinsolvenzverfahren angemeldet haben, ungeachtet der Vorschrift des § 87 InsO auch noch nach Anmeldung in das nicht insolvenzbefangene Gesellschaftsvermögen vollstrecken können.

c) *Gleichzeitige Insolvenz der Gesellschaft*

aa) Doppelberücksichtigung oder Ausfallhaftung

Bereits dargelegt wurde, dass die Gesellschaftsgläubiger ihre Forderungen gegenüber den persönlich haftenden Gesellschaftern bei Insolvenz der Gesellschaft wegen § 93 InsO nicht mehr selbst durchsetzen können, sondern dies ausschließlich dem Insolvenzverwalter vorbehalten ist. Nicht so ohne weiteres lässt sich hingegen die Frage beantworten, wie die Forderungsanmeldung im Gesellschafterinsolvenzverfahren durch den Insolvenzverwalter der Gesellschaft nach § 93 InsO zu erfolgen hat.

Den Ausgangspunkt der Diskussion bildet das Verhältnis von Gesellschafts- und Gesellschafterinsolvenz im Hinblick auf die Haftung für die Gesellschaftsverbindlichkeiten. In diesem Zusammenhang hat das Fehlen einer § 212 KO entsprechenden Regelung in der Insolvenzordnung zu unterschiedlichen Interpretationen der gegenwärtigen Rechtslage geführt.

Ein Teil der neueren Literatur erblickt in der ersatzlosen Streichung dieser Vorschrift eine Abkehr des Gesetzgebers von dem noch nach der Konkursordnung vorherrschenden Prinzip der Ausfallhaftung hin zu einer Doppelberücksichtigung der Gesellschaftsgläubigerforderungen. Als Folge der Gesetzesänderung könne der anstelle der Gesellschaftsgläubiger mit dem Forderungseinzug betraute Insolvenzverwalter nicht mehr nur für denjenigen Betrag im Gesellschafterinsolvenzverfahren verhältnismäßige Befriedigung verlangen, mit dem die Gläubiger im Gesellschaftskonkurs ausgefallen seien (vgl. § 212 KO), sondern erhielte die Quote auf den vollen Berücksichtigungsbetrag.[353]

Solange nur über das Vermögen eines oder mehrerer Gesellschafter ein Insolvenzverfahren eröffnet wurde, folgt die Berücksichtigung des Forderungsbetrages in voller Höhe wegen der gesamtschuldnerischen Haftung aus § 43 InsO und dürfte wohl auch nahezu unstreitig sein. Im Falle der Doppelinsolvenz kommt die Vorschrift des § 43 InsO nach zutreffender Ansicht hingegen nicht zur Anwendung. Wegen der Sperrwirkung der §§ 93 InsO, 171 Abs. 2 HGB verliert der Gesellschafts-

---

353 Schmidt/Bitter, ZIP 2000, 1077, 1081.

gläubiger hier die rechtliche Möglichkeit, die akzessorische Gesellschafterhaftung selbst durchzusetzen. Der Anwendungsbereich des § 43 InsO ist in diesem Falle also nicht eröffnet, weil eine „Doppelanmeldung" der Gesellschaftsgläubiger aufgrund der Sperrwirkung des § 93 InsO im Sinne dieser Vorschrift von vorneherein ausscheidet.[354] Infolgedessen lässt die Vorschrift im vorliegenden Fall zumindest unmittelbar keine Rückschlüsse hinsichtlich einer vom Gesetzgeber beabsichtigten Doppelberücksichtigung der Gesellschaftsgläubigerforderung zu.

Weil aber die Quote, zu der die Forderungen im Insolvenzverfahren tatsächlich befriedigt werden, erfahrungsgemäß in den seltensten Fällen oberhalb von 10 Prozent anzusiedeln ist, stellt sich die für den Insolvenzverwalter der Gesellschaft relevante Frage, ob er die zu Beginn des Insolvenzverfahrens der OHG festgestellten Forderungen der Gesellschaftsgläubiger in voller Höhe auch im Verfahren über das Vermögen des Gesellschafters anmelden darf oder aber den insolventen Gesellschafter nur so weit in Anspruch nehmen kann, wie die ursprünglichen Forderungen im Verfahren über das Vermögen der OHG ausgefallen sind. Oder umgekehrt, aus der hier maßgeblichen Sichtweise betrachtet: Ist es dem Insolvenzverwalter des Gesellschafterinsolvenzverfahrens gestattet, die Quote auf Grundlage der tatsächlichen, aus dem Gesellschaftsinsolvenzverfahren resultierenden Deckungslücke zu berechnen oder muss er sämtliche ursprüngliche Forderungen, d. h. die ungekürzte Summe aller Gesellschaftsschulden berücksichtigen?[355]

Die oben genannte Auffassung vertritt wegen des Fehlens einer mit § 212 KO vergleichbaren Regelung in der Insolvenzordnung in Anlehnung an die Wertung des § 43 InsO den Standpunkt, das Ausfallprinzip sei materiellrechtlich vollständig weggefallen, weshalb auch im Rahmen des § 93 InsO der Grundsatz der Doppelberücksichtigung gelten müsse.[356] Von der Gegenauffassung wird dem entgegengehalten, die Normierung einer § 212 KO entsprechenden Bestimmung sei lediglich aus rechtstechnischen Gründen hinfällig geworden, das Fehlen spreche daher keinesfalls gegen eine fortbestehende Geltung des Ausfallprinzips.[357] Inhaltlich läge einer Anwendung des Prinzips der Doppelberücksichtigung in diesen Fällen das grundsätzlich erstrebenswerte Ziel der Vermeidung einer Massearmut des Gesellschaftsinsolvenzverfahrens zugrunde, allerdings werde dies durch eine nicht gerechtfertigte Benachteiligung der Privatgläubiger des Schuldners erreicht, die sich die Insolvenzmasse hiernach nicht wie nach altem Recht nur mit den ausgefallenen Forderungen der Gesellschaftsgläubiger, sondern von vorneherein mit den (originären) Gesamtforderungen teilen müssten. Hierin liege ein Verstoß gegen den Grundsatz der par conditio creditorum.[358]

Aus zweierlei Gründen muss das Prinzip der Ausfallhaftung auch nach der Insolvenzordnung fortgelten. Bei wertender Betrachtung beider Insolvenzverfahren stellt sich die Verschlechterung der Stellung der Privatgläubiger bei Annahme einer Doppelberücksichtigung der Gesellschaftsgläubigerforderung, der Ansicht *Noacks* folgend[359], tatsächlich als Sünde wider den Grundsatz der par conditio creditorum

354 MK-Bitter, § 43 Rn. 15.
355 Olshausen, ZIP 2003, 1321 ff.
356 Theißen, ZIP 1998, 1619, 1624.
357 Schlegelberger/Schmidt, HGB, § 128 Rn. 76.
358 K/P-Noack, GesellR, Rn. 479.
359 K/P-Noack, GesellR, Rn. 479.

dar. Denn die Privatgläubiger, welche nicht gleichzeitig auch Gläubiger der OHG sind, müssten ihre Haftungsgrundlage den Gesellschaftsgläubigern zur Verfügung stellen, ohne selbst unmittelbar auf den Gesellschaftsanteil an der insolventen Gesellschaft zugreifen zu können.[360] Überdies dürfte das mit der Konkurrenzhaftung verfolgte Ziel einer Vermeidung der Massearmut in der Praxis in den allermeisten Fällen nicht erreicht werden. Üblicherweise wird das Privatvermögen des persönlich haftenden Gesellschafters einer Personenhandelsgesellschaft schon im Vorfeld aufgezehrt, um einem Insolvenzverfahren der Gesellschaft entgegenzuwirken. In Kenntnis ihrer akzessorischen Haftung aus § 128 HGB wird im Regelfall seitens der Gesellschafter ein Interesse daran bestehen, die Liquidität ihrer Gesellschaft sicherzustellen. Ist dies aber misslungen, d. h. hat auch das Privatvermögen aller Gesellschafter jedenfalls mittelfristig nicht dazu ausgereicht, die Liquiditätslücke zu schließen, kann auch in einem späteren Insolvenzverfahren über ihr Privatvermögen allenfalls mit einer geringen Quote gerechnet werden.

Angesichts der oben beschriebenen Benachteiligung der „Nur-Privatgläubiger“ des insolventen Gesellschafters kann nicht davon ausgegangen werden, dass der Gesetzgeber mit der ersatzlosen Streichung des § 212 KO dem Ausfallprinzip eine gänzliche Absage erteilt hat. Andernfalls hätte er diesem Willen in den Gesetzgebungsmaterialien in irgendeiner Form Ausdruck verliehen.[361] Vielmehr liegt der Gedanke nahe, dass der Grund für den Wegfall der Regelung tatsächlich rein rechtstechnischer Natur ist und nicht eine bewusste Entscheidung des Gesetzgebers gegen die Ausfallhaftung. Die alte Regelung des § 212 KO bezweckte vornehmlich, den primären Haftungsanspruch der Gesellschaftsgläubiger aus § 128 HGB gegen die Gesellschafter im Konkurs über das Vermögen der OHG zunächst zurückzustellen und diese Gläubigergruppe in erster Linie auf das dem Konkursbeschlag unterfallende Vermögen der Gesellschaft zu verweisen. Einer solchen Regelung bedarf es aber nach der gegenwärtigen Rechtslage nicht mehr, da die Einziehungsbefugnis den Gesellschaftsgläubigern in den von der früheren Bestimmung erfassten Fällen ohnehin nach § 93 InsO entzogen ist.[362] Nach alledem verbleibt es bei dem schon zu Zeiten der Konkursordnung geltenden Prinzip der Ausfallhaftung. Der Insolvenzverwalter (im Verfahren über das Privatvermögen eines Gesellschafters) darf bei der Feststellung der Quote die Forderungen der Gesellschaftsgläubiger nur in derjenigen Höhe berücksichtigen, in der sie zuvor im Gesellschaftsinsolvenzverfahren ausgefallen sind.

bb) Masseforderungen

Da, wie bereits dargestellt, in unmittelbarem Anschluss an die Insolvenz der OHG in der Praxis häufig auch über das Vermögen des persönlich haftenden Gesellschafters ein Insolvenzverfahren eröffnet wird, stellt sich hinsichtlich der Eigenschaft einer Forderung als Masse- oder Insolvenzforderung im Verfahren über das Vermögen der OHG die Frage, ob sie diese Qualifizierung auch im Gesellschafterinsolvenzverfahren beibehält. Im Gegensatz zu dem Streit zwischen einer Anwendung

360 Gottwald-Haas, InsRHdb § 94 Rn. 132.
361 MüHdB-Butzer/Knof, GesellR, Band 1, § 85 Rn. 79.
362 Schlegelberger-Schmidt, HGB, § 128 Rn. 76.

des Ausfallprinzips oder des Grundsatzes der Doppelberücksichtigung hat sich die vorgenannte Problematik im Vergleich zur früheren Rechtslage allerdings erheblich vereinfacht.

Zu Zeiten der Konkursordnung erstreckte sich die Diskussion hierum nämlich auch auf die so genannten Vorrechtsforderungen im Sinne des damaligen § 61 KO, weil der BGH annahm, das Vorrecht sei eine der Forderung anhaftende Eigenschaft[363], was der überwiegende Teil der Literatur aber ablehnte und eine Prüfung der Forderung im jeweiligen Konkursverfahren verlangte.[364]

Mit Wegfall der Vorrechtsordnung hat sich dieser Rechtsstreit jedoch insoweit erledigt. Eine Bedeutung ist der Diskussion mithin heuer nur noch im Hinblick auf die Übertragung der Eigenschaft einer Forderung als Masseforderung im Sinne der §§ 54, 55 InsO beizumessen. Die praktische Relevanz fällt freilich auch hier gering aus. Masseforderungen entstehen, abgesehen von den sog. oktroyierten Masseschulden, üblicherweise durch Handlungen des Verwalters während der Dauer des Insolvenzverfahrens, etwa wenn er das Unternehmen fortführt. Die persönliche Haftung des ausgeschiedenen Gesellschafters ist aber auf solche Verbindlichkeiten begrenzt, welche vor seinem Ausscheiden begründet wurden. In den allermeisten Fällen dürfte der gleichzeitig oder zumindest in zeitlicher Nähe infolge der Eigeninsolvenz ausscheidende Gesellschafter für solche Masseforderungen damit ohnehin nicht nach § 128 HGB haften. Die Streitfrage stellt sich daher üblicherweise nicht.

In denjenigen Fällen, bei denen es dennoch maßgeblich auf die oben aufgeworfene Streitfrage ankommt, sollte die Mitnahme der Eigenschaft „Masseforderung" in die Gesellschafterinsolvenz verneint und stattdessen mit der ganz überwiegenden Ansicht im jeweiligen Insolvenzverfahren gesondert festgestellt werden. Allein diese Vorgehensweise wird dem in der Rechtsprechung und Literatur allgemein anerkannten Trennungsprinzip hinsichtlich der Doppelinsolvenz gerecht.[365] Überdies deckt sich die getrennte Feststellung auch mit früheren Urteilen des Bundesgerichtshofes, der den Charakter eines Anspruchs als Masseforderung in Abweichung zu seiner Beurteilung der Konkursvorrechte in jedem der beiden Verfahren getrennt voneinander betrachtete. Eine Masseforderung musste im Konkurs der Gesellschaft also nicht notwendig auch eine Masseforderung im Konkurs des Gesellschafters sein.[366] Der Grund hierfür liegt nicht in der formalrechtlichen Einhaltung der Trennungsbetrachtung, vielmehr führt die „ungeprüfte" Mitnahme der Eigenschaft als Masseforderung bezogen auf das Insolvenzverfahren über das Vermögen des Gesellschafters und die damit einhergehende bevorzugte Befriedigung der Gesellschafts-Massegläubiger zu einer ungerechtfertigten Benachteiligung der Privatgläubiger des Schuldners.[367] Richtig erscheint es demgegenüber bei der Charakterisierung einer Forderung als Masseforderung zwingend auch die Forderungen der sonstigen Insolvenzgläubiger zu berücksichtigen, weil diese Ansprüche im Insolvenzverfahren miteinander konkurrieren. Das kann aber nur auf Grundlage des Trennungsprinzips geschehen.

---

363 BGHZ 34, 293, 297.
364 Heilmann, KTS 1981, 359, 360.
365 Uhlenbruck-Hirte, § 93 Rn. 37; K/P-Lüke, § 93, Rn. 27.
366 BGHZ 34, 293, 295 ff.; BGHZ 55, 224, 225; BGHZ 60, 64, 65.
367 MüHdB-Butzer/Knof, GesellR, Band I, § 85 Rn. 83.

Für eine getrennte Feststellung spricht weiter, dass Masseforderungen gemeinhin nur durch Handlungen desjenigen Insolvenzverwalters ausgelöst werden können, der in dem maßgeblichen Verfahren bestellt wurde, weil nur dieser dazu ermächtigt ist, die von ihm verwaltete Insolvenzmasse im Rahmen des § 80 InsO zu verpflichten. Dem widerspräche es, wenn der Insolvenzverwalter der OHG durch seine Handlungen Masseforderungen in der Gesellschafterinsolvenz begründen könnte.[368]

Dem aufmerksamen Leser dürfte sich freilich die Frage stellen, ob sich an der gesonderten Feststellung der Eigenschaft als Masseforderung etwas ändert, wenn der persönlich haftende Gesellschafter trotz seiner Eigeninsolvenz nach der hier vertretenen Auffassung im Wege der teleologischen Reduktion des § 131 Abs. 3 Satz 1 Nr. 2 HGB nicht aus der Gesellschaft ausscheidet, um die automatische Vollbeendigung der OHG und die damit einhergehende Beendigung des Insolvenzverfahrens wegen Wegfall des Verfahrenssubjekts zu verhindern. Im Ergebnis führt der Verbleib des Gesellschafters in der OHG jedoch nicht zu einer abweichenden rechtlichen Beurteilung. Die namentlich von Karsten Schmidt vertretene Auffassung[369] realisiert die wirtschaftliche Notwendigkeit einer einheitlichen Unternehmensinsolvenz nämlich auf Grundlage des rechtlich vorgegebenen Trennungsprinzips, d. h. auch hiernach wird kein dem Gesetz unbekanntes Einheitsinsolvenzverfahren durchgeführt, stattdessen werden Gesellschafts- und Gesellschafterinsolvenzverfahren aufeinander abgestimmt. Das „Nichtausscheiden“ des Gesellschafters aus der insolventen Gesellschaft stellt sich also gewissermaßen als eine wesentliche Ausprägung der Harmonisierung beider, simultan durchzuführenden Insolvenzverfahren dar.[370]

Hinsichtlich der Haftungsverwirklichung verbleibt es aber bei der getrennten Betrachtungsweise. Zwar beruht die Tatsache, dass der Gesellschafter nur für solche Verbindlichkeiten haftet, welche vor seiner Insolvenz begründet worden sind, auf der Vorstellung des Wegfalls der Einflussnahme hinsichtlich des Gesellschaftsverhältnisses aufgrund seines Ausscheidens. Denn die persönliche Haftung wird quasi spiegelbildlich durch die mit der Stellung als Gesellschafter verbundenen Rechte (Stimmrechte, Geschäftsführung, Vertretung etc.) legitimiert, welche gleichsam mit Ausscheiden des Gesellschafters entfallen. Vordergründig ließe sich daher zunächst die Meinung vertreten, wenn der Gesellschafter nicht ausscheide, sei damit auch eine fortwährende persönliche Haftung seiner selbst gerechtfertigt. Aus der persönlichen Haftung des Gesellschafters für Masseverbindlichkeiten könnte dann folgerichtig auch die Übertragung der Eigenschaft als Masseforderung im Insolvenzverfahren über sein Vermögen resultieren.

Diese Argumentation trägt aber im Fall der Doppelinsolvenz nicht, da die persönliche Haftung der Gesellschafter für Neumasseverbindlichkeiten hier bereits mit Beginn des Verfahrens über das Vermögen der OHG unabhängig von der Eigeninsolvenz des Gesellschafters endet.[371] Unter Zugrundelegung der vorherrschenden Amtstheorie handelt der Insolvenzverwalter als Amtstreuhänder in eigenem Na-

368 BGHZ 34, 293, 295 ff.; BGHZ 55, 224, 225; BGHZ 60, 64, 65.
369 Schmidt, GmbHR 2002, 1209 ff.
370 Staub-Schäfer, HGB, § 131 Rn. 91.
371 Schmidt, ZHR 152 (1988), 112 ff.

men. Für durch Rechtshandlungen des Insolvenzverwalters begründete Neuverbindlichkeiten haftet daher in erster Linie das insolvenzbefangene Gesellschaftsvermögen und unter Umständen in zweiter Linie, aufgrund eines Vertrauenstatbestandes, auch der Verwalter selbst. Nicht gerechtfertigt ist es demgegenüber, die Gesellschafter nach Verfahrenseröffnung über das Vermögen der Gesellschafter wegen durch den Insolvenzverwalter veranlasster Neumasseverbindlichkeiten persönlich in Anspruch zu nehmen, obwohl ihnen wegen des Übergangs der Verfügungsbefugnis auf den Verwalter jedwede Möglichkeit der Einflussnahme fehlt und ihnen auch die Erträge der Gesellschaft nicht mehr zufließen, sondern als Teil der Insolvenzmasse haftungsrechtlich den Gläubigern zugewiesen sind.[372] Entgegen einer weit verbreiteten Ansicht[373] bleibt die persönliche Haftung der Gesellschafter nach §§ 128, 159 HGB von der Insolvenz der Gesellschaft deshalb nur insoweit unberührt, wie sie Verbindlichkeiten betrifft, die zumindest ihrem Grunde nach bereits vor Verfahrenseröffnung angelegt waren.[374] Auch bei einem Vergleich des Sachverhaltes mit der Insolvenz einer natürlichen Person überzeugt das gewonnene Ergebnis. Der Insolvenzverwalter im Verfahren über das Vermögen einer natürlichen Person kann durch eigene Handlungen zwar die Insolvenzmasse verpflichten, nicht aber das insolvenzfreie Vermögen des Schuldners. Nichts anderes kann dann auch in der Insolvenz der OHG gelten. Die Insolvenzmasse bildet hier das Gesellschaftsvermögen, das für Neuverbindlichkeiten nach Verfahrenseröffnung haftet, nicht jedoch die Gesellschafter mit ihrem nicht insolvenzbefangenen Privatvermögen.[375] Wenn aber das Ende der persönlichen Haftung der Eigeninsolvenz bereits zeitlich vorgeschaltet war, lässt das Verweilen des Gesellschafters in der OHG keine Rückschlüsse mehr in Bezug auf diese akzessorische Haftung zu.

Trotz der aus hiesiger Sicht schlüssigen Begründung handelt es sich bei der oben dargelegten Ansicht wohl noch um eine Mindermeinung. Die überwiegende Literatur und Rechtsprechung wendet §§ 128, 159 HGB auch bei Neuverbindlichkeiten nach Verfahrenseröffnung an.[376] Doch auch bei Ablehnung des obigen Rechtsgedankens, verbleibt es bei dem Grundsatz der Trennung von Gesellschafts- und Gesellschafterinsolvenz. Ebenso wie die Insolvenzmassen beider Verfahren zwingend voneinander zu trennen sind, darf es dem Verwalter, etwa der OHG, nicht möglich sein, die Insolvenzmasse im Verfahren über das Vermögen der Gesellschaft zu binden. Dies würde gleichsam ein Hineinregieren des Insolvenzverwalters der Gesellschaft in die Gesellschafterinsolvenz bedeuten. Im Übrigen gilt auch nichts anderes, wenn etwa bei der GmbH & Co. KG sowohl im Verfahren über das Vermögen der KG als auch über das Vermögen der Komplementär-GmbH vom Insolvenzgericht aus praktischen Erwägungen ein und derselbe Insolvenzverwalter bestellt worden ist. Denn auch hier kann der Insolvenzverwalter entweder als solcher für die Kommanditgesellschaft oder aber für die GmbH handeln, nicht aber gleichzeitig beide Insol-

372 Schmidt, ZHR 152 (1988), 112, 114 f.
373 Staub-Schäfer, HGB, § 159 Rn. 14.
374 Dinstühler, ZIP 1998, 1697, 1706; Röhricht/Graf v. Westphalen-v. Gerkan, HGB, § 159 Rn. 10.
375 Sieveking, 38 ff.
376 K/P-Lüke, § 93 Rn. 30; Braun-Kroth, § 93 Rn. 20.

venzmassen verpflichten. Das Trennungsprinzip wird also nicht durchbrochen, dem Erfordernis einer einheitlichen Unternehmensinsolvenz wird allein durch das Verweilen der Komplementär-GmbH mit ihren Geschäftsführungs- bzw. Verwaltungsaufgaben in der Gesellschaft Rechnung getragen.[377]

V. Antragsrecht des Insolvenzverwalters

Nicht selten geht mit der Insolvenz des Gesellschafters auch die wirtschaftliche Krise der Personengesellschaft selbst einher. Gerät also eine Offene Handelsgesellschaft in die Krise, stellt sich die Frage, ob der Verwalter des insolventen Gesellschafters zur Beantragung eines Insolvenzverfahrens über ihr Vermögen berechtigt ist.[378]

Unabhängig von der Vertretungs- bzw. Geschäftsführungsbefugnis (mit Ausnahme des Insolvenzgrundes der drohenden Zahlungsunfähigkeit nach § 18 Abs. 3 InsO[379]) kann bei den Personengesellschaften jeder persönlich haftende Gesellschafter einen Insolvenzantrag nach § 15 Abs. 1 InsO stellen. Dies setzt lediglich die Glaubhaftmachung des Insolvenzgrundes voraus und das zuständige Insolvenzgericht hat die übrigen persönlich haftenden Gesellschafter nach § 15 Abs. 2 InsO anzuhören.[380] Sofern es sich bei dem insolventen Gesellschafter um eine natürliche Person handelt, geht dessen Antragsrecht gemäß § 15 Abs. 1 InsO mit Eröffnung des Verfahrens über sein Eigenvermögen nach § 80 InsO auf den Insolvenzverwalter über.[381] Nur wenn der persönlich haftende Gesellschafter eine juristische Person ist, etwa die Komplementär-GmbH einer GmbH & Co. KG, verbleibt das Antragsrecht bei deren organschaftlichen Vertretern und Abwicklern. Im gesellschaftsrechtlichen Sinne kann der Verwalter einer juristischen Person nämlich nicht als deren Abwickler angesehen werden.[382]

Lösen sich eine GbR nach den gesetzlichen Vorgaben oder eine Personenhandelsgesellschaft gemäß vorrangiger gesellschaftsvertraglicher Vereinbarung infolge der Insolvenzeröffnung über das Vermögen einer natürlichen Person, bei der es sich gleichzeitig um einen persönlich haftenden Gesellschafter des zugrunde liegenden Gesellschaftsverhältnisses handelt, auf, steht dem Insolvenzverwalter während der Auseinandersetzung entsprechend der obigen Ausführungen unstreitig das Recht zur Beantragung des Insolvenzverfahrens über das Vermögen der Gesellschaft zu. Eine Pflicht zur Stellung des Antrages trifft ihn hingegen bei den Gesellschaften im Sinne des § 84 InsO nicht, denn es werden mit Ausnahme der KGaA ausschließlich solche ohne Rechtspersönlichkeit und nicht juristische Personen von dem Anwendungsbereich der Vorschrift erfasst.[383]

Problematisch gestaltet sich die Rechtslage allerdings, wenn der Gesellschafter, wie hier bei der OHG, mangels abweichender vertraglicher Regelung gemäß § 131 Abs. 3 Satz 1 Nr. 2 HGB aus der Gesellschaft ausscheidet. Nach überwiegender An-

377 Schmidt, GmbHR 2002, 1209, 1215.
378 Gottwald-Haas, Insolvenzrechtshandbuch, § 94 Rn. 116 ff.
379 K/P-Pape, § 15 Rn. 15.
380 K/P-Noack, GesellR, Rn. 435.
381 MK-Schmahl, § 15 Rn. 13.
382 BGH, ZIP 2001, 1469.
383 Uhlenbruck-Hirte, § 15 Rn. 8.

sicht sind ausgeschiedene, persönlich haftende Gesellschafter nicht zur Antragstellung berechtigt.[384] Zwar hebt das spätere Ausscheiden des Gesellschafters nach zutreffender Ansicht nicht die Wirksamkeit eines zuvor gestellten Insolvenzantrages auf[385], bei einem Ausscheiden des Schuldners wegen Insolvenzeröffnung kraft Gesetzes gemäß § 131 Abs. 3 Satz 1 Nr. 2 HGB kann aber als maßgeblicher Zeitpunkt entsprechend der obigen Darstellung nur der Moment der Rechtskraft des Eröffnungsbeschlusses gelten. Während der Auseinandersetzung mit der fortbestehenden Gesellschaft ist der Schuldner vor dem Gesetz demnach bereits ausgeschieden. Die Antragsbefugnis des Schuldners kann mithin nicht als Folge der Verfahrenseröffnung nach § 80 InsO auf den Insolvenzverwalter übergehen, weil sie zu diesem Zeitpunkt bereits in Person des ausgeschiedenen Gesellschafters entfallen ist.

Andererseits haftet der Schuldner auch noch nach seinem Ausscheiden persönlich für Verbindlichkeiten der Gesellschaft. Dementsprechend kann er nach § 93 InsO in der Insolvenz der OHG trotz Ausscheidens zugunsten der Masse für Verbindlichkeiten der Gesellschaft als Insolvenzschuldnerin in Anspruch genommen werden.[386]

Aus der Nachhaftung des ausgeschiedenen Gesellschafters und der damit einhergehenden Insolvenzbefangenheit seines Privatvermögens resultiert deshalb nach anderer Ansicht die zwingende Erfordernis, dem persönlich haftenden Gesellschafter einer OHG auch im Falle seines Ausscheidens ein Antragsrecht zuzubilligen.[387]

Dem letztgenannten Gedanken wäre vollumfänglich zuzustimmen, wenn durch Rechtshandlungen der verbleibenden Gesellschafter auch noch nach Ausscheiden des ehemaligen Beteiligten weitere Schulden bei der Gesellschaft aufliefen, die eine Haftung des ausgeschiedenen Gesellschafters auslösen könnten.[388] Ohne ein Antragsrecht wäre dem ehemaligen Gesellschafter in diesem Fall jedwede Möglichkeit entzogen, seiner selbst wegen eine erneute Inanspruchnahme nachträglich begründeter Schulden der Gesellschaft zu verhindern.

Die tatsächliche Rechtslage stellt sich indes anders dar. Nach seinem Ausscheiden kann der persönlich haftende Gesellschafter einer OHG nämlich nur für solche Verbindlichkeiten mit seinem privaten Vermögen in Anspruch genommen werden, die während seiner aktiven Tätigkeit begründet wurden. Nur für diese Altschulden bleibt die unbeschränkte Haftung fortbestehen.[389] Auch im Rahmen des § 93 InsO begrenzt sich die Inanspruchnahme durch den nach der Vorschrift zuständigen Insolvenzverwalter ausschließlich auf die bis zu dem Zeitpunkt des Ausscheidens begründeten Forderungen.[390] Mit anderen Worten haben durch spätere Rechtshandlungen der verbleibenden Gesellschafter ausgelöste Verbindlichkeiten der OHG keinerlei Einfluss auf den Umfang der Nachhaftungspflicht des ausgeschiedenen Gesellschafters. Scheidet der Gesellschafter, wie in dem hier behandelten Fall, wegen der Insolvenzeröffnung über sein Eigenvermögen aus der Gesellschaft aus,

384 Uhlenbruck-Hirte, § 15 Rn. 2.
385 LG Dortmund, ZIP 1985, 1341.
386 K/P-Noack, GesellR, Rn. 439.
387 Armbruster, 238.
388 Gottwald-Haas, InsRHdb, § 94 Rn. 116.
389 Armbruster, 150.
390 Uhlenbruck-Hirte, § 93 Rn. 31.

greift zudem § 38 InsO ein. Im Hinblick auf das Gesellschafterinsolvenzverfahren haftet die Masse aufgrund der Sperrwirkung dieser Vorschrift ohnehin nicht für Verbindlichkeiten im Zusammenhang mit Rechtshandlungen der übrigen Gesellschafter nach Verfahrenseröffnung.[391]

Ob und wann ein Insolvenzverfahren über das Vermögen der Personengesellschaft eröffnet wird, hat demnach weder Einfluss auf die materiellrechtliche Stellung des Schuldners im Allgemeinen noch auf die Insolvenzmasse in der Gesellschafterinsolvenz über sein Vermögen im Speziellen. Infolgedessen besteht nach der hier vertretenen Ansicht kein Anlass, dem ausgeschiedenen Gesellschafter oder gar dessen Insolvenzverwalter ein Antragsrecht zuzubilligen. Die Aufzählung der antragsberechtigten Personen in § 15 Abs. 1 InsO lässt zudem auf den Willen des Gesetzgebers schließen, die Vorschrift nicht über ihren Wortlaut hinaus auf weitere Personenkreise ausdehnen zu wollen.[392] Bei Ausscheiden des insolventen Gesellschafters nach § 131 Abs. 3 Satz 1 Nr. 2 HGB ist der Insolvenzverwalter folglich nach alledem zu einem Antrag auf Eröffnung des Insolvenzverfahrens über das Vermögen der OHG weder berechtigt noch verpflichtet.

VI. Kosten des Gesellschafterinsolvenzverfahrens

1. Allgemeines

Für den Insolvenzverwalter des Gesellschafters stellt sich hinsichtlich der Verfahrenskosten die Frage, ob er die Personenhandelsgesellschaft hiermit belasten kann. Mag dies im Falle des Ausscheidens des Insolvenzschuldners noch eindeutig zu verneinen sein, könnte sich die Rechtslage bei einer gesellschaftsvertraglichen Abweichung von § 131 Abs. 3 Satz 1 Nr. 2 HGB ebenso wie unter Annahme einer teleologischen Reduktion des Anwendungsbereichs der Regelung in Bezug auf die Simultaninsolvenz wegen § 110 Abs. 1 Fall 1 HGB hingegen anders darstellen.[393] Dies gilt insbesondere dann, wenn es sich bei den Insolvenzgläubigern im Insolvenzverfahren über das Vermögen des Gesellschafters im Wesentlichen um Gesellschaftsgläubiger handelt, die den Insolvenzschuldner aus § 128 HGB in Anspruch nehmen. Hier liegt es nahe, weil das Gesellschaftsinsolvenzverfahren letztlich vor allem der Befriedigung der Gesellschaftsgläubiger dient, die durch das Verfahren entstandenen Kosten als Aufwendungen im Zusammenhang mit Angelegenheiten der Gesellschaft im Sinne des § 110 HGB zu begreifen und infolgedessen eine diesbezügliche Sozialverbindlichkeit der Gesellschaft zu bejahen.[394]

---

391 Staub-Schäfer, HGB, § 131 Rn. 90.
392 K/P-Noack, GesellR, Rn. 439.
393 Gottwald-Haas, InsRHdb, § 94 Rn. 120.
394 Schmidt, GmbHR 2002, 1209, 1213.

2. Vorliegen der Haftungsvoraussetzungen des § 110 HGB

Die Vorschrift des § 110 HGB verlangt als Aufwendung ein freiwilliges Vermögensopfer jeglicher Art im Interesse der Gesellschaft.[395] Dass es sich bei der Begleichung von Gesellschaftsschulden durch einen der Gesellschafter aufgrund seiner persönlichen Haftung aus § 128 HGB um Aufwendungen im Sinne der Vorschrift handelt, genießt allgemeine Anerkennung.[396]

Zweifelhaft könnte demgegenüber sein, inwiefern die Befriedigung von Gesellschaftsgläubigern im Rahmen des Gesellschafterinsolvenzverfahrens dem Merkmal der Freiwilligkeit genügt. Allerdings beruht das Erfordernis der Freiwilligkeit in erster Linie darauf, solche Vermögensopfer von dem Anwendungsbereich der Vorschrift auszuschließen, zu denen der Gesellschafter aufgrund des Gesellschaftsverhältnisses oder kraft besonderer Abrede mit den Gesellschaftern verpflichtet war.[397] Entscheidend für die freiwillige Hingabe des Vermögensopfers ist mithin das Innenverhältnis der Gesellschaft.[398] Dieses Verständnis der Vorschrift legt es nahe, die Freiwilligkeit der Begleichung von Gesellschaftsschulden nicht allein deshalb abzulehnen, weil das Insolvenzverfahren über das Vermögen des Gesellschafters infolge eines Fremdantrages eröffnet wurde oder der betroffene Gesellschafter zwar einen Eigenantrag auf Verfahrenseröffnung gestellt hat, dabei aber vor allem an seine Privatgläubiger und nicht etwa an die Gesellschaftsgläubiger gedacht hat.

Problematisch ist darüber hinaus, dass eine mögliche Haftung für die Verfahrenskosten nicht auf die unmittelbare Erstattung der an die Gesellschaftsgläubiger ausgekehrten Quote, sondern auf die im Rahmen dieser Haftungsverwirklichung entstandenen Kosten des Insolvenzverfahrens abzielt. Insofern müsste sich also auch die Eröffnung des Gesellschafterinsolvenzverfahrens im weitesten Sinne als Angelegenheit der Gesellschaft im Sinne des § 110 HGB begreifen lassen, mithin objektiv im Geschäftsbereich der Gesellschaft liegen und subjektiv der Verfolgung von Gesellschaftsinteressen dienen.[399]

Nach Auffassung von *Karsten Schmidt* soll es sich bei den Insolvenzverfahrenskosten um solche Aufwendungen handeln, die ähnlich wie Prozesskosten[400] notwendig mit der Befriedigung der Gesellschaftsgläubiger verbunden sind. Aus der notwendigen Verbundenheit folge die Verpflichtung der Gesellschaft aus § 110 HGB, den insolventen Gesellschafter von solchen Kosten freizuhalten.[401]

In Ansehung der Komplementär-GmbH im Falle der Doppelinsolvenz bei der GmbH & Co. KG vermag diese Argumentation deshalb zu überzeugen, weil hier die Komplementärin typischerweise als reine Verwaltungsgesellschaft vornehmlich Geschäftsführungsaufgaben übernimmt und somit regelmäßig keine eigenen Verbindlichkeiten begründet. Das Insolvenzverfahren über das Vermögen eines OHG-

---

395 Baumbach/Hopt, HGB, § 110, Rn. 7.
396 OLG Dresden, ZIP 2004, 2140.
397 MK-Langhein, HGB, § 110 Rn. 11.
398 Baumbach/Hopt, HGB, § 110, Rn. 7.
399 MK-Langhein, HGB, § 110 Rn. 13.
400 Baumbach/Hopt, HGB, § 110 Rn. 10.
401 Schmidt, GmbHR 2002, 1209, 1213.

Gesellschafters dient demgegenüber üblicherweise nicht nur der Befriedigung der Gesellschaftsgläubiger, sondern in gleicher Weise auch derjenigen seiner Privatgläubiger. Aus dem Hauptverfahrensziel der gleichmäßigen Gläubigerbefriedigung ließe sich daher auch der gegenteilige Einwand anführen, dass durch die Durchführung eines Insolvenzverfahrens den Gesellschaftsgläubigern die Zugriffsmöglichkeit auf einen Teil des Gesellschaftervermögens gerade entzogen wird, wenn im Rahmen der Schlussverteilung eine Quote an die Privatgläubiger ausgekehrt wird. Die Befriedigung der Privatgläubiger des Gesellschafters erfolgt nicht im Interesse der Gesellschaft. Jedenfalls lässt sich vor diesem Hintergrund die Behauptung, es handele sich bei den Kosten des Insolvenzverfahrens um notwendig mit der Begleichung der Gesellschaftsschulden seitens des Schuldners verknüpfte Kosten, nicht aufrechterhalten. Der aufgezeigte Widerspruch hat aber nach der hier vertretenen Auffassung nur geringe praktische Relevanz. Sofern der Gesellschafter, also hier der Insolvenzschuldner, nicht nur im Tätigkeitsfeld und im Interesse der Gesellschaft handelt, sondern zugleich auch eigene Interessen verfolgt, ist dies für eine Haftung der Gesellschaft aus § 110 HGB regelmäßig unschädlich, es sei denn, die eigenen Interessen des Gesellschafters überwiegen, so dass ein etwaiges Gesellschaftsinteresse dahinter zurücktritt.[402]

3. Ergebnis

Bilden nach alledem die Ansprüche der Gesellschaftsgläubiger aus § 128 HGB den überwiegenden Teil der im Verfahren über das Vermögen des Gesellschafters festgestellten Forderungen (nicht der Anzahl, sondern der Höhe nach), liegen die Voraussetzungen für eine Haftung der Gesellschaft nach § 110 HGB vor. Dies gilt zumindest, soweit mit einer (wenn auch nur geringen) Quote für diese Gläubigergruppe gerechnet werden kann. Andernfalls, d. h. also, soweit die Gesellschaftsgläubigerforderungen nur einen geringen Anteil der angemeldeten Insolvenzforderungen darstellen, ist die Erstattungsfähigkeit im Rahmen des § 110 HGB zu verneinen. Eine Haftung der Gesellschaft kommt hier auch nicht nach der zweiten Alternative des ersten Absatzes der Vorschrift in Betracht, denn die Anmeldung von Gesellschaftsgläubigerforderungen im Insolvenzverfahren beruht nicht auf einer dem Schuldner möglicherweise übertragenen Geschäftsführungsbefugnis, sondern ausschließlich auf seiner Stellung als persönlich haftender Gesellschafter entsprechend § 128 HGB.

Im Falle der Simultaninsolvenz ist der Anspruch auf Erstattung der Verfahrenskosten aus § 110 HGB freilich nur als einfache Insolvenzforderung im Gesellschaftsinsolvenzverfahren zur Tabelle gemäß § 38 InsO anzumelden.[403] Die Tatsache, dass es sich hinsichtlich des Insolvenzverfahrens über das Vermögen des Gesellschafters um Massekosten handelt, bleibt also bei der Anmeldung unberücksichtigt. Auf Grundlage des Trennungsprinzips ist die Eigenschaft einer Forderung als Masseforderung in jedem Verfahren getrennt zu prüfen, was auch umgekehrt, in Anbetracht

---

402 BGH, DStR 2005, 1197; Staub-Ulmer, HGB, § 110 Rn. 13.
403 Schmidt, GmbHR 2002, 1209, 1213.

einer möglichen Mitnahme der Forderungseigenschaft in das Insolvenzverfahren über das Vermögen der Gesellschaft gilt. Eine Rangübertragung findet demzufolge nicht statt.[404]

VII. Verbraucherinsolvenzverfahren über das Vermögen eines Gesellschafters

1. Einleitung

Insbesondere bei den Personenhandelsgesellschaften ist zweifelhaft, ob und unter welchen Voraussetzungen die §§ 304 ff. InsO in der Gesellschafterinsolvenz Anwendung finden. Im Zusammenhang mit der dieser Arbeit zugrunde liegenden Norm folgt daraus mittelbar die Frage, ob die Insolvenzordnung ein Aufeinandertreffen des Verbraucherinsolvenzverfahrens mit einer Auseinandersetzung im Sinne des § 84 InsO zulässt, und gegebenenfalls, welchen Einfluss die §§ 304 ff. InsO bei der Auseinandersetzung zwischen Gesellschaft und insolventem Gesellschafter nehmen.

Handelt es sich bei dem Gesellschafter um eine juristische Person oder um eine Gesellschaft ohne Rechtspersönlichkeit ist der Anwendungsbereich der Regelungen über das Verbraucherinsolvenzverfahren von vorneherein nicht eröffnet. Hier kommen ausschließlich die Vorschriften über das Regelinsolvenzverfahren zur Anwendung. Wenn der Gesellschafter hingegen eine natürliche Person ist, bedarf es im Rahmen des § 304 InsO einer Überprüfung, ob ihm die wirtschaftliche Tätigkeit der Personenhandelsgesellschaft zuzurechnen ist.[405]

2. Kaufmannseigenschaft

In der handelsrechtlichen Literatur wurde bisher nicht nur den Personenhandelsgesellschaften selbst, sondern nach überwiegender Auffassung auch deren persönlich haftenden Gesellschaftern die Kaufmannseigenschaft zuerkannt. Dem hat sich im Ergebnis auch die Rechtsprechung angeschlossen.[406] In neuerer Zeit finden sich allerdings auch gegenteilige Kommentierungen der entsprechenden Vorschriften des Handelsgesetzbuches.[407]

Aus insolvenzrechtlicher Sicht erlangt die Frage nach der Kaufmannseigenschaft des persönlich haftenden Gesellschafters insbesondere im Rahmen der in § 304 Abs. 1 InsO vorzunehmenden Abgrenzung Bedeutung.

Nach einigen Stimmen in der Literatur kann die gesellschaftsrechtliche Gleichstellung der persönlich haftenden Gesellschafter mit der Personenhandelsgesellschaft im Hinblick auf die Kaufmannseigenschaft für die Prüfung, ob eine selbständige wirtschaftlichen Tätigkeit

404 Gottwald-Haas, InsRHdb, § 94 Rn. 120.
405 Gottwald-Haas, InsRHdb, § 94 Rn. 121 f.
406 BGHZ 45, 282, 284; OLG Karlsruhe, NJW-RR 1991, 493.
407 MK-Schmidt, HGB, § 1 Rn. 54.

im Sinne des § 304 Abs. 1 InsO vorliegt, nur eingeschränkt herangezogen werden.[408] Unter Berücksichtigung des Zwecks der Regelung und dem gesetzgeberischen Anliegen, werbende Unternehmer von der Teilnahme am Verbraucherinsolvenzverfahren auszuschließen[409], dürfe dem Gesellschafter die wirtschaftliche Tätigkeit der Gesellschaft dann nicht zugerechnet werden, wenn er sowohl von der Vertretung als auch von der Geschäftsführung der Gesellschaft ausgeschlossen sei.[410]

Begründet wird diese Ansicht mit dem Fehlen einer dem handelsrechtlichen Vollkaufmann vergleichbaren Kompetenz seitens des Gesellschafters sowie der Tatsache, dass er trotz seiner formalrechtlichen Gesellschafterstellung auf die Geschäfte des Unternehmens keinen Einfluss nehmen könne.

In der Tat legt die höchstrichterliche Definition des Unternehmerbegriffs in § 304 Abs. 1 Satz 2 InsO, welche maßgeblich darauf abstellt, ob die natürliche Person ihre selbstständige Tätigkeit im eigenen Namen, in eigener Verantwortung und auf eigenes Risiko ausübt[411], eine solche Auslegung der Norm zunächst nahe. Allerdings nimmt die Rechtsprechung selbst eine hiervon abweichende rechtliche Würdigung vor, indem sie die persönlich haftenden Gesellschafter einer Personenhandelsgesellschaft mit Aufnahme des Geschäftsbetriebes der Gesellschaft zu Kaufleuten erklärt und dies ferner mit der Ausübung einer selbständigen beruflichen Tätigkeit nach § 304 Abs. 1 Satz 2 InsO gleichsetzt.[412]

Dem schließt sich im Ergebnis auch der überwiegende Teil der insolvenzrechtlichen Literatur mit der Begründung an, es handele sich bei den persönlich haftenden Gesellschaftern um die eigentlichen Unternehmensträger. Weiterhin spreche die in § 93 InsO und § 227 Abs. 2 InsO zum Ausdruck kommende Verzahnung zwischen Insolvenz- und Gesellschaftsrecht dafür, die gesellschaftsrechtliche Zurechnung der Kaufmannseigenschaft auch innerhalb des § 304 InsO als maßgeblich zu erachten.[413]

Angesichts der vom BGH vertretenen Auffassung zu dem geschäftsführenden Alleingesellschafter einer GmbH, welcher gleichsam eine selbständige berufliche Tätigkeit im Sinne der Vorschrift des § 304 Abs. 1 InsO ausüben soll, erscheint die Begründung der herrschenden Meinung hinsichtlich der persönlich haftenden Gesellschafter einer OHG oder KG zwar aus hiesiger Sicht zweifelhaft. So bleibt beispielsweise offen, warum einerseits bezüglich des Alleingesellschafters einer GmbH auf dessen Geschäftsführungsbefugnis abgestellt wird, wenn dies andererseits bei den persönlich haftenden Gesellschaftern einer Personengesellschaft keine Rolle mehr spielt und hier allein die typische Verschuldensstruktur in den Vordergrund rückt. Letztlich hat der Bundesgerichtshof jedoch die Frage der Zurechnung der Kaufmannseigenschaft für die nach § 304 InsO vorzunehmende Abgrenzung eindeutig bejaht. Im Folgenden wird daher von der Rechtsprechung und herrschenden Meinung der insolvenzrechtlichen Literatur ausgegangen.

---

408 Wimmer/Kothe, § 304 Rn. 15 ff.
409 BT-Drucks. 14/5680, 30.
410 K/P-Noack, GesellR, Rn. 531 f.
411 BGH, ZInsO 2005, 1163.
412 BGH, ZInsO 2005, 1163, 1164.
413 HK-Landfermann, § 304 Rn. 5; Fuchs, ZInsO 2002, 299.

3. Anwendbarkeit der §§ 304 ff. InsO

a) *Vormalige selbstständige Tätigkeit des Schuldners gemäß § 304 Abs. 1 InsO*

Scheidet ein Gesellschafter infolge der Insolvenzeröffnung über sein Vermögen aus der Personenhandelsgesellschaft entsprechend den gesetzlichen Vorgaben aus oder wird diese hierdurch nach dem Gesellschaftsvertrag aufgelöst, ist für das Vorliegen der Voraussetzungen des § 304 Abs. 1 InsO der Zeitpunkt der Antragstellung maßgeblich.[414] D. h. im Umkehrschluss, unterstellt die wirtschaftliche Tätigkeit der Gesellschaft ist dem Gesellschafter bei der Prüfung der Voraussetzungen zuzurechen, können die Vorschriften über das Verbraucherinsolvenzverfahren nur zur Anwendung gelangen, falls die Gesellschaft im Zeitpunkt der Beantragung des Gesellschafterinsolvenzverfahrens bereits nicht mehr werbend tätig war. Andernfalls fällt der Sachverhalt weder unter Satz 1 noch unter Satz 2 des ersten Absatzes der Vorschrift.

Mit anderen Worten reduziert sich ein mögliches Aufeinandertreffen des Verbraucherinsolvenzverfahrens über das Vermögen des Gesellschafters einer Personenhandelsgesellschaft mit einer Auseinandersetzung nach § 84 Abs. 1 InsO (wegen der Beteiligung des Schuldners an eben dieser Gesellschaft) in der Praxis von vorneherein auf diejenigen seltenen Fälle, bei denen die Gesellschaft bereits vor der Beantragung nicht mehr wirtschaftlich tätig war. Die Vorschrift des § 84 InsO gilt zwar auch, wenn die Gesellschaft sich bereits aufgelöst, aber zumindest noch nicht vollständig auseinandergesetzt hat. Üblicherweise wird das Gesellschaftsverhältnis, wenn überhaupt, aber erst wegen der Insolvenz eines Gesellschafters aufgelöst und wandelt sich gleichsam von einer werbenden Gesellschaft in eine auf die Abwicklung ihrer Rechtsbeziehungen ausgerichtete Liquidationsgesellschaft. Innerhalb des § 304 Abs. 1 InsO reicht die Einstellung des Geschäftsbetriebes aufgrund der Insolvenzeröffnung über das Vermögen eines Gesellschafters aber gerade nicht dazu aus, eine frühere selbständige Tätigkeit des Schuldners zu begründen und damit eine Prüfung der überschaubaren Vermögensverhältnisse nach Absatz zwei der Vorschrift auszulösen. Denn im relevanten Zeitpunkt der Antragstellung war die Gesellschaft trotz ihrer späteren Auflösung für gewöhnlich noch werbend tätig.

Aber auch in denjenigen Fällen, bei denen die Gesellschaft zwar schon aufgelöst, aber noch nicht (voll)beendet ist und § 84 InsO mithin anwendbar bleibt, stellt sich die Frage, wie es im Rahmen des § 304 InsO zu beurteilen ist, dass die Gesellschaft noch nicht vollständig liquidiert wurde. Während des Auseinandersetzungsverfahrens wird zwar allgemein nicht mehr von einer werbend tätigen Gesellschaft gesprochen, dies bedeutet aber nicht, dass die Gesellschaft nicht trotzdem weiterhin nach außen auftritt und Geschäfte mit Dritten abschließt. Im Gegenteil verlangt die Tilgung der Gesellschaftsschulden sowie die Auszahlung der Auseinandersetzungsguthaben der Gesellschafter eine Versilberung des Gesellschaftsvermögens, was, wie bereits aufgezeigt, häufig durch Veräußerung nach dritter Seite geschieht. Die fortwährende wirtschaftliche Tätigkeit der Gesellschaft in der Auseinandersetzungsphase spricht dafür, den Gesellschaftern erst dann den Weg in die Verbraucherinsol-

414 BGH, NJW 2003, 309.

venz zu ebnen, wenn das Gesellschaftsverhältnis endgültig liquidiert wurde. Genauso wie bei einem Einzelunternehmen, wo es im Rahmen des § 304 Abs. 1 InsO nicht etwa darauf ankommt, ob der Schuldner bereits eine abhängige Beschäftigung aufgenommen hat[415], sondern sich die Abgrenzung allein danach richtet, ob noch Unternehmensstruktur vorhanden ist oder der Betrieb bereits vollständig abgewickelt wurde[416], sollte vielmehr auch für den insolventen Gesellschafter die Vollbeendigung der Gesellschaft und nicht ihre bloße Auflösung für die Entscheidung zwischen Regel- und Verbraucherinsolvenzverfahren maßgeblich sein. Hiervon ausgehend ist keine Sachverhaltskonstellation denkbar, in der eine Auseinandersetzung nach § 84 InsO und die Verbraucherinsolvenz aufeinandertreffen können.

b) Überschaubare Vermögensverhältnisse i. S. d. § 304 Abs. 2 InsO

Unter Annahme der gegenteiligen Prämisse, dass eine bereits eingeleitete Auseinandersetzung der Gesellschaft ausreicht, um die Voraussetzungen einer ehemaligen selbstständigen Tätigkeit nach § 304 Abs. 1 2. Alt. InsO zu erfüllen, es also entscheidend auf den Zeitpunkt der formalrechtlichen Auflösung der Gesellschaft ankommt, stellt sich sodann im Rahmen des § 304 Abs. 2 InsO die Frage nach den überschaubaren Vermögensverhältnissen des Schuldners.

Auf die Prüfung der Vermögensverhältnisse des Schuldners kommt es allerdings nicht an, sofern gegen ihn persönlich oder gegenüber der Gesellschaft Verbindlichkeiten aus Arbeitsverhältnissen im Sinne des § 304 Abs. 1 Satz 2 InsO bestehen. Denn aufgrund der Zurechnung der wirtschaftlichen Tätigkeit der Gesellschaft im Rahmen der Vorschrift reicht es für den im ersten Absatz diesbezüglich vorgesehenen Ausschluss hinsichtlich des Verbraucherinsolvenzverfahrens konsequenterweise aus, wenn seitens der Gesellschaft Verbindlichkeiten aus Arbeitsverhältnissen existieren, seien es unmittelbare Lohnforderungen der Arbeitnehmer oder Forderungen, die mit den Arbeitsverhältnissen lediglich in rechtlichem Zusammenhang stehen, wie beispielsweise rückständige Sozialversicherungsbeiträge oder Lohnsteuern[417], für die der insolvente Gesellschafter aus § 128 HGB persönlich in Anspruch genommen wird.

Nach der unwiderlegbaren gesetzlichen Vermutung des zweiten Absatzes sind die Vermögensverhältnisse nur dann überschaubar, wenn der Insolvenzschuldner im Zeitpunkt der Stellung des Antrages weniger als 20 Gläubiger hat.[418] Umgekehrt können die Vermögensverhältnisse trotz weniger als 20 Gläubiger für eine Verbraucherinsolvenz auch dann nicht vorliegen, falls die Verschuldensstruktur des Schuldners aus sonstigen Gründen ihrem Gesamterscheinungsbild nach den Verhältnissen eines Schuldners entspricht, für den § 304 Abs. 1 InsO ein Regelinsolvenzverfahren vorsieht.[419] Ausschlaggebend ist insoweit die Zweckmäßigkeit der Durchführung eines Verbraucherinsolvenzverfahrens im Einzelfall.[420]

---

415 Uhlenbruck-Vallender, § 304 Rn. 24.
416 HK-Landfermann, § 304 Rn. 6; OLG Celle, ZIP 2000, 802, 805.
417 MK-Ott, § 304 Rn. 66.
418 Uhlenbruck-Vallender, § 304 Rn. 16.
419 LG Göttingen, ZInsO 2002, 244, 245.
420 OLG Celle, ZIP 2000, 2315, 2317.

Selbst unter Annahme einer ehemaligen selbständigen Tätigkeit und dem Nichtvorliegen von Verbindlichkeiten aus Arbeitsverhältnissen dürften die Voraussetzungen eines Verbraucherinsolvenzverfahrens für denjenigen Gesellschafter, der sich noch in einer Auseinandersetzung mit der Gesellschaft nach § 84 Abs. 1 Satz 1 InsO befindet, damit regelmäßig nicht gegeben sein. Denn der nach der Antragstellung durch das Insolvenzgericht bestellte Sachverständige muss bei der Prüfung der Vermögensverhältnisse des Schuldners die Gesellschaftsgläubiger zwingend berücksichtigen, da mit der Anmeldung ihrer Forderungen im eröffneten Gesellschafterinsolvenzverfahren zu rechnen ist. Infolgedessen liegt die Gläubigeranzahl üblicherweise über 20 Personen, so dass der Sachverständige gegenüber dem Gericht nur die Empfehlung aussprechen kann, ein Regelinsolvenzverfahren zu eröffnen. Darüber hinaus stellt sich die Frage, ob in denjenigen in der Praxis wohl seltenen Fällen, in denen die Anzahl der Privatgläubiger und der Gesellschaftsgläubiger in Summe die Grenze des § 304 Abs. 2 InsO tatsächlich nicht übersteigt, dennoch die Verschuldensstruktur des Gesellschafters gegen eine Anwendung der Regelungen über das Verbraucherinsolvenzverfahren spricht. Trotz der geringen Gläubigeranzahl können die Vermögensverhältnisse nämlich dann nicht als überschaubar gelten, wenn die Höhe der Verbindlichkeiten oder ihre Komplexität mit den Besonderheiten der Verbraucherinsolvenz nicht vereinbar sind.[421] Die zweigleisige Haftungsstruktur im Insolvenzverfahren über das Vermögen des Gesellschafters und vor allem die Tatsache, dass es in der Praxis für den Gutachter im Zeitraum vor einer möglichen Verfahrenseröffnung nur schwerlich vorhersehbar ist, welche Zahlungsverpflichtungen der Gesellschaft im Einzelnen bestehen und damit auch im Verfahren über das Vermögen des Gesellschafters relevant werden können, spricht dagegen, dem Gesellschafter auch bei einer zunächst unterhalb der Grenze des zweiten Absatzes der Regelung festgestellten Gläubigeranzahl nur einen Treuhänder zur Seite zu stellen.

c) *Ergebnis / Ausblick*

Die obigen Ausführungen verdeutlichen, dass eine Ausgangslage, bei der es zu einer Überschneidung zwischen einer Auseinandersetzung nach § 84 Abs. 1 Satz 1 InsO und der Verbraucherinsolvenz im Sinne der §§ 304 ff. InsO kommt, nur schwerlich vorstellbar ist. Die Anzahl der im Hinblick auf eine mögliche Verbraucherinsolvenz des Gesellschafters überhaupt in Betracht kommenden Sachverhalte fällt in der Praxis angesichts der dargelegten Abgrenzungskriterien verschwindend gering aus. Nach der hier vertretenen Auffassung sollte die Eröffnung des Anwendungsbereiches der Vorschriften über das Verbraucherinsolvenzverfahren nach § 304 InsO sogar generell abgelehnt werden, sofern entweder die Gesellschaft selbst noch nicht voll beendet oder im Falle des Ausscheidens die Auseinandersetzung mit dem Insolvenzschuldner noch nicht abgeschlossen wurde. Allein diese Vorgehensweise ermöglicht eine im Rahmen des § 304 InsO stets verlangte klare Abgrenzung[422] und trägt damit der Rechtssicherheit hinreichend Rechnung. Im Umkehrschluss folgt hieraus freilich nicht, dem ehemaligen Gesellschafter auch dann den Weg in die Ver-

---

421 BT Drucks. 14/5680, 30.
422 OLG Celle, ZIP 2000, 802, 805.

braucherinsolvenz zu verwehren, wenn eine wie auch immer geartete Auseinandersetzung mit der Gesellschaft bereits lange zurückliegt. Nur werden solche Sachverhalte von der Vorschrift des § 84 Abs. 1 Satz 1 InsO nicht mehr erfasst.

Angesichts des vom Bundeskabinett am 22.08.2007 beschlossenen Gesetzesentwurfs über die Vereinfachung des Verbraucherinsolvenzverfahrens[423] vermag man Zweifel an der Relevanz der obigen Diskussion für die Zukunft haben, da es sich bei den § 304 ff. InsO in ihrer gegenwärtigen Form um der Ablöse geweihte Rechtsnormen handelt. Als eine der wesentlichen Neuerungen der Reform knüpft die Insolvenzordnung für die Einleitung der Wohlverhaltensperiode bei völlig mittellosen Personen nicht mehr an die Insolvenzeröffnung, sondern stattdessen an die Abweisung des Verfahrens mangels Masse an.[424] In Konsequenz dessen entfallen künftig die Regelungen über die Verfahrenskostenstundung in den §§ 4 u. 4a InsO und das eigentliche Insolvenzverfahren wird bei dem betroffenen Personenkreis quasi „übersprungen".[425] Das sog. vereinfachte Entschuldungsverfahren bei völlig mittellosen Schuldnern tritt aber nicht anstelle des Verbraucherinsolvenzverfahrens, sondern stellt das Äquivalent zum derzeitigen Restschuldbefreiungsverfahren dar. Die Vorschriften des Verbraucherinsolvenzverfahrens werden also weiterhin daneben existieren, wenn auch in leicht modifizierter Form. Die im beschlossenen Gesetzesentwurf vorgesehenen Änderungen der Regelungen über das Verbraucherinsolvenzverfahren betreffen allerdings nicht die Vorschrift des § 304 InsO, sie gilt unverändert fort.[426] Im Gegenteil sehen die Neuregelungen in § 289a InsO die Bestellung eines so genannten vorläufigen Treuhänders vor und verweisen sogar in diesem Zusammenhang in Absatz vier der Norm auf § 304 InsO und die entsprechend der Regelung vorzunehmende Abgrenzung. Aller Voraussicht nach wird es daher auch in Zukunft auf die Abgrenzung zwischen Verbraucher- und Regelinsolvenz nach § 304 InsO ankommen, so dass im Ergebnis auch nicht mit einer Abweichung von den bisher im Hinblick auf das Merkmal der unternehmerischen Tätigkeit im Sinne des § 304 Abs. 1 Satz 2 InsO von Rechtsprechung und Literatur entwickelten Rechtsgrundsätzen zu rechen ist.

G. Besonderheiten bei der KG und der KGaA

Für die Kommanditgesellschaft finden gemäß § 161 Abs. 2 HGB hinsichtlich ihrer Auseinandersetzung die für die Offene Handelsgesellschaft geltenden Vorschriften Anwendung.[427] Dies gilt sowohl im Fall der Insolvenz des Komplementärs als auch eines Kommanditisten.[428] Besonderheiten gegenüber der OHG ergeben sich nicht. Es kann daher auf obige Ausführungen verwiesen werden.

Obwohl die Kommanditgesellschaft auf Aktien gemäß § 278 Abs. 1 AktG eine juristische Person darstellt, finden für die Komplementäre der Gesellschaft die Vorschrif-

---

423 BR-Drucks. 600/07.
424 Hmb-Komm/Schmidt, Anh 1, Rn. 2.
425 Graf-Schlicker/Kexel, ZIP 2007, 1833, 1835.
426 Graf-Schlicker/Kexel, ZIP 2007, 1833, 1835 a. E.
427 MK-Stodolkowitz, § 84 Rn. 8.
428 MK-Schmidt, HGB, § 131 Rn. 71.

ten über die Kommanditgesellschaft entsprechende Anwendung (§ 278 Abs. 2 AktG), so dass durch den Verweis des § 161 Abs. 2 HGB wiederum der Komplementär als Gesellschafter gemäß § 131 Abs. 3 Satz 1 Nr. 2 HGB ausscheidet. Für die Kommanditaktionäre sind hingegen die Regelungen des Aktiengesetzes maßgeblich.[429] Die Vorschrift des § 84 InsO ist hier nicht anwendbar.

H. Stille Gesellschaft

I. Grundproblematik

Bedeutsam für die der Arbeit zugrunde liegende Vorschrift sind vor allem die Folgen einer Beteiligung als stiller Gesellschafter in der Insolvenz des Unternehmensträgers. Sowohl die Rechtsprechung als auch die Literatur neigen in dieser Fallkonstellation dazu, dem Stillen einen Anspruch auf kurzfristige Vorlage einer Auseinandersetzungsbilanz gegenüber dem Insolvenzverwalter einzuräumen.[430] Die dogmatische Herleitung dieses Anspruchs aus § 84 InsO ist aber keinesfalls unproblematisch.[431]

II. Meinungsstand

Zum Teil wird vertreten, dass der Anspruch des stillen Gesellschafters auf Vorlage einer Auseinandersetzungsrechnung nicht nur aus § 84 InsO folge, sondern es sich sogar auch um eine Masseschuld i. S. d. § 84 Abs. 1 Satz 2 InsO bzw. § 55 Abs. 1 Nr. 2 InsO handele.[432] Die überwiegende Meinung inklusive der Rechtsprechung leitet den Anspruch dagegen aus einer allgemeinen Auskunftspflicht des Insolvenzverwalters her, ohne sich dabei auf eine Klassifizierung der Forderung festzulegen. Dennoch verweist sie in diesem Zusammenhang zumindest analog auf die Regelung des § 84 Abs. 1 Satz 1 InsO i. V. m. § 235 HGB, verneint jedoch die Anwendung des § 84 Abs. 1 Satz 2 InsO. Insoweit fehle es bei der Stillen Gesellschaft an einem gesamthänderisch gebundenen Vermögen, welches der zweite Satz des ersten Absatzes der Vorschrift notwendig voraussetze.[433] Unabhängig davon, ob eine Masseverbindlichkeit oder eine einfache Insolvenzforderung vorliege, sei der Gläubiger zur Bezifferung seines gegen die Insolvenzmasse gerichteten Anspruchs entweder auf die vorherige Mitwirkung des insolventen Geschäftsinhabers oder unmittelbar auf diejenige des Insolvenzverwalters nach Verfahrenseröffnung angewiesen. Bei dem Anspruch auf Rechnungslegung handele es sich mithin um einen mit der Insolvenzforderung notwendig verbundenen Hilfsanspruch.[434] Unter Bezugnahme der Rechtsprechung des BGH hat sich in neuerer Zeit eine dritte Auffassung hierzu her-

---

429 Hüffer, § 289 Rn. 5.
430 Breutigam/Blersch/Goetsch, § 84, Rn. 7; Glanegger/Stuhlfelner, HGB, § 236 Rn. 2.
431 Grundlach, ZIP 2006, 501 ff.
432 Mü HdB HGB, § 29 Rn. 1; Uhlenbruck, § 11 Rn. 388.
433 Hess/Weis/Wienberg, § 84 Rn. 24.
434 BGHZ 49, 11, 16 ff.; BGHZ 70, 86, 91.

ausgebildet, die das Bestehen eines solchen, unmittelbar gegen den Insolvenzverwalter gerichteten Anspruchs zunächst ablehnt. Zwar sei der Verwalter nach Treu und Glauben gemäß § 242 BGB zu einer entsprechenden Auskunft verpflichtet. Es dürfe aber nicht der Vorrang der Eigenermittlung übersehen werden. Der Zugriff des stillen Gesellschafters auf den Insolvenzverwalter in Form der Geltendmachung eines Auskunftsanspruchs käme deshalb erst dann in Betracht, wenn der Stille seine eigenen Geschäftsunterlagen vollständig ausgewertet habe und er über das Bestehen sowie die Höhe seiner Forderung aufgrund fehlender Daten entschuldbar im Ungewissen sei.[435]

III. Herleitung

Der erstgenannten Auffassung liegen hauptsächlich Praktikabilitätserwägungen zugrunde. Sie bezweckt das grundsätzlich erstrebenswerte Ziel der Risikoverringerung für den stillen Gesellschafter. Im Vergleich zu den Gesellschaftern einer GbR, denen das Recht auf abgesonderte Befriedigung nach § 84 Abs. 1 Satz 2 InsO zusteht, wird dem Stillen hiernach zumindest eine vor Widersprüchen der übrigen Gläubiger bzw. des Insolvenzverwalters sichere Insolvenzforderung zugebilligt. Im Falle einer „selbständigen" Anmeldung seines Abfindungsanspruchs zur Tabelle nach den §§ 174 ff. InsO wäre der Stille bei einem Widerspruch gegen seine Forderung nämlich dazu gezwungen, eine Feststellungsklage gemäß § 180 InsO zu erheben. Im Ergebnis könnte er somit trotz einer für ihn günstigeren Auseinandersetzungsrechnung des Verwalters nach Forderungsanmeldung keinen höheren Betrag als den angemeldeten geltend machen.[436]

Begründet wurde dies in einem Urteil des Oberlandesgerichts München vom 24.09.1952[437] mit dem Umstand, dass die Stille Gesellschaft als reine Innengesellschaft zwar kein gesamthänderisch gebundenes Vermögen aufweise, der stille Gesellschafter bei der Auflösung und Auseinandersetzung der Gesellschaft im Verhältnis zum Geschäftsinhaber aber eine an die Position eines am Vermögen gesamthänderisch Beteiligten angelehnte Stellung einnehme, die eine gegenüber den übrigen Insolvenzgläubigern bevorzugte Behandlung rechtfertige.

Allerdings lag dem Urteil ein die Auseinandersetzung einer atypischen Stillen Gesellschaft betreffender Sachverhalt zugrunde. Die neuere Literatur stellt vor allem den Zweck der Vermeidung des oben aufgezeigten Risikos in den Vordergrund der Argumentation und verweist auf die Notwendigkeit einer Besserstellung des stillen Gesellschafters in der Praxis.

Zum Teil wird aber zumindest an den oben genannten Rechtsgedanken einer Annäherung an die GbR angeknüpft. So soll der Insolvenzverwalter beispielsweise bei der Erstellung seiner Auseinandersetzungsbilanz berücksichtigen, dass der stille Gesellschafter auch am Gewinn oder Verlust der im Zeitpunkt der Insolvenzeröffnung noch schwebenden Geschäfte teilhat.[438]

---

435 Grundlach, ZIP 2006, 501, 503 f.
436 Uhlenbruck, § 11 Rn. 387.
437 BGHZ 7, 175, 178.
438 Jaeger/Henckel, § 16 Rn. 6.

Auch die zweite Ansicht schließt an den Zweckmäßigkeitsgedanken der ersten Auffassung an, verfolgt also dasselbe Ziel der Besserstellung des stillen Gesellschafters.[439]

Hiernach findet § 84 Abs. 1 Satz 1 InsO im Zusammenwirken mit der Vorschrift des § 235 Anwendung. Da die Vorschrift des § 84 InsO auch für die Stille Gesellschaft vorschreibe, dass ihre Auseinandersetzung außerhalb des Insolvenzverfahrens zu erfolgen habe, und § 235 HGB dem Stillen bei Auflösung der Gesellschaft gegenüber dem Geschäftsinhaber einen Anspruch auf Vorlage einer Auseinandersetzungsbilanz einräume, müsse dies im Falle der insolvenzbedingten Auseinandersetzung auch für den Verwalter gelten.

Im Ergebnis sind also die Vorschriften der §§ 235, 236 HGB nach dieser Auffassung nebeneinander anwendbar.[440] Dabei wird vor allem auf die schuldrechtliche Beziehung zwischen dem stillen Gesellschafter und dem Unternehmensträger abgestellt und der Tatsache Rechnung getragen, dass bei der Ermittlung des Auszahlungsanspruchs des Stillen alle Ansprüche unselbständige Rechnungsposten darstellen, also trotz fehlender gesamthänderischer (dinglicher) Vermögensbindung eine Gesamtsaldierung stattfindet[441], die im Ergebnis einer Auseinandersetzung nach den §§ 738 ff. BGB ähnelt.

Die dritte Ansicht greift zwar Aspekte der herrschenden Meinung auf, indem sie sich einer in dem beschriebenen Zusammenhang bestehenden Pflicht des Insolvenzverwalters zur Vorlage einer Auseinandersetzungsrechnung nicht gänzlich verwehrt. Eine solche Pflicht könne aber allenfalls aus einer allgemeinen Auskunftspflicht des Verwalters gemäß § 242 BGB herrühren. Dies bedeute, dass der stille Gesellschafter nicht unmittelbar gegen den Verwalter vorgehen könne, sondern hinsichtlich der Forderungsermittlung erst einmal alle eigenen Möglichkeiten ausschöpfen müsse.[442]

In ihrer Argumentation richtet sich diese Auffassung gegen die herrschende Meinung. Die Anwendbarkeit sowohl des § 84 InsO als auch die des § 235 HGB wird vor allem aufgrund des Charakters der Stillen Gesellschaft als reine Innengesellschaft und dem dadurch bedingten Fehlen von Gesamthandseigentum vollumfänglich abgelehnt.[443]

Die teleologische Auslegung des § 84 InsO zwinge zu der Annahme, der Gesetzgeber ziele nur auf die teilungsfähigen Gemeinschaften bzw. Vermögen ab. Etwas anderes ergäbe sich auch nicht bei einer Betrachtung des sinngemäß übernommenen Vorgängers der Regelung des § 84 InsO, dem § 16 KO. Es sei dem Gesetzgeber stets nur darum gegangen, die Konsequenzen aus der gemeinschaftlichen oder gesamthänderischen Rechtsträgerschaft zu regeln.[444] Weiter führe die von der herrschenden Meinung zugrunde gelegte Rechtsauffassung zu Strukturbrüchen. So ließe sich beispielsweise die ausschließliche Anwendung des ersten Satzes der Vorschrift des § 84 InsO mit dem gleichzeitigen Ausschluss der Rechtsfolge des Satz 2 desselben Absatzes nicht vereinen. Außerdem ließe sich nicht erklären, warum der stille Gesellschafter seinen Anspruch aus der Beteiligung wahlweise selbst berechnen

---

439 Schmidt, KTS 1977, 1, 16 f.
440 Baumbach/Hopt, HGB, § 236 Rn. 1 f.
441 Blaurock, HdB. Stille Gesellschaft, Rn. 1756 ff.
442 Grundlach, ZIP 2006, 501, 504.
443 Grundlach, ZIP 2006, 501, 502 f.
444 Schmidt, KTS 1977, 1, 18.

und zur Tabelle anmelden könne, wenn § 84 InsO gerade die Auseinandersetzung außerhalb des Insolvenzverfahrens anordne. Insbesondere die § 84 InsO und § 236 HGB stünden eben gerade nicht im Einklang miteinander, vielmehr sei von einem Exklusivitätsverhältnis auszugehen.[445]

IV. Stellungnahme

Tatsächlich erscheint die Anwendung des § 84 InsO auf die Stille Gesellschaft generell höchst zweifelhaft. Bereits nach §§ 16, 51 KO war die Geltung der Regelung in diesem Zusammenhang umstritten.[446] Blickt man in zeitlicher Hinsicht gar noch weiter zurück, finden sich in den entsprechenden Vorschriften etwa der preußischen Konkursordnung (§§ 36, 291 preuß. KO) aus dem Jahre 1855 oder dem § 14 der Reichskonkursordnung aus dem Jahre 1877 keine Anhaltspunkte für eine Geltung auch bei der Stillen Gesellschaft. Im Gegenteil wurde hiernach das Vorhandensein eines gemeinschaftlichen Vermögens für die Eröffnung des Anwendungsbereiches notwendig vorausgesetzt.[447] Eine Vielzahl von Stimmen in der Literatur schließen deshalb heute die Geltung des § 84 Abs. 1 InsO in Ermangelung eines gesamthänderisch gebundenen Vermögens für die Stille Gesellschaft grundsätzlich aus.[448] Ausgehend von der noch herrschenden Meinung und der Rechtsprechung, die aufgrund des fehlenden gemeinschaftlichen Vermögens bezüglich des Anspruchs auf Vorlage einer Auseinandersetzungsbilanz seitens des Stillen zwar Satz 1, nicht aber Satz 2 der Vorschrift des § 84 Abs. 1 InsO für einschlägig erachtet, stellt sich in der Tat die Frage, warum eine Regelung innerhalb desselben Absatzes auf einen bestimmten Sachverhalt einmal anwendbar sein soll und dann wiederum nicht. Die §§ 16, 51 KO wurden zwar sinngemäß in die der Arbeit zugrunde liegende Vorschrift übernommen, so dass aus der Neuregelung in Bezug auf den in Rede stehenden Rechtsstreit keine neuen inhaltlichen Erkenntnisse folgen. Aus der Zusammenlegung der Bestimmungen lässt sich aber jedenfalls schlussfolgern, dass zumindest formal gesehen die Schaffung einer einheitlichen Regelung bezweckt wurde, welche die oben beschriebene, divergierende Vorgehensweise gerade verbietet. So wurde auch schon vor Einführung der Insolvenzordnung in diesem Zusammenhang mit dem „Zerreißen des Bandes zwischen §§ 16 und 51 KO“[449] argumentiert.

Aus dem Verhältnis des § 84 InsO zu den §§ 235, 236 HGB lässt sich ebenfalls kein anderes Ergebnis herleiten, vielmehr wird gerade hier der in einer Anwendung des § 84 Abs. 1 Satz 1 InsO auf die Stille Gesellschaft liegende Systembruch offenbar. Nach dem Wortlaut der Vorschrift vollzieht sich die Auseinandersetzung gemäß § 84 Abs. 1 Satz 1 außerhalb des Insolvenzverfahrens. Demgegenüber ordnet § 236 HGB im Falle der Insolvenz des Unternehmensträgers die Anmeldung der Forderung des stillen Gesellschafters im Insolvenzverfahren an. Bei genauerer Betrach-

445 Grundlach, ZIP 2006, 501, 502 f.
446 K/P-Lüke, § 84 Rn. 14.
447 Schmidt, KTS 1977, 1, 18 ff.
448 Smid, § 84 Rn. 2; HK-Eickmann, § 84 Rn. 6.
449 Schmidt, KTS 1977, 1, 20.

tung schließen sich die Vorschriften also gegenseitig aus.[450] Hinzu kommt, dass sich auch die Anwendungsbereiche der §§ 235, 236 HGB nicht überschneiden. Die Bestimmung des § 235 HGB regelt allgemein die Auflösung einer Stillen Gesellschaft. § 236 HGB trifft demgegenüber Anordnungen für den Sonderfall der Auflösung durch Insolvenz des Geschäftsinhabers. Dies bedeutet aber nicht, dass § 235 HGB bei der Insolvenz des Unternehmensträgers ergänzend herangezogen werden kann. Im Gegenteil greifen die Vorschriften zwei unterschiedliche Ausgangslagen auf. Die Regelung des § 236 HGB behandelt die insolvenzbedingte Auflösung der Gesellschaft jedenfalls bezüglich der Einlage des Stillen abschließend und sperrt demzufolge als lex specialis die Anwendung des § 235 HGB.[451] Unter diesem Aspekt erscheint eine Herleitung des Anspruchs auf Vorlage einer Auseinandersetzungsbilanz gemäß § 84 Abs. 1 Satz 1 InsO abwegig. Es drängt sich die Vermutung auf, dass hier seitens der noch h. M. versucht wurde, einen für erstrebenswert erachteten Anspruch des stillen Gesellschafters vom Ergebnis her zu begründen.[452] Diese Argumentation weist aber bei näherer Betrachtung unüberwindbare Strukturbrüche auf. Ferner stellt sich die Frage, ob ein solcher Anspruch des Stillen tatsächlich gerechtfertigt ist.

Aus dem Wesen der typischen Stillen Gesellschaft folgt, dass der Stille bei Auflösung der Personenhandelsgesellschaft maximal in Höhe seiner Einlage am Verlust beteiligt wird. Ein darüber hinausgehender Anteil am Verlust braucht nicht ausgeglichen zu werden, er fällt in die Insolvenzmasse.[453] Hiervon ausgenommen sind Beiträge, die er außerhalb der stillen Einlage geleistet hat. Sofern er gemäß § 231 Abs. 2 HGB nicht am Verlust beteiligt ist, was in der Praxis nicht selten vereinbart wird, braucht der stille Gesellschafter bei passivem Einlagekonto selbst dann nichts in die Insolvenzmasse leisten, wenn die Einlageleistung bereits fällig war oder er sich sogar vor der Eröffnung des Verfahrens bereits im Verzug hiermit befand. Diese Bevorzugung des Stillen basiert auf der gesetzlichen Ausgestaltung der typischen stillen Einlage als qualifizierter Kredit.[454] Außer Betracht bleiben hierbei freilich die Fälle, in denen der Stille bei einer atypischen Stillen Gesellschaft durch vertragliche Regelung quasi die Stellung eines „Innen-Kommanditisten" einnimmt. Im Vergleich zu einem Gesellschafter einer Außengesellschaft wird er also in der Auseinandersetzung eher privilegiert. Da die Position des stillen Gesellschafters insofern an diejenige eines außenstehenden Dritten angenähert ist, muss er konsequenterweise bezüglich seines eigenen Abfindungsanspruchs auch als Insolvenzgläubiger ohne Vorrechte behandelt werden.[455] Für den Abfindungsanspruch des stillen Gesellschafters kann demnach im Vergleich zu den gegen die Masse gerichteten Ansprüchen der übrigen Gläubiger nichts Besonderes gelten.[456] Ein über die allgemeine Auskunftspflicht des Insolvenzverwalters aus § 242 BGB hinausgehender Anspruch auf Vorlage einer Auseinandersetzungsbilanz ist ihm folglich nicht zu-

450 Grundlach, ZIP 2006, 501, 503.
451 Uhlenbruck, § 11 Rn. 387; Grundlach, ZIP 2006, 501, 503.
452 Schmidt, KTS 1977, 1, 21.
453 Reusch, Stille Gesellschaft als Publikumspersonengesellschaft, 270.
454 MK-Schmidt, HGB, § 236 Rn. 22.
455 Schmidt, KTS 1977, 1, 20.
456 MK-Stodolkowitz, § 84 Rn. 13.

zubilligen. Die Vorschrift des § 84 InsO bezweckt die Klarstellung, dass bei einem mehreren Personen gemeinsam zustehenden Recht nur der Anteil des Schuldners und nicht das Recht selbst von der Insolvenzmasse erfasst wird. Dafür besteht aber bei der Stillen Gesellschaft von vorneherein weder Raum noch Anlass.[457]

V. Pflicht des stillen Gesellschafters zur Verlustabdeckung

Nicht gänzlich übersehen werden soll der Fall, in dem der Insolvenzverwalter im Verfahren über das Vermögen des tätigen Gesellschafters einer typischen Stillen Gesellschaft im Wege der von ihm durchgeführten Abrechnung eine rückständige Einlage des Stillen ermittelt. Grundsätzlich findet seitens des Verwalters eine Auseinandersetzung im Sinne einer Gesamtabrechnung statt, d. h. es sind in der Bilanz wie bei anderen Personengesellschaften alle Forderungen und Verbindlichkeiten der Gesellschafter gegen die Gesellschaft und untereinander einzustellen.[458] Dies bedeutet für die typische Stille Gesellschaft eine recht einfache Bilanzierung. Ein noch ausstehender Teil der Einlage des Stillen zuzüglich noch nicht ausgezahlter Gewinne wird um einen etwaigen Verlustanteil gekürzt. Der Rest bildet entweder das Abfindungsguthaben oder bei Feststellung eines negativen Saldos, den vom Verwalter gegen den Stillen einzufordernden „Verlustbeteiligungsanspruch" der Insolvenzmasse.[459]

Wie oben bereits beschrieben, braucht die so ermittelte ausstehende Einlage bei Ausschluss der Verlustbeteiligung nach § 231 Abs. 2 HGB hingegen selbst dann nicht mehr geleistet werden, wenn sie bereits vor Eröffnung des Verfahrens fällig war. Mit der Auflösung der Gesellschaft endet nämlich auch die Pflicht zur Einlageleistung.[460]

Sowohl die Fälligkeit der Leistung der Einlage als auch ihr Inhalt richten sich nach dem Gesellschaftsvertrag. Eine Vereinbarung, wonach der Stille im o. g. Sinne überhaupt nicht am Verlust beteiligt ist, behält also auch im eröffneten Verfahren ihre Wirksamkeit. Etwas anderes gilt für nur auf den Insolvenzfall abzielende Verlustbeteiligungsausschlüsse. Derartige Ausschlüsse stellen eine Benachteiligung der Insolvenzgläubiger dar und sind deshalb gegenüber dem Verwalter unwirksam.[461]

VI. Atypische Stille Gesellschaft

Anders beurteilt sich die Situation bei der atypischen Stillen Gesellschaft, falls der Einlage des Stillen aufgrund der gesellschaftsvertraglichen Ausgestaltung und der wirtschaftlichen Funktion Eigenkapitalqualität bzw. Haftkapitalcharakter beizumessen ist. In diesem Fall ist der stille Gesellschafter über seine Einlage hinaus am

457 MK-Stodolkowitz, § 84 Rn. 12.
458 BGH, NJW 1992, 2696, 2697.
459 MK-Stodolkowitz, § 84 Rn. 12.
460 Röhricht/Graf von Westfalen-Von Gerkan, HGB, § 236 Rn. 9.
461 Blaurock, Stille Gesellschaft, § 17 Rn. 17.66.

Anlagewert und den stillen Reserven der Gesellschaft beteiligt, was ihn vermögensrechtlich in die Nähe eines Kommanditisten bringt.[462] Häufig besteht hier auch eine Beteiligung des Stillen an der Geschäftsführung des Unternehmens, etwa wenn ein Fall der gesplitteten Beteiligung in Kommandit- und stille Einlage an einer Publikumspersonengesellschaft vorliegt.[463]

Die Qualifizierung als Eigenkapitalersatz setzt zunächst das Gewähren oder Stehenlassen eines Darlehens i. S. d. § 32a GmbHG voraus. Bei der atypischen Stillen Gesellschaft kommt dies seitens des Stillen vor allem durch Nichtauszahlung der Gewinne, also in Form eines Stehenlassens, in Betracht. Problematisch ist in diesem Zusammenhang aber, dass es in aller Regel an einer entsprechenden rechtsgeschäftlichen Erklärung des Stillen fehlen dürfte.

In der Rechtsprechung wurde daher teilweise die Auffassung vertreten, angesichts der zu wahrenden Gläubigerinteressen müsse auf jedes subjektive Kriterium verzichtet werden und allein auf das objektive Merkmal der Kreditunwürdigkeit abgestellt werden.[464] Die Gegenansicht betont hingegen das Fehlen einer Rechtspflicht zur Finanzierung in der Krise. Die bloße Nichtgeltendmachung eines Anspruchs als Anknüpfungspunkt für die Anwendung des § 32a GmbHG genüge im Hinblick auf die bei Eingreifen dieser Vorschrift eintretenden Rechtsfolgen nicht.[465]

Abschließend wird eine so genannte kapitalersetzende Funktion verlangt. Dieses Merkmal liegt vor, wenn durch das Stehenlassen die Insolvenz der Gesellschaft verhindert werden soll oder wenn die Gesellschaft im Zeitpunkt des Stehenlassens noch nicht überschuldet, aber bereits nicht mehr kreditwürdig war.[466]

Liegen alle diese Voraussetzung vor, schlussfolgert ein Teil der Rechtsprechung und Literatur daraus, der atypische stille Gesellschafter könne wegen der Qualifizierung seiner Einlage als Eigenkapital seine bereits vollständig erbrachte Einlage nicht als Insolvenzgläubiger zurückfordern. Dies gelte selbst dann, wenn die Einlage durch die auf den Gesellschafter entfallenden Verluste nicht vollumfänglich aufgezehrt sei, aber dennoch zur Befriedigung der übrigen im Insolvenzverfahren angemeldeten Gläubiger benötigt werde. Im Ergebnis sei die Haftung des Stillen somit nicht auf seinen Verlustanteil begrenzt. Er nehme vielmehr darüber hinaus auch an der Entwertung des Geschäftsvermögens teil.[467] Aus der weitgehenden vermögensrechtlichen und mitgliedschaftlichen Annäherung des stillen Gesellschafters an die Kommanditistenstellung wird hiernach das Vorhandensein eines Gesellschaftsvermögens fingiert und in der Folge auch die Anwendung der §§ 705 ff. BGB befürwortet.[468]

Bei der Konstruktion eines fingierten Gemeinschaftsvermögens bezieht sich insbesondere Wagner auf ein Urteil des Bundesgerichtshofes aus dem Jahre 1952.[469]

462 Wagner, KTS 1979, 53, 54.
463 Reusch, Stille Gesellschaft als Publikumspersonengesellschaft, 271.
464 OLG Hamburg, ZIP 1984, 584, 586.
465 Tillmann, GmbHR, 1987, 329, 334.
466 BGHZ 76, 326, 330.
467 BGH, NJW 1981, 2251; OLG München, WM 1984, 810, 812.
468 Wagner, KTS 1979, 53, 54.
469 BGHZ 7, 175, 178.

Letztlich soll wegen der Fiktion eines gesamthänderisch gebundenen Vermögens auch die Vorschrift des § 84 InsO sowohl bezüglich des Anspruchs auf Vorlage einer Auseinandersetzungsrechnung als auch im Hinblick auf die Geltendmachung eines Absonderungsrechts seitens des Stillen zur Anwendung kommen. Diese Konstruktion ist zu Recht auf Kritik gestoßen. So weist insbesondere Blaurock darauf hin, dass der Bundesgerichtshof in seiner Entscheidung lediglich zu einer Auseinandersetzung ohne Insolvenz und nicht gerade wegen der Eröffnung eines Insolvenzverfahrens Stellung bezogen habe. Im Übrigen könne eine schuldrechtliche Vereinbarung, die den Stillen im Innenverhältnis so stellt, als sei er gesamthänderisch beteiligt, keine Außenwirkung entfalten.[470] In der Insolvenz des Geschäftsinhabers seien nicht die gesellschaftsvertraglichen Bestimmungen entscheidend, vielmehr komme es auf das tatsächliche Vorhandensein eines Gesellschaftsvermögens an. Auch einige Befürworter der Anwendung des Eigenkapitalersatzrechts auf die atypische Stille Gesellschaft äußern sowohl ihre Bedenken bezüglich der Rechtsprechung als auch an deren Auslegung in der Literatur.[471]

Kritisiert wird vor allem die Tatsache, dass der II. Senat des Bundesgerichtshofes zwar im Ergebnis offenbar die Rechtsprechungsgrundsätze über eigenkapitalersetzende Darlehen anwende[472], dies aber bisher nicht eindeutig zum Ausdruck gebracht habe. Ferner fehle es an einer Fortentwicklung hin zu allgemeinen Grundsätzen ordnungsgemäßer Unternehmensfinanzierung und Kapitalerhaltung.

Nach hiesiger Auffassung ist diese Kritik berechtigt. Zwar erscheint eine analoge Anwendung des § 84 Abs. 1 InsO in dem bereits beschriebenen Kontext wegen der Annäherung des Stillen an den Kommanditisten sinnvoller als bei der typischen Stillen Gesellschaft. Im Ergebnis ist sie aber aus den gleichen Gründen, nämlich dem fehlenden gesamthänderisch (dinglich) gebundenen Vermögen, als contra legem abzulehnen. Entgegen der obigen Ansicht handelt es sich aber auch bei der stillen atypischen Einlage im Außenverhältnis nach wie vor um Fremdkapital, selbst wenn es aufgrund gesellschaftsvertraglicher Vereinbarung im Innenverhältnis funktional als Eigenkapital eingesetzt wird. Der nicht zur Verlustabdeckung benötigte Anteil der erbrachten Einlage des stillen Gesellschafters kann demnach auch hier als Insolvenzforderung nach § 236 HGB zur Tabelle angemeldet werden und wird nur durch die Quote gemindert.

---

470 Blaurock, Stille Gesellschaft, § 17 Rn. 17.56.
471 Joost, ZGR 1987, 370, 396 f.
472 BGH, WM 1989, 14, 15.

4. Teil: Stellung des Insolvenzverwalters im Auseinandersetzungsverfahren

A. Eintritt in die Rechte des Schuldners

I. Allgemeines

Das Insolvenzrecht gewährt dem Verwalter kein eigenständiges Recht, die Auseinandersetzung der Gesellschaft zu verlangen. Er kann, vorbehaltlich der Erweiterung in § 84 Abs. 2 InsO, nur die wegen § 80 InsO auf ihn übergegangenen Auseinandersetzungsrechte des Schuldners geltend machen.[473] Hierzu zählen nach dem verallgemeinerungsfähigen Rechtsgedanken des § 146 Abs. 3 HGB[474] auch das Stimmrecht des Schuldners, dessen Amtsbefugnisse als Liquidator sowie die Rechte zur gemeinschaftlichen Vertretung der Gesellschaft im Rechtsverkehr und zur gemeinsamen Geschäftsführung zusammen mit den übrigen Gesellschaftern. Im Gegenzug übernimmt er auch die Pflichten des Schuldners als Gesellschafter, es sei denn, sie sind höchstpersönlicher Natur. Die wichtigsten Befugnisse des Insolvenzverwalters werden nachfolgend im Einzelnen dargestellt.

II. Geschäftsführungsbefugnis

Zu den Aufgaben des Verwalters gehört nach der Verfahrenseröffnung auch die Wahrnehmung der Funktion eines Geschäftsführers, soweit dies dem Schuldner beispielsweise im Rahmen der Gesamtgeschäftsführungsbefugnis aller Gesellschafter einer GbR zustünde.[475]

In der Auseinandersetzung ist er dabei den Mitberechtigten gegenüber dazu verpflichtet, erst dann eine Verteilung des Liquidationserlöses vorzunehmen, wenn eine Berichtigung der Gesellschaftsschulden stattgefunden hat. Dies gilt für den Insolvenzverwalter aber wohl nicht (im Gegensatz zu den Gesellschaftern) gegenüber den Gesellschaftsgläubigern.[476]

Im unmittelbaren Zeitraum nach der Eröffnung des Insolvenzverfahrens wird der Verwalter aber unter Umständen tatsächlich nicht dazu in der Lage sein, bei Gefahr für das Gesellschaftsvermögen sofortige Maßnahmen zu ergreifen und seiner diesbezüglichen Fürsorgepflicht als Teil der Geschäftsführungsaufgaben nachzukommen. Er muss sich vielmehr erst einmal einen Überblick über die rechtlichen und

473 RGZ 42, 103, 105.
474 Röhricht/Graf von Westphalen, § 146 Rn. 12.
475 OLG Zweibrücken, ZIP 2001, 1207, 1209.
476 MK-Ulmer, BGB, § 728 Rn. 38.

wirtschaftlichen Verhältnisse des Schuldners verschaffen. Häufig zwingt jedoch das schnelllebige Geschäftsleben zu einem raschen Handeln der Geschäftsführung, um den wirtschaftlichen Wert der Gesellschaft zu erhalten. Aus diesem Grunde ist der vor Auflösung geschäftsführungsbefugte Gesellschafter bei Gefahr im Verzuge dazu berechtigt und auch verpflichtet, die besonders eilbedürftigen Geschäfte in der Übergangszeit entsprechend § 730 Abs. 2 BGB einstweilen fortzuführen. Das Fortbestehen der Gesellschaft wird für diesen Zeitraum fingiert.[477] Die Übernahme der „Notgeschäftsführung" durch den berechtigten Mitgesellschafter geschieht nicht zuletzt im Interesse der Insolvenzmasse. Deshalb stuft die Vorschrift des § 118 InsO die Ansprüche des die Geschäfte fortführenden Gesellschafters auf Aufwendungsersatz und Vergütung seiner Tätigkeit als Masseforderung ein. Dies gilt natürlich nur, soweit sich die Ansprüche des betroffenen Gesellschafters tatsächlich gegen die Insolvenzmasse richten, d. h. sie nicht schon in der Auseinandersetzung gedeckt werden.[478] Demgegenüber ist der geschäftsführende Gesellschafter mit Ansprüchen die über die Notgeschäftsführung hinausgehen nur einfacher Insolvenzgläubiger. Sofern er aber die Verfahrenseröffnung ohne eigenes Verschulden nicht kannte, kann der Gesellschafter wegen seiner von der Notgeschäftsführung nicht mehr gedeckten Ansprüche nach § 84 Abs. 1 Satz 2 InsO abgesonderte Befriedigung aus dem im Wege der Auseinandersetzung ermittelten Anteil des Schuldners verlangen.

III. Stimmrechte

Sofern im Folgenden von einem Stimmrecht die Rede ist, betrifft dies das Stimmrecht des insolventen Gesellschafters bzw. des Verwalters zur Herbeiführung von Gesellschafterbeschlüssen. Solche Beschlüsse haben entweder rechtsgestaltende oder rechtsordnende Wirkung. Als Organisationsakte dienen sie zur Regelung der Rechtsverhältnisse der Gesellschaft zu ihren Organen oder der Gesellschafter untereinander. Gesellschafterbeschlüsse können ganz banale Feststellungen zum Gegenstand haben, wie etwa die Bestimmung zeitlicher Abläufe der Liquidation, sie können aber auch sehr grundlegende Entscheidungen über die Gesellschaft beinhalten. In seltenen Fällen wird beispielsweise bei der Personenhandelsgesellschaft das Unterlassen des gesetzlichen Liquidationsverfahrens beschlossen und eine andere Art der Auseinandersetzung gewählt. Allerdings ist hierbei zu beachten, dass es für einen derartigen Beschluss nicht nur auf die Einwilligung des Insolvenzverwalters im Rahmen der auf ihn nach § 80 Abs. 1 InsO übergegangenen Gesellschafterbefugnisse ankommt. Vielmehr steht ein solcher Rechtsakt an sich unter dem Vorbehalt der Gläubigerzustimmung. Im Falle der Auflösung durch Insolvenz eines Gesellschafters wird dieses Recht, soweit es die Gläubiger des Insolvenzschuldners betrifft, anstatt von den Gläubigern vom Verwalter kraft Amtes wahrgenommen, vgl. § 145 Abs. 2 HGB.[479] Die Rechtsbeziehungen zu Dritten sind hingegen in aller Regel nicht Gegenstand derartiger Beschlüsse, da es sich um auf dem Einstimmigkeits- oder Mehrheitsprinzip basierende Beschlüsse eines Verbandes handelt. Infolgedes-

477 Palandt-Sprau, § 728 Rn. 2.
478 K/P-Tintelnot, § 118 Rn. 3.
479 MK-Schmidt, HGB, § 145 Rn. 58 ff.

sen fehlt einem das Rechtsverhältnis zwischen der Gesellschaft und Dritten regelnden Beschluss jedwede Legitimation.[480] Zu unterscheiden sind Gesellschafterbeschlüsse als Ergebnis der Ausübung von Mitgliedschaftsrechten von den sog. Geschäftsführungsakten, die auf rechenschaftspflichtiger Amtsausübung nur geschäftsführungsbefugter Gesellschafter beruhen.[481]

IV. Ausübung des Liquidatorenamtes

1. Voraussetzungen

Maßgeblich für die Tätigkeit des Insolvenzverwalters im Hinblick auf die Verwertung des Schuldneranteils zugunsten der Insolvenzmasse ist die Frage, inwieweit es ihm seine Position erlaubt, Einfluss auf das Auseinandersetzungsverfahren bzw. die Liquidation des Gesellschaftsverhältnisses zu nehmen.

Während nach der Regelung des § 730 Abs. 2 BGB in der Auseinandersetzung der BGB-Gesellschaft zuvor erteilte Einzelgeschäftsführungsbefugnisse im Zweifel erlöschen und die Gesellschafter mangels abweichender Vereinbarung sowohl gemeinschaftlich geschäftsführungsbefugt als auch nach § 714 BGB nur gemeinsam zur Vertretung der Gesellschaft nach außen berechtigt sind (und die Ausübung der dem Schuldner insoweit zustehenden Rechte und Pflichten wegen § 80 InsO zweifelsohne Sache des Insolvenzverwalters ist)[482], obliegt die Abwicklung einer Personenhandelsgesellschaft in erster Linie ihren Liquidatoren.

Mangels einer abweichenden Bestellung sind zwar auch bei der OHG und der KG im Zweifel sämtliche Gesellschafter, also bei der KG ebenso die Kommanditisten, zu so genannten geborenen Liquidatoren nach § 146 Abs. 1 Satz 1 HGB berufen.[483] Weil sich aber die gesetzliche Zweifelsregelung bei größeren Geschäftsbetrieben als wenig praktikabel erweist, bildet hier die Übertragung der Abwicklung auf einen bzw. mehrere Gesellschafter oder gar auf einen außenstehenden Dritten in der Praxis den Regelfall.[484] Die Möglichkeiten der Einflussnahme des Insolvenzverwalters auf die Auseinandersetzung der Personenhandelsgesellschaft hängen mithin entscheidend von der Frage ab, ob und inwieweit er in die Position des Liquidators nach § 146 Abs. 3 HGB bzw. § 80 InsO einrückt. In Rechtsprechung und Literatur hat sich inzwischen überwiegend die Meinung durchgesetzt, der Insolvenzverwalter nimmt die Stimmrechte des Schuldners wahr, ohne selbst einer der Liquidatoren zu werden, d. h. Inhaber des Rechts bleibe der insolvente Gesellschafter und nur dessen Ausübung obliege dem Verwalter.[485] Demgegenüber vertritt die handelsrechtliche Literatur größtenteils die Rechtsauffassung, die Regelung des § 146 Abs. 3 erkläre den Insolvenzverwalter des Gesellschafters selbst zum Liquidator der Personenhandelsgesellschaft.[486]

---

480 Schmidt, GesellR, 450 ff.
481 MK-Weipert, GesellR, Band I, § 51 Rn. 2.
482 Staudinger-Habermeier, BGB, § 730 Rn. 12 ff.
483 Röhricht/Graf von Westphalen-von Gerkan, HGB, § 146 Rn. 3.
484 Wiedemann, GesellR, Band II, 569.
485 BGH, NJW 1981, 822 f.
486 Heymann/Sonnenschein/Weitemeyer, § 146 Rn. 3.

Nach den gesetzlichen Vorgaben scheidet der Gesellschafter allerdings mit dessen Insolvenzeröffnung gemäß § 131 Abs. 3 Satz 1 Nr. 2 HGB aus dem Gesellschaftsverhältnis aus. Eine wie auch immer geartete Wahrnehmung der Liquidatorenrechte durch den Insolvenzverwalter kommt also nur dann in Betracht, wenn die Gesellschaft entweder entgegen den gesetzlichen Bestimmungen aufgrund einer entsprechenden Gesellschaftsvertragsklausel durch die Insolvenz eines ihrer Mitglieder aufgelöst wird oder aber sich im Zeitpunkt der Eröffnung des Verfahrens bereits aus anderen Gründen im Abwicklungsstadium befand.[487] Mit Inkrafttreten der Handelsrechtsreform im Jahre 1998 und dem nunmehr im Hinblick auf die Insolvenz eines Personenhandelsgesellschafters geltenden Grundsatz der Unternehmenskontinuität hat demnach die Vorschrift des § 146 Abs. 3 HGB an Beutung eingebüßt. Lediglich am Rande bemerkt sei ferner, dass sich die oben aufgeworfene Frage nach den Befugnissen des Gesellschafter-Insolvenzverwalters auch im Falle der Doppelinsolvenz nicht stellt, denn hier richtet sich die Abwicklung des Gesellschaftsvermögens als Insolvenzmasse ausschließlich nach den einschlägigen Bestimmungen des Insolvenzrechts und ist ausschließliche Aufgabe des im Gesellschaftsinsolvenzverfahren bestellten Verwalters.[488]

Zusammenfassend setzt also die Wahrnehmung der Liquidationsbefugnisse entsprechend § 146 Abs. 3 HGB seitens des Verwalters die Insolvenz des Gesellschafters, das Verbleiben des Schuldners in der Gesellschaft in Abweichung zu § 131 Abs. 3 Satz 1 Nr. 2 HGB sowie das Nichtvorliegen einer Doppelinsolvenz von Gesellschaft und Gesellschafter voraus.[489]

2. Rechtliche und historische Einordnung

Liegen die oben genannten Voraussetzungen vor, stellt sich im Hinblick auf die Stellung des Gesellschafter-Insolvenzverwalters in der Auseinandersetzung der Personenhandelsgesellschaft im Rahmen des § 146 Abs. 3 HGB insbesondere die Frage, ob diese Vorschrift dem Verwalter eine über den insolvenzrechtlichen Übergang der Verfügungsbefugnisse nach § 80 InsO hinausgehende Rechtsposition zubilligt oder ihr lediglich klarstellende Funktion beizumessen ist.[490] In der Praxis ist etwa eine Konstellation denkbar, in der im Gesellschaftsvertrag eine von den gesetzlichen Regelungen abweichende Vereinbarung existiert, die für den Fall der Auflösung des Rechtsverhältnisses lediglich einen der Gesellschafter zum Liquidator ernennt. Ist der für das Amt vorgesehene Liquidator nicht personenidentisch mit dem Schuldner, erscheint es zweifelhaft, ob dessen Insolvenzverwalter nicht dennoch durch die Vorschrift des § 146 Abs. 3 HGB zum Liquidator erklärt wird.[491] Dies mag man deshalb vermuten, weil § 146 Abs. 3 HGB den Insolvenzverwalter nach noch verbreiteter Ansicht selbst zum Liquidator ernennt, er also aufgrund der Regelung Inhaber

487 Staub-Habersack, HGB, § 146 Rn. 45.
488 MK-Schmidt, HGB, § 146 Rn. 46.
489 MK-Schmidt, HGB, § 146 Rn. 45 f.
490 Staub-Habersack, HGB, § 146 Rn. 46.
491 Wieland, Handelsrecht, 699.

des Amtes werden soll.[492] Anderenfalls wäre der Insolvenzverwalter, wenn es bei den vertraglichen Vorgaben verbleibt, der Möglichkeit einer Einflussnahme auf das Auseinandersetzungsverfahren in diesen Fällen weitestgehend beraubt.

Im Ergebnis ist jedoch eine Auslegung des § 146 Abs. 3 HGB in der Gestalt, dass die Norm den Insolvenzverwalter losgelöst von der an sich dem insolventen Gesellschafter im Falle der Auflösung eingeräumten Rechtsposition zu einem der Liquidatoren erklärt[493], fernliegend und mit dem heutigen rechtlichen Verständnis des Insolvenzverwalters unvereinbar.

Selbst die oben genannte, den Insolvenzverwalter als Inhaber des Liquidatorenamtes begreifende Auffassung lehnt dementsprechend eine Übernahme des Amtes größtenteils dann ab, wenn auch dem insolventen Gesellschafter keinerlei diesbezügliche Amtsbefugnisse zustehen würden.[494] Jede andere Auslegung widerstrebt dem eindeutigen Gesetzeswortlaut, wonach der Insolvenzverwalter nur „an die Stelle des Schuldners tritt". Etwas anderes kann auch nicht aus dem Umstand geschlussfolgert werden, dass der Insolvenzverwalter nach der vorherrschenden Amtstheorie in eigenem Namen handelt.[495] Diese Rechtskonstruktion fasst den Insolvenzverwalter nämlich als Amtstreuhänder des Schuldners auf, der, obwohl in eigenem Namen handelnd, nur dessen Mitgliedschaftsrechte wahrnimmt und auch ausschließlich dessen Vermögen und nicht etwa dasjenige der Gesellschaft verwaltet.

Wenn aber der Insolvenzverwalter über das Vermögen des Gesellschafters nach nahezu einhelliger Auffassung nur insoweit der Rechtsposition eines Liquidators nachfolgt, als diese an sich dem Schuldner zustünde, mag letztlich dahinstehen, ob er dabei selbst Liquidator wird oder der Schuldner die Amtsinhaberschaft innehält und er lediglich dessen Liquidationsrechte und -pflichten wahrnimmt.[496] Der insoweit geführte Rechtsstreit ist ausschließlich rechtsdogmatischer Natur und bleibt für die praktische Tätigkeit des Verwalters ohne Bedeutung.[497] Weitergehende Rechte als aufgrund des Übergangs der Verfügungsbefugnis nach § 80 InsO stehen dem Insolvenzverwalter jedenfalls wegen § 146 Abs. 3 HGB letztlich nicht zu. Aus hiesiger Sicht liegt es allerdings genau deshalb gerade näher, den § 146 Abs. 3 HGB auf eine rein deklaratorische Funktion zu begrenzen. Ein weitergehender Wille des Gesetzgebers über die Klarstellung hinaus, dass auch die möglichen Amtsbefugnisse des insolventen Gesellschafters als Liquidator entsprechend § 80 InsO durch dessen Verwalter wahrgenommen werden, ist weder ersichtlich noch erscheint eine solche Annahme notwendig.

Dem steht auch die historische Betrachtung nicht entgegen. Die Formulierung „tritt an die Stelle des Schuldners" existiert seit Einführung des Handelsgesetz-

---

492 Hueck, OHG, § 32 IV 2b; Baumbach/Hopt, HGB, § 146 Rn. 3; Röhricht/von Westphalen-von Gerkan, HGB, § 146 Rn. 11.
493 Wieland, Handelsrecht, 699.
494 Baumbach/Hopt, HGB, § 146 Rn. 2; Heymann-Sonnenschein, HGB, § 146 Rn. 3.
495 Staub-Habersack, HGB, § 146 Rn. 44 u. 46.
496 Ebenroth/Boujong/Joost/Strohn-Hillmann, HGB, § 146 Rn. 20.
497 MüHdB-Butzer/Knof, GesellR, Band I, § 83 Rn. 69.

buches und wurde im Zuge der Handelsrechtsreform nicht etwa neu gefasst. Durch das Inkrafttreten der Insolvenzordnung wurde die Regelung lediglich formal den Begrifflichkeiten des neuen Insolvenzrechts angepasst. Auch standen sich bereits im Geltungszeitraum der Konkursordnung das handelsrechtliche Lager, welches den Konkursverwalter als Inhaber des Liquidatorenamtes begriff und der überwiegende Teil der konkursrechtlichen Literatur, welche die in Rede stehende Vorschrift lediglich als eine formale, klarstellende Ergänzung zu §§ 6 Abs. 2, 16 KO verstand[498], gegenüber.[499] Die damalige Gesetzeslage entsprach jedenfalls inhaltlich dem heutigen Zusammenspiel der vorbenannten Vorschriften. Die historische Betrachtung ist also letztlich für das Verständnis des Gesetzgebers bezüglich der Norm des § 146 Abs. 3 HGB wenig erhellend.

3. Die Eintragungspflicht nach § 148 Abs. 1 HGB

Wegen § 15 Abs. 1 HGB besteht wie oben beschrieben im Hinblick auf den bereits vor der Verfahrenseröffnung nach § 125 HGB vertretungsberechtigten Gesellschafter in der aufgelösten Personenhandelsgesellschaft die Gefahr einer Aushöhlung des Abfindungs- bzw. Auseinandersetzungsguthabens. Selbiges gilt in Ansehung nachteiliger Verfügungen anderer, zuvor vertretungsberechtigter Mitglieder. Im Interesse der Insolvenzgläubiger ist daher für den Verwalter Eile bei der Eintragung der Liquidation bzw. ihrer Liquidatoren im Sinne des § 148 Abs. 1 HGB geboten. Dem würde es widersprechen, allein dem Insolvenzschuldner die Anmeldung im Handelsregister zu überlassen. Nach ganz herrschender Meinung steht deshalb das Recht zur Anmeldung der Liquidatoren nach § 148 Abs. 1 HGB vorrangig und ausschließlich dem Insolvenzverwalter und gerade nicht dem Gemeinschuldner zu.[500]

Dem stehen auch die obigen Überlegungen nicht entgegen, wonach der Insolvenzschuldner als Rechtsinhaber des Liquidatorenamtes zu begreifen ist und dem Verwalter nur die diesbezügliche Ausübung der Befugnisse obliegt. Hier hilft die Vorschrift des § 148 Abs. 1 Satz 2 HGB weiter, der die Änderungen in der Person des Liquidators oder in ihrer Vertretungsmacht regelt. Der Auffassung von Habersack folgend, ist der anstelle des Gesellschafters handelnde und ihn insoweit vertretende Insolvenzverwalter nach Satz 2 des ersten Absatzes der Vorschrift in das Handelsregister einzutragen, obgleich er die Liquidatorentätigkeit nicht in eigenem Namen ausübt.[501] Für das Handelsregister und damit den Rechtsverkehr ist nämlich allein entscheidend, welche Personen zur organschaftlichen Vertretung der Liquidationsgesellschaft berechtigt sind. Eine Benennung des insolventen Gesellschafters und Inhabers des Liquidatorenamtes wäre insofern irreführend.

498 Jaeger, KO, 9. Auflage 1996, § 16 Rn. 3.
499 BGH, NJW 1981, 821.
500 BGH, NJW 1981, 821, 822.
501 Staub-Habersack, HGB, § 148 Rn. 7.

B. Gemeinschaftliche Berechtigung an Grundeigentum

I. Grundproblematik

Von entscheidender Bedeutung für die praktische Tätigkeit des Insolvenzverwalters ist die Frage nach seiner Stellung im Hinblick auf die Verwertung einer gemeinschaftlichen Berechtigung an einem Grundstück. Nicht selten handelt es sich nämlich bei dem Grundeigentum der Gemeinschaft oder Gesellschaft um den einzigen vermögenswerten Gegenstand. Als Formen der gemeinschaftlichen Berechtigung an einem Grundstück kennt das Bürgerliche Gesetzbuch das Miteigentum nach Bruchteilen und das Gesamthandseigentum.[502] Beide Erscheinungsformen, d. h. sowohl die Bruchteilsgemeinschaft als auch die Gesellschaften mit gesamthänderisch gebundenem Vermögen, werden von der Vorschrift des § 84 InsO erfasst.

Gegenüber den Verwertungsmöglichkeiten eines Insolvenzverwalters, der den Wert eines im Alleineigentum des Schuldners stehenden Grundstücks für die Masse verfügbar machen will, sind die Verwertungsoptionen im Falle einer bloßen Mitberechtigung eines insolventen Gemeinschafters allerdings begrenzt. Erstreckt sich der Insolvenzbeschlag auf das gesamte Grundstück, hat der Verwalter die freie Auswahl. Er kann das Grundstück entweder durch einen freihändigen Verkauf verwerten oder die Zwangsversteigerung bzw. die Zwangsverwaltung nach dem Zwangsversteigerungsgesetz betreiben (unter Umständen sogar beides). Bei einer wertausschöpfenden Belastung der Immobilie verfügt er zudem über die Möglichkeit, das Grundeigentum aus dem Konkursbeschlag durch die Abgabe einer entsprechenden Erklärung freizugeben.[503]

Demgegenüber muss der Insolvenzverwalter bei einer Mehrheit von Berechtigten Einschränkungen hinnehmen, weil hier den Interessen der übrigen Teilhaber Rechnung zu tragen ist. Welche Verwertungsmaßnahmen im konkreten Fall zulässig sind, beurteilt sich nach der Art der Mitberechtigung. Während dem Gesamthänder kein Anteil am Grundbesitz, sondern nur am Gesamthandsvermögen zusteht, weshalb auch nur der Anteil am Gesamthandsvermögen Gegenstand einer Verfügung sein kann, beurteilt sich die Rechtslage bei der Bruchteilsgemeinschaft nach der Vorschrift des § 747 BGB. Der Bruchteilseigentümer kann über seinen Miteigentumsanteil gemäß § 747 Satz 1 BGB verfügen, nach Satz 2 der Regelung ist aber eine Verfügung über den im Miteigentum stehenden Grundbesitz auch hier unzulässig[504]; sie kann nur mit Zustimmung aller Miteigentümer erfolgen. Insoweit spricht man auch von einer bloß ideellen Teilung des Grundeigentums. Nicht das Grundstück selbst, sondern das Eigentum hieran wird geteilt, wobei das Recht auf Eigentum nicht in einzelne Befugnisse zerfällt, es steht nur mehreren Berechtigten zu.[505]

---

502 Schreiber, Immobilienrecht, Kapitel 1, Rn. 60.
503 Worm, KTS 1961, 119 ff.
504 Uhlenbruck-Hirte, § 84 Rn. 3.
505 Schreiber, Immobilienrecht, Kapitel 1, Rn. 61.

II. Auslegungsfragen

Zunächst ist daher zu klären, ob es sich bei dem Rechtsverhältnis um eine Gesellschaft mit Gesamthandsvermögen oder um eine Bruchteilsgemeinschaft handelt. Bei den Personengesellschaften rückt insbesondere die Gesellschaft bürgerlichen Rechts in den Blickpunkt. Zwar kann selbstverständlich auch eine OHG oder eine KG Eigentümerin einer Immobilie sein. Reine Grundbesitzgesellschaften sind in der Praxis aber schon aus steuerrechtlichen Gründen häufig als GbR ausgestaltet.[506]

Hinzu kommt, dass bis zur Geltung der Handelsrechtsreform ab dem 01.07.1998 Gegenstand einer OHG oder KG nur der Betrieb eines kaufmännischen Handelsgewerbes sein konnte. Erschöpfte sich aber der Gesellschaftszweck im Halten und/oder Verwalten von Grundbesitz, reichte dies zur Annahme eines Handelsgewerbes nicht aus.[507]

Im Einzelfall kann sich die oben genannte Abgrenzung schwierig gestalten. Das betrifft vor allem diejenigen Sachverhalte, bei denen eine Mehrheit von Personen gemeinschaftlich einen Gegenstand erworben hat und entweder gar keine oder nur unzureichende (bzw. auslegungsbedürftige) Vereinbarungen hierüber getroffen hat.[508] Voraussetzung für eine Gesellschaft nach §§ 705 ff. BGB ist ein Vertrag zwischen den Berechtigten, in dem sie sich schuldrechtlich dazu verpflichten, einen gemeinsamen Zweck durch Beitragsleistung zu fördern.[509] Die Einordnung ist deshalb nicht ganz unproblematisch, weil die Rechtsprechung zu einem großzügigen Umgang bei der Annahme eines zumindest konkludent geschlossenen Vertrages neigt und als Gesellschaftszweck den gemeinsamen Erwerb sowie das Halten und Verwalten nur eines Grundstücks ausreichen lässt.[510] Viel diskutiert[511] und dennoch von der überwiegenden Rechtsprechung anerkannt ist beispielsweise der auch in der Insolvenz relevante Fall einer Gesellschaft bürgerlichen Rechts zwischen Ehegatten, die allein dem Zweck dient, ein Eigenheim zu errichten und zu bewohnen, eine sog. Eigenheim-Gesellschaft[512].

Dennoch soll hier auf die Abgrenzungsmerkmale nicht weiter eingegangen werden. Für die Praxis der Insolvenzverwaltung ist die zuvor dargelegte Problematik im Hinblick auf das Grundeigentum jedenfalls nahezu ohne Bedeutung. Bei gemeinschaftlichem Erwerb eines Grundstücks durch mehrere Berechtigte ist das zugrunde liegende Rechtsverhältnis infolge der zwingenden Vorschrift des § 47 GBO nämlich von vorneherein anzugeben, d. h., die Erwerber werden entweder als Gemeinschaft zu Bruchteilen oder in Gesellschaft bürgerlichen Rechts als Eigentümer in das Grundbuch eingetragen. Eintragungspflichtig sind also Art und Inhalt des Gemeinschaftsverhältnisses.[513] Zwar bedeutet dies nicht notwendig, dass auch im

506 MüHdB-Hamann, GesellR, Band I, § 27 Rn. 1 ff. u. 10 ff.
507 Giefers/Ott, GbR, 42.
508 Staudinger-Langhain, BGB, § 741 Rn. 204 ff.
509 Staudinger-Langhain, BGB, § 741 Rn. 205.
510 BGH, NJW RR 1991, 422.
511 Schmidt, AcP 182 (1982), 481.
512 BGH, NJW 1982, 170, 171.
513 Staudinger-Langhain, BGB, § 741 Rn. 225 ff.

Innenverhältnis zwischen den Berechtigten dasselbe Rechtsverhältnis besteht. So können Miteigentümer jederzeit eine Gesellschaft gründen, die den Zweck verfolgt, das Eigentum zu Bruchteilen an einem oder mehreren Grundstücken zu verwalten, wobei es sich dann aus Sicht der Gesellschaft um fremdes Eigentum handelt. Letztlich schließen sich also nicht die Bruchteilsgemeinschaft und die Personengesellschaft, sondern die Bruchteilsgemeinschaft und die Gesamthand gegenseitig aus.[514] Für die Auseinandersetzung des Gemeinschaftsverhältnisses ist aber maßgeblich, welche Rechtsform die Erwerber im Hinblick auf das Grundvermögen gewählt haben.[515] Hier besteht nach § 892 BGB in dinglicher Hinsicht eine gesetzliche Vermutung über die tatsächliche Existenz des eingetragenen Gemeinschaftsverhältnisses, wenn auch das Grundbuchamt weder berechtigt noch verpflichtet ist, sich die Angaben durch Vorlage etwa eines Gesellschaftsvertrages bestätigen zu lassen und erst bei berechtigten Zweifeln zur Nachprüfung verpflichtet ist.[516]

Für die Tätigkeit des Insolvenzverwalters, dem in aller Regel bereits aufgrund seiner Ermittlungen in der Gutachterphase ein entsprechender Grundbuchauszug vorliegt, stellt die Eintragungspflicht aus § 47 GBO eine erhebliche Erleichterung seiner Beurteilung dar. Zudem spricht schon die Erfahrung aus der Praxis dafür, dass wenn als Eigentümer des Grundstücks eine Gesellschaft bürgerlichen Rechts eingetragen ist, selbiges Rechtsverhältnis für gewöhnlich auch in schuldrechtlicher Hinsicht vorliegt.

Was sich allerdings nicht durch Einsicht in das Grundbuch klären lässt, ist die Frage, ob es sich bei mehreren Grundstücken jeweils um ein und dieselbe Gesellschaft handelt oder ob die Beteiligten eine Vielzahl von Gesellschaften gegründet haben.[517] Die Geschäftsbezeichnung der Gesellschaft findet sich nicht im Grundbuch. Im Gegensatz zur Bruchteilsgemeinschaft, die nach herrschender Meinung immer nur bezüglich eines Grundstücks bestehen kann[518], ist es der GbR nicht verwehrt, beliebig viele Grundstücke zu halten.[519] Gegebenenfalls muss also, falls dies nicht unmittelbar aus dem Vorliegen einer oder mehrerer Gründungsurkunden geschlussfolgert werden kann, im Wege der Auslegung festgestellt werden, ob es sich um mehrere oder nur um eine Gesellschaft handelt. Maßgeblich ist dabei der erkennbare Wille der Beteiligten bei Vornahme der Rechtshandlung. Bei der Ermittlung sind im Zuge des Erwerbes, aber auch später im Hinblick auf das gemeinsame Vermögen abgegebene Erklärungen, welche einen Rückschluss auf den ursprünglichen Willen der Beteiligten zulassen, heranzuziehen.[520]

Des Weiteren soll nicht gänzlich unerwähnt bleiben, dass sich nach anderer Ansicht die Bruchteilsgemeinschaft, jedenfalls die schuldrechtliche Seite betreffend, auch auf mehrere Gegenstände beziehen kann.[521] Gestützt wird diese Auffassung auf

---

514 Bork, ZIP 2001, 545, 546.
515 Bork, ZIP 2001, 545, 547.
516 Staudinger-Langhain, BGB, § 741 Rn. 225.
517 LG Hamburg, Urt. v. 22.09.2005, Az. 310 O 519/04.
518 Schreiber, Immobilienrecht, Kapitel 1, Rn. 71.
519 Staudinger-Langhain, BGB, § 741 Rn. 222.
520 Smid, InVo 2006, 45, 47.
521 MK-Schmidt, BGB, § 741 Rn. 32.

§ 752 Satz 1 BGB, in dem von mehreren gemeinschaftlichen Gegenständen die Rede ist. Diese Unterscheidung wirkt sich jedoch auf die Auseinandersetzung aufgrund der Insolvenz eines Miteigentümers i. S. d. § 1008 BGB im Ergebnis nicht aus. Zum einen, weil eine Gemeinschaft in Bezug auf mehrere Grundstücke wohl nur dann angenommen werden kann, wenn die Objekte jeweils im Miteigentum derselben Personen stehen und die Anteile an allen Grundstücken gleich groß sind[522]; zum anderen verbleibt es hinsichtlich der dinglichen Rechtslage wohl auch nach dieser Ansicht dabei, dass für jedes Grundstück eine eigenständige Bruchteilsgemeinschaft besteht.[523]

III. Verwertung von Miteigentumsanteilen

1. Allgemeines

Existiert bezüglich eines Grundstücks eine Gemeinschaft zu Bruchteilen, kann der Insolvenzverwalter bei der Verwertung zwischen zwei Verfahrensweisen wählen. Er kann zum einen die Verwertung des Miteigentumsanteils als solchen anstreben. Zum anderen steht ihm die Möglichkeit offen, das gemeinschaftliche Grundeigentum selbst zu verwerten, indem er die Aufhebung der Gemeinschaft betreibt und im Anschluss den auf den Schuldner entfallenden Erlösanteil zur Masse zieht.[524]

2. Verwertung durch Aufhebung der Bruchteilsgemeinschaft

Nach § 80 InsO tritt der Verwalter mit Eröffnung des Verfahrens auch bezüglich der Bruchteilsgemeinschaft an die Stelle des Schuldners, was beinhaltet, dass er nach § 749 Abs. 1 BGB deren Aufhebung verlangen kann. Vertragliche Vereinbarungen, welche das Recht zur Aufhebung beschränken oder gar für einen gewissen Zeitraum gänzlich ausschließen, sind für ihn nicht bindend. Zum einen dürfte die Insolvenz des Miteigentümers einen wichtigen Grund i. S. d. § 749 Abs. 2 BGB bilden[525] und zum anderen sind solche Aufhebungsvereinbarungen zwischen den Teilhabern schon wegen § 84 Abs. 2 InsO dem Insolvenzverwalter gegenüber unwirksam.[526] Die Vorschrift des § 751 BGB gilt deshalb nicht für den Insolvenzverwalter.[527]

In der Praxis ferner nicht selten sind sog. Teilungsvereinbarungen, d. h. Vereinbarungen über die Art und Weise der durchzuführenden Aufhebung.[528] Sie stellen in der Regel einen gegenseitigen schuldrechtlichen Vertrag zwischen den Teilhabern dar. Etwa wenn die Vereinbarung für die Aufhebung eine Art Vorkaufsrecht vorsieht, in der Gestalt, dass der andere Teilhaber gegen Zahlung eines bestimmten

522 AG Göttingen, ZIP 2001, 580 ff.
523 Bork, ZIP 2001, 545, 546.
524 Staudinger-Langhain, BGB, § 741 Rn. 56 ff.
525 Frind, ZMR 2001, 429, 430 f.
526 Staudinger-Langhain, BGB, § 749 Rn. 87.
527 MK-Schmidt, BGB, § 751 Rn. 7.
528 Dauner-Lieb/Heidel/Ring-Radlmayr, BGB, § 749 Rn. 8.

Kaufpreises Eigentümer des gesamten Grundstücks werden kann. Infolgedessen entfalten sie auch nur gegenüber den Vertragsparteien Bindungswirkung.[529] Im Hinblick auf die Insolvenz des Miteigentümers resultiert für den Verwalter hieraus ein Wahlrecht, er kann sich entweder für die vertraglich vereinbarte Auseinandersetzung entscheiden oder aber auf das gesetzliche Aufhebungsverfahren bestehen.[530] Ausnahmsweise ist also insoweit nicht § 84 Abs. 1 Satz 1 InsO, sondern vielmehr § 103 InsO maßgeblich.

Weitere Abweichungen wegen der Insolvenz des Miteigentümers treten nicht auf. Zunächst ordnet § 752 BGB die vorrangige Teilung des Gegenstandes in reale Anteile an. Grundstücke sind aber nur in Ausnahmefällen i. S. d. § 752 BGB teilbar, weshalb eine Umwandlung des ideellen Miteigentumsanteils in einen realen Eigentumsanteil durch Teilung in Natur und die damit einhergehende Möglichkeit eines freihändigen Verkaufs des Miteigentums seitens des Verwalters in aller Regel ausscheidet. Die Regelung des § 752 BGB setzt nämlich eine Zerlegung des gemeinschaftlichen Gegenstandes ohne jedwede Minderung seines Wertes in gleichartige, den Anteilen der Teilhaber entsprechende Teile voraus.[531] Üblicherweise fehlt es aber an einer Gleichartigkeit der Teile, so dass die Verwertung des Grundstücks gemäß § 753 Abs. 1 Satz 1 BGB nur noch im Wege der Zwangsversteigerung nach §§ 180 ff. ZVG erfolgen kann.[532] Ein freihändiger Verkauf des gemeinschaftlichen Grundstücks ist hingegen vom Gesetz nicht vorgesehen. Wollen die Teilhaber dennoch anstelle der Zwangsversteigerung eine gemeinschaftliche freihändige Veräußerung des Grundstücks, kann dies wegen der Abweichung von den gesetzlichen Vorgaben nur durch eine entsprechende Teilungsvereinbarung vollzogen werden.[533] Einigen sich die Miteigentümer erst nach der Geltendmachung des Aufhebungsanspruchs auf eine abweichende Art der Verwertung, dürfte neben dem Einverständnis des Insolvenzverwalters auch die Zustimmung etwaiger Grundpfandgläubiger erforderlich sein.[534]

Die Zwangsversteigerung dient der Schaffung eines teilungsfähigen Erlöses.[535] Obwohl durch das Verfahren aus § 180 ZVG die Immobilie nicht geteilt, sondern im Gegenteil die Teilung hierdurch gerade wieder aufgehoben wird, hat sich allgemein der Begriff der sog. Teilungsversteigerung durchgesetzt.[536] Das Vorliegen eines vollstreckbaren Titels ist wegen § 181 Abs. 1 ZVG entbehrlich. Unverzichtbar ist hingegen nach § 17 ZVG die Voreintragung sämtlicher Teilhaber als Miteigentümer zu Bruchteilen.[537] Ferner darf gemäß § 28 ZVG kein Hinderungsgrund bezüglich der Zwangsversteigerung im Grundbuch ersichtlich sein. Fraglich ist in diesem Zusammenhang, wie sich die Eintragung eines Insolvenzvermerks im Grundbuch auswirkt. Nach § 28 Abs. 2 BGB ist eine im Grundbuch eingetragene Verfügungsbe-

---

529 Staudinger-Langhain, BGB, § 749 Rn. 27.
530 Staudinger-Langhain, BGB, § 749 Rn. 88.
531 Stöber, ZVG, § 180 Rn. 2.6.
532 MK-Schmidt, BGB, § 752 Rn. 21.
533 MK-Schmidt, BGB, § 753 Rn. 6.
534 Staudinger-Langhain, BGB § 753 Rn. 38.
535 BVerfG, NJW 1976, 1391, 1392.
536 Stöber, ZVG, § 180 Rn. 6.3.
537 Staudinger-Langhain, BGB, § 753 Rn. 5.

schränkung den sonstigen einer Zwangsversteigerung entgegenstehenden Rechten gleichzusetzen. Zwar gilt dies entgegen dem Wortlaut der Vorschrift wohl nur bei vollständiger Entziehung der Verfügungsbefugnis, dies trifft aber nach § 80 InsO auf das Insolvenzverfahren zu.[538] Obwohl der den Antrag auf Zwangsversteigerung stellende Miteigentümer an sich lediglich das Bestehen des Rechtsverhältnisses sowie die allgemeinen Voraussetzungen der Zwangsversteigerung und eben gerade nicht die Zulässigkeit der Teilung durch Zwangsversteigerung im konkreten Fall nachweisen muss[539], empfiehlt sich hier ein Vergleich zur Zwangsversteigerung auf Antrag eines Vollstreckungsgläubigers.

Abgesehen davon findet das Zwangsversteigerungsverfahren wegen § 84 Abs. 1 InsO unbehindert vom Insolvenzverfahren über das Vermögen des Teilhabers statt. Auch bei der Bruchteilsgemeinschaft sind nach § 755 BGB, soweit vorhanden, gemeinschaftliche Schulden aus dem Versteigerungserlös vorweg zu befriedigen, ebenso gemäß § 756 BGB etwaige Ansprüche der Miteigentümer gegen die Gemeinschaft. Des Rechts auf Vorabbefriedigung aus § 84 Abs. 1 Satz 2 bedarf es hier seitens der Teilhaber nicht.[540] Im Anschluss wird der verbleibende Erlös unter den Gemeinschaftern entsprechend ihrer früheren Miteigentumsanteile aufgeteilt. In die Insolvenzmasse gelangt der dem insolventen Miteigentümer zustehende Erlösanteil.[541]

3. Verwertung des Anteilsrechts

Darüber hinaus kann der Insolvenzverwalter auch das Anteilsrecht als solches verwerten. Die Insolvenzmasse umfasst das pfändbare Vermögen des Schuldners. Da der Miteigentumsanteil i. S. d. § 1008 BGB auch für sich genommen nach § 864 Abs. 2 ZPO der Zwangsvollstreckung unterliegt[542], ist er Bestandteil der Insolvenzmasse.

Für die Verwertung des Anteilsrechts eröffnen sich dem Verwalter zwei Verfahrensweisen. Zum einen ist es ihm wegen § 747 Satz 1 BGB gestattet, den Miteigentumsanteil des Schuldners frei zu veräußern. Macht er von dem Verfügungsrecht Gebrauch, gelangen die §§ 755, 756 BGB nicht zur Anwendung. Stehen den übrigen Miteigentümern in diesem Fall Ansprüche aus dem Gemeinschaftsverhältnis zu, etwa wenn sie Kosten oder Lasten des gemeinschaftlichen Grundstücks in der Vergangenheit alleine getragen haben, kommt es mangels Anwendbarkeit der Vorschriften über die Aufhebung der Gemeinschaft nicht zu einer Verdinglichung ihrer Ansprüche.[543] Ohne § 84 Abs. 1 Satz 2 InsO bestünde lediglich die Option, ihre auf dem Gemeinschaftsverhältnis beruhenden Ansprüche als einfache Insolvenzforderung nach § 38 InsO zur Tabelle anzumelden. Dem Absonderungsrecht aus § 84 Abs. 1 Satz 1 InsO ist also auch insoweit entgegen einer weit verbreiteten Ansicht[544]

---

538 Bachmann, Rpfleger 2001, 105, 106.
539 OLG Hamm, Rpfleger 1964, 341.
540 Jaeger-Eckhardt, § 84 Rn. 11.
541 Staudinger-Langhain, BGB § 749 Rn. 86.
542 Hk-ZPO/Kindl, § 864 Rn. 9.
543 Jaeger-Eckhardt, § 84 Rn. 12.
544 MK-Schumacher, § 84 Rn. 23.

ein eigenständiger Regelungsgehalt beizumessen.[545] Von einem Verkauf des Anteilsrechts nach § 747 Satz 1 BGB wird der Insolvenzverwalter allerdings regelmäßig Abstand nehmen, da sich hierfür nur schwerlich Käufer finden lassen dürften.[546]

Zum anderen steht dem Verwalter die Möglichkeit offen, den einzelnen Bruchteil des Schuldners in einem Verfahren nach §§ 172 ff. ZVG versteigern zu lassen.[547] Das gesetzliche Verfahren weist gegenüber einer freihändigen Verwertung durch Rechtsgeschäft gewisse Vorteile für den Verwalter auf. So sind beispielsweise die Gewährleistungsansprüche gemäß § 56 Satz 1 ZVG bei einer Zwangsversteigerung ausgeschlossen und ein eventuell hinsichtlich des Grundstücks bestehendes Vorkaufsrecht eines Dritten kann nicht ausgeübt werden.[548] Weiterhin gestaltet sich die Auseinandersetzung zwischen dem Insolvenzverwalter und den absonderungsberechtigten Gläubigern einfacher und zuverlässiger als bei einer freihändigen Verwertung. Insbesondere können die absonderungsberechtigten Gläubiger keine Schadensersatzansprüche wegen zu niedrigen Erlöses gegen die Insolvenzmasse geltend machen.[549] In der Praxis bietet die sog. Insolvenzverwalterversteigerung[550] nur eines Grundstücksanteils nach §§ 172 ff. ZVG jedoch wegen grundbuchlich an der Immobilie besicherter Belastungen häufig keine Aussicht auf einen Überschuss für die Insolvenzmasse.[551] Mit Rücksicht darauf, dass Bruchteile alleine selten gute Bieter finden, wird sich der Verwalter daher häufig eher für die Aufhebung der Bruchteilsgemeinschaft im Wege einer Teilungsversteigerung nach §§ 180 ff. ZVG entscheiden.

4. Verhältnis der Teilungsversteigerung zur Zwangsversteigerung auf Antrag des Insolvenzverwalters

Hinsichtlich der Teilungsversteigerung ist jeder Miteigentümer des Grundstücks unabhängig von der Größe seines Anteils antragsberechtigt. Wegen § 749 Abs. 1 BGB bedarf es hierzu grundsätzlich auch keines besonderen Grundes, vielmehr kann ein Teilhaber jederzeit die Aufhebung verlangen. Ist eine Teilungsversteigerung bereits zum Zeitpunkt der Eröffnung des Insolvenzverfahrens über das Vermögen eines Teilhabers anhängig, führt dies bekanntlich nicht zur Unanwendbarkeit der Vorschrift des § 84 InsO, solange das Vollstreckungsverfahren noch nicht abgeschlossen und damit die Auseinandersetzung beendet ist.[552] Die Insolvenz hat also keinen Einfluss auf eine bereits zuvor eingeleitete Teilungsversteigerung.[553] Der Insolvenzverwalter tritt wegen § 80 InsO bei dem Verfahren entweder als Antragssteller oder als Antragsgegner (für den Fall, dass einer der übrigen Gemein-

545 Uhlenbruck/Hirte, § 84 Rn. 21.
546 Staudinger-Langhein, BGB, § 747 Rn. 65.
547 Worm, KTS 1961, 119, 126.
548 Stöber, NJW 1988, 3121.
549 Stöber, NJW 2000, 3600, 3603.
550 Stöber, ZVG, § 172 Rn. 7.
551 Mohrbutter, Zwangsversteigerungspraxis, 179.
552 Stöber, ZVG, § 180 Rn. 15.2.
553 Dassler/Schiffhauer/Gerhardt/Muth, ZVG, § 180 Rn. 118.

schafter die Teilungsversteigerung beantragt hatte) an die Stelle des Schuldners, d. h., er stellt weitere Anträge, legt Rechtsbehelfe ein und erhält Ladungen sowie den sonstigen Schriftwechsel.[554] Liegt dem Verfahren ein Antrag des Schuldners zugrunde, ist der Verwalter auch dazu berechtigt, den Antrag wieder zurückzunehmen und stattdessen eine Zwangsversteigerung nur des in die Insolvenzmasse fallenden Grundstücksanteils nach den §§ 172 ff. ZVG zu betreiben.[555]

Für den Fall, dass bei Eröffnung des Insolvenzverfahrens eine Teilungsversteigerung noch nicht anhängig war, hat der Verwalter die Wahl. Er kann die Insolvenzverwalterversteigerung des zur Insolvenzmasse gehörenden Anteils nach den §§ 172 ff. ZVG betreiben oder die Teilungsversteigerung des ganzen Objekts nach den §§ 180 ff. ZVG beantragen.[556]

Zwar können beide Verfahren nicht miteinander verbunden werden, sie stören sich aber auch gegenseitig nicht, sondern können unabhängig voneinander laufen.[557] Theoretisch vorstellbar wäre demzufolge wohl auch die gleichzeitige Anstrengung beider Verfahren durch den Insolvenzverwalter. Ein solches Vorgehen ist in der Praxis freilich wenig sachdienlich. Es empfiehlt sich vielmehr zunächst die Teilungsversteigerung durchzuführen und erst wenn sich für das ganze Objekt keine Bieter gefunden haben, zu überprüfen, ob das Betreiben der Insolvenzverwalterversteigerung mehr Aussicht auf Erfolg verspricht.[558]

IV. Verwertung bei Gesamthandseigentum an Grundstücken

1. Auflösung der Gesellschaft durch Insolvenzeröffnung über das Vermögen eines Teilhabers

a) *Allgemeines*

Wie bereits einleitend festgestellt, fällt die Wahl der Rechtsform bei reinen Grundbesitzgesellschaften häufig auf die GbR als Grundform der Personengesellschaft. Mangels abweichender gesellschaftsvertraglicher Bestimmungen ordnen die gesetzlichen Regelungen im Falle der Insolvenz eines Gesellschafters die Auflösung der BGB-Gesellschaft an.

Wie sich im Auseinandersetzungsverfahren die Verwertung des Gesellschaftsvermögens vollzieht, ist dabei nicht ganz unumstritten. Zum einen weil hier entgegen der für die Personenhandelsgesellschaften geltenden Vorschrift des § 149 HGB das Gesellschaftsvermögen im Grundsatz nicht vollständig liquidiert, sondern nach § 733 Abs. 3 BGB nur so weit zur Begleichung der Gesellschaftsschulden und Rückerstattung der Einlagen erforderlich in Geld umgesetzt wird. Zum anderen besteht Uneinigkeit über die Art der Umsetzung des Vermögens, insbesondere darüber, wie

554 Stöber, ZVG, § 180 Rn. 15.2.
555 Dassler/Schiffhauer/Gerhardt/Muth, ZVG, § 180 Rn. 118.
556 Worm KTS 1961, 119, 126.
557 Stöber, ZVG, § 172 Rn. 7.3.
558 Stöber, ZVG, § 172 Rn. 7.4.

weit der in § 731 Satz 2 BGB enthaltene Verweis auf die Regelungen über die Teilung einer Bruchteilsgemeinschaft im Einzelnen reicht.[559] Fraglich ist vor allem, ob bei der Umsetzung des Gesellschaftsvermögens die §§ 752, 753 BGB Anwendung finden, mit der Folge, dass im Falle des Ausschlusses einer Naturalteilung die Verwertung beweglicher Gegenstände nur im Wege des Pfandverkaufes nach den §§ 1233 ff. BGB bzw. bei Grundstücken ausschließlich durch Zwangsversteigerung gemäß den §§ 180, 181 ZVG erfolgen darf, oder ob nach § 157 BGB, solange dies der Verkehrssitte entspricht, auch eine freihändige Veräußerung der Gegenstände in Betracht kommt.[560]

b) Zulässigkeit des freihändigen Verkaufs von Grundstücken

Mag dieser Rechtsstreit bei der Mobiliarverwertung eher formaljuristischer Natur sein, weil durch § 1246 BGB jedem Beteiligten das Recht eingeräumt wird, eine besser geeignete Art der Umsetzung zu verlangen, und sich die Rechtslage deshalb bei der Verwertung beweglicher Sachen auch nach den Regelungen über den Pfandverkauf im Ergebnis flexibel zeigt[561], so trifft dies nicht gleichsam hinsichtlich der Verwertung von Eigentum der Gesamthand an Immobilien zu. Je nachdem, welcher Rechtsauffassung hier gefolgt wird, ist das Grundvermögen entweder durch freihändige Veräußerung nach der Verkehrssitte und erst in zweiter Linie, bei Scheitern der Veräußerungsbemühungen, durch Zwangsversteigerung zu liquidieren oder aber ein Verkauf ist von vornherein wegen § 753 BGB ausgeschlossen und zulässige Verwertungsmethode ist allein die Zwangsversteigerung.

Nach früher weit verbreiteter Auffassung wurde § 753 BGB für nicht anwendbar erachtet. Die Vorschrift des § 733 BGB treffe keine Aussage über die Art der Verwertung, weshalb nach § 157 BGB die Verkehrssitte maßgeblich und daher auf dem üblichen Weg in angemessener Zeit ein Käufer zu finden sei.[562] Die nunmehr im Vordringen befindliche Gegenmeinung stützt sich demgegenüber zum einen auf den Verweis in § 731 Satz 2 BGB, nach dem eine Nichtanwendung der §§ 752, 753 BGB auch im Hinblick auf § 755 Abs. 3 BGB als contra legem abzulehnen sei, und zum anderen auf ein Urteil des Bundesgerichtshofes vom 05.12.1991.[563]

Das erstgenannte Argument überzeugt indes nicht. Nach dem Wortlaut der Regelung kommen die Regelungen zur Teilung der Bruchteilsgemeinschaft lediglich subsidiär zur Anwendung.[564] So besteht weitestgehend Einigkeit darüber, dass die Anwendung der §§ 755, 756, 758 und 754 Satz 2 BGB an den vorrangigen gesellschaftsrechtlichen Bestimmungen scheitert.[565] Warum dem Verweis in § 731 Satz 1 BGB hinsichtlich der Verwertung durch Pfandverkauf bzw. Zwangsversteigerung dahingegen ein zwingender Charakter zugewiesen wird, bleibt offen.

Auch vermag das insoweit herangezogene Urteil des BGH die Zweifel an der regelmäßigen Anwendung der §§ 752, 753 BGB im Auseinandersetzungsverfahren der

559 Ulmer, GbR u PartG, § 734 Rn. 15 f.
560 Staudinger-Habermeier, § 733 Rn. 13.
561 MK-Ulmer, § 733 Rn. 23.
562 RG, JW 34, 3268.
563 BGH, NJW 1992, 830, 832.
564 MüHdB-Gummert, GesellR, Band I, § 21 Rn. 112.
565 Staudinger-Habermeier, § 731 Rn. 4.

BGB-Gesellschaft nicht auszuräumen. Es drängt sich vielmehr der Eindruck auf, dass sich der Rückschluss aus der Urteilsbegründung auf eine zwingende Berücksichtigung der vorbenannten Teilungsregelungen den Einwand einer nicht ausreichend differenzierten Betrachtungsweise entgegenhalten lassen muss. Der Entscheidung lag ein Sachverhalt zugrunde, bei dem ein Gläubiger den Anteil seines Schuldners an einer Gesellschaft bürgerlichen Rechts, deren einziger Vermögensgegenstand ein Grundstück war, gepfändet hatte und nunmehr die Duldung der Zwangsvollstreckung in das Grundstück gemäß § 753 BGB i. V. m. §§ 180, 181 ZVG nach Kündigung des Gesellschaftsverhältnisses i. S. d. § 725 BGB begehrte.[566] Nachdem das Landgericht und das Oberlandesgericht die Klage zunächst abwiesen, führte die Revision vor dem BGH wegen Feststellung eines Rechtsfehlers zu einer Zurückverweisung der Sache an das Berufungsgericht. Zwar trifft es zu, dass der BGH dem Pfändungspfandgläubiger im Ergebnis ein „unmittelbares" Recht auf Duldung der Zwangsversteigerung zuerkannte, hierbei dürfte es sich aber freilich nur um eine Ausnahme unter Anerkennung der bisherigen Rechtsprechung und herrschenden Literaturauffassung[567] gehandelt haben.

In seiner Urteilsbegründung betonte das Gericht die eingeschränkte Rechtsposition des den Anteil pfändenden Gläubigers, dem lediglich der schuldrechtliche Anspruch auf Durchführung der Auseinandersetzung gegenüber den anderen Gesellschaftern zugewiesen wurde, nicht jedoch ein Recht auf Beteiligung an der Liquidation selbst. Als weitere Besonderheit stellte der BGH die Tatsache heraus, dass es sich in dem zu entscheidenden Fall bei dem Gesellschaftsvermögen nicht um ein aus verschiedenen Elementen zusammengesetztes Vermögen sondern vielmehr um einen einzigen Vermögensgegenstand, das Grundstück, handelte, weshalb die Bedenken hinsichtlich der richtigen Art der Verwertung nicht entsprechend ins Gewicht fielen. Letztlich maßgeblich war aber die Verweigerungshaltung des Mitgesellschafters, welcher auch eine andere Art der Verwertung ablehnte. Aus diesem Grund ging das Gericht zutreffend davon aus, dass mit der Verwirklichung eines freihändigen Verkaufs in einem angemessenen Zeitraum nicht zu rechnen war. Deshalb musste nach Auffassung des BGH dem Pfändungspfandgläubiger ein rechtliches Mittel an die Hand gegeben werden, die Auseinandersetzung herbeizuführen, um damit aus dem gepfändeten Anteil eine Befriedigung seiner Forderung zu erreichen. In der Urteilsbegründung heißt es wörtlich:

„Anders verhält es sich, wenn eine Gesellschaft nur ein einziges Vermögensgut erworben hat und verwaltet. Dann erfordern die gesetzlich vorgeschriebene Berichtigung der Schulden und Rückerstattung der Einlagen regelmäßig die Veräußerung dieses Vermögensguts. Das Liquidationsermessen der Gesellschafter verringert sich in diesen Fällen auf die günstigste Art der Verwertung. Kennt der die Auseinandersetzung betreibende Gesellschafter keine bessere Art als die Versteigerung oder den öffentlichen Verkauf, so kann er die anderen Gesellschafter zur Mitwirkung auffordern. Unterbreiten sie ebenfalls kein Angebot, sondern widersetzen sie sich jeder Liquidation, so ist durchweg davon auszugehen, dass ein freihändiger Verkauf nicht mehr in angemessen kurzer Zeit zu verwirklichen ist. Dann kann der kündigende Gesellschafter sogleich die öffentliche Veräußerung verlangen; diese steht ihm ohnehin immer als letzte Verwertungsmöglichkeit zu"[568].

---

566 BGH, NJW 1992, 830, 831.
567 RGRK-Gamm, § 733 Rn. 12 m. w. N.
568 BGH, NJW 1992, 830, 832.

Eine Abkehr von der bisherigen Rechtsprechung ist hierin nicht zu erblicken. Im Gegenteil nahm der BGH ausdrücklich Bezug auf die vorangegangene Rechtsprechung des Reichsgerichts.[569] Aus der Entscheidung lässt sich keinesfalls schlussfolgern, dass die Versilberung des Vermögens in der Auseinandersetzung einer BGB-Gesellschaft regelmäßig nur durch Pfandverkauf bzw. Zwangsversteigerung zu erfolgen hat. Vielmehr legen die Ausführungen des Gerichts die Vermutung nahe, dass es die Anerkennung des unmittelbaren Anspruchs auf Duldung der Zwangsversteigerung als Ausnahme von dem Grundsatz einer Verwertung nach der Verkehrssitte verstanden wissen will. Dem Begehren gab der BGH also allein wegen der Verweigerungshaltung des anderen Mitgesellschafters statt, die eine auch nach Auffassung des Gerichts für gewöhnlich zu bevorzugende Verwertung durch Veräußerung nicht Erfolg versprechend erscheinen ließ.

Zudem spricht darüber hinaus der Grundsatz der Wirtschaftlichkeit gegen eine Anwendung der §§ 752, 753 BGB bei der Auseinandersetzung der GbR. Diesen Grundsatz erkennen erstaunlicherweise beide Lager als für die Versilberung des Gesellschaftsvermögens allgemeingültiges Prinzip an.[570] Erfahrungsgemäß stellt aber die Zwangsversteigerung häufig nicht die bestmögliche Art der Verwertung von Grundvermögen dar. Nicht selten erreicht das höchste Gebot den zuvor mittels eines Sachverständigen festgestellten Verkehrswert nicht, oder es muss gar ein neuer Termin anberaumt werden, falls die vorliegenden Gebote unterhalb der Mindestgebotsgrenze anzusiedeln sind. In Anbetracht dessen ist jedenfalls der vorherige Versuch, einen Kaufinteressenten auf „normalem" Wege zu finden, wirtschaftlich sinnvoll, selbst wenn dies einen gewissen Zeitraum in Anspruch nimmt.[571] Hinsichtlich des wegen § 35 InsO zur Insolvenzmasse zählenden Erlösanteils deckt sich dies auch mit der den Insolvenzverwalter treffenden Pflicht zur bestmöglichen Masseverwertung. Da es an einer im Bereich des Pfandverkaufs geltenden Regelung des § 1246 BGB, die eine Abweichung von den gesetzlichen Vorgaben zulässt, bei dem Verfahren nach § 753 Abs. 1 BGB, §§ 180, 181 ZVG aber gerade fehlt, versucht die eine Anwendung der §§ 752, 753 BGB bejahende Ansicht durch eine Hilfsüberlegung, die aus den oben genannten praktischen Erwägungen wünschenswerte Flexibilität zu erreichen. Hiernach soll sich die Verwertung von Grundstücken zwar nicht unmittelbar nach der Verkehrssitte richten, in Anlehnung an § 157 BGB kann aber auf eine nötigenfalls auch konkludent geschlossene, von § 753 BGB abweichende Vereinbarung über die Verwertung zwischen den Beteiligten geschlossen werden.[572] Dem Gedanken ist insofern zuzustimmen, als dass Gesellschaftsverträge häufig von den gesetzlichen Vorgaben abweichende Auseinandersetzungsregelungen auch über die Art der vorzunehmenden Verwertungsmaßnahmen beinhalten. Darüber hinaus können die Gesellschafter jederzeit durch einstimmigen Beschluss anstelle der Zwangsversteigerung eine andere Art der Verwertung wählen.[573] Haben die Beteiligten hingegen keine entsprechende Vereinbarung im Gesellschaftsver-

---

569 RG, JW 1934, 3268, 3269.
570 Ulmer, GbR u PartG, § 733 Rn. 15; MüHdB-Gummert, GesellR, Band I, § 21 Rn. 112.
571 RGRK-Gamm, § 733 Rn. 12.
572 Soergel-Hadding, § 733 Rn. 9.
573 Giefers/Ruhkamp, GbR, Rn. 641.

trag geschlossen und scheitert ein entsprechender Beschluss an der Einstimmigkeit, ist auch die Annahme einer von § 753 BGB abweichenden, konkludent geschlossenen, vertraglichen Vereinbarung abwegig. Denn auch dies verlangt einen wie auch immer zum Ausdruck gebrachten Willen aller Gesellschafter als „Vertragspartner". Stattdessen wäre der Weg zu einer freihändigen Veräußerung des Grundstücks in diesen Fällen wegen § 753 BGB gesperrt.

Aus hiesiger Sicht erscheint die Anwendung der Teilungsvorschriften der §§ 752, 753 BGB in der Auseinandersetzung der BGB-Gesellschaft aus den oben genannten Gründen weder aus rechtsdogmatischen Überlegungen, wegen eines Verstoßes gegen den Verweis in § 731 Satz 2 BGB, noch aus praktischen Erwägungen geboten. Vielmehr sprechen wirtschaftliche Gesichtspunkte für die früher überwiegende Ansicht einer Verwertung nach der Verkehrssitte, d. h. regelmäßig durch freihändigen Verkauf. Dies schließt im Falle des Scheiterns die spätere Zwangsversteigerung oder den öffentlichen Verkauf nach den §§ 1233 ff. BGB nicht aus.

c) *Verwertungsmethoden im Einzelnen*

Ausgehend von der Zulässigkeit einer Verwertung nach der Verkehrssitte bieten sich verschiedene Arten der Versilberung des Immobiliarvermögens an. Üblich dürfte zunächst die Veräußerung des Grundstückes an einen Dritten sein. Der Verkauf auf normalem Wege verlangt notwendig nach § 311b BGB einen notariell beurkundeten Vertrag. Hinsichtlich der Eintragung im Grundbuch sowie der anfallenden Grunderwerbssteuer ergeben sich keine Besonderheiten.

Neben dem Verkauf an einen Dritten ist an die Übernahme des Grundbesitzes durch einen der Gesellschafter zu denken. Auch hier ist ein formbedürftiger Übertragungsakt erforderlich, allerdings tritt wegen § 6 GrEStG eine Steuererleichterung ein.[574]

Nach dem Verkauf erhält die Abwicklungsgesellschaft den Erlös und hat sodann die Gesellschaftsschulden hieraus zu begleichen. Nur ein etwaiger Überschuss wird unter den Gesellschaftern verteilt. Für die Grundbesitzgesellschaft gelten hinsichtlich der Rückerstattung der Einlagen keine Besonderheiten. Sie sind im Anschluss an die Berichtigung der Verbindlichkeiten nach § 733 Abs. 2 Satz 1 BGB zurückzugewähren, wobei der Anspruch nicht auf Rückgabe in Natur, sondern auf Erstattung des Wertes in Geld gerichtet ist. Dies bedarf bei der Grundbesitzgesellschaft deshalb besonderer Erwähnung, weil der Gesellschafter seine Einlage hier nicht selten durch Übereignung von Grundeigentum leistet und in der Auseinandersetzung die Rückübertragung des als Einlage erbrachten Grundstücks verlangt. Vollzieht sich aber die Abwicklung nach den gesetzlichen Vorgaben, wobei eine anders lautende Regelung im Gesellschaftsvertrag durchaus möglich ist, ist ein Anspruch auf Rückübertragung eben gerade ausgeschlossen und der frühere Eigentümer erhält lediglich Wertersatz.[575] Anders beurteilt sich die Situation, wenn der Gesellschafter das Grundstück nicht in Erfüllung seiner Einlagepflicht in die Gesellschaft eingebracht,

---

574 MüHdB-Gummert, GesellR, Band I, § 27 Rn. 132 ff.
575 MüHdB-Gummert, GesellR, § 27 Rn. 139.

sondern es ihr lediglich zum Gebrauch überlassen hatte. In letzterem Fall bleibt der Gesellschafter aber von vornherein Eigentümer der Immobilie, eine Abgrenzung erweist sich daher nicht als schwierig.[576]

Weitere gängige Verwertungsmethoden bilden zum einen die flächenmäßige Aufteilung des Grundvermögens unter den Gesellschaftern und zum anderen die Auseinandersetzung durch Gründung von Bruchteilsgemeinschaften zwischen den Gesellschaftern an den einzelnen Grundstücken in Höhe ihres jeweiligen Gesellschaftsanteils. Beide Verwertungsarten stellen allerdings eine Abweichung von der üblichen Verkehrssitte im Sinne des § 157 BGB dar, so dass es einer gesellschaftsvertraglichen Regelung bzw. eines Beschlusses unter den Gesellschaftern bedarf.

Nach der hier vertretenen Auffassung findet zwar die Vorschrift des § 752 BGB keine vorrangige Anwendung, so dass der Grundbesitz bei Vorliegen der Voraussetzungen dieser Regelung nicht zwingend durch Naturalteilung auseinanderzusetzen ist. Unabhängig davon verbleibt den Gesellschaftern aber die Möglichkeit, den Grundbesitz bei entsprechendem Beschluss oder Regelung im Gesellschaftsvertrag untereinander aufzuteilen, selbst wenn dies mit einer Wertminderung verbunden ist oder die Grundstücksteile entgegen § 752 BGB nicht gleichartig teilbar sind. Freilich kann der anstelle des insolventen Gesellschafters handelnde Verwalter, wenn er dadurch einen wertmäßigen Nachteil für die Insolvenzmasse befürchtet, die flächenmäßige Aufteilung ablehnen, mit der Folge, dass wiederum eine Verwertung nach den gesetzlichen Vorgaben, also zunächst durch Ausfindigmachen eines möglichen Kaufinteressenten, stattfindet.

Sowohl bei der flächenmäßigen Teilung als auch bei der Umwandlung des Gesamthandsvermögens in Bruchteilseigentum vollzieht sich die Übereignung nach den §§ 873, 925 BGB.[577] In steuerrechtlicher Hinsicht schaffen die §§ 6, 7 GrEStG eine Vergünstigung.

2. Ausscheiden des insolventen Gesellschafters

Anders gestaltet sich die Rechtslage, wenn der Gesellschafter mit Insolvenzeröffnung über sein Vermögen aufgrund gesetzlicher Vorgaben bei der OHG oder KG bzw. infolge vorrangiger gesellschaftsvertraglicher Vereinbarung bei der GbR aus der Gesellschaft ausscheidet. Dem Gesellschafter steht hier zwar gemäß § 738 BGB ein Abfindungsanspruch zu, den der Insolvenzverwalter für die Masse einfordern kann und der sich dem Wortlaut des Gesetzes zufolge an der Höhe des auf den Schuldner entfallenden Auseinandersetzungsguthabens bei einer Auflösung der Gesellschaft orientiert. Ein unmittelbares Recht in Bezug auf das Grundvermögen der GbR resultiert hieraus aber nicht. Vielmehr ist die Finanzierung der Abfindung zunächst der Gesellschaft bzw. den verbleibenden Gesellschaftern überlassen.[578] Durch die Beendigung seiner Gesellschafterstellung geht der Anteil des Schuldners am Gesamthandsvermögen und damit auch derjenige am Grundvermögen der Ge-

576 Giefers/Ruhkamp, GbR, Rn. 128.
577 MK-Schmidt, BGB, § 741 Rn. 7.
578 MüHdB-Piehler/Schulte, GesellR, Band II, § 37 Rn. 31.

sellschaft im Wege der Anwachsung auf die verbleibenden Mitglieder entsprechend ihrer Beteiligung über.[579] Nach früherer Auffassung bedeutete die Anwachsung eine dingliche Änderung der Beteiligungsquote am Gesamthandsvermögen. Da aber, was für die OHG und die KG ohnehin schon nach § 124 HGB seit jeher gesetzlich festgeschrieben ist und heute auch bei der GbR allgemeine Anerkennung genießt[580], die Gesellschaft als Rechtsträgerin des gesamthänderisch gebundenen Vermögens gilt, bewirkt das Ausscheiden des Gesellschafters und die damit einhergehende Anwachsung nach zutreffender Ansicht keine Änderung der Vermögenszuordnung.[581] Für die Stellung des Schuldners bzw. des für ihn handelnden Insolvenzverwalters ist das rechtliche Verständnis der Anwachsung ohnehin bedeutungslos.[582] Einer Auflassung bedarf es unter keinen Umständen.[583]

Nach noch überwiegender Auffassung ist die BGB-Gesellschaft nicht grundbuchfähig. Dementsprechend lautet die Eintragung im Grundbuch nach § 47 GBO nicht auf den Namen der Gesellschaft. Als Berechtigte werden gewöhnlich vielmehr die Gesellschafter mit dem Zusatz „in Gesellschaft bürgerlichen Rechts“ eingetragen.[584] Bei der GbR kann also der Insolvenzverwalter unter Umständen sogar dazu verpflichtet sein, für den Schuldner bei der Grundbuchberichtigung mitzuwirken. Jedenfalls gilt dies bei Ausscheiden des Gesellschafters durch Kündigung.[585]

Bei einer Gesellschaft bürgerlichen Rechts, deren Gesamthandsvermögen im Wesentlichen aus Grundbesitz besteht, dürfte sich die Finanzierung der Abfindung des ausscheidenden Gesellschafters in der Praxis schwierig gestalten, erst recht wenn die Grundstücke als Grundlage des Unternehmensgegenstands dienen, mithin eine Fortführung der Gesellschaft ohne die Immobilien ausscheidet. Verweigern die übrigen Gesellschafter dem Insolvenzverwalter die Zahlung der Abfindung trotz Fälligkeit aus den genannten Gründen oder zeigen sie sich gar schon hinsichtlich der Erstellung einer Auseinandersetzungsbilanz nicht kooperationsbereit, verbleibt dem Verwalter nur die Möglichkeit, den Abfindungsanspruch des Schuldners klageweise geltend zu machen, gegebenenfalls im Wege einer Stufenklage, die zunächst auf Rechnungslegung bzw. Feststellung des Abfindungsguthabens und im Anschluss auf Zahlung der Abfindung gerichtet ist.[586] Mit dem so erwirkten Titel kann der Verwalter sodann eine Immobiliarzwangsvollstreckung gegen die Gesellschaft anstrengen, um so eine Befriedigung der Abfindungsforderung als Massebestandteil zu erreichen. Eine andere Möglichkeit, den Grundbesitz zu verwerten, existiert seinerseits nicht. Problematisch ist in diesem Zusammenhang allerdings, inwiefern die grundsätzlich den ausscheidenden Gesellschafter treffenden, nachvertraglichen Treuepflichten auch für das Vorgehen des Insolvenzverwalters gelten.

Die Insolvenz einmal außer Acht gelassen, kann der ausscheidende Gesellschafter nämlich aufgrund seiner gesellschaftsrechtlichen Treuepflichten wegen mangeln-

---

579 Staudinger-Habermeier, BGB, § 738 Rn. 4.
580 BGHZ 146, 341.
581 Habermeier, JuS 1998, 865, 871.
582 Staudinger-Habermeier, BGB, § 738 Rn. 4.
583 BayOLG, Rechtspfleger 1983, 431.
584 MK-Ulmer, BGB, § 705 Rn. 312.
585 OLG Stuttgart, NJW 1990, 2757.
586 BGH, NJW-RR 1987, 1386, 1387.

der Liquidität der Gesellschaft im Einzelfall dazu gezwungen sein, hinsichtlich seines Abfindungsanspruchs eine Ratenzahlung zu akzeptieren.[587] Nimmt der Insolvenzverwalter die Liquidationsrechte in der Auseinandersetzung bei Auflösung des Rechtsverhältnisses wahr, so besteht Einigkeit darüber, dass ihn insoweit auch die Treuepflichten des insolventen Gesellschafters treffen.[588] Etwas anderes kann dann aber auch nicht im Falle des bloßen Ausscheidens hinsichtlich der nachvertraglichen Treuepflichten gelten. Auf der anderen Seite ist der Verwalter im Interesse der Insolvenzgläubiger zu einer zügigen Verfahrensabwicklung verpflichtet. Es bedarf also im Einzelfall einer Interessenabwägung. In der Praxis lässt sich das Problem durch eine Ratenzahlungsvereinbarung lösen, die einerseits den Zahlungszeitraum auf ein für das Insolvenzverfahren erträgliches Maß reduziert und die andererseits eine Fortführung des Unternehmens ohne Liquiditätsengpässe zulässt. Freilich sollte eine solche Vereinbarung im Falle des Zahlungsverzuges der Gesellschaft die Fälligkeit des gesamten Abfindungsbetrages vorsehen, um für die Insolvenzmasse eine Einhaltung der Regelung sicherzustellen.

Verbleibt nach dem Ausscheiden des insolventen Gesellschafters nur noch ein weiterer Gesellschafter, erlischt die Gesellschaft automatisch und zwingend.[589] Das Gesellschaftsvermögen geht samt aller Rechte und Pflichten im Wege der Gesamtrechtsnachfolge auf den Übernehmer über. Auch hier bedarf es im Hinblick auf die Grundstücke der Gesellschaft keinerlei Übertragungshandlungen. Ebenso ist der Gesamtrechtsnachfolger im Wege der Grundbuchberichtigung als Alleineigentümer in das Grundbuch einzutragen, was gegebenenfalls eine Mitwirkungshandlung des Insolvenzverwalters erforderlich macht. Bei einer klageweisen Einforderung des Abfindungsanspruchs richtet sich eine mögliche spätere Vollstreckung nicht mehr gegen das Vermögen der Gesellschaft, sondern gegen das Privatvermögen des letztverbliebenen Gesellschafters als Gesamtrechtsnachfolger. Zwischen dem bisherigen Gesamthandsvermögen und dem Privatvermögen des Übernehmers findet infolge des Ausscheidens des vorletzten Gesellschafters eine Vereinigung statt.[590] Unter Umständen ist daher aus Sicht des Insolvenzverwalters Eile bei der Realisierung des Abfindungsanspruchs geboten, denn durch die eingetretene Konfusion der Vermögensmassen können nunmehr auch die Privatgläubiger des Übernehmers in das vormalige Gesellschaftsvermögen vollstrecken.

V. Insolvenzvermerk im Grundbuch

1. Einleitung

Im Bereich zwischen Insolvenz-, Grundbuch- und Vollstreckungsrecht sind in der Vergangenheit immer wieder Ungereimtheiten aufgetreten, die zum Teil darauf beruhen, dass der Gesetzgeber die Verzahnung dieser Rechtsgebiete nicht ausreichend

---

587 MüHdB-Piehler/Schulte, GesellR, Band II, § 37 Rn. 48.
588 Bergmann, ZInsO 2004, 225, 228.
589 BGH, NZG 2000, 474.
590 Schlegelberger/Schmidt, HGB, § 142 Rn. 29.

berücksichtigt hat.[591] Für das der Arbeit zugrunde liegende Thema betrifft dies in erster Linie die Frage nach der Eintragung eines Insolvenzvermerks bei den Gesamthänderinsolvenzen.

Viel diskutiert und für die Praxis am bedeutsamsten ist insbesondere der Fall der Insolvenz des Gesellschafters einer GbR, in deren Eigentum eine oder mehrere Immobilien stehen. Gegenstand der Diskussion ist hier die Eintragung des Insolvenzvermerks, wenn im Grundbuch alle Gesellschafter in Gesellschaft bürgerlichen Rechts eingetragen sind und lediglich über das Vermögen eines der Gesellschafter das Insolvenzverfahren eröffnet wird.[592]

In der Vergangenheit wurde die Notwendigkeit und Zulässigkeit eines Insolvenzvermerks bei den Gesellschafterinsolvenzen wegen der Gefahr des gutgläubigen Erwerbs unter dem Hinweis auf die fehlende Konkursfähigkeit der Gesellschaft bürgerlichen Rechts zumeist bejaht, um damit den grundbuchrechtlichen Verkehrsschutz auszuschalten.[593] Gestützt wurde diese Annahme unter anderem auf die Rechtsprechung des Bundesgerichtshofes, der in einem viel zitierten Urteil vom 14.02.1957 im Falle der Insolvenz aller Gesellschafter einer GbR von der Konkursbefangenheit auch des Gesellschaftsvermögens ausging.[594] Namentlich Eickmann stellte demgegenüber aber bereits im Jahre 1985 fest, dass die einzelnen Gegenstände des Gesellschaftsvermögens nicht vom Konkursbeschlag betroffen seien, weshalb auch die Eintragung eines Vermerks im Gesellschafterkonkurs ausscheide.[595] Im Anschluss bot sich eine kontrovers geführte Diskussion, die sich nach Anerkennung der Rechtsfähigkeit der GbR durch den Bundesgerichtshof[596] sowie ihrer nach Einführung der Insolvenzordnung in § 11 Abs. 2 Nr. 1 InsO normierten Insolvenzfähigkeit neuerlich verschärfte und in jüngster Zeit zu einer Aufspaltung sowohl der Rechtsprechung als auch der Literatur in zwei annähernd gleichgroße Lager führte.[597]

Demgegenüber kommt der Problematik bei den Personenhandelsgesellschaften in der Praxis nach der hier vertretenen Auffassung keine Bedeutung zu. Sowohl die OHG als auch die KG sind zweifelsohne nach den §§ 124, 161 Abs. 2 HGB grundbuchfähig.[598] Im Gegensatz zu einer BGB-Gesellschaft entfällt deshalb hier die Notwendigkeit, die Gesellschafter mit dem kennzeichnenden Rechtsverhältnis in das

591 Bachmann, Rpfleger 2001, 105.

592 Raebel, FS Kreft, 483–501.

593 LG Hamburg, ZIP 1986, 1590; LG Neubrandenburg, NZI 2001, 325.

594 BGHZ 23, 307, 313 ff.

595 Eickmann, Rpfleger 1985, 87, 93.

596 BGHZ 146, 341.

597 Dafür: OLG Zweibrücken, ZInsO 2001, 672; LG Duisburg, ZIP 2006, 1594; LG Dessau, ZInsO 2001, 626; HK-Kirchhof, § 32 Rn. 7; Uhlenbruck, § 32 Rn. 5; MK-Schmahl, § 32 Rn. 17; FK-Schmerbach, § 32 Rn. 3; Raebel, FS Kreft, 483, 494. Dagegen: OLG Rostock, ZInsO 2003, 1002; OLG Dresden, ZInsO 2002, 1032, LG Neuruppin, ZInsO 2003, 145; LG Frankenthal, ZInsO 2001, 1067; K/P-Pape, § 32 Rn. 2a; Jaeger-Schilken, § 32 Rn. 8; Demharter, GBO, § 38 Rn. 8; Kesseler, EWIR 2006, 597, 598; Keller, Rpfleger 2000, 201 ff., ders. in DZWIR 2004, 38, 40 ff. (Anm. OLG Rostock, Beschluss v. 11.09.2003).

598 Hügel, GBO, § 47 Rn. 29.

Grundbuch einzutragen. Nach ganz herrschender Meinung gelten die Gesellschafter einer Personenhandelsgesellschaft gar wegen § 124 HGB als nicht eintragungsfähig. Zulässig ist allein die Eintragung des Rechtsverhältnisses unter der handelsrechtlichen Firma.[599] Im Falle der Insolvenz nur eines Gesellschafters einer Personenhandelsgesellschaft scheidet also die Eintragung eines Insolvenzvermerks von vorneherein aus, denn das Grundbuch weist hier als Eigentümerin ausschließlich die Gesellschaft unter Angabe der Firma aus. Infolge einer fehlenden Voreintragung des insolventen Gesellschafters gemäß § 39 GBO liegen also schon die formalrechtlichen Voraussetzungen für die Eintragung eines Insolvenzvermerks eindeutig nicht vor. Zum anderen könnte ein solcher Vermerk, wolle man ihn dennoch zulassen, nur schwerlich kenntlich machen, dass nicht die als Eigentümerin eingetragene Gesellschaft, sondern lediglich ein bisher nicht im Grundbuch genannter Gesellschafter hiervon betroffen ist.[600]

Nach anderer Auffassung soll Entsprechendes trotz deren Grundbuchfähigkeit auch für die OHG und die KG gelten, d. h., auch hier soll die Eintragung der Insolvenzeröffnung über das Vermögen eines Gesellschafters im Grundbuch angezeigt sein.[601] Diese Ansicht stößt aber schon allein deshalb auf erhebliche rechtliche Bedenken, weil der Gesellschafter nach den gesetzlichen Vorgaben mit der Insolvenzeröffnung aus der Personenhandelsgesellschaft ausscheidet. Die Insolvenzeröffnung über das Vermögen des Gesellschafters hat hier erst recht keinen Einfluss auf die Gesellschaft selbst, denn die Vertretungsregelung des § 146 Abs. 3 HGB, wonach die Gesellschaft in der Liquidation nach außen von allen Gesellschaftern gemeinschaftlich vertreten wird und anstelle des insolventen Gesellschafters der Verwalter handelt, findet im Regelfall keine Anwendung.[602] Aufgrund dessen scheidet eine wie auch immer geartete Einschränkung der Gesamthand, über ihr Vermögen zu verfügen, für gewöhnlich aus.

2. Rechtliche Zulässigkeit der Eintragung

a) *Grundstück als Bestandteil der Insolvenzmasse*

Nach dem Wortlaut des § 32 Abs. 1 Nr. 1 InsO ist die Eröffnung des Insolvenzverfahrens zunächst bei denjenigen Grundstücken in das Grundbuch einzutragen, bei denen der Schuldner als Eigentümer ausgewiesen wird. Die Vorschrift bezweckt die Sicherung der Insolvenzmasse für die Verfahrensgläubiger.[603] Eine Eintragung i. S. d. § 32 Abs. 1 Nr. 1 InsO setzt also dem Grunde nach voraus, dass die Immobilie infolge der Insolvenzeröffnung nach § 35 InsO Massebestandteil geworden ist.

Nach zutreffender Ansicht erfasst der Insolvenzbeschlag mit der Eröffnung des Verfahrens über das Vermögen eines BGB-Gesellschafters nicht nur den ihm nach der

599 Bauer/von Oefele, GBO, § 47 Rn. 52.
600 HK-Kirchhof, § 32 Rn. 7.
601 Hmb-Komm/Schröder, § 32 Rn. 11.
602 Keller, DZWIR 2004, 38, 42.
603 K/P-Holzer, § 32 Rn. 1.

Auseinandersetzung zustehenden Anspruch auf das Auseinandersetzungsguthaben, sondern auch die Beteiligung als solche sowie die hieran geknüpften Verwaltungsrechte in der Auseinandersetzung.[604] Weiterhin besteht aber ebenso Einigkeit darüber, dass sich die Beschlagnahmewirkung nicht auf Gegenstände des gesamthänderisch gebundenen Vermögens erstrecken kann, weil dies dem berechtigten Interesse der anderen Beteiligten als Außenstehende des Insolvenzverfahrens zuwiderliefe.[605] Die Verfahrenseröffnung bewirkt also weder, dass die Immobilie selbst Gegenstand der Insolvenzmasse wird, noch, dass dem Insolvenzverwalter ein dingliches Recht des Schuldners hieran zusteht. Für die Gesellschaft bürgerlichen Rechts folgt die eingeschränkte Rechtsstellung des Schuldners bzw. des Insolvenzverwalters hinsichtlich des Gesamthandsvermögens aus § 84 Abs. 1 Satz 1 InsO i. V. m. § 719 BGB.

Andererseits galt im Zeitraum vor der Anerkennung der Rechtsfähigkeit und Insolvenzfähigkeit der BGB-Gesellschaft nicht die Gesellschaft selbst als Vermögensrechtsträgerin, sondern die Gesellschafter in ihrer gesamthänderischen Verbundenheit. Insoweit nahmen also in der Vergangenheit die Gesellschafter schon eine Eigentümerstellung ein, weil der Gesellschaft die Eigenschaft als Rechtssubjekt fehlte. Dem BGH kann also in seiner Entscheidung aus dem Jahre 1957 vor dem Hintergrund des damaligen Rechts noch Folge geleistet werden, wenn er wegen der Insolvenz aller Gesellschafter von einer Konkursbefangenheit des Gesellschaftsgrundstücks sprach. Ihm waren dabei aber offensichtlich die dogmatischen Defizite und das Außerachtlassen der Vorschrift des § 719 BGB in seiner Urteilsbegründung bewusst.[606] Allerdings konnte das Gesellschaftsvermögen aufgrund der Insolvenz aller Gesellschafter nach dem damaligen Rechtsverständnis keinem Rechtsträger mehr zugeordnet werden, der außerhalb eines Konkursverfahrens stand. Es bestand also eine praktische Notwendigkeit, die zum gemeinschaftlichen Vermögen gehörenden Gegenstände ebenfalls der Konkursbefangenheit zu unterstellen, wollte man sie nicht gewissermaßen ihrem „Eigendasein" überlassen.[607] Der Bundesgerichtshof übersah in seiner Entscheidung aber ausdrücklich nicht den Widerspruch zu der Vorschrift des § 84 Abs. 1 Satz 1 InsO (damals § 16 Abs. 1 KO), wonach die Auseinandersetzung zwischen den Teilhabern einer GbR auch nach Auffassung des 7. Zivilsenats an sich außerhalb des Insolvenzverfahrens stattfinde. Gleichzeitig räumte er schon damals ein, dass sich die Rechtslage grundlegend anders beurteile, wenn das Gesetz einen „Sonderkonkurs" über das Gesellschaftsvermögen zuließe.[608]

Der Gesetzgeber hat inzwischen auf die Kritik an der fehlenden Insolvenzfähigkeit der GbR reagiert und sie in § 11 Abs. 2 Nr. 1 InsO den Gesellschaften ohne Rechtspersönlichkeit gleichgestellt. Die Anerkennung der Insolvenzfähigkeit der Gesellschaft bürgerlichen Rechts stellt eine der zentralen Neuerungen des Insolvenzrechts dar.[609] Nach den positivrechtlichen Bestimmungen ist bei der Durchführung von

604 MK-Stodolkowitz, § 84 Rn. 1.
605 K/P-Holzer, § 35 Rn. 66.
606 Keller, DZWIR 2004, 38, 40.
607 BGHZ 23, 307, 315.
608 BGHZ 23, 307, 314 f.
609 Jaeger-Ehricke, § 11 Rn. 65.

Insolvenzverfahren nunmehr strikt zwischen dem Vermögen der Gesellschaft und dem Vermögen ihrer Gesellschafter zu unterscheiden.[610] Unabhängig von der Anerkennung der Rechtsfähigkeit einer GbR je nach Erscheinungsform handelt es sich also aus insolvenzrechtlicher Sicht bei dem Privatvermögen des Schuldners und dem Gesellschaftsvermögen zwingend um verschiedene Haftungsmassen.[611] Die Eintragung eines Insolvenzvermerks nach § 32 Abs. 1 Nr. 1 InsO über ein der gesamthänderischen Bindung unterfallendes Grundstück kann deshalb nach heute geltendem Recht im Ergebnis nur vollzogen werden, wenn über das Vermögen der Gesellschaft selbst ein Insolvenzverfahren eröffnet wurde. Denn nur hier ist die Insolvenzschuldnerin auch Eigentümerin des Grundstücks und der Vermögenswert der Immobilie wird infolge der Insolvenzbefangenheit haftungsrechtlich den Gesellschaftsgläubigern zugewiesen.

b) *Verfügungsbeschränkung*

aa) Rechtsgrundlage

Als Kehrseite einer Sicherung der Insolvenzmasse dient die Norm des § 32 InsO ferner auch dem Schutz des Grundbuchverkehrs. Der öffentliche Glaube des Grundbuches gewährt dem Erwerber nämlich neben dem Schutz an seinem guten Glauben in die Rechtsinhaberschaft des Schuldners ebenso Schutz im Hinblick auf die Freiheit von insolvenzrechtlichen Verfügungsbeschränkungen.[612] Trotz der fehlenden Eigentümerstellung des insolventen Gesellschafters hinsichtlich des Grundstücks, erschiene daher die Eintragung eines Insolvenzvermerks, sei es im Wege der teleologischen Auslegung oder einer analogen Anwendung des § 32 InsO, rechtlich konsequent, wenn durch die Insolvenz des Gesellschafters gleichzeitig eine (dingliche) Verfügungsbeschränkung der Gesamthand einträte und bei Nichteintragung zumindest mittelbar die Gefahr einer Masseschmälerung entstünde.

So ist es beispielsweise anerkannt, die Vorschrift über den eigentlichen Wortlaut hinaus bei grundstücksgleichen Rechten anzuwenden.[613] Ferner ist § 32 Abs. 1 Nr. 1 InsO entsprechend anwendbar, wenn zwar nicht das Grundstückseigentum oder ein grundstücksgleiches Recht betroffen ist, wohl aber eine vergleichbare Rechtsposition des Insolvenzschuldners, deren gutgläubiger Erwerb zu Lasten der Masse ausgeschlossen werden soll.[614]

Im Übrigen ist der Ansicht von *Raebel*[615] zu folgen, wonach es bei Eintritt einer Verfügungsbeschränkung eines besonderen Anwendungsbefehls nach der Insolvenzordnung nicht bedarf. Die Regelung des § 81 Abs. 1 Satz 2 InsO stellt entgegen dem ansonsten im Insolvenzverfahren eingeschränkten Schutz des Rechtsverkehrs klar, dass die Vorschrift des § 892 Abs. 1 Satz 2 BGB ungehindert Anwendung findet. Somit ist der gutgläubige Erwerb von dinglichen Rechten an Grundstücken grund-

610 MK-Ott, § 11 Rn. 49.
611 K/P-Holzer, § 32 Rn. 2a.
612 MK-Schmahl, § 32 Rn. 1.
613 HK-Kirchhof, § 32 Rn. 4 u. 10 f.
614 BayObLG, NZI 2000, 427.
615 Raebel, FS Kreft, 497.

sätzlich auch nach Verfahrenseröffnung möglich.[616] Aus § 892 Abs. 1 Satz 2 BGB folgt demnach die Pflicht zur Eintragung einer Verfügungsbeschränkung unabhängig von der Regelung des § 32 Abs. 1 InsO, wenn bei fehlender Eintragung die Gefahr eines Rechtsverlustes durch gutgläubigen Erwerb gegeben ist.[617]

Allem Anschein nach liegt die letztgenannte Voraussetzung der Gefahr einer nachteiligen Verfügung vor. Denn alle Gesellschafter können ohne eine Eintragung gemeinschaftlich über das Grundstück verfügen und so die Verwertung des Objekts im Rahmen der Auseinandersetzung des Gesellschaftsverhältnisses vereiteln. Für die Insolvenzgläubiger resultiert daraus ein Nachteil, denn durch den Wegfall der Immobilie verringert sich das Auseinandersetzungsguthaben des insolventen Gesellschafters und die Insolvenzmasse wird zumindest mittelbar geschmälert.[618]

bb) Eintritt einer Verfügungsbeschränkung

Zu klären ist also nachfolgend, ob durch die Insolvenz des Gesellschafters eine Verfügungsbeschränkung i. S. d. § 892 Abs. 1 Satz 2 BGB eingetreten ist. Dem Wortlaut der Bestimmung zufolge bezieht sich der Anwendungsbereich zunächst nur auf die Beschränkung des Berechtigten, „zugunsten einer bestimmten Person" zu verfügen, mithin um sog. relative Verfügungsbeschränkungen.[619] Obwohl die wegen § 80 InsO seitens des Schuldners bestehende Verfügungsbeschränkung nach inzwischen nahezu einhelliger Rechtsauffassung eine absolute Unwirksamkeit der Verfügung bedeutet und die Beschränkung nur in inhaltlicher Hinsicht durch den Zweck des Insolvenzverfahrens begrenzt wird, folgt schon aus der Verweisung in § 81 Abs. 1 Satz 2 InsO, dass sie ebenso wie andere absolut wirkende Verfügungsverbote unter den Anwendungsbereich des § 892 Abs. 1 Satz 2 BGB fällt.[620]

Unzweifelhaft ist auch der insolvente Gesellschafter einer GbR mit Eröffnung des Verfahrens über sein Vermögen von der Verfügungsentziehung des § 80 InsO betroffen, so dass nach dem oben Gesagten bei oberflächlicher Betrachtung die Merkmale für eine Eintragung i. S. d. § 892 Abs. 1 Satz 2 BGB gegeben sind.

Allerdings darf nicht übersehen werden, dass sich die Verfügungsbeschränkung immer auf ein bestimmtes Recht beziehen muss und nicht isoliert betrachtet werden kann. Die Vorschrift des § 892 Abs. 1 Satz 2 BGB spricht wörtlich von dem Recht an einem Grundstück. In dem hier zugrunde liegenden Fall kann es sich dabei letztlich wiederum nur um das Eigentumsrecht handeln. Dem insolventen Gesellschafter steht aber wie bereits aufgezeigt weder die Eigentümerposition noch ein sonstiges dingliches Recht an dem Grundstück zu. Eigentümerin und Rechtsinhaberin ist vielmehr die Gesellschaft selbst. Daher muss als berechtigt im Sinne des § 892 BGB ausschließlich die GbR und nicht die einzelnen Gesellschafter angesehen werden.[621] Entscheidend ist mithin, ob die Gesellschaft in ihrer Verfügungsbefugnis durch die

616 MK-Ott, § 81 Rn. 19 f.
617 Demharter, GBO, Anhang § 13 Rn. 21.
618 Keller, Rpfleger 2000, 201, 203.
619 Staudinger-Gursky, BGB, § 892 Rn. 225.
620 Soergel-Stürner, BGB, § 892 Rn. 13.
621 Keller, DZWIR 2004, 38, 41.

Eröffnung des Insolvenzverfahrens über das Vermögen eines ihrer Gesellschafter beeinträchtigt wird, also ob hieraus eine Verfügungsbeschränkung der Gesamthand resultiert. Genau genommen reduziert sich die Fragestellung innerhalb des § 892 Abs. 1 Satz 2 BGB maßgeblich darauf, ob die aus § 80 InsO folgende Wahrnehmung der Verwaltungsrechte des Schuldners durch den Insolvenzverwalter zu einer Verfügungsbeschränkung der Gesamthand führt. Ein anderer Grund für eine Beschränkung ist nämlich nicht ersichtlich.

Ein Teil der eine Eintragung befürwortenden Rechtsprechung geht ohne weiteres von einer Einschränkung der Verfügungsfreiheit der Gesamthand aus, ohne dies jedoch näher zu begründen. In den meisten Fällen erfolgt lediglich ein lapidarer Hinweis auf den Übergang der gesellschaftsrechtlichen Mitwirkungszuständigkeiten hinsichtlich des Schuldneranteils auf den Insolvenzverwalter und die praktische Notwendigkeit einer Eintragung wird in den Vordergrund gestellt.[622] Näher auseinandergesetzt mit der Problematik einer Verfügungsbeschränkung der Gesamthand haben sich bisher lediglich *Keller*[623] sowie in Ansätzen das OLG Rostock[624] auf der einen Seite und *Raebel*[625] sowie teilweise auch *Bergmann*[626] auf der anderen Seite.

Gesetzliche Folge der Eröffnung des Insolvenzverfahrens über das Vermögen eines Gesellschafters ist nach § 728 Abs. 2 BGB zunächst die Auflösung der Gesellschaft des bürgerlichen Rechts. Sie gilt jedoch zum Zwecke der Abwicklung während des Auseinandersetzungsverfahrens gemäß § 730 Abs. 2 Satz 1 BGB als fortbestehend. Unstreitig sind die Gesellschafter während der Abwicklung im Zweifel sowohl gemeinschaftlich geschäftsführungsbefugt als auch, wegen § 714 BGB, nach außen gemeinsam vertretungsberechtigt. Wegen § 80 InsO werden die dem insolventen Gesellschafter insoweit zustehenden Rechte und Pflichten durch den Insolvenzverwalter wahrgenommen, es sei denn, sie sind höchstpersönlicher Natur. Die Tatsache, dass eine für die werbende Gesellschaft erteilte Einzelgeschäftsführungsbefugnis in Zweifelsfällen nach § 730 Abs. 2 Satz 2 BGB nicht auch für die Abwicklungsgesellschaft gilt, bildet aber keine durch die Insolvenz des Gesellschafters bedingte Folge der Auflösung. Vielmehr soll hierdurch unabhängig von dem Auflösungsgrund, wie es bereits das Reichsgericht ausführte, dem allseitigen Parteiwillen der Gesellschafter nach gegenseitiger Kontrolle und Überwachung in der Auseinandersetzung Rechnung getragen werden.[627] Die Vorschrift des § 117 Abs. 1 InsO ist in diesem Zusammenhang belanglos.

Trotzdem können die Gesellschafter entweder bereits im Gesellschaftsvertrag oder durch einen von Allen getragenen, späteren Beschluss die Wahrnehmung der Geschäftsführungsbefugnis und der Vertretungsmacht in der Auseinandersetzung ausdrücklich einem einzelnen Gesellschafter oder gar einem außenstehenden Drit-

---

622 LG Hamburg, NJW 1986, 1590 ff.; Anm. Otto, EWiR 1986, 1221; LG Duisburg, ZIP 2006, 1594, 1595.
623 Keller, Rpfleger 2000, 202; Keller, NotBZ 2001, 397; Keller, DZWIR 2004, 38.
624 OLG Rostock, ZInsO 2003, 1002.
625 Raebel, FS Kreft, 483.
626 Bergmann, ZInsO 2004, 225.
627 RGZ 100, 165, 166.

ten anvertrauen. Dem steht die dispositive Regelung des § 730 Abs. 2 Satz 2 BGB nicht entgegen.[628] Denkbar ist beispielsweise auch, dass der Insolvenzverwalter wegen des auf ihn übergegangenen Stimmrechts des Schuldners einen gemeinsamen Beschluss mit den übrigen Teilhabern fasst, in dem die Abwicklung ausschließlich einem der Gesellschafter übertragen wird. Freilich bedarf es hier im Einzelfall einer Überprüfung, ob der Insolvenzverwalter durch die Zustimmung zu einem Beschluss eines derartigen Inhalts nicht seine insolvenzspezifischen Pflichten verletzt.

Problematisch sind also letztlich nur solche von der Gesamtvertretung des § 730 Abs. 2 Satz 2 BGB abweichende Vereinbarungen, bei denen noch der Schuldner und nicht der Insolvenzverwalter mitgewirkt hat. *Raebel* sieht in der Übertragung der Geschäftsführungsbefugnis für die Abwicklungsphase eine rechtsgeschäftliche Vollmachtserteilung, die mit Insolvenzeröffnung über das Vermögen des Schuldners nach § 117 InsO unwirksam werde, weshalb der Schuldner bzw. der Insolvenzverwalter nicht mehr von der gemeinschaftlichen Geschäftsführung und Vertretung der Gesellschaft ausgeschlossen werden könne.[629] Hiergegen bestehen erhebliche rechtliche Bedenken. Zum einen stellt sich die Übertragung durch einstimmigen Beschluss oder Regelung im Gesellschaftsvertrag aus hiesiger Sicht schon nicht als Rechtsgeschäft im Sinne des § 117 Abs. 1 InsO sondern vielmehr als Teilungsregelung über die Art und Weise der Auseinandersetzung dar. Infolgedessen beurteilt sich ihre Wirksamkeit nach § 84 InsO und dem einschlägigen Gesellschaftsrecht. Danach wäre eine von § 730 Abs. 2 Satz 2 BGB abweichende Regelung nur dann unwirksam, wenn hierin eine sittenwidrige Benachteiligung der Privatgläubiger des insolventen Gesellschafters läge. Wegen der vorrangigen gesellschaftsrechtlichen Abwicklung dürfte zudem § 84 Abs. 1 Satz 1 InsO gegenüber § 117 Abs. 1 InsO eine Sperrwirkung entfalten.

Zum anderen liegen aber auch die Voraussetzungen des § 117 Abs. 1 InsO nicht vor. Es handelt sich nämlich nicht um eine von dem Schuldner, sondern vielmehr von der Gesellschaft erteilte Vollmacht. Davon einmal abgesehen, verliert die mit der Geschäftsführungs- und Vertretungsbefugnis betraute Person auch nach der Vorschrift des § 117 Abs. 1 InsO ihre Befugnisse nur, soweit hiervon die Insolvenzmasse betroffen ist.[630] Weil aber nicht die Gesellschaft, sondern lediglich einer ihrer Gesellschafter insolvent ist und damit auch nur dessen Anteil als Bestandteil der Insolvenzmasse angesehen werden kann, führt eine Anwendung der Vorschrift hier zu dem abstrusen Ergebnis, dass die Vertretungs- und Geschäftsführungsbefugnis seitens des Beauftragten nur teilweise entfiele. Eine solche Rechtsfolge dürfte in der Praxis kaum zu realisieren sein und ist daher unbedingt zu vermeiden.

Die eine Beschränkung der Verfügungsberechtigung der Gesamthand in den vorliegenden Fällen befürwortende Ansicht baut ihre Argumentation im Wesentlichen darauf auf, dass durch die Insolvenzeröffnung eine Verdrängung des für den Schuldner handelnden Insolvenzverwalters von der Geschäftsführungsbefugnis bzw. der Gesamtvertretung der Gesellschaft nicht in Betracht käme. Die obigen Aus-

628 Staudinger-Habermeier, BGB, § 730 Rn. 13.
629 Raebel, FS Kreft, 484, 492.
630 Hmb-Komm/Ahrendt, § 117 Rn. 4.

führungen verdeutlichen indes, dass schon diese Voraussetzung nicht zwingend zutreffen muss. Etwas anderes folgt auch nicht aus der für die Personenhandelsgesellschaften geltenden Vorschrift des § 146 Abs. 3 HGB. Nach zutreffender Ansicht kann diese Regelung auch in der Auseinandersetzung der BGB-Gesellschaft analog herangezogen werden.[631] Die Bestimmung stellt klar, dass in der Insolvenz eines Gesellschafters nicht dieser selbst, sondern für ihn der Insolvenzverwalter die Liquidatorentätigkeit ausübt. Nach früher verbreiteter Auffassung erklärte die Vorschrift den Insolvenzverwalter sogar selbst zum Liquidator.[632] Die ist jedoch abzulehnen.[633] Aus § 80 InsO folgt vielmehr, dass der Verwalter die Liquidationsbefugnisse nur anstelle des Schuldners wahrnimmt. Amtsinhaber bleibt also der Schuldner, sofern er nach dem Gesellschaftsvertrag bzw. aufgrund des § 146 Abs. 1 Satz 1 HGB nicht als Liquidator berufen ist, stehen auch dem Insolvenzverwalter keine Liquidationsbefugnisse zu.[634] Im Ergebnis lässt also auch die Vorschrift des § 146 Abs. 3 HGB keine von den obigen Ausführungen zu der Auseinandersetzung einer GbR abweichenden Rückschlüsse zu.

Weiterhin ist zu klären, inwiefern die Mitbestimmung des Insolvenzverwalters im Rahmen der Gesamtvertretung und der gemeinschaftlichen Geschäftsführung, vorausgesetzt es verbleibt bei den gesetzlichen Vorgaben in § 730 Abs. 2 Satz 2 i. V. m. § 714 BGB, tatsächlich zu einer Einschränkung führt, aus der eine Verfügungsbeschränkung der Gesamthand resultiert. *Raebel* vergleicht den Fall der Ausübung der Vertretungs- und Geschäftsführungsbefugnisse des Schuldners in der Auseinandersetzung der Gesellschaft mit der Bindung des Schuldners an die Zustimmung des vorläufigen Verwalters nach § 21 Abs. 1 Nr. 2 (2. Fall) und gelangt zu dem Schluss, in beiden Fällen handele es sich um eine fremde Mitbestimmung und damit um eine Form der Verfügungsbeschränkung. Zweifelsohne ist der Zustimmungsvorbehalt des § 21 Abs. 2 Nr. 2 (2. Fall) InsO ein gesetzliches Musterbeispiel einer solchen Verfügungsbeschränkung. Fragwürdig erscheint aber, ob sich dieser Rechtsgedanke tatsächlich auf den die Gesellschafterrechte des Insolvenzschuldners in der Auseinandersetzung ausübenden Verwalter übertragen lässt und ob ein derartiges Rechtsverständnis der Bedeutung des in § 84 Abs. 1 Satz 1 InsO enthaltenen Verweises ausreichend Rechnung trägt.

Der obige Vergleich entfaltet in der hier zugrunde liegenden Ausgangssituation schon deshalb wenig Aussagekraft, weil zwei grundlegend unterschiedliche Rechtsverhältnisse im Blickpunkt stehen. Sicherungsmaßnahmen nach § 21 Abs. 1 InsO regeln das Verhältnis zwischen dem Schuldner und dem vorläufigen Insolvenzverwalter. Sie dienen dazu, die Gläubiger vor nachteiligen Veränderungen der Vermögenslage des Schuldners bis zur Entscheidung über den Insolvenzeröffnungsantrag zu bewahren. Letztlich stehen sich daher der insoweit vor allem die Interessen der Gläubiger vertretende, vorläufige Insolvenzverwalter und der Schuldner konträr gegenüber. Zentrale Tatbestandsvoraussetzung der Sicherungsmaßnahme ist ihre Erforderlichkeit, wovon regelmäßig auszugehen ist, wenn für das Vermögen des

---

631 K/P-Lüke, § 84 Rn. 27.
632 Hueck, OHG, § 32 IV 2b.
633 Schmidt, ZHR 1989, 289; BGH, ZIP 1980, 179, 181.
634 MK-Schmidt, HGB, § 146 Rn. 45.

Schuldners und damit für die spätere Insolvenzmasse eine konkrete Gefahr besteht.[635] In der Praxis findet die Anordnung einer Sicherungsmaßnahme durch das Insolvenzgericht häufig ihren Anlass darin, dass entsprechende Tatsachen vorliegen, die den Schluss rechtfertigen, der Schuldner werde Vermögen beiseiteschaffen oder einzelne Gläubiger bevorzugt befriedigen.[636] Ein angeordneter Zustimmungsvorbehalt bezweckt also gerade, den Schuldner in den Verfügungsbefugnissen über sein Vermögen einzuschränken und eine nachteilige, dingliche Veränderung zu verhindern, weshalb die Anordnung auch entsprechend im Grundbuch kenntlich zu machen ist.

Dagegen nimmt der Insolvenzverwalter in der Auseinandersetzung der Gesellschaft bürgerlichen Rechts eine gänzlich andere Rechtsposition ein. Hier stehen sich Schuldner und Insolvenzverwalter nicht gegenüber, sondern der Verwalter handelt anstelle des Schuldners. Der Auffassung von *Raebel* folgend, muss sich die Gesellschaft eine Mitwirkung des außen stehenden Insolvenzverwalters gefallen lassen und kann bei der Abwicklung nicht mehr im Rahmen ihrer Selbstorganschaft handeln, was eine Verfügungsbeeinträchtigung zur Folge hat.[637] Dennoch räumt auch *Raebel* ein, dass der Schuldner grundsätzlich Träger der Mitwirkungsrechte bleibt. Fraglich ist daher, ob die Wahrnehmung der Verwaltungsrechte durch den Insolvenzverwalter tatsächlich eine Abkehr vom Prinzip der Selbstorganschaft bedeutet. Eine Berücksichtigung der Interessenlage legt eher die gegenteilige Vermutung nahe. In der Abwicklung einer Gesellschaft bürgerlichen Rechts entspricht es zumindest dem regelmäßigen Interesse aller Teilhaber, bei der Verwertung des Gesellschaftsvermögens den größtmöglichen Erlös zu erzielen, um somit alle Gesellschaftsverbindlichkeiten zu begleichen sowie von einem werthaltigen Anspruch auf das jeweilige Auseinandersetzungsguthaben zu profitieren. Natürlich vermag im Einzelfall die Absicht eines Gesellschafters auch darauf gerichtet sein, einen Vermögensgegenstand der Gesellschaft beiseite zu schaffen, um ihn der Auseinandersetzung im Rahmen des Gesellschaftsverhältnisses zu entziehen und sich gegebenenfalls selbst hieran zu bereichern. Für die hier erforderliche Gesamtbetrachtung sollte jedoch im Grundsatz zunächst von redlichen Gesellschaftern ausgegangen werden. Ob also der insolvente Gesellschafter selbst an der Auseinandersetzung teilnimmt oder der Verwalter an seiner Stelle handelt, ändert grundsätzlich nichts an dem Interesse daran, den bestmöglichen Erlösanteil zu erzielen, sei es auf Seiten des Schuldners für sein Privatvermögen oder aber seitens des Verwalters im Interesse der Verfahrensgläubiger für die Insolvenzmasse. Im Ergebnis bleibt also der Schuldner nicht nur Träger der Mitwirkungsrechte, sondern auch die Interessenlage des diese Rechte ausübenden Verwalters entspricht regelmäßig derjenigen des Schuldners sowie der anderen Teilhaber. Eine zur Beendigung der Selbstorganschaft führende, echte Fremdeinwirkung, aus der sich zudem eine dingliche Verfügungsbeschränkung ergeben soll, setzt aber nach hiesigem Rechtsverständnis, wenn schon nicht die Rechtsinhaberschaft des Außenstehenden bezüglich der Mitwirkungsrechte, dann doch zumindest eine divergierende Interessenlage bei der Rechtsausübung voraus.

---

635 Hmb-Komm/Schröder, § 21 Rn. 14 ff.
636 Uhlenbruck, § 21 Rn. 4.
637 Raebel, FS Kreft, 484, 493.

Überdies trägt der Aspekt einer Aufgabe der Selbstorganschaft in der Abwicklung als Begründung für den Eintritt einer Verfügungsbeschränkung der Gesamthand nicht. Denn der Grundsatz der Selbstorganschaft wird in der Auseinandersetzung der BGB-Gesellschaft ohnehin nicht notwendig aufrechterhalten.[638] Entsprechend der Bestimmung des § 146 Abs. 2 Satz 2 HGB kann auch ein Dritter durch einstimmigen Gesellschafterbeschluss als Liquidator bestellt werden.[639] Machen die Gesellschafter von dieser Möglichkeit Gebrauch, tritt nach insoweit eindeutiger Rechtslage keine Verfügungsbeschränkung der Gesamthand ein, die im Grundbuch zu vermerken wäre. Die Vertretungsverhältnisse der Gesellschaft spiegeln sich nämlich nicht im Grundbuch wieder, sondern sind allein in das Handelsregister einzutragen.[640]

Auch stellt sich hinsichtlich der eine Eintragung befürwortenden Auffassung die Frage, ob sie nicht die gesetzgeberische Wertung des § 84 Abs. 1 Satz 1 InsO verkennt. Die der Arbeit zugrunde liegende Norm stellt klar, dass sich die Verwertung der Beteiligung des Schuldners außerhalb des Insolvenzverfahrens vollzieht. Ob und wie der Anteil des Schuldners zugunsten der Insolvenzmasse verwertet werden kann, richtet sich nach den maßgeblichen materiellrechtlichen Regelungen. Das Insolvenzrecht und die dem Verwalter hiernach zustehenden Instrumentarien greifen bei der Verwertung nicht ein[641], weil sich ansonsten die Beschlagnahmewirkung auf die anderen Beteiligten als Außenstehende erstrecken würde. Das gesetzgeberische Anliegen bei der Einführung der Konkursordnung bestand darin, eine Art erweitertes Aussonderungsrecht zu schaffen, für den Fall, dass „das ganze Gemeinschaftsobjekt" nicht in die Konkursmasse falle.[642] Vor diesem Hintergrund erscheint die Annahme einer Verfügungsbeschränkung der Gesamthand dem Ziel des Gesetzgebers nicht zu entsprechen.

Größtenteils wird als Begründung für die Eintragung der Sinn und Zweck des § 32 InsO bemüht, welcher die Gefahr einer Schmälerung der Insolvenzmasse verhindern wolle. Aus diesem Grunde verbiete sich eine am Wortlaut der Vorschrift haftende und ausschließlich auf rechtsdogmatischen Erwägungen beruhende Auslegung. Letztlich kann aber auch der Normzweck des § 32 InsO nur dahingehend verstanden werden, lediglich solche Rechtspositionen zu erfassen, die von der Insolvenzordnung auch als schützenswert anerkannt werden. Jede weiterführende Auslegung würde dem Charakter des § 32 InsO als Spezialnorm nicht gerecht.[643] Die Vorschrift des § 84 Abs. 1 Satz 1 InsO spricht aber gerade gegen eine Beeinträchtigung der Gesamthand durch die Insolvenz eines ihrer Mitglieder und zwingt daher auch dazu, dies im Rahmen des § 32 GBO zu berücksichtigen.

---

638 Staudinger-Habermeier, BGB, § 730 Rn. 13.
639 Staudinger-Habermeier, BGB, § 730 Rn. 13.
640 OLG Rostock, DZWIR 2004, 38, 39.
641 MK-Stodolkowitz, § 84 Rn. 1.
642 Hahn, Materialien zur Konkursordnung, Begr. Zu § 14 (= § 16 KO), 61.
643 OLG Rostock, DZWIR 2004, 38, 39.

cc) Zwischenergebnis

Nach den obigen Ausführungen ist im Ergebnis der Auffassung von *Keller* zuzustimmen, wonach die Lösung für die materiellrechtliche Fragestellung der Insolvenz eines GbR-Gesellschafters nicht im Sachenrecht und der Frage nach einer Entziehung der Verfügungsbeschränkung der Gesamthand, sondern vielmehr im Gesellschaftsrecht und der Frage nach einer wirksamen Vertretung der Gesellschaft im Liquidationsstadium zu suchen ist.[644] Dass es sich letztlich nicht um ein sachenrechtliches Problem handeln kann, wird noch deutlicher, wenn der insolvente Gesellschafter entgegen der dispositiven Regelung des § 728 Abs. 2 BGB mit Eröffnung des Insolvenzverfahrens aus der Gesellschaft ausscheidet, wie das regelmäßig bei den Personenhandelsgesellschaften der Fall ist. Die Insolvenzeröffnung bleibt hier ohne Bedeutung für die Gesellschaft, eine dingliche Verfügungsbeeinträchtigung der Gesamthand ist bei Ausscheiden des Schuldners fernliegend.[645]

Verbleibt es hingegen bei der Auflösung der Gesellschaft infolge der Gesellschafterinsolvenz, gilt Folgendes: Überträgt die Gesellschaft vor der Insolvenzeröffnung über das Vermögen des Schuldners ein in ihrem Eigentum stehendes Grundstück, hat das spätere Insolvenzverfahren für diese Übereignung keinerlei Bedeutung. Maßgeblich ist allein eine wirksame Vertretung der Gesellschaft bei Abschluss des Rechtsgeschäfts, der durch § 80 InsO bedingte, spätere Wegfall der Verfügungsbefugnis des insolventen Gesellschafters kann somit nicht zu einer Unwirksamkeit des früheren Rechtsgeschäfts führen. Anders beurteilt sich die Rechtslage, wenn die Gesellschaft erst nach der Eröffnung über ihr Grundeigentum verfügt. Zwar wird auch insoweit der insolvente Gesellschafter nicht unmittelbar an der Vertretung der Gesellschaft gehindert, wegen der Entziehung seiner Verfügungsbefugnis handelt es sich aber im Hinblick auf den Schuldner um ein Rechtsgeschäft eines Vertreters ohne Vertretungsmacht nach den §§ 177 ff. BGB. Die Wirksamkeit des Rechtsgeschäfts hängt hier also maßgeblich von der nachträglichen Genehmigung des Insolvenzverwalters als Vertretungsberechtigten ab.[646]

Falsch ist hingegen die Annahme, die Gesellschaft sei als solche in ihrer Verfügungsmacht beeinträchtigt. Aus der Verfügungsbeschränkung des Schuldners resultiert eben gerade keine unmittelbar gegen die Gesellschaft wirkende Verfügungsbeeinträchtigung. Das Grundbuch wird daher auch nicht nach den §§ 894, 892 Abs. 1 Satz 2 BGB mit der Insolvenzeröffnung über das Vermögens eines ihrer Gesellschafter unrichtig. Veräußert und überträgt die Gesellschaft ein in ihrem Eigentum stehendes Grundstück, stellt dies keine Verfügung eines Nichtberechtigten dar, die nur als gutgläubiger Erwerb wirksam wäre.[647] Die Eintragung eines Insolvenzvermerks wegen der Eröffnung des Insolvenzverfahrens über das Vermögen eines GbR-Gesellschafters hinsichtlich des GbR-Grundvermögens führt deshalb letztlich nur zu Missverständnissen, weil sie, selbst wenn in der Eintragung namentlich auf den Gesellschafter Bezug genommen wird, den Glauben an eine Verfügungsbeeinträchtigung der Gesamthand schürt, die tatsächlich nicht besteht.

644 Keller, DZWIR 2004, 38, 42.
645 Keller, Rpfleger 2000, 200, 203 f.
646 Keller, DZWIR 2004, 38, 42.
647 Keller, Rpfleger 2000, 201, 203.

c) *Fehlende Voreintragung, § 39 GBO*

aa) Allgemeines

Weiterhin bestehen auch in formeller Hinsicht erhebliche rechtliche Bedenken an der Zulässigkeit der Eintragung eines Insolvenzvermerks im Grundbuch in den vorbenannten Fällen. Nach der Vorschrift des § 39 GBO muss auch der Schuldner im Insolvenzverfahren als Berechtigter im Grundbuch eingetragen sein. Die insolvenzrechtlichen Bestimmungen ändern also grundsätzlich nichts an der Notwendigkeit einer Überprüfung seiner Voreintragung durch den nach § 12c Abs. 2 Nr. 3 GBO zuständigen Urkundsbeamten.[648] Im Rahmen des § 39 GBO stellt sich daher die Frage, ob die Eintragung des Schuldners als Gesellschafter in Gesellschaft bürgerlichen Rechts den Anforderungen der Vorschrift genügt. Die bisherige Diskussion hierum konzentriert sich im Wesentlichen auf drei Aspekte.

bb) Grundbuchfähigkeit der GbR

Nach *Raebel* beruhen die Zweifel bezüglich der Voreintragung hauptsächlich auf der behaupteten Grundbuchfähigkeit der GbR.

Zwar lege die Anerkennung der Rechtsfähigkeit der BGB-Außengesellschaft durch den BGH auch deren Grundbuchfähigkeit nahe, dies sei aber aus praktischen Gründen höchst misslich.[649] Denn der Gesellschafterbestand werde bei einer Anerkennung der Grundbuchfähigkeit der GbR von dem öffentlichen Glauben des Grundbuches nicht mehr erfasst, obwohl dieser auch nach § 32 GBO nicht durch ein anderes Register bescheinigt werde. Und, in Konsequenz dessen, lasse das Grundbuch nicht mehr erkennen, wer die GbR durch gemeinschaftliches Handeln aller Gesellschafter nach außen vertrete, was die Verkehrsfähigkeit des gesellschaftlichen Grundeigentums behindere.[650]

Demgegenüber beurteilt sich der Sachverhalt nach Auffassung von *Keller* unabhängig von der Annerkennung der Grundbuchfähigkeit einer BGB-Gesellschaft. Der Gesellschafter könne nicht als voreingetragen gelten, da unter Berücksichtigung des § 11 Abs. 2 Nr. 1 InsO nur die Gesellschaft selbst als Rechtssubjekt angesehen werden dürfe. Nach seiner Ansicht komme es auf typisch grundbuchrechtliche Fragestellungen, wie etwa die Eintragung der Gesellschaft ohne Benennung ihrer Gesellschafter oder den notwendigen Nachweis bei einem Gesellschafterwechsel, nicht maßgeblich an. Entscheidend sei allein die mangelnde Kongruenz zwischen dem im Eröffnungsbeschluss nach § 27 Abs. 2 Nr. 1 InsO bzw. nach § 32 Abs. 2 InsO benannten Schuldners mit der Eintragung im Grundbuch.[651]

Der letztgenannten Ansicht ist im Ergebnis zu folgen. Der öffentliche Glaube des Grundbuches erstreckt sich nicht auf die Vertretungsmacht, und zwar auch dann nicht, wenn sie sich aus dem Grundbuch ergibt.[652] Seit Anerkennung der Rechtsfähigkeit der GbR ist darüber hinaus schon zweifelhaft, ob der gute Glaube eines redlichen Erwerbers in die Gesellschafterstellung durch § 892 BGB geschützt wird, wenn die Eintragung, wie wegen der bis dato überwiegend abgelehnten Grund-

---

648 Schöner/Stöber, Grundbuchrecht, Rn. 1634.
649 Raebel, FS Kreft, 483, 493 f.
650 Raebel, FS Kreft, 483, 494.
651 Keller, DZWIR 2004, 38, 41.
652 RGZ 134, 283; Soergel-Stürner, BGB, § 892 Rn. 9.

buchfähigkeit der GbR auch in der jüngsten Vergangenheit noch üblich, auf die Gesellschafter in Gesellschaft bürgerlichen Rechts lautet.[653] Zutreffend kann aufgrund ihrer Rechts- und Parteifähigkeit nur die Gesellschaft als Rechtsinhaberin nach § 14 Abs. 2 BGB gelten. Hieran ändert auch ihre mangelnde Fähigkeit, unter eigenem Namen eingetragen zu werden, nichts. Zwar ist die rechtsfähige Gesamthandsgesellschaft nichts anderes als die Gesellschafter in ihrer Verbundenheit. Die Frage nach der Unrichtigkeit des Grundbuches richtet sich aber in erster Linie nach dem materiellen Recht, insoweit kommt der Grundbuchfähigkeit der GbR nur eine untergeordnete Bedeutung zu.[654] Nach dem materiellen Recht ist allein die rechts- und parteifähige GbR dinglich berechtigt. Eine Veränderung des Gesellschafterbestandes führt deshalb nicht zu einer Unrichtigkeit des Grundbuches. Wegen der falschen Bezeichnung bedarf es nur einer Richtigstellung der Eigentümerbezeichnung.[655]

Dementsprechend ist bei einer Eintragung der Gesellschafter im Grundbuch mit dem Zusatz „in Gesellschaft bürgerlichen Rechts" auch nach der neuesten Rechtsprechung des BGH allein die Gesellschaft Eigentümerin des Grundstücks.[656]

Zwar richte sich die Eintragungspraxis bisher nach § 47 2. Alt. GBO, grundbuchverfahrensrechtlich werde also noch auf die Mitberechtigung an dem Grundstück abgestellt. Für den Rechtsverkehr werde aber mit der so lautenden Eintragung unzweifelhaft zum Ausdruck gebracht, dass Eigentümerin der Liegenschaften ausschließlich die BGB-Gesellschaft sei. Ansonsten müsse es neben dem Gesellschaftsvermögen eine gesonderte Form des Gesamthandsvermögens geben, was niemand ernsthaft in Betracht ziehen könne.[657]

Diesen Ausführungen ist vollumfänglich zuzustimmen. Die Feststellungen des Bundesgerichtshofes bilden die logische Konsequenz aus der Anerkennung der Rechts- und Parteifähigkeit der GbR. Zumal sich in der neueren Rechtsprechung darüber hinaus erste Tendenzen abzeichnen, die BGB-Gesellschaft auch als grundbuchfähig anzuerkennen, und zwar in der Gestalt, dass die Eintragung unter dem Namen der Gesellschaft erfolgen kann, wenn dieser ausreichende Unterscheidungskraft entfaltet.[658] Entsprechenden Überlegungen hierzu hat sich wohl auch der BGH nicht grundsätzlich verwehrt.[659] Für die Zukunft dürfte sich somit nicht mehr die Frage stellen, ob die GbR überhaupt grundbuchfähig ist, sondern nur noch wie die Eintragung zu erfolgen hat, d. h., ob sie unter ihrem eigenen Namen eingetragen werden kann.[660]

Wenn aber schon höchst zweifelhaft ist, ob der Gesellschafterbestand als solcher von dem öffentlichen Glauben des Grundbuches geschützt wird, kann erst recht nicht der Glaube in eine eventuell zu dessen Gunsten bestehende Vertretungsmacht

---

653 Ulmer/Steffek, NJW 2002, 330, 337 f.
654 Ulmer/Steffek, NJW 2002, 330, 337.
655 Wertenbruch, NJW 2002, 324, 329.
656 BGH, ZIP 2006, 1318; BGH, ZIP 2006, 2128; BGH, NZG 2007, 623.
657 BGH, ZIP 2006, 2128, 2129 f.
658 OLG Stuttgart, ZIP 2007, 419, 420 f.
659 BGH, NZG 2007, 623, 625.
660 Kesseler, ZIP 2007, 419, 422.

bezüglich der Gesellschaft erfasst werden. Ferner ist auch bei einem im Grundbuch korrekt wiedergegebenen Gesellschafterbestand keinesfalls sichergestellt, dass diese auch tatsächlich zur gemeinschaftlichen Vertretung der Gesellschaft nach außen berechtigt sind. Wie bereits aufgezeigt, können die Gesellschafter jederzeit ein einzelnes Mitglied zu dem allein vertretungsberechtigten Geschäftsführer ihrer Gesellschaft bestellen, ohne dass die Veränderung der Vertretungsverhältnisse im Grundbuch anzugeben wäre. Der Schutz des Grundbuches erfasst aber nur solche Rechtspositionen, die auch aus dem Grundbuch ersichtlich sind.[661] Darüber hinaus ist das „Beglaubigungsgebiet“ nochmals durch den Funktionszusammenhang mit den §§ 894, 899 BGB zu begrenzen. Geschützt sind nur solche Angaben, die bestimmungsgemäß über den Bestand, den Umfang, den Inhalt und den Rang eines Rechtes an einem Grundstück oder an einem Grundstücksrecht oder aber über die Person des Berechtigten Auskunft erteilen.[662] Die Vertretungsverhältnisse beziehen sich aber nicht auf das Grundstück, sondern auf die Gesellschaft selbst. Durch die namentliche Benennung der Gesellschafter werden also nicht die Vertretungsverhältnisse im Grundbuch widergespiegelt.

cc) Ergänzungsfunktion des Handelsregisters

In Teilen der Literatur wird im Rahmen des Voreintragungserfordernisses gemäß § 39 GBO auf die bei der Gesellschaft bürgerlichen Rechts nicht eingreifende Ergänzungsfunktion des Handelsregisters verwiesen. Im Gegensatz zu den Personenhandelsgesellschaften sind der Gesellschafterbestand und die Vertretungsverhältnisse bei der GbR nicht im Handelsregister oder einem anderen Register kenntlich zu machen, weshalb die Beurkundung im Grundbuch zwingend auch die einzelnen Gesellschafter erfassen müsse.[663] Letztlich sei daher auch hinsichtlich des insolventen Gesellschafters eine Voreintragung im Sinne des § 39 GBO zu bejahen.[664]

Nach der hier vertretenen Auffassung führt die dem Grunde nach nicht zu bezweifelnde „Publizitätslücke“ bei der GbR zwar möglicherweise zu einer Gefährdung ihrer Verkehrsfähigkeit, die Überlegungen sind aber nicht geeignet, die von § 39 GBO verlangte Voreintragung zu begründen. Zum einen beruht diese Schlussfolgerung auf der fehlerhaften Annahme, die Eintragung einer Verfügungsbeschränkung bei der OHG oder der KG bei Insolvenz eines ihrer Gesellschafter sei in der Vergangenheit zumeist unterblieben, weil sich hier die Gründe für eine Eintragung wegen der Ergänzungsfunktion des Handelsregisters größtenteils erübrigten. Zum anderen liegen die Voraussetzungen nach § 39 GBO hinsichtlich des Gesellschafters selbst dann nicht vor, wenn sich der öffentliche Glaube entsprechend der obigen Auffassung aus Rücksicht auf den Rechtsverkehr auch auf den Gesellschafterbestand erstrecken würde.

Löst sich eine OHG oder eine KG entgegen der Bestimmung des § 131 Abs. 3 Satz 1 Nr. 2 HGB mit Eröffnung des Insolvenzverfahrens über das Vermögen ihres Gesell-

---

661 Staudinger-Gursky, BGB, § 892 Rn. 5.
662 Staudinger-Gursky, BGB, § 892 Rn. 25 f.
663 Kesseler, ZIP 2006, 419, 423.
664 Raebel, FS Kreft, 483, 493.

schafters auf, erfolgt nach der obigen Ansicht in den allermeisten Fällen deshalb keine Eintragung des Insolvenzvermerks im Grundbuch, weil der Grundbuchbeamte gemäß § 32 GBO die Eintragung einer Verfügung der Gesellschaft über ihr Grundeigentum ablehnen müsse, wenn der Insolvenzverwalter die übrigen Gesellschafter zu einer Anmeldung nach § 143 Abs. 1 Satz 1 HGB bewegt und bei der Verfügung nicht nach § 146 Abs. 3 HGB mitgewirkt habe.[665] Dem ist nicht zuzustimmen. Vielmehr liegt der Grund für die Ablehnung einer Eintragung darin, dass im Grundbuch ausschließlich die Personenhandelsgesellschaft unter Angabe ihrer Firma als Eigentümerin ausgewiesen wird.[666] Die verfahrensrechtliche Unterscheidung im Grundbuchverkehr zwischen den Personenhandelsgesellschaften und der GbR liegt nur in der Anwendung der § 47 GBO und § 15 Abs. 1 lit. b GBV. Insbesondere § 47 GBO findet bei der OHG und der KG keine Anwendung, denn das Recht an dem Grundstück steht hier seit jeher der Gesellschaft und nicht den Gesellschaftern zu.[667]

Auch bei der OHG könnte demnach ein vertretungsberechtigter Gesellschafter in der Auseinandersetzung wegen § 15 Abs. 1 HGB noch zum Nachteil für die Insolvenzgläubiger über das Gesellschaftsvermögen verfügen, solange keine Anmeldung nach § 143 Abs. 1 Satz 1 HGB erfolgt ist und hierdurch im Handelsregister die gemeinschaftliche Vertretung der OHG durch die Gesellschafter zusammen mit dem Insolvenzverwalter nach § 146 Abs. 1 Satz 1, Abs. 3 InsO angezeigt wird.[668] Im Ergebnis stellt sich also auch bei den Personenhandelsgesellschaften die bei dem insolventen Gesellschafter nach § 80 InsO eintretende Verfügungsbeschränkung im Hinblick auf die Gesellschaft als ein Problem ihrer Vertretung im Liquidationsstadium dar. Eine Verfügungsbeschränkung der Gesellschaft resultiert aus den bereits genannten Gründen indes aus § 146 Abs. 3 HGB nicht. Wenn aber letztlich sowohl bei der GbR als auch bei der OHG die Vertretungsverhältnisse maßgeblich sind, kann die mangelnde Publizität der GbR im Handelsregister nicht durch eine Benennung ihrer Gesellschafter und eine Erstreckung des öffentlichen Glaubens auf den Gesellschafterbestand überbrückt werden. Denn die Vertretungsverhältnisse spiegeln sich im Grundbuch auch bei einer Benennung der Gesellschafter eben nicht notwendig wider und werden keinesfalls vom öffentlichen Glauben erfasst.

Freilich sprechen über den hier behandelten Fall hinaus eine Reihe von Gründen des Verkehrsschutzes und der Rechtssicherheit dafür, auch die Gesellschafter in einem Register zu publizieren. Zu den einzelnen Gründen führt Kesseler in seinen Anmerkungen zu der Entscheidung des OLG Stuttgart vom 09.01.2007 näher aus.[669] Bei Ablehnung alternativer Lösungen, etwa der Schaffung eines eigenen Registers für die GbR oder einer entsprechenden Eintragungsmöglichkeit im Handelsregister, bietet sich tatsächlich an, die Gesellschafter weiterhin im Grundbuch zu benennen.

---

665 Raebel, FS Kreft, 483, 494.
666 Keller, Rpfleger 2000, 201, 203.
667 Demharter, GBO, § 47 Rn. 10.
668 Keller, Rpfleger 2000, 201, 203.
669 Kesseler, ZIP 2006, 419, 421 ff.

Ausschlaggebend für die Voreintragung im Sinne des § 39 GBO ist aber letztlich folgender Gedanke: Werden die Gesellschafter entsprechend der bisherigen Praxis weiterhin nach § 47 GBO als Mitberechtigte der Gesamthand in das Grundbuch eingetragen und gilt der Gesellschafterbestand der obigen Auffassung folgend als durch das Grundbuch öffentlich beglaubigt, ändert dies nach wie vor nichts an dem Fehlen der Voraussetzung einer Voreintragung. Im Rahmen des § 47 GBO kann nämlich die GbR nicht mehr als reines Berechtigungsverhältnis angesehen werden, vielmehr zwingt die neuerliche Rechtsprechung des BGH dazu, auch diese Vorschrift so auszulegen, dass allein die Gesellschaft selbst als im Grundbuch eingetragener Rechtsträger gilt.[670] Die Tatsache, dass § 47 GBO auf die Gesellschaft bürgerlichen Rechts im Gegensatz zu der OHG und der KG Anwendung findet, beruht vor allem auf der bei Einführung der Verordnung noch nicht anerkannten Rechts- und Parteifähigkeit der GbR. Nach heutiger Rechtslage treffen die Gründe, welche die OHG und die KG von dem Anwendungsbereich der Vorschrift ausschließen, dem Grunde nach gleichsam auf die GbR zu. Denn ein Grundstück, das im Eigentum der GbR steht, befindet sich nicht in der Hand mehrerer Personen.[671] Will man die Vorschrift dennoch weiterhin für die Eintragung einer GbR im Grundbuch heranziehen, bedarf es zumindest ihrer obigen Auslegung. Dann aber fehlt es auch bei namentlicher Benennung im Grundbuch an einer Voreintragung des Schuldners.

dd) Eintragungsgegenstand des Insolvenzvermerks

Nach Ansicht von *Raebel* beruhen die Bedenken hinsichtlich des Vorliegens der Voraussetzungen des § 39 GBO zudem auf der Annahme, bei Eintragung des Insolvenzvermerks in den genannten Fällen käme es zu der Gefahr einer unzulässigen Vermischung von Privateigentum des Schuldners und Gesamthandseigentum der Gesellschaft.[672] Diese Sorge sei jedoch unbegründet und eine Verwechslung der Vermögensmassen ausgeschlossen, wenn der Insolvenzvermerk eindeutig zum Ausdruck bringe, dass nicht über das Vermögen der Eigentümergesellschaft, sondern lediglich über das Vermögen eines ihrer Mitgesellschafter das Insolvenzverfahren eröffnet worden sei.

Deshalb bestünde die formelle Voreintragung i. S. d. § 39 GBO sowohl in Form einer Eintragung der rechts- und grundbuchfähigen Gesamthand als auch in Buchungsform des § 47 GBO bezüglich des einzelnen Gesamthänders, wenn sich dessen Verfügungsbeschränkung zugleich auf die Verfügungsfreiheit der Gesamthand auswirke.[673]

In der Tat dürfte sich selbst dem Laien bei Einsichtnahme in die Grundbücher erschließen, dass es sich um zwei unterschiedliche „Zuordnungssubjekte" handelt, wenn dort als Eigentümer eines Grundstücks alle Gesellschafter in Gesellschaft bürgerlichen Rechts eingetragen sind und sich der Insolvenzvermerk seinem eindeutigen Wortlaut nach nur auf einen der Gesellschafter erstreckt. Dies hilft aber nicht darüber hinweg, dass mangels einer Verfügungsbeschränkung der Gesamthand

670 BGH, ZIP 2006, 1318; BGH, ZIP 2006, 2128; BGH, NZG 2007, 623.
671 Kesseler, ZIP 2006, 419, 422.
672 Raebel, FS Kreft, 483, 490.
673 Raebel, FS Kreft, 483, 494.

kein Raum für eine derartige Eintragung besteht.[674] Denn auch den Ausführungen von *Raebel* zufolge, muss die verlangte Voreintragung nur insoweit als gegeben angesehen werden, als dass durch die Insolvenz des Mitgesellschafters eine Verfügungsbeschränkung der Gesamthand eintritt. Wie oben aufgezeigt fehlt es aber genau hieran.

Ebenso wenig besteht Veranlassung für eine Eintragung, um eine Vollstreckung der Gesellschaftsgläubiger in das Grundvermögen der Gesellschaft zu vereiteln. Die Gläubiger können ungehindert der Insolvenzeröffnung über das Vermögen eines Gesellschafters wegen § 89 Abs. 1 InsO in ein Grundstück der GbR vollstrecken.[675] Auf diese materiellrechtliche Ausgangslage hätte auch die Eintragung des Insolvenzvermerks, welcher allein den Schuldner betrifft, keinen Einfluss.

Eine nur auf den Schuldner lautende Eintragung käme deshalb allenfalls in Frage, wenn die Gefahr eines gutgläubigen Erwerbs des der Insolvenzmasse zustehenden Anteilsrechts bestünde. Aber auch ein Gutglaubenserwerb des Anteilsrechts scheidet im Ergebnis aus. Seitens des Schuldners existiert nämlich kein Anteilsrecht an etwaigen Grundstücken der BGB-Gesellschaft, sondern nur am Gesamthandsvermögen als solches. Ferner werden die Anteilsrechte der Gesellschafter im Grundbuch, anders als bei der Bruchteilsgemeinschaft, nicht gebucht. Schon unter diesem Aspekt kommt ein gutgläubiger Erwerb nicht in Frage. Eine Eintragung des Insolvenzvermerks über das Vermögen des Gesellschafters ist also auch nicht wegen der Gefahr eines gutgläubigen Erwerbs des Anteilsrechts angezeigt.

ee) Zwischenergebnis

Letztlich kann daher der insolvente Gesellschafter weder als voreingetragen im Hinblick auf die Eigentümerstellung gelten, noch resultiert aus seiner namentlichen Benennung im Grundbuch eine Schutzwirkung hinsichtlich seiner Vertretungsmacht, in deren Ansehung die von § 39 GBO geforderte Voreintragung bestehen könnte. Es fehlt somit auch an den formellen Voraussetzungen des § 39 GBO, und zwar unabhängig von der Grundbuchfähigkeit einer Gesellschaft bürgerlichen Rechts.

3. Praktische Notwendigkeit wegen der Gefahr einer Masseschmälerung

a) Einleitung

Ausgehend von der obigen Argumentation scheidet eine Eintragung des Insolvenzvermerks bei der Gesellschaft bürgerlichen Rechts aus, sofern das Insolvenzverfahren lediglich über das Vermögen eines Gesellschafters eröffnet wird. Die Kritik hieran konzentriert sich im Wesentlichen auf die nachteiligen rechtlichen und wirtschaftlichen Konsequenzen einer Ablehnung der Eintragung.[676] Trotz formaljuristisch zutreffender Erwägungen sei eine Eintragung im Hinblick auf den Schutz der

---

674 Pape, Lambert-Lang/Briesemeister, Grundstückspraxis, Teil 14, Rn. 52.
675 BGHZ 23, 307, 314.
676 LG Duisburg, ZIP 2006, 1594, 1595; Undritz, EWIR 2004, 73, 74.

Insolvenzmasse und des Grundbuchverkehrs erforderlich.[677] Die vom BGH betriebene Verselbständigung der GbR dürfe daher nicht aus rechtsdogmatischen Gründen überdehnt werden.[678]

In der Tat kann auch diesseits nicht geleugnet werden, dass sich jede streng formalistische, nur auf einer vordergründig gesetzestreuen Betrachtungsweise beruhende Argumentation verbietet, wenn das so erhaltene Ergebnis dem Sinn und Zweck der zugrunde liegenden Normen widerspricht.[679] Im Anschluss soll daher überprüft werden, ob die wegen der Nichteintragung des Vermerks befürchtete Gefährdungslage tatsächlich droht.

b) *Insolvenzmassegefährdung*

Der Grund für eine Gefährdung der Insolvenzmasse soll vor allem darin bestehen, dass alle Gesellschafter gemeinschaftlich über das Grundstück verfügen können, solange kein Insolvenzvermerk im Grundbuch eingetragen wurde, und somit die Verwertung des Objekts im Rahmen der Auseinandersetzung des Gesellschaftsverhältnisses durch den gutgläubigen Erwerb eines Dritten vereitelt werden könnte. Für die Insolvenzgläubiger resultiert daraus ein Nachteil, denn durch den Wegfall der Immobilie verringert sich das Auseinandersetzungsguthaben des insolventen Gesellschafters und die Insolvenzmasse wird zumindest mittelbar geschmälert.[680] Genau genommen scheidet allerdings ein gutgläubiger Erwerb nach der hier vertretenen Auffassung von vorneherein aus. Dies würde nämlich notwendig voraussetzen, dass sich die Angaben im Grundbuch wegen des Fehlens eines Insolvenzvermerks nicht mit der tatsächlichen Rechtslage decken, also eine Verfügungsbeschränkung nicht in das Grundbuch eingetragen worden wäre, obwohl sie in Wirklichkeit bestünde. Wie oben ausführlich dargestellt, ist die Gesellschaft aber tatsächlich nicht unmittelbar in ihrer Verfügungsbefugnis beeinträchtigt, die Insolvenz des Gesellschafters nimmt bezüglich Verfügungen der Gesellschaft nur Einfluss auf die Vertretungsverhältnisse bei Vornahme des Rechtsgeschäfts. Nichtsdestotrotz bedarf es einer Klärung bzw. eines Vergleichs, inwiefern die hier vertretene Ansicht im Gegensatz zu der früher vorherrschenden Meinung zu einem anderen, nachteiligen Resultat für die Insolvenzmasse führt. Dabei ist in zeitlicher Hinsicht zu differenzieren zwischen Verfügungen der Gesellschaft über ihr Grundvermögen, die bei der Verfahrenseröffnung über das Vermögen des Gesellschafters bereits vollständig abgeschlossen waren, solchen Verfügungen, bei denen zwar das Rechtsgeschäft vorgenommen, aber der Antrag auf Eintragung beim Grundbuchamt im Eröffnungszeitpunkt noch nicht gestellt wurde, und denjenigen Verfügungen nach Eröffnung des Verfahrens.

Schließen die Gesellschafter gemeinsam mit dem insolventen Gesellschafter erst nach der Verfahrenseröffnung ein Rechtsgeschäft über die Liegenschaften der GbR ab, handelt der Schuldner insoweit als Vertreter ohne Vertretungsmacht nach § 177

---

677 Hmb-Komm/Schröder, § 32, Rn. 10.
678 Undritz, EWIR 2004, 73, 74.
679 MK-Schmahl, § 32 Rn. 19.
680 Keller, Rpfleger 2000, 201, 203.

Abs. 1 BGB und das Rechtsgeschäft ist schwebend unwirksam. Ursprünglich wurde im Rahmen der hier zugrunde liegenden Gesamtvertretung verlangt, der bei dem Rechtsgeschäft nicht mitwirkende Gesamtvertreter müsse anschließend gegenüber dem Vertragspartner seine Genehmigung erklären. Diese Auffassung wurde aber inzwischen aufgegeben. Die Erklärung der Genehmigung kann auch intern gegenüber den handelnden Gesamtvertretern erfolgen.[681] Erachtet der Insolvenzverwalter die Verfügung nicht als wirtschaftlich nachteilig, reicht demnach eine Genehmigungserklärung gegenüber den übrigen Gesellschaftern aus, die auch durch schlüssiges Handeln abgegeben werden kann. Haben die Gesellschafter demgegenüber das Grundstück nicht zum Verkehrswert veräußert und befürchtet der Verwalter deshalb einen Nachteil für die Insolvenzmasse, kann er die Genehmigung verweigern, wodurch das Rechtsgeschäft als von Anfang an unwirksam gilt. Dem Verkehrsschutz wird hier dadurch ausreichend Rechnung getragen, dass der Vertragspartner einerseits den Insolvenzverwalter zur Abgabe einer Erklärung im Sinne des § 177 Abs. 2 BGB auffordern kann und er andererseits das Rechtsgeschäft bis zur Genehmigung durch den Verwalter nach § 178 BGB frei widerrufen darf.

Letztlich kommt es also nicht anders als bei einer unterstellten Verfügungsbeschränkung der Gesamthand maßgeblich auf den Willen des Insolvenzverwalters an, seine Zustimmung zu der Verfügung zu erteilen. Soweit die eine Eintragung befürwortende Auffassung in diesem Zusammenhang von der Gefahr eines gutgläubigen Ersterwerbs spricht, weil die Verfügungsbeschränkung nicht im Grundbuch ersichtlich sei, trifft dies nicht zu.[682] Denn das Rechtsgeschäft ist schon wegen des Vertretungsmangels unwirksam, sofern der Verwalter es nicht genehmigt.[683]

Problematisch sind nach alledem nur diejenigen Verfügungen nach Eröffnung des Verfahrens, bei denen das Grundstück ohne Wissen des Insolvenzverwalters unter Mitwirkung des Schuldners nach dritter Seite veräußert wird, das Grundbuchamt wegen fehlender Kenntnis des Vertretungsmangels den Erwerber als Eigentümer in das Grundbuch einträgt und dieser die Immobilie wiederum an einen Dritten veräußert. Kennt der Enderwerber die Unwirksamkeit des ersten Rechtsgeschäfts nicht, liegen die Voraussetzungen eines gutgläubigen Zweiterwerbs in seiner Person vor und der Verkehrsschutz überwindet den ursprünglichen Vertretungsmangel.

Freilich dürfte es sich hierbei in der Praxis um eine äußerst seltene Sachverhaltskonstellation handeln. Schon der zeitliche Aspekt spricht dafür, dass der Insolvenzverwalter in aller Regel Kenntnis von dem Verkauf des Gesellschaftsgrundstücks erlangt, bevor das Objekt nochmals weiterveräußert wird. Das Gegenteil liegt nur dann nahe, wenn der Schuldner und die übrigen Gesellschafter mit dem Ersterwerber kollusiv zusammenwirken und eine Benachteiligung des Gesellschaftsvermögens beabsichtigen, also mit Schädigungsvorsatz handeln. Zwar eröffnet eine durch den Schuldner veranlasste bzw. sogar arrangierte Verschlechterung seines Vermögens den Anwendungsbereich des § 826 BGB regelmäßig nicht, weil die Vorschrif-

681 Staudinger-Schilken, BGB, § 177 Rn. 14.
682 Undritz, EWIR 2004, 73 f.
683 Raebel, FS Kreft, 483, 488.

ten der Gläubiger- und Insolvenzanfechtung insoweit Vorrang genießen.[684] Dies könnte hier zum einen Schwierigkeiten bereiten, da die Veräußerung der Gesellschaft selbst nicht anfechtbar ist und zum anderen die Anwendung der insolvenzrechtlichen Anfechtungsvorschriften ohnehin wegen § 84 Abs. 1 InsO gesperrt sein könnte.

In den Fällen kollusiven Zusammenwirkens, d. h., wenn der Schuldner bewusst mit Dritten in Gläubigerbenachteiligung gehandelt hat, liegt aber nach ganz herrschender Meinung ein eigenständiger Sittenverstoß vor, mit der Folge, dass zugunsten der Insolvenzmasse möglicherweise ein Anspruch aus unerlaubter Handlung nach § 826 BGB greift.[685] Ob die Voraussetzungen des deliktischen Anspruchs tatsächlich vorliegen, bleibt einer Prüfung des konkreten Einzelfalls vorbehalten. Regelmäßig kann aber davon ausgegangen werden, dass der Ersterwerber des Grundstücks als Anspruchsgegner zumindest solvent und der Anspruch somit werthaltig ist. Denn im Gegensatz zu der Veräußerung zwischen der Gesellschaft und dem Ersterwerber, wird bei der zweiten Übertragung des Objekts ein angemessener Kaufpreis geflossen sein. In der Person eines Insolvenzgläubigers dürfte die Ersatzpflicht wegen sittenwidriger Schädigung der Insolvenzmasse allerdings nur den sog. Quotenschaden umfassen.[686]

Im Ergebnis weitgehend gleich beurteilt sich auch die Rechtslage vor Eröffnung des Insolvenzverfahrens über das Vermögen eines Gesellschafters. Ist das Rechtsgeschäft über das Gesellschaftsgrundstück bereits vollständig abgeschlossen und wurden auch die erforderlichen Eintragungen im Grundbuch vorgenommen bzw. zumindest beantragt, hat die spätere Insolvenzeröffnung nach beiden Ansichten keinen Einfluss mehr auf dessen Wirksamkeit. Handelt es sich um ein Problem der Stellvertretung der Gesamthand, bleibt der spätere Wegfall der Vertretungsmacht hinsichtlich des Schuldners durch § 80 InsO wegen §§ 130 Abs. 2, 153 BGB für die Wirksamkeit sowohl des Verpflichtungs- als auch des Verfügungsgeschäfts ohne Bedeutung.[687] Nichts anderes kann aber gelten, wenn durch die Insolvenzeröffnung eine Verfügungsbeschränkung der Gesamthand einträte. Für den vorinsolvenzlichen Zeitraum sind die Gläubiger ebenfalls nicht vor mittelbar schädigenden Verfügungen der Gesellschaft geschützt, da auch hiernach die Annahme einer Verfügungsbeschränkung allein auf den Wirkungen des § 80 InsO basiert und somit erst eine unmittelbare Folge der Insolvenzeröffnung darstellt.

Die Eintragung einer Verfügungsbeschränkung beeinflusst daher allenfalls solche Erwerbstatbestände vor Verfahrenseröffnung, die zum Zeitpunkt der Eröffnung noch nicht abgeschlossen sind. Der einzige Unterschied besteht darin, dass die früher vorherrschende Auffassung eine Anwendung des § 878 BGB bejaht und infolgedessen solche Verfügungen für unwirksam erachtet, bei denen die entsprechenden Grundbucherklärungen noch nicht vollzogen wurden und der Insolvenzverwalter das Rechtsgeschäft nicht genehmigt. Maßgeblich ist aber nicht, ob die

---

684 BGH, WM 1958, 1278; BGH, WM 2000, 1855.
685 BGHZ 143, 146.
686 Staudinger-Oechsler, BGB, § 826 Rn. 357.
687 Raebel, FS Kreft, 483, 487.

Eintragung schon im Grundbuch erfolgt ist, sondern nur, ob der erforderliche Eintragungsantrag beim Grundbuchamt gestellt und die Erklärung damit auch für den Schuldner bindend geworden ist. Verfügen die Gesellschafter aber gerade in dem Wissen einer nahenden Auseinandersetzung ihrer Gesellschaft und beabsichtigen sie deshalb, Vermögen auf diese Weise beiseitezuschaffen, um es der vertraglich oder gesetzlich vorgegebenen Liquidierung zu entziehen, liegt es auch allein in ihrer Hand, rechtzeitig vor Verfahrenseröffnung den für die Bindungswirkung notwendigen Eintragungsantrag beim Grundbuchamt zu stellen.

4. Fazit

Nach den obigen Ausführungen lässt sich die Annahme einer Verfügungsbeschränkung der Gesamthand weder rechtlich begründen noch vermögen diejenigen Stimmen in der Literatur und Rechtsprechung zu überzeugen, welche von einem zwingenden Erfordernis einer solchen Verfügungsbeschränkung aufgrund der ansonsten bestehenden wirtschaftlichen Konsequenzen ausgehen.

Letztlich führen die genannten Auffassungen nur im Falle eines gutgläubigen Zweiterwerbs von Liegenschaften der Gesellschaft und bei einem vor Verfahrenseröffnung vorgenommenen Rechtsgeschäft, bei dem der Eintragungsantrag i. S. d. § 878 BGB noch nicht gestellt wurde, zu unterschiedlichen Ergebnissen. Allein diese beiden in der Praxis recht seltenen Ausgangslagen rechtfertigen es aber nicht, entgegen der nach Anerkennung der Rechts- und Parteifähigkeit der GbR eindeutigen Rechtslage weiterhin einen Insolvenzvermerk in das Grundbuch einzutragen, obwohl eine Verfügungsbeschränkung der Gesamthand gerade nicht existiert. Ein derartiges Vorgehen entspricht weder dem Wortlaut bzw. der Rechtsdogmatik der zugrunde liegenden Normen noch wird es den Wertungen des Gesetzgebers gerecht, der durch die Schaffung einer Insolvenzfähigkeit der BGB-Gesellschaft in § 11 Abs. 2 Nr. 1 InsO zu einer strikten Trennung der Haftungsmassen des Gesellschafters und der Gesellschaft zwingt und bereits durch die Einführung des früheren § 16 KO hinsichtlich der Anteile des Schuldners an einer Gesellschaft oder Gemeinschaft für das Konkursverfahren eine Art erweitertes Aussonderungsrecht schaffen wollte. Offenbar schätzte auch der damalige Gesetzgeber die Gefahr einer Entwertung des Anteilsrechts des Schuldners wegen des gesamthänderischen Charakters der Rechtsverhältnisse und den gegenseitigen Kontroll- und Überwachungsmöglichkeiten sowie dem regelmäßigen Interesse der übrigen Berechtigten, einen größtmöglichen Auseinandersetzungsanspruch zu erhalten, nicht so groß ein, als dass er ihre Rechtsposition durch eine Erstreckung der Beschlagnahmewirkung des Konkursverfahrens auf die übrigen Mitberechtigungen schwächen wollte.

Im Hinblick auf die Gesellschaft kann die aus § 80 InsO folgende Verfügungsbeschränkung des Schuldners nur als ein Problem ihrer wirksamen Vertretung in der Auseinandersetzung erachtet werden. Die gegenteilige Annahme einer Verfügungsbeschränkung der Gesamthand und einer Eintragungspflicht wird spätestens dort ad absurdum geführt, wo der Gesellschafter mit Eröffnung des Insolvenzverfahrens über sein Vermögen, wie es bei den BGB-Außengesellschaften häufig der Fall ist, in Anlehnung an § 131 Abs. 3 Nr. 2 HGB aus der Gesellschaft ausscheidet.

Hier einen Insolvenzvermerk in das Grundbuch einzutragen, obwohl der Schuldner mit Eröffnung des Verfahrens auch seine Eigentümerstellung hinsichtlich des Gesamthandsvermögens verliert und der Insolvenzverwalter sogar, je nachdem ob man das Grundbuch insoweit als unrichtig erachtet oder von einer bloß falschen Bezeichnung der Gesellschaft ausgeht, dazu verpflichtet sein kann, bei der grundbuchlichen Löschung des Schuldners mitzuwirken, wird weder der Rechts- noch der Interessenlage gerecht.

Dem steht im Übrigen auch die Zulässigkeit einer Eintragung des Vermerks in der Miterbeninsolvenz nicht entgegen.[688] Die Mitgliedschaft an einer Erbengemeinschaft ist grundlegend anders zu beurteilen als die Beteiligung an einer Gesellschaft bürgerlichen Rechts. Denn die Erbengemeinschaft ist weder rechts- noch insolvenzfähig[689], weshalb sie auch nicht selbst Grundstückseigentümerin sein kann. Dementsprechend ist sie auch außerhalb des § 2041 BGB nicht erwerbsfähig, was das Grundbuchamt nach § 19 GBO schon bei der Bewilligung ihrer Eintragung zu berücksichtigen hat.[690]

Zudem existiert bei der Erbengemeinschaft eine mit der für die Bruchteilsgemeinschaft geltenden Vorschrift des § 747 BGB vergleichbare Regelung. Zwar kann der einzelne Erbe nicht über konkrete Nachlassgegenstände verfügen, also auch nicht über seinen Anteil am Nachlassgrundstück, er ist aber zu Verfügungen über seinen Erbanteil nach § 2033 Abs. 1 BGB berechtigt. Insoweit nimmt der Erbe also eher eine dem Bruchteilseigentümer als dem Gesellschafter einer GbR ähnelnde Rechtsposition ein, auch wenn die Erbquote nach überwiegender Ansicht nicht wie eine Bruchteilsberechtigung in das Grundbuch eingetragen werden kann, weil sie sich auf die Erbauseinandersetzung nach § 2047 Abs. 1 BGB und nicht auf Miteigentumsanteile an Nachlassgegenständen bezieht.[691] Der Gesellschafter einer GbR kann nämlich wegen § 719 Abs. 1 BGB weder über seinen Anteil an dem Gesamthandsvermögen verfügen noch ohne besonderen Grund die Auseinandersetzung verlangen.

C. Zulässigkeit der Freigabe des Anteils an der Gesellschaft oder Gemeinschaft

I. Einführung

1. Grundsätzliche Zulässigkeit einer Freigabe nach der Insolvenzordnung

Die Zulässigkeit der Freigabe wird in §§ 32 Abs. 3 Satz 1, 85 Abs. 2 InsO vorausgesetzt; sie folgt unmittelbar aus der Verwaltungs- bzw. Verfügungsbefugnis des Verwalters nach § 80 InsO und ist in Rechtsprechung und Literatur allgemein anerkannt.[692] Dies gilt jedenfalls für den hier zugrunde liegenden Fall der Insolvenz

688 OLG Dresden, ZInsO 2005, 1220, 1221; LG Duisburg, ZIP 2007, 1594, 1595.
689 BGH, NJW 2002, 3389 ff.
690 Demharter, GBO, § 19 Rn. 95.
691 BayObLG, Rpfleger 1991, 315.
692 Häsemeyer, Insolvenzrecht, Rn 13.14 ff.

einer natürlichen Person und ist inzwischen wohl auch bei der Insolvenz einer juristischen Person ganz herrschende Meinung.[693] In der Literatur wird das Institut der Freigabe vor allem im Zusammenhang mit kontaminierten Grundstücken[694] viel diskutiert.[695] Unstreitig ist aber, dass von einer insolvenzrechtlichen Freigabe, also einer „Befreiung" von dem Haftungsverband der Insolvenzmasse, nicht nur bewegliche und unbewegliche Sachen, sondern auch Forderungen und andere Rechte betroffen sein können.[696]

In der Vergangenheit war darüber hinaus zweifelhaft, inwiefern auch der Geschäftsbetrieb als funktionsfähige Einheit an Rechten und Gegenständen aus der Insolvenzmasse freigegeben werden kann.[697] Während ein Teil der Rechtsprechung[698] und Literatur[699] der Zulässigkeit einer Freigabe des Geschäftsbetriebes mit dem Hinweis auf einen Verstoß gegen den sachenrechtlichen Bestimmtheitsgrundsatz und eine fehlende Rechtsgrundlage eine Absage erteilten, entsprach es andererseits einer durchaus gängigen Praxis der Insolvenzverwalter, dem Schuldner die Weiterführung bzw. Neuaufnahme einer selbständigen Tätigkeit durch eine solche Freigabe zu ermöglichen. Ein Bedarf für eine derartige Maßnahme war stets dann gegeben, wenn der Schuldner darauf drängte, sein Gewerbe um jeden Preis aufrechtzuerhalten bzw. zu gründen, dem Verwalter eine insolvenzrechtliche Fortführung aufgrund nicht abschätzbarer zukünftiger Ertragslage aber im Hinblick auf den hierdurch entstehenden Arbeits- und Kostenaufwand und insbesondere der Gefahr von Masseverbindlichkeiten zu risikobehaftet war. Letztlich diente die Freigabe des Betriebes daher auch als Mittel zur Vermeidung von Haftungsrisiken für den Insolvenzverwalter, insbesondere nach § 61 InsO, da es ihm auch im eröffneten Verfahren trotz des Übergangs der Verfügungsbefugnis nach § 80 InsO grundsätzlich nicht gestattet ist, dem Schuldner die Ausübung einer selbständigen Tätigkeit zu untersagen. Eine solche Maßnahme ist auch von der Vorschrift des § 158 InsO nicht gedeckt.[700] Die gegenteilige Rechtsauffassung bejahte dementsprechend nicht nur die Möglichkeit einer Freigabe des Gewerbebetriebes, sie empfahl sogar eine solche Vorgehensweise in den oben genannten Fällen.[701] Die Durchführung des Insolvenzverfahrens diene in erster Linie der Gläubigerbefriedigung, infolgedessen müsse es dem Insolvenzverwalter auch möglich sein, effektive Maßnahmen gegen eine Masseschmälerung durch den Schuldner zu treffen.[702]

Die bestehende unklare Rechtslage ist durch die am 01.07.2007 in Kraft getretene Neuregelung des § 35 Abs. 2 u. 3 InsO nunmehr zumindest teilweise beseitigt worden. Während die Referentenentwürfe vom 16.09.2004[703] und vom 02.11.2006[704]

693 BGH, NJW 2002, 3709.
694 BVerwG, NJW 1984, 2427 ff.
695 Wilmowsky, JZ 1997, 817 ff.
696 BGH, NJW 1994, 3232, 3234.
697 Smid, WM 2005, 625 ff.
698 LArbG Berlin-Brandenburg, Urteil v. 15.03.2007, Az: 5 Sa 1604/06.
699 Nuredini, InsbürO 2006, 242, 255.
700 Smid, WM 2005, 625, 627 f.
701 Tetzlaff, ZInsO 2005, 393, 398 f.; Grote/Pape, ZInsO 2004, 993, 996.
702 Tetzlaff, ZInsO 2005, 393, 398 f.
703 NZI 2004, 549 ff.
704 ZInsO 2007, 696.

lediglich die Möglichkeit der Abgabe einer entsprechenden Freigabeerklärung des Insolvenzverwalters vorsahen, wurde der Gesetzestext nach neuerlicher Beratung dahingehend verändert, dass der Verwalter bei selbständiger oder künftig zu erwartender selbständiger Tätigkeit des Schuldners dazu verpflichtet ist, eine Erklärung abzugeben, ob der Neuerwerb aus dieser Tätigkeit zur Insolvenzmasse gehört und Ansprüche Dritter im Zusammenhang mit der selbständigen Tätigkeit im Insolvenzverfahren geltend gemacht werden können.[705]

2. Zulässigkeit der Freigabe des Anteils an einer Gesellschaft oder Gemeinschaft

Ähnlich wie der Geschäftsbetrieb bildet auch der Gesellschaftsanteil des Insolvenzschuldners eine Rechtsgesamtheit. Die Gegenstände des Gesellschaftsvermögens können zwar nicht als solche aus der Masse freigegeben werden, da dem Schuldner insofern nur das ideelle Miteigentum zusteht, er also nicht Eigentümer einer bestimmten Sache ist. Seine Eigentums- und Beteiligungsrechte als Gesellschafter bzw. nach der Auseinandersetzung das Recht auf ein eventuelles Abfindungs- bzw. Auseinandersetzungsguthaben bilden aber ähnlich wie der oben beschriebene schuldnerische Geschäftsbetrieb eine rechtliche Einheit.

In der Konsequenz erscheint daher auch die Zulässigkeit der Freigabe eines Gesellschafts- bzw. Gemeinschaftsanteils zumindest denklogisch. Bei näherer Betrachtung erweist sich ein solcher Rückschluss allerdings als etwas voreilig. Die Vorschrift des § 84 InsO verweist nämlich in vollem Umfang auf die vorrangigen Bestimmungen des materiellen Rechts und diese sehen zum Teil ausdrücklich (vgl. § 146 Abs. 3 HGB) die Wahrnehmung der Gesellschafterrechte durch den Insolvenzverwalter vor. Ob es sich hierbei um zwingendes Recht handelt oder ob das materielle Recht nicht doch durch das Institut der insolvenzrechtlichen Freigabe überlagert werden kann, lässt sich nicht ohne weiteres beantworten. Vielmehr ist nach Ansicht des Verfassers eine differenzierte Betrachtungsweise notwendig.

Denkbar sind zunächst zwei verschiedene Ausgangslagen. Zum einen kann sich der Insolvenzverwalter zu einer Freigabe veranlasst sehen, falls entweder der Gesellschaftsvertrag oder aber ein Beschluss der Gesellschafterversammlung in Ansehung der drohenden Auseinandersetzung die Fortführung der Gesellschaft mit dem insolventen Gesellschafter vorsieht, der Verwalter aus der Auseinandersetzung keine Massezuflüsse erwartet und dem Schuldner die Ausübung seiner selbständigen Tätigkeit im Rahmen der aktiven Beteiligung an der Gesellschaft ermöglichen will. Geht der Verwalter demgegenüber von der Werthaltigkeit der Mitgliedschaft des Schuldners aus, kommt eine Freigabe gegen Vergütung in Höhe des zu erwartenden Abfindungsanspruchs in Betracht[706], also eine sog. erkaufte Freigabe.

Auch wenn die anderen Mitberechtigten eine Fortführung der Gesellschaft unter Einschluss des Schuldners ablehnen, kann der Verwalter ein Interesse an der Frei-

---

705 Haarmeyer, ZInsO 2007, 696 ff.
706 Staub-Schäfer, HGB, § 131 Rn. 94.

gabe des Schuldneranteils haben, etwa um eine unnötige Verzögerung des Insolvenzverfahrens durch die Auseinandersetzung des Gemeinschaftsverhältnisses zu verhindern. Der Grundsatz einer zügigen Verfahrensabwicklung findet seine gesetzliche Ausprägung unter anderem in den §§ 155, 156 InsO, welche eine unverzügliche Verwertung der Massegegenstände anordnen. Um Kosten- und Zeitaufwand zu sparen, ist die Wahrnehmung der Gesellschafterrechte und Pflichten durch den Schuldner in der Auseinandersetzung daher für das Insolvenzverfahren vorteilhaft. In rechtlicher Hinsicht lässt sich eine solche Vorgehensweise nur über eine Freigabe der Beteiligung erreichen. Dies gilt umso mehr, wenn aus der Auseinandersetzung der Gesellschaft ohnehin keine Massezuflüsse zu erwarten sind. Andernfalls kommt eine modifizierte Freigabe der Mitberechtigung in der Art in Betracht, dass der Insolvenzschuldner seine Gesellschafter- und Liquidationsrechte in der Auseinandersetzung des Gemeinschaftsverhältnisses auch nach der Eröffnung des Insolvenzverfahrens selbst wahrnimmt, er sich aber dazu verpflichtet, einen hieraus eventuell resultierenden Guthaben- bzw. Abfindungsanspruch an die Insolvenzmasse abzutreten.

Schließlich dürfen auch die oben genannten Neuregelungen und die Bestrebungen des Gesetzgebers, die zu der Normänderung geführt haben, nicht außer Acht gelassen werden. Wenn auch die Vorschrift des § 35 Abs. 2 InsO nicht unmittelbar auf die selbständige Tätigkeit des Schuldners im Rahmen einer Beteiligung an einer Gesellschaft i. S. d. § 84 InsO anwendbar ist, so treten hier doch vergleichbare Sachverhaltskonstellationen auf.

II. Echte Freigabe

1. Grundsatz

Während die unechte Freigabe die Herausgabe massefremder Gegenstände an den Eigentümer oder auf andere Weise Berechtigten bedeutet und damit letztlich der Aussonderung nach § 47 InsO entspricht, betrifft die echte Freigabe tatsächlich Gegenstände und Rechte der Insolvenzmasse. Im Gegensatz zu dem bloß deklaratorischen Charakter der unechten Freigabe erlangt der Schuldner die wegen § 80 Abs. 1 InsO auf den Insolvenzverwalter übergegangene Verwaltungs- und Verfügungsbefugnis bezüglich eines Gegenstandes oder Rechts des Schuldners durch einseitige empfangsbedürftige Willenserklärung des Verwalters wieder dauerhaft zurück. Das Recht oder der Gegenstand wird aus der Insolvenzmasse herausgelöst und dadurch massefreies Vermögen des Schuldners. Die materielle Rechtslage wird hingegen nicht beeinflusst, denn die Zuweisung bedeutet keine Eigentumsveränderung bzw. einen Wechsel der Rechtsinhaberschaft.[707]

---

707 Uhlenbruck, KTS 2004, 275, 278 u. 280 ff.

2. Fortführung der Gesellschaft oder Gemeinschaft mit dem Insolvenzschuldner

Von dem Rechtsinstitut der insolvenzrechtlichen Freigabe einmal abgesehen, ist eine Fortführung der Gesellschaft mit dem Insolvenzschuldner als Beteiligten nach gegenwärtiger Gesetzeslage an sich nicht vorgesehen. Bei der BGB-Gesellschaft wird die Auflösungsfolge des § 728 BGB jedenfalls insoweit als zwingend erachtet, als dass die Gesellschaft nicht mit dem Gemeinschuldner fortbestehen kann.[708] In Anlehnung an die Personenhandelsgesellschaft ist eine die insolvenzbedingte Auflösung verhindernde Bestimmung im Gesellschaftsvertrag nur wirksam, sofern sie die Fortführung mit den übrigen Gesellschaftern anordnet, mit der Folge, dass der ausscheidende Schuldner nach § 738 BGB abzufinden ist.[709] Selbiges gilt für die Personenhandelsgesellschaften, bei denen das insolvenzbedingte Ausscheiden sowie das Fortbestehen der Gesellschaft mit den übrigen Gesellschaftern nach der Handelsrechtsreform schon die gesetzlichen Folgen der Insolvenzeröffnung bilden. Auch hier ist die Regelung des § 131 Abs. 3 Nr. 2 HGB mit Rücksicht auf den Schutz der Privatgläubiger des Schuldners insoweit zwingend, als dass nicht durch gesellschaftsvertragliche Klausel vereinbart werden darf, die Gesellschaft mit dem Insolvenzschuldner fortzuführen.[710]

Dennoch soll der Insolvenzverwalter die Beteiligung nach einer vor allem in der gesellschaftsrechtlichen Literatur weit verbreiteten Ansicht sowohl bei der Gesellschaft bürgerlichen Rechts[711] als auch bei den Personenhandelsgesellschaften[712] aus der Insolvenzmasse freigeben können, um so eine Fortführung mit dem Schuldner zu ermöglichen. Namentlich geht diese Auffassung auf *Hueck*[713] zurück, der auf die Möglichkeit einer Freigabe des Anteils an einer Offenen Handelsgesellschaft durch den Verwalter hinweist, ohne deren Zulässigkeit näher zu begründen. Dem hat sich wohl im Ergebnis auch der BGH in einer Urteilsbegründung vom 08.10.1979 angeschlossen, auch wenn die Frage nach der Zulässigkeit der Freigabe der Mitberechtigung in dem zugrunde liegenden Rechtsstreit letztlich nicht maßgeblich war.[714] Andererseits ist diese Thematik bislang nicht ausführlich diskutiert worden und es finden sich hierzu in der Literatur auch Gegenstimmen.[715] Zunächst stellt sich daher die Frage, ob in der zugrunde liegenden Sachverhaltskonstellation die (formal-)rechtlichen Voraussetzungen einer Freigabe vorliegen.

a) *Gesellschaftsrechtliche Voraussetzungen*

Eine Freigabe der Gesellschaftsbeteiligung zur Fortsetzung der Gesellschaft unter Einschluss des Insolvenzschuldners verlangt notwendig einen entsprechend zum

708 Soergel-Hadding, BGB, § 728 Rn. 8.
709 Soergel-Hadding, BGB, § 728 Rn. 8.
710 Schlitt, NZG 1998, 580, 584 f.
711 Soergel-Hadding, BGB, § 728 Rn. 8; MK-Ulmer, BGB, § 728 Rn. 16.
712 Heymann, HGB, § 131 Rn. 24; Schlegelberger/Schmidt, HGB, Rn. 36; Staub-Schäfer, HGB, § 131 Rn. 94.
713 Hueck, OHG, § 23 V 1.
714 BGHZ 75, 178, 181.
715 Assmann/Sethe, Rn. 131.

Ausdruck gebrachten Willen der übrigen Gesellschafter für ihr Unternehmen. Dies kann entweder durch eine Regelung im Gesellschaftsvertrag oder aber einen wirksamen diesbezüglichen Beschluss der Gesellschafter geschehen[716], welcher grundsätzlich auch noch nach Auflösung der Gesellschaft zulässig ist[717]. Hinsichtlich der erstgenannten Möglichkeit einer gesellschaftsvertraglichen Vereinbarung sei jedoch angemerkt, dass eine Klausel, welche die Fortsetzung der Gesellschaft unter Einschluss des insolventen Gesellschafters anordnet, wegen Missachtung der Interessen der Insolvenzgläubiger ohne eine Freigabe des Gesellschaftsanteils durch den Verwalter wohl als sittenwidrig und damit unwirksam einzustufen ist.

In letzterem Falle wird eine bereits begonnene Liquidation durch die Beschlussfassung beendet.[718] Das Unterbleiben der Liquidation bedarf der Zustimmung des anstelle des Schuldners handelnden Insolvenzverwalters. Für die OHG und die KG folgt dies unmittelbar aus § 145 Abs. 2 HGB.[719] Ursprünglich bezog sich diese Norm auf den im Zuge der HGB-Reform im Jahre 1998 gestrichenen § 141 HGB a. F., der lediglich die Möglichkeit für die Mitgesellschafter vorsah, ihre Gesellschaft aufgrund eines unter ihnen gefassten Beschlusses unter Abfindung des insolventen Gesellschafters fortzuführen.[720] Die Regelung des § 145 Abs. 2 HGB zielt also eigentlich auf einen Beschluss zur Fortführung der Gesellschaft unter Ausschluss des Schuldners ab. Die Zustimmungserfordernis muss aber erst recht bei Fortführung mit dem Gemeinschuldner gelten.

Bei den übrigen von § 84 InsO erfassten Gesellschaften oder Gemeinschaften ohne Rechtspersönlichkeit, etwa der BGB-Gesellschaft, gilt im Ergebnis nichts anderes. Wegen § 80 InsO nimmt der Insolvenzverwalter die Gesellschafterrechte des Schuldners war, wozu auch das Stimmrecht zählt. Im Regelfall wird in Ermangelung anderweitiger Regelungen im Gesellschaftsvertrag ein Mehrheitsbeschluss nicht ausreichen. Notwendig ist vielmehr ein einstimmiger Beschluss zur Fortführung.[721] Maßgeblich ist mithin auch das Einverständnis des Verwalters. In denjenigen Fällen, bei denen ein Mehrheitsbeschluss ausnahmsweise genügt, bleibt festzuhalten, dass ein solcher Beschluss in der Praxis ohne die Bereitschaft des Insolvenzverwalters zur Freigabe des Anteilsrechts aus den bereits genannten Gründen ohnehin nicht umgesetzt werden kann.

Fraglich ist des Weiteren die Erforderlichkeit einer Zustimmung des insolventen Gesellschafters. Unmittelbar lässt sich dem Gesetz eine solche Notwendigkeit nicht entnehmen, vgl. für die Personenhandelsgesellschaften §§ 146 Abs. 3, 145 Abs. 2 HGB. Dies ist aber auch nicht weiter verwunderlich, da das Handelsgesetzbuch eine Fortführung mit dem Schuldner an sich nicht vorsieht. Vorstellbar wäre daher ein Beschluss zur Fortsetzung der Gesellschaft mit dem Schuldner entgegen seinem ausdrücklichen Willen. Ein solches Ergebnis erscheint indes zweckwidrig. Zutreffend ist daher die Auffassung von *Hadding*, insoweit auch eine Zustimmung des in-

---

716 Schlegelberger-Schmidt, HGB, Rn. 36.
717 MüHdB-Butzer/Knof, GesellR, Band I, § 84 Rn. 75.
718 OLG Hamm, ZIP 1984, 180, 181.
719 MK-Schmidt, HGB, § 145 Rn. 58.
720 MK-Schmidt, HGB, § 145 Rn. 57.
721 RGZ 114, 393, 395.

solventen Gesellschafters zu verlangen[722], obwohl die Freigabe selbst aus insolvenzrechtlicher Sicht als einseitig empfangsbedürftige Willenserklärung zu begreifen ist und es daher einer Zustimmung des Schuldners gerade nicht bedarf.[723] Zudem nimmt der Insolvenzverwalter bezüglich der Auseinandersetzung des Rechtsverhältnisses alle gesellschaftlichen Rechte und Pflichten des Schuldners wahr.

Hier lohnt ein Vergleich mit der Bestellung eines Liquidators im Auseinandersetzungsverfahren: Sofern hierin eine Abweichung von den gesetzlichen Vorgaben bzw. den Bestimmungen des Gesellschaftsvertrages liegt, bedarf es stets eines Beschlusses der Gesellschafter.[724] Einerseits steht das Stimmrecht hinsichtlich eines so genannten gekorenen Liquidators nicht allein dem die Liquidatorrechte des insolventen Gesellschafters ausübenden Verwalter zu, soweit der Gesellschaftsvertrag nicht etwas anderes anordnet, sind vielmehr alle Gesellschafter stimmberechtigt[725], und es bedarf eines einstimmigen Beschlusses[726]. Auf der anderen Seite ist selbstverständlich auch das Einverständnis des erkorenen Liquidators erforderlich, sofern es sich nicht ohnehin um einen der Gesellschafter handelt und er daher seine Bereitschaft zur Ausübung des Liquidatorenamtes bereits mit der Ausübung seines Stimmrechts signalisiert hat. Entgegen seinem Willen ist ein Gesellschafter nur dann zur Annahme des Liquidatorenamtes verpflichtet, wenn er hierzu auf Grundlage des Gesellschaftsvertrages verpflichtet ist, den er selbst mit unterzeichnet hat[727]. Im Gegensatz zur Bestellung eines Liquidators, dessen Amtsausübung zeitlich begrenzt ist, stellt sich der Beschluss zur Fortführung der Gesellschaft unter Beteiligung des Schuldners als noch intensivere Entscheidung dar. Demzufolge erscheint es nicht nur aus praktischen sondern auch aus rechtlichen Erwägungen richtig, ebenso eine Zustimmung des insolventen Gesellschafters zu verlangen.

b) *Insolvenzrechtliche Voraussetzungen*

aa) Allgemeines

Die Gründe für eine Freigabe aus dem Haftungsverband der Insolvenzmasse können mannigfacher Art sein.[728] Den klassischen Anwendungsfall bildet die Herauslösung eines wertausschöpfend belasteten Gegenstandes, d. h. also, wenn eine Verwertung den zu erzielenden Verwertungserlös voraussichtlich übersteigt und bei Verbleib des Gegenstandes in der Insolvenzmasse durch den Kosten- und Arbeitsaufwand mit einer Masseschmälerung zu rechnen ist.[729] Letztlich ist das Rechtsinstitut vor dem Hintergrund der gleichmäßigen Befriedigung aller Gläubiger als in § 1 InsO normiertes Ziel des Insolvenzverfahrens zu sehen. Durch die Schaffung der Freigabemöglichkeit soll mithin eine Vollabwicklung auf Kosten der Gläubiger verhindert werden.[730] Im Umkehrschluss liegen die Grenzen der Freigabe dort, wo

---

722 Soergel-Hadding, BGB, § 728 Rn. 8.
723 Wimmer-Schumacher, § 35 Rn. 19.
724 Ensthaler, HGB, § 146 Rn. 3.
725 Ensthaler, HGB, § 146 Rn. 3.
726 Baumbach/Hopt, HGB, § 146 Rn. 4.
727 MüHdB-Butzer/Knof, GesellR, Band I, § 84 Rn. 11.
728 HK-Eickmann, § 35 Rn. 43.
729 K/P-Lüke, § 80 Rn. 58.
730 MK-Lwowski, § 35 Rn. 109.

berechtigte Interessen der Insolvenzgläubiger verletzt werden.[731] In Fällen von besonderer Bedeutung kann die vorherige Genehmigung durch die Gläubigerversammlung angezeigt sein.[732] Grundsätzlich handelt der Insolvenzverwalter bei seiner Entscheidung über die Freigabe eines Gegenstandes oder Rechts aber nach eigenem wirtschaftlichen Ermessen.[733]

bb) Begründung von Masseverbindlichkeiten

In Verbindung mit der Fortführung der selbständigen Tätigkeit des Schuldners nach Eröffnung des Verfahrens dient die Freigabe regelmäßig der Vermeidung von Masseverbindlichkeiten, die für den Insolvenzverwalter ein nicht unerhebliches Risiko einer persönlichen Haftung entsprechend §§ 60, 61 InsO bedeuten.[734] In der Literatur wird teilweise die Auffassung vertreten, der Insolvenzverwalter hafte mit der Masse sogar für solche Verbindlichkeiten, welche durch die Ausübung einer selbständigen Tätigkeit des Schuldners ohne Kenntnis oder Duldung des Insolvenzverwalters entstehen.[735] Unabhängig davon stellt sich die Frage, ob auch eine Freigabe des Gesellschaftsanteils dem Zweck dienen kann, Masseverbindlichkeiten bzw. Haftungsrisiken des Insolvenzverwalters zu vermeiden.

Vordergründig ließe sich argumentieren, auch hier bestehe die Gefahr des Entstehens von Masseverbindlichkeiten, da der insolvente Gesellschafter bei fortwährender Beteiligung seiner Person an der werbenden Gesellschaft für die neu entstehenden Verbindlichkeiten des Unternehmensträgers gegenüber Dritten unmittelbar hafte und hiervon somit auch die Insolvenzmasse betroffen sei. Die persönliche (gesamtschuldnerische) Haftung der Gesellschafter folgt bei der Offenen Handelsgesellschaft aus § 128 HGB;[736] für die BGB-Gesellschaft fehlt eine vergleichbare Regelung. Sofern es sich aber nicht um eine reine Innengesellschaft handelt, wird die Vorschrift des § 128 HGB nach herrschender Meinung analog angewandt, d. h., die GbR-Gesellschafter haften auch hier akzessorisch neben der Gesellschaft als Gesamtschuldner.[737] Im Unterschied dazu haftet bei der Kommanditgesellschaft nur der Komplementär unbeschränkt und persönlich, §§ 161 II, 128 HGB. Demgegenüber ist die persönliche Haftung des Kommanditisten auf die Höhe seiner Haftungssumme begrenzt und scheidet gänzlich aus, falls die Einlage in voller Höhe erbracht und nicht wieder aus der Gesellschaft herausgezogen wurde.[738]

Ein Einstehen der Masse aufgrund der persönlichen Haftung des insolventen Gesellschafters für die Verbindlichkeiten der Gesellschaft gegenüber Dritten setzt jedoch voraus, dass der Schuldner trotz nicht erfolgter Freigabe seines Anteils die Gesellschaft gemeinsam mit den übrigen Gesellschaftern fortführt. Wie oben bereits erläutert, sind aber sowohl die Vorschrift des § 728 BGB als auch diejenige des § 131

731 BVerwG, NJW 1984, 2427.
732 K/P-Holzer, § 35 Rn. 22.
733 K/P-Holzer, § 35 Rn. 22.
734 Tetzlaff, ZVI 2004, 2, 7; Andres/Pape, NZI 2005, 141, 142.
735 Kothe, NZI 2003, 393, 394; Grote, ZInsO 2003, 416 f.
736 Schmidt, GesellR, § 49 I–III.
737 Schmidt, GesellR, § 60 III 2.
738 Schmidt, HandelsR, § 5 IV 1.

Abs. 3 Nr. 2 HGB nach einhelliger Rechtsauffassung insoweit zwingend, als dass eine Fortführung mit dem Insolvenzschuldner gerade ausgeschlossen ist.[739] Ohne Freigabe scheidet demnach eine Fortführung mit dem Schuldner generell aus, konsequenterweise können dann hieraus ohne Freigabe auch keine Masseverbindlichkeiten entstehen. Im Ergebnis lässt sich daher die Freigabe des Gesellschaftsanteils nicht mit der Gefahr von Masseverbindlichkeiten begründen. Unterbleibt die Freigabeerklärung, kommt es zu dem gesellschaftsvertraglich oder subsidiär zu dem gesetzlich vorgeschriebenen Auseinandersetzungs- bzw. Ausscheidungsverfahren.

Den übrigen Gesellschaftern steht zwar wegen auf dem Gesellschaftsverhältnis begründeter Ansprüche das Absonderungsrecht aus § 84 Abs. 1 Satz 2 InsO zu. Seinem Umfang nach ist das Recht auf abgesonderte Befriedigung aber auf den im Wege der Auseinandersetzung ermittelten Nettoanteil des Schuldners begrenzt. Ein Anspruch auf Befriedigung aus der Insolvenzmasse besteht hingegen nicht. Zwar kann sich das Recht auf Vorabbefriedigung eines Gesellschafters nach einer Ansicht im Einzelfall auch als Masseforderung im Sinne des § 55 Abs. 1 Nr. 3 InsO darstellen, falls sich der Erlösanteil des Schuldners bereits untrennbar mit der Masse verbunden hat.[740] Der Masseanspruch ist in diesem Falle aber lediglich bereicherungsrechtlicher Natur[741], d. h., der Gesellschafter kann nach den §§ 818 ff. BGB auch so lediglich denjenigen Betrag herausverlangen, der ihm an dem Erlösanteil des Schuldners aufgrund seines Absonderungsrechts ohnehin zugestanden hätte. Die Gefahr einer Masseschmälerung im eigentlichen Sinne besteht hier nicht.

Auch die Pflichten des für den insolventen Gesellschafter während der Auseinandersetzung handelnden Verwalters sind grundsätzlich keine Masseverbindlichkeiten im Sinne des § 55 Abs. 1 InsO.[742] Bei Auflösung der Gesellschaft durch Vertrag oder Gesetz folgt dies im Umkehrschluss aus der Spezialregelung des § 118 InsO, die nur dem Geschäftsführer wegen besonders eilbedürftiger Geschäfte die Stellung eines Massegläubigers einräumt. Die Notwendigkeit einer Freigabe wird hierdurch freilich nicht begründet. Die Vornahme besonders eilbedürftiger Rechtsgeschäfte durch den bereits vor Eröffnung Geschäftsführungsbefugten dient nämlich nicht zuletzt der Erhaltung des in der Beteiligung des Schuldners an der Gesellschaft liegenden Werts und damit auch dem Interesse der Insolvenzmasse.[743] Bei den Personenhandelsgesellschaften scheidet der insolvente Gesellschafter mangels gegenteiliger Bestimmung im Gesellschaftsvertrag mit Eröffnung des Insolvenzverfahrens aus der Gesellschaft aus. Die hier zu erstellende Auseinandersetzungsbilanz bezieht sich auf den Stichtag der Eröffnung, danach haftet die Masse nicht mehr für Neuverbindlichkeiten der Gesellschaft. Demzufolge besteht auch in der Phase der Auseinandersetzung bzw. Teilung der von § 84 InsO erfassten Rechtsverhältnisse für die Insolvenzmasse nicht die Gefahr von Masseverbindlichkeiten.

Laut *Homann* erleidet die Gesellschaft genau deshalb einen Defekt.[744] Seiner Auffassung zufolge habe die Insolvenzeröffnung zunächst keinen unmittelbaren Einfluss auf den Gesell-

739 Staub-Schäfer, HGB, § 131 Rn. 86; Soergel-Hadding, § 728 Rn. 8.
740 Wimmer-App, § 84 Rn. 36.
741 K/P-Pape, § 55 Rn. 63.
742 Homann in Mohrbutter/Ringstmeier, § 26 Rn. 118.
743 Uhlenbruck-Berscheid, § 118 Rn. 8.
744 Homann in Mohrbutter/Ringstmeier, § 26 Rn. 118.

schaftsvertrag. Weil es sich bei den Pflichten des insolventen Gesellschafters in Bezug auf seine Beteiligung per se nicht um Masseverbindlichkeiten handele, liege ein Ungleichgewicht in der Weise vor, dass einer der Vertragspartner des Vertrages seine Pflichten nicht erfüllen müsse. Die Aufrechterhaltung der Gesellschaft sei den übrigen Gesellschaftern in dieser Situation nicht zuzumuten, was nur über eine direkte oder analoge Anwendung des § 103 InsO gelöst werden könne. Wähle der Verwalter die Erfüllung des Gesellschaftsvertrages zur Insolvenzmasse nach § 103 InsO, würden sämtliche gesellschaftsvertragliche Pflichten zu Masseforderungen.[745]

Vermag diese Argumentation bei der Beteiligung an einer juristischen Person aus praktischen Erwägungen noch zu überzeugen, so geht sie jedoch bei den Gesellschaften ohne Rechtspersönlichkeit i. S. d. § 84 InsO aus den oben genannten Gründen fehl.[746] Infolge der Insolvenzeröffnung werden die Gesellschaften ohne Rechtspersönlichkeit entweder aufgelöst oder der Schuldner scheidet aus dem jeweiligen Rechtsverhältnis aus.[747] Eine Fortführung der Gesellschaft mit dem Insolvenzschuldner ohne eine Freigabe der Mitberechtigung scheidet aus. Auf einen Ausschluss des Schuldners oder eine Kündigung durch die verbleibenden Gesellschafter kommt es mithin im Gegensatz zu der Beteiligung an einer juristischen Person, welche trotz der Eröffnung des Insolvenzverfahrens regelmäßig unverändert fortbesteht, nicht an. In der Auseinandersetzung werden die Rechte und Pflichten des insolventen Gesellschafters wegen § 80 InsO durch den Verwalter wahrgenommen, dieser rückt insofern in die Stellung des insolventen Gesellschafters ein. Die materiellrechtlichen Auseinandersetzungsregelungen sind insoweit als lex specialis vorrangig, was durch § 84 Abs. 1 Satz 1 InsO klargestellt wird. Wegen ihrer auf dem Gesellschaftsverhältnis beruhenden Ansprüche steht den übrigen Gesellschaftern zudem das Absonderungsrecht aus § 84 Abs. 1 Satz 2 InsO zu. Für eine Anwendung des § 103 InsO ist daher weder Raum noch Bedarf. Auch erscheint eine Besserstellung der übrigen Gesellschafter – ausgehend von der Anwendbarkeit des § 103 InsO bei Erfüllungswahl, wodurch sämtliche gesellschaftsvertragliche Pflichten des Gemeinschuldners bzw. des Insolvenzverwalters den Rang einer Masseforderung einnehmen würden, deshalb nicht gerechtfertigt, weil sie die gesetzgeberische Wertung des § 84 Abs. 1 Satz 2 InsO bzw. des § 55 Abs. 1 BGB umgeht. Zumal wohl auch nach Auffassung von Homann durch die Erfüllungswahl des Verwalters eine Liquidation der Gesellschaft bzw. das Ausscheiden des Schuldners letztlich nicht verhindert wird.[748]

Darüber hinaus fehlt es für einen Analogieschluss nicht nur an einer Regelungslücke, auch eine Vergleichbarkeit der Sachverhalte ist nach ganz herrschender Auffassung nicht gegeben.[749] Unter den Anwendungsbereich der Regelung des § 103 InsO fallen nur solche Verträge, bei denen die gegenseitigen Leistungspflichten in einer synallagmatischen Abhängigkeit zueinander stehen.[750] Diese Voraussetzung

745 Homann in Mohrbutter/Ringstmeier, § 26 Rn. 130.
746 Homann in Mohrbutter/Ringstmeier, § 26 Rn. 130.
747 Uhlenbruck-Berscheid, § 118 Rn. 8.
748 Homann in Mohrbutter/Ringstmeier, § 26 Rn. 130.
749 K/P-Tintelnot, § 103 Rn. 30; Smid, § 103 Rn. 8.
750 K/P-Tintelnot, § 103 Rn. 5.

erfüllen Gesellschaftsverträge nicht. Zwar verpflichten sich die Gesellschafter in einem Gesellschaftsvertrag gegenseitig zur Erbringung bestimmter Leistungen, die Leistungserbringung bezweckt aber nicht einen synallagmatischen Austausch. Der Einsatz aller Leistungspflichten dient vielmehr einem gemeinsamen Zweck. Im Grundsatz finden daher auch die §§ 320 ff. BGB keine Anwendung.[751] Folglich kommt eine Anwendung des § 103 InsO in den der Regelung des § 84 InsO unterliegenden Fällen nicht in Frage. Im Zusammenhang mit einer Erfüllungswahl des Verwalters in Bezug auf den Gesellschaftsvertrag können mithin ebenfalls keine Masseverbindlichkeiten entstehen. Abgesehen davon wäre eine Freigabe des Anteilsrechts nach vorheriger Erklärung des Eintritts in den Gesellschaftsvertrag wohl ohnehin nicht zulässig.

Zusammenfassend ist festzustellen, dass eine Freigabe der Mitberechtigung zur Vermeidung von Masseverbindlichkeiten unter allen in Betracht kommenden Gesichtspunkten ausscheidet.

cc) Ermöglichen der selbständigen Tätigkeit

Wie oben beschrieben, kommt eine Freigabe zur Verhinderung von Masseverbindlichkeiten nicht in Betracht. Vor dem Hintergrund der Neuregelung des § 35 InsO stellt sich daher die Frage, ob sich die Anwendung des Rechtsinstituts allein auf den Umstand stützen lässt, dem Schuldner hierdurch eine fortwährende selbständige Tätigkeit unter aktiver Beteiligung an einem Gesellschaftsverhältnis zu ermöglichen.

Wenn auch die Vorschrift des § 35 Abs. 2 InsO nicht direkt auf den von § 84 InsO erfassten Sachverhalt einer selbständigen Tätigkeit des Schuldners im Rahmen der Mitberechtigung an einer Gesellschaft Anwendung findet, so ist doch nicht zu übersehen, dass hier ähnliche Ausgangslagen behandelt werden. Der freiberuflich tätige Rechtsanwalt beispielsweise, welcher typischerweise von der Norm des § 35 Abs. 2 InsO erfasst wird, ist häufig nicht als Einzelanwalt tätig, sondern in einer Außensozietät organisiert, die rechtlich als GbR bzw. Partnerschaftsgesellschaft ausgestaltet ist. Dennoch richtet sich die Rechtslage hier nach Eröffnung des Verfahrens auch gemäß neuer Rechtslage in erster Linie nach § 84 InsO, was an sich zwingend die Auflösung oder zumindest das Ausscheiden des insolventen Gesellschafters aus der Gesellschaft zur Folge hätte. Es stellt sich mithin die Frage, ob diese Ungleichbehandlung gerechtfertigt ist, oder ob nicht vielmehr bei einem entsprechend zum Ausdruck gebrachten Willen der übrigen Beteiligten zur Weiterführung der Gesellschaft mit dem Schuldner in Anlehnung an § 35 Abs. 2 InsO auch die Freigabe der Mitberechtigung durch den Insolvenzverwalter möglich ist, um den Schuldner hierdurch in die Lage zu versetzen, seine selbständige Tätigkeit im Rahmen einer aktiven Beteiligung an der Gesellschaft auch im eröffneten Verfahren weiter auszuüben.

Für eine derartige Annahme spricht weiter, dass durch die Einführung der Insolvenzordnung eine größere Flexibilität gegenüber der Rechtslage nach der Konkurs-

751 Erman-Westermann, BGB, Vor § 320 Rn. 14.

ordnung im Hinblick auf die Sanierungs- und / oder Liquidationsentscheidung des Verwalters erreicht werden sollte.[752] Nach altem Recht waren die Vermögenswerte des Schuldners häufig zugunsten einer zügigen Verfahrensabwicklung zu schnell und damit auch verlustreich im Wege der Veräußerung verwertet worden. Durch die Einführung des neuen Insolvenzrechts sollte deshalb der rechtliche Rahmen für eine geordnete Schuldenabwicklung unter Beibehaltung der Unternehmensstruktur als zusätzliche Option neben der reinen Liquidation geschaffen werden.[753] Das neue Insolvenzrecht sieht also nicht mehr die „Zerschlagung von Unternehmen um jeden Preis" vor. Zudem ist neben dem Ziel der Gläubigerbefriedigung in § 1 InsO nunmehr auch die Entschuldung ausdrücklich genannt. Das Insolvenzverfahren dient also nicht ausschließlich den Interessen der Gläubiger, sondern auch denjenigen des Schuldners.

Mit dem am 01.07.2007 in Kraft getretenen Gesetz zur Vereinfachung des Insolvenzverfahrens reagierte der Gesetzgeber auf in der Praxis aufgetauchte Defizite im Unternehmensinsolvenzverfahren.[754] Die hierin enthaltenen Neuregelungen dienen zum einen der Erleichterung einer Fortführung des Unternehmens bereits im Eröffnungsverfahren und tragen damit auch dem Sanierungsgedanken Rechnung. Zum anderen soll insbesondere die Schaffung des § 35 Abs. 2 InsO laut offiziellem Pressetext der Bundesregierung die unternehmerische Eigeninitiative des Schuldners im Insolvenzverfahren fördern, d. h. die Neuregelung bezweckt, den Schuldner zur Aufnahme oder Weiterführung einer selbständigen Erwerbstätigkeit zu motivieren.

Ferner behandelt § 84 InsO die Insolvenz einer natürlichen Person. Dabei hat das so genannte Stundungsmodell nach § 4 a InsO, welches mit Änderung der Insolvenzordnung zum 01.12.2001 in Kraft getreten ist, nicht nur für das Verbraucherinsolvenzverfahren, sondern auch im Regelinsolvenzverfahren über das Vermögen einer Privatperson besondere Relevanz.[755] Beschließt das Insolvenzgericht die Eröffnung des Insolvenzverfahrens unter Gewährung der Verfahrenskostenstundung gemäß § 4a InsO, dehnen sich die den Schuldner nach § 295 Abs. 1 Nr. 1 u. Abs. 2 InsO an sich erst während der Wohlverhaltensperiode treffenden Erwerbsobliegenheiten in zeitlicher Hinsicht faktisch auch auf das eröffnete Insolvenzverfahren aus.[756] Bei einem Verstoß des Schuldners gegen die Erwerbsobliegenheiten droht ihm nämlich bereits im eröffneten Verfahren die Aufhebung der Kostenstundung gemäß § 4c Nr. 4 InsO.[757] Anders als § 295 InsO in seinem 2. Absatz benennt die Vorschrift des § 4c InsO zwar die selbständige Tätigkeit des Schuldners nicht ausdrücklich. Zutreffend ist aber auch hier von dem Grundsatz der Gleichwertigkeit von abhängiger und selbständiger Beschäftigung auszugehen und § 295 Abs. 2 InsO analog anzuwenden.[758] Für eine gegenteilige Annahme sind keinerlei Anhaltspunkte ersicht-

752 K/P-Prütting, § 1 Rn. 23.
753 K/P-Prütting, § 1 Rn. 9.
754 Sternal, NJW 2007, 1909.
755 Hess, § 4a Rn. 82.
756 K/P-Prütting/Wenzel, § 4c Rn. 33.
757 Hess, § 4c Rn. 17.
758 Uhlenbruck, § 4c Rn. 5.

lich.[759] Folglich kann die Aufgabe der selbständigen Tätigkeit im Einzelfall eine Verletzung der Erwerbsobliegenheit des Schuldners entsprechend § 295 Abs. 2 InsO bedeuten.[760]

Wenn auch das Ausscheiden aus einer Gesellschaft oder gar deren Auflösung infolge solcher Bestimmungen im Gesellschaftsvertrag bzw. subsidiär der geltenden Gesetzeslage und die damit einhergehende Aufgabe der selbstständigen Tätigkeit des Schuldners unmissverständlich keinen Pflichtenverstoß gegen die Erwerbsobliegenheiten darstellen, so kommt in der oben genannten Regelung ebenso wie in § 35 Abs. 2 InsO n. F. doch eine Haltung des Gesetzgebers zum Ausdruck, wonach der selbständigen, unternehmerischen Tätigkeit des Schuldners auch während der Dauer des Insolvenzverfahrens ein höherer Stellenwert eingeräumt wird als noch nach altem Konkursrecht.

Bestätigt wurde die geänderte Rechtslage insbesondere in einem Urteil des Bundesarbeitsgerichts vom 10.04.2008.[761] Hierbei hatte das BAG über einen Sachverhalt zu entscheiden, bei dem der Schuldner eine Druckerei betrieben und dann stillgelegt hatte. Nach Eröffnung des Verfahrens setzte der Insolvenzschuldner, zunächst in Unkenntnis des Verwalters, den Druckereibetrieb wieder fort. Nachdem der Insolvenzverwalter hierüber Informationen erhielt, schloss er als beklagte Partei des späteren Rechtsstreits mit dem Schuldner eine Freigabevereinbarung über die benötigten Betriebsmittel einschließlich des Neuerwerbs mit Zustimmung des Gläubigerausschusses. Gleichzeitig verpflichtete sich der Schuldner entsprechend § 295 Abs. 2 InsO zur Abführung eines monatlichen Betrages in Höhe von 130,00 EUR an die Insolvenzmasse. Ein Arbeitnehmer des Druckereibetriebes verklagte schließlich den Insolvenzverwalter auf Zahlung seiner Vergütung aus der Masse, weil der Schuldner seiner Lohnzahlungsverpflichtung über Monate hinweg nicht nachkam.

Das Bundesarbeitsgericht wies die Klage mit der Begründung an das Berufungsgericht zur Tatsachenfeststellung zurück, die Insolvenzmasse hafte nach der Freigabevereinbarung nicht mehr für Ansprüche der Arbeitnehmer auf Arbeitsvergütung aus danach vom Schuldner begründeten Arbeitsverhältnissen. Entweder habe es sich ohnehin nur um eine deklaratorische (unechte) Freigabe der nach § 850c ZPO nicht der Pfändung unterliegenden und damit gemäß § 36 InsO auch nicht der Insolvenzmasse zugehörenden Betriebsmittel gehandelt und die Vereinbarung über die Abführung der Gewinnanteile bewirke, dass der Schuldner nicht mehr ausschließlich zu Gunsten der Insolvenzmasse sondern auch auf eigene Rechnung tätig werde. Im Ergebnis hafte daher auch die Insolvenzmasse für nach der Vereinbarung vom Schuldner geschlossene Arbeitsverhältnisse nicht mehr. Oder aber der Insolvenzbeschlag betreffe auch die Betriebsmittel und es läge insoweit eine echte Freigabe vor, in deren Konsequenz der Schuldner ebenfalls den Betrieb zumindest auch auf eigene Rechnung fortgeführt habe, so dass eine Haftung der Insolvenzmasse für nach der Freigabe begründete Arbeitsverhältnisse ebenfalls ausscheide.[762]

Inhaltlich nahm das erkennende Gericht deutlich Abstand von der bisherigen Rechtsprechung des Bundesgerichtshofes (vergleiche etwa noch die Psychologin-

759 K/P-Prütting/Wenzel, § 4c Rn. 34 f.
760 K/P-Prütting/Wenzel, § 4c Rn. 34.
761 BGH, ZIP 2008, 1346.
762 BGH, ZIP 2008, 1346, 1348.

nen-Entscheidung vom 20.03.2003[763]), wonach die Massehaftung für Ansprüche aus Arbeitsverhältnissen nicht so ohne weiteres durch eine Freigabe des Geschäftsbetriebes ausgeschlossen werden konnte.

Die Entscheidung des Bundesarbeitsgerichts ist in zweierlei Hinsicht auch für die Beteiligung des Schuldners an einer Gesellschaft oder Gemeinschaft im Sinne des § 84 InsO von Bedeutung. Zum einen stellte der 6. Senat des BAG entgegen der bisherigen Rechtsprechung vor der Gesetzesänderung klar, dass eine Freigabe im Sinne des § 35 Abs. 2 InsO trotz der Verpflichtung zur Auskehrung überschüssiger Gewinne analog § 295 InsO eine echte Freigabe darstellt. Auffällig sind in diesem Zusammenhang die Parallelen zu der später noch behandelten modifizierten Freigabe. Die Freigabe der selbstständigen Tätigkeit bewirkt also für danach eingegangene Rechtsverhältnisse des Schuldners einen Haftungsausschluss der Insolvenzmasse. Ausgehend von der Zulässigkeit einer Freigabe der Beteiligung, entstünden für die „Insolvenzmasse" bei einer Fortführung des Gemeinschaftsverhältnisses mit dem Schuldner demnach jedenfalls für neu begründete Vertragsbeziehungen keinerlei Haftungsgefahren. Zum anderen ist aber auch die rechtliche Konstruktion dieses Ergebnisses auf die hier vorliegende Konstellation übertragbar. Das Gericht betont die Zustimmung der Gläubigerversammlung zu der Vereinbarung zwischen Verwalter und Schuldner. Zutreffend kommt die Annahme einer Insolvenzzweckwidrigkeit des Vergleiches aufgrund der Zustimmung nicht in Betracht. Nach den Anmerkungen von *Ahrens* stellt die Freigabevereinbarung gar keine Freigabe im rechtstechnischen Sinne dar, maßgeblich sei vielmehr der Beschluss der Gläubigerversammlung über eine bestimmte Art der Fortführung des Unternehmens nach § 157 InsO.[764] Im Ergebnis lässt sich nach dem insolvenzrechtlichen Verständnis mit einem solchen Beschluss der Gläubigerversammlung zwar nicht unmittelbar der unwiderrufliche Übergang der Verfügungsrechte auf den Schuldner herleiten. Vielmehr bedarf es zur Herauslösung der Betriebsmittel aus der Masse zusätzlich einer Freigabeerklärung des Insolvenzverwalters. Zutreffender Weise lässt sich aber die Gefahr einer Verwalterhaftung wegen insolvenzzweckwidrigem Verhalten durch einen entsprechenden Beschluss der Gläubigerversammlung, deren Interesse das Verfahren in erster Linie dient, vermeiden. Der vom Bundesarbeitsgericht beschrittene Weg ebnet den Weg zu dem vom Gesetzgeber intendierten Ziel einer Förderung der Eigeninitiative und ermöglicht durch die vorbenannten Feststellungen, insbesondere zu § 35 Abs. 2 InsO, auch in der Praxis eine Fortführung der selbstständigen Tätigkeit des Schuldners ohne dem Insolvenzverwalter zusätzliche Risiken aufzubürden. Nach diesem Verständnis des Gesetzgebers von einer Freigabe der selbständigen Tätigkeit, die bei der Fortführung eines Einzelunternehmens durch den Schuldner nicht nur einen Übergang der Rechte und Pflichten hinsichtlich der Betriebsmittel bewirkt sondern die Insolvenzmasse auch vor Ansprüchen aus der Vielzahl an vertraglichen Verflechtungen des Unternehmens schützt, solange sie nach der Freigabe begründet wurden, erscheint auch die Freigabe des Gesellschaftsanteils nicht mehr fern liegend. Als praxistauglich erweist sich das Mittel der insolvenzrechtlichen Freigabe nämlich nur dann, wenn aus der so ermöglichten Fort-

763 BGH, NZI 2003, 389, 392.
764 Ahrens, NZI 2008, 292.

führung der Gesellschaft keine haftungsrechtlichen Nachteile für das anhängige Insolvenzverfahren resultieren, mit anderen Worten also wegen neuer vertraglicher Beziehungen der Gesellschaft zu Dritten oder der Gesellschafter untereinander eine Insolvenzmassehaftung ausscheidet.

Freilich sind die oben genannten Argumente nur Indizien für eine geänderte Rechtsauffassung. Sofern aus der Auseinandersetzung des Rechtsverhältnisses nach § 84 Abs. 1 Satz 1 ein Massezufluss in Form eines Abfindungs- bzw. Auseinandersetzungsguthabens zu erwarten ist, genießt die Gläubigerbefriedigung als Hauptziel des Insolvenzverfahrens Vorrang vor den Interessen des Schuldners. Von dem Sanierungsgedanken, der mit Einführung der Insolvenzordnung im Insolvenzrecht an Bedeutung gewonnen hat, sind vornehmlich nur solche Betriebe betroffen, bei denen der Gemeinschuldner als Einzelunternehmer auftritt. Bei Beteiligung mehrerer Personen an einer Gesellschaft kommt das Ziel der Sanierung nach gegenwärtiger Rechtslage hingegen nur dann zum Tragen, wenn nach § 11 Abs. 2 Nr. 1 InsO ein Verfahren über das Vermögen der Gesellschaft selbst eröffnet wird. Überdies wurde das Insolvenzplanverfahren der §§ 217 ff. InsO als Mittel zur Sanierung des Schuldners geschaffen[765], und nicht etwa das Rechtsinstitut der Freigabe. Zu beachten ist weiterhin, dass die Normierung zur Freigabe der selbständigen Tätigkeit des Schuldners nicht etwa in einem eigenständigen Paragraphen erfolgte, sondern in die Bestimmung des § 35 InsO („Begriff der Insolvenzmasse“) eingefügt wurde. Inhaltlich ist die Freigabeerklärung nicht nur auf die Entscheidung gerichtet, ob der Neuerwerb aus der selbständigen Tätigkeit zur Insolvenzmasse zählt, sondern auch und unweigerlich damit verknüpft, ob Ansprüche Dritter aus dieser Tätigkeit im Insolvenzverfahren (als Masseforderung) geltend gemacht werden können.[766] Während die ursprüngliche Entwurfsfassung lediglich die Möglichkeit zur Freigabe vorsah, enthält die verabschiedete Fassung nunmehr als zusätzliche Ordnungsnorm eine Erklärungspflicht des Verwalters. Hintergrund der Änderung war die unklare Rechtslage in denjenigen Fällen, bei denen der Insolvenzverwalter von der Freigabemöglichkeit keinen Gebrauch macht, sondern die selbständige Tätigkeit des Schuldners lediglich duldet.[767] Sowohl der Gesetzessystematik als auch dem Inhalt der Erklärung nach ist die in § 35 Abs. 2 InsO normierte Freigabe damit vor allem auf eine haftungsrechtliche Bedeutung für das Insolvenzverfahren ausgerichtet.[768] Dem Interesse des Schuldners an einer Fortführung seiner selbstständigen Tätigkeit ist demgegenüber nachrangige Bedeutung beizumessen. Im Falle des bloßen Ausscheidens des insolventen Anteilseigners aus der fortbestehenden Gesellschaft spricht noch ein weiterer Aspekt gegen eine Notwendigkeit der Freigabe. Hier sind die Mitgesellschafter nicht daran gehindert, den Insolvenzschuldner unbeschadet des der Insolvenzmasse zustehenden Abfindungsanspruchs wieder als neues Mitglied aufzunehmen.[769] In der Praxis dürfte es dem Schuldner aber regelmäßig an finanziellen Mitteln hierzu fehlen.

---

765 Nerlich in MüAnwaltsHdB, Sanierung und Insolvenz, § 21 Rn. 81 ff.
766 Haarmeyer, ZInsO 2007, 696.
767 Haarmeyer, ZInsO 2007, 696.
768 Haarmeyer, ZInsO 2007, 696.
769 MK-Ulmer, BGB, § 728 Rn. 16.

Bei rechtlicher Würdigung lässt sich der Regelung somit keine gesetzgeberische Absicht entnehmen, die als alleinige Begründung einer Freigabe des Anteilsrechts des Schuldners genügt. Die Rechtsfortbildung in diesem Bereich in der zukünftigen Rechtsprechung und Literatur bleibt freilich abzuwarten.

dd) Wertlosigkeit des Anteilsrechts

Die Freigabe eines Gesellschafts- oder Gemeinschaftsanteils des Schuldners lässt sich daher auch bei geplanter Fortführung des Unternehmens mit dem Schuldner aus insolvenzrechtlicher Sicht letztlich nur im klassischen Anwendungsfall rechtfertigen, d. h. wenn eine Verwertung den zu erzielenden Verwertungserlös voraussichtlich übersteigt und bei Verbleib des Gegenstandes oder Rechts in der Insolvenzmasse durch den Kosten- und Arbeitsaufwand mit einer Masseschmälerung zu rechnen ist.[770] Eine solche Ausgangslage dürfte häufig aber nicht nur bei einer wertausschöpfenden Belastung schuldnerischen Grundeigentums[771], sondern auch im Falle der hier zugrunde liegenden Konstellation einer Beteiligung des Schuldners an einer Gemeinschaft oder Gesellschaft bestehen.

Diese Tatsache findet ihre Erklärung vor allem darin, dass der Insolvenzverwalter in der Auseinandersetzung des Gemeinschaftsverhältnisses bzw. im Falle des insolvenzbedingten Ausscheidens des Schuldners aus der Gesellschaft, wie bereits ausführlich dargestellt, an die Vorgaben des materiellen Rechts und die an sich für den Schuldner bestehenden Rechte und Pflichten wegen § 84 InsO gebunden ist. Insbesondere existiert im Gegensatz zur „normalen“ Verwertung nach der Insolvenzordnung keine Befugnis, einzelne, wertvolle Gegenstände aus dem Gemeinschaftsvermögen herauszulösen, um den sich aus dem Schuldneranteil an dem Gegenstand ergebenden Wert für die Insolvenzmasse verfügbar zu machen. Vielmehr muss der Insolvenzverwalter das gesetzlich oder vertraglich vorgeschriebene Auseinandersetzungsverfahren abwarten und kann erst nach einer Gesamtsaldierung (das bedeutet bei Auflösung der Gemeinschaft die vorherige Begleichung sämtlicher Verbindlichkeiten) einen eventuell bestehenden Guthabenanspruch des Schuldners für die Masse einfordern. Kommt es aber tatsächlich zu einer Zerschlagung des Unternehmens, wird nicht nur eine wirtschaftlich zweckmäßige Zusammenfassung von Rechten und Sachen entflochten. Der im Rahmen einer Einzelveräußerung der Gegenstände und Rechte im Zuge der Liquidation erzielbare Erlös dürfte in der Praxis regelmäßig deutlich unterhalb des Nutzungswerts dieser Gegenstände oder Rechte im lebenden Unternehmen anzusiedeln sein.[772] In der Folge besteht nach Abzug der Gesellschaftsschulden kein Vermögen mehr, so dass es auch an einem in die Masse fallenden Guthabenanspruch des insolventen Gesellschafters fehlt. Kann der Insolvenzverwalter eine derartige Entwicklung bereits im Voraus absehen, muss ihm auch die Möglichkeit eingeräumt werden, die Mitberechtigung des Schuldners aus der Masse freizugeben, um unnötigen Arbeits- und Kostenaufwand zu vermeiden und das Verfahren effizient zu gestalten. Dies gilt nicht zuletzt auch wegen des in den §§ 156, 157 InsO zum Ausdruck kommenden Gebots, die vorhandene Insol-

770 K/P-Lüke, § 80 Rn. 58.
771 Uhlenbruck, § 35 Rn. 35.
772 Butzer, Jura 1994, 628, 629.

venzmasse unverzüglich, d. h. ohne schuldhaftes Verzögern, zu verwerten. Bei der Einführung der neuen Insolvenzordnung strebte der Gesetzgeber eine möglichst zügige Verfahrensabwicklung an. Im Ergebnis spricht daher auch der nicht selten unverhältnismäßige Zeitaufwand, etwa bei Auflösung einer BGB-Gesellschaft, für die Zulässigkeit einer Freigabe.[773] Schon die vollständige Versilberung des Gesellschaftsvermögens kann beispielsweise einen sehr langen Zeitraum in Anspruch nehmen. Befinden sich etwa im Gesellschaftsvermögen eines hoch spezialisierten Unternehmens einzeln angefertigte Maschinen, so werden sich hierfür nur sehr schwer Kaufinteressenten finden lassen. Ein unnötiges Hinauszögern des Verfahrensabschlusses ist den Beteiligten aber nur dann zuzumuten, wenn tatsächlich mit einem nicht bloß unerheblichen Guthabenanspruch des Schuldners im Zuge der Auseinandersetzung zu rechnen ist.

ee) Pfändbarkeit der Mitberechtigung

Voraussetzung für eine echte Freigabe ist weiterhin die Pfändbarkeit des in Rede stehenden Massebestandteils.[774] Dies folgt mittelbar aus § 36 Abs. 1 InsO.[775] Problematisch ist das Merkmal der Pfändbarkeit gerade bei der BGB-Gesellschaft. Hier kann der Gesellschafter weder seine Ansprüche aus dem Gesellschaftsverhältnis gegen die übrigen Mitglieder übertragen (§ 717 Satz 1 BGB) noch über seinen Anteil an der Gesamthand als solche verfügen, vgl. § 719 Abs. 1 BGB. Gesetzliche Konsequenz dessen wäre an sich die Unpfändbarkeit der Mitgliedschaft nach § 851 i. V. m. § 857 Abs. 1 ZPO[776]. Die Sondervorschrift des § 859 Abs. 1 ZPO lässt jedoch die Pfändung in den Gesellschaftsanteil an einer Gesellschaft bürgerlichen Rechts entgegen den insoweit geltenden allgemeinen Regelungen zu. Für die von § 84 InsO erfassten Handelsgesellschaften, im Einzelnen also die Offene Handelsgesellschaft, die Kommanditgesellschaft, die Europäische wirtschaftliche Interessenvereinigung sowie die Partnerschaftsgesellschaft, gilt § 859 Abs. 1 ZPO entsprechend.[777] Die Gesellschaft selbst wird im Falle der Pfändung des einzelnen Gesellschaftsanteils zum Drittschuldner.[778] An der mangelnden Pfändbarkeit der Gesamthands- bzw. Gesellschaftsanteile scheitert eine Freigabe mithin nicht.

c) *Diskussion / Ergebnis*

Nach den obigen Ausführungen kommt eine Fortführung der Gesellschaft mit dem Gemeinschuldner durch Freigabe seiner Mitberechtigung nur dann in Betracht, wenn dies zum einen dem entsprechend zum Ausdruck gebrachten Willen der übrigen Gesellschafter entspricht und zum anderen aus der Auseinandersetzung des Gemeinschaftsverhältnisses nicht mit einem in die Insolvenzmasse fallenden Auseinandersetzungs- bzw. Abfindungsguthaben des Schuldners zu rechnen ist. Damit ist aber noch nicht das Verhältnis zwischen dem von der Insolvenzordnung voraus-

---

773 Smid, DZWIR 2006, 1, 4.
774 K/P-Holzer, § 35 Rn. 22.
775 BGH, DZWIR 2007, 335, 336.
776 MK-Smid, ZPO, § 859 Rn. 2.
777 Baumbach-Hartmann, ZPO, Anh § 859 Rn. 1 ff.
778 Baumbach-Hartmann, ZPO, Anh § 859 Rn. 1.

gesetzten Rechtsinstitut der Freigabe und den wegen § 84 Abs. 1 Satz 1 InsO an sich vorrangigen materiellrechtlichen Bestimmungen geklärt. Wie bereits aufgezeigt, ordnen die einschlägigen materiellrechtlichen Normen des Gesellschafts- bzw. Gemeinschaftsrechts nicht nur zwingend die Auseinandersetzung oder das Ausscheiden des Schuldners an, sondern sehen darüber hinaus zum Teil ausdrücklich die Wahrnehmung der Gesellschafterrechte durch den Insolvenzverwalter vor, vgl. § 146 Abs. 3 HGB.

Als Argument für die Zulässigkeit einer Freigabe im vorliegenden Fall ließe sich pauschal heranführen, dass die durch die Herauslösung aus der Masse bedingte Nichtanwendung bestimmter Rechtsvorschriften keinesfalls ungewöhnlich ist. Dies gilt nämlich für eine Vielzahl insolvenzrechtlicher Bestimmungen. So bewirkt die Freigabe die Überführung der Verfügungsgewalt über den betroffenen Massebestandteil zurück auf den Schuldner. Das Rechtsgut oder der Gegenstand wird unwiderruflich insolvenzfreies Vermögen des Schuldners[779] mit der Folge, dass insbesondere § 80 InsO hierauf keine Anwendung mehr findet[780].

Mag die Nichtanwendung von Vorschriften im Geltungsbereich der Insolvenzordnung noch unproblematisch sein, da das Gesetz selbst die Freigabe als Handlungsmöglichkeit für den Insolvenzverwalter in den §§ 32 Abs. 3 Satz 1, 85 Abs. 2 InsO sowie nunmehr in § 35 Abs. 2 InsO voraussetzt, so gilt dies nicht in gleicher Weise für das maßgebliche Handels- und Gesellschaftsrecht. Weder die Regelungen der §§ 705 ff. BGB noch diejenigen der §§ 105 ff. bzw. 161 ff. HGB kennen ein solches Rechtsinstitut. Die insolvenzrechtliche Freigabe stellt hier gewissermaßen einen „Fremdkörper“ dar. Zwar sind an eine Freigabe auch in anderen Rechtsgebieten bestimmte Rechtsfolgen geknüpft, etwa im Bereich des Grundstücksrechts, wo die Freigabe einer Immobilie die Löschung des Insolvenzvermerks auf Hinweis des zuständigen Gerichts oder Antrag des Verwalters nach § 32 Abs. 3 InsO, § 38 GBO nach sich zieht.[781] Diese gesetzlichen Konsequenzen knüpfen aber lediglich an den Übergang der Verfügungsmacht über den Gegenstand oder das Recht auf den Gemeinschuldner an und stellen sich als bloße Folge der Freigabe dar. Im Unterschied dazu regeln die § 728 BGB, § 131 Abs. 3 HGB ihrem Tatbestand nach den Fall der Eröffnung eines Insolvenzverfahrens über das Vermögen eines Gesellschafters unmittelbar und bestimmen (konstitutiv) die Auflösung des Rechtsverhältnisses bzw. das Ausscheiden des insolventen Gesellschafters. Es handelt sich hier also letztlich um im materiellen Recht verankerte insolvenzrechtliche Bestimmungen.

Die Frage, ob diese Auseinandersetzungsregelungen des materiellen Rechts trotz der Vorschrift des § 84 Abs. 1 Satz 1 InsO durch Freigabe der Mitgliedschaft des Schuldners umgangen werden können, hängt damit entscheidend von dem gesetzgeberischen Zweck dieser Vorschriften ab. Auch hier zeigt sich der insolvenzrechtliche Charakter der Regelungen. Anlass der Auflösung oder des Ausscheidens ist es nämlich, den Privatgläubigern eines Gesellschafters den Zugriff auf das in der Be-

---

779 HK-Eickmann, § 35 Rn. 30.
780 Uhlenbruck, KTS 2004, 275, 278.
781 Bauer/von Oefele-Bauer, GBO, § 38 Rn. 72.

teiligung gebundene Gesamthandsvermögen zu gewähren.[782] Der Bundesgerichtshof hat dies in einem Urteil vom 24. Februar 1969 zur Gesellschaft bürgerlichen Rechts noch nach altem Konkursrecht folgendermaßen formuliert:

„Nach § 728 Satz 1 BGB hat die Eröffnung des Konkurses über das Vermögen eines Gesellschafters die Auflösung der Gesellschaft zur Folge. Dem liegt der Gedanke des Gläubigerschutzes zugrunde: Gerät einer der Gesellschafter einer bürgerlichrechtlichen Gesellschaft in Konkurs, so müssen die in seiner Beteiligung steckenden Vermögenswerte für seine Gläubiger flüssig gemacht werden, weil sein Anteil am Gesellschaftsvermögen nach § 1 KO, § 859 Abs. 1 ZPO zur Konkursmasse gehört.“[783]

Das Ziel der gesetzlichen Anordnung der Auflösung oder des Ausscheidens bei Eröffnung des Verfahrens über das Vermögen eines insolventen Mitgliedes im materiellen Recht deckt sich somit mit dem in § 1 InsO normierten Hauptziel des Insolvenzverfahrens. Eine darüber hinausgehende Bedeutung ist den Vorschriften des § 728 Satz 1 BGB und § 131 Abs. 3 Nr. 2 HGB nicht beizumessen. Wenn sich aber die Freigabe der Mitberechtigung im konkreten Fall mit dem Ziel der Gläubigerbefriedigung vereinen lässt und sich aus insolvenzrechtlicher Sicht als unbedenklich erweist, so muss dies gleichsam auch für die den Insolvenzfall eines Gesellschafters regelnden und ebenfalls dem Schutz der Privatgläubiger dienenden materiellrechtlichen Bestimmungen gelten. Bei teleologischer Auslegung der Regelungen der § 728 Satz 1 BGB und § 131 Abs. 3 Nr. 2 HGB kann einer Freigabe daher auch der Verweis in § 84 Abs. 1 Satz 1 InsO auf das vorrangige materielle Recht in diesem Fall nicht entgegenstehen. Für die Personenhandelsgesellschaft folgt dieser Gedanke auch aus § 145 Abs. 2 HGB, wonach die Liquidation trotz der Insolvenz des Gesellschafters unterbleiben konnte, wenn der Insolvenzverwalter dem zustimmte. Teilweise wurde diese Regelung auch in einer Weise interpretiert, nach der nicht nur die Auflösung der Gesellschaft, sondern auch das Ausscheiden des Schuldners infolge seiner Insolvenz bei Zustimmung des Verwalters ausgeschlossen werden konnte.[784]

Nach hiesiger Rechtsauffassung kommt daher eine echte Freigabe des Gesellschafts- oder Gemeinschaftsanteils des Insolvenzschuldners nur dort in Betracht, wo der Insolvenzverwalter berechtigterweise davon ausgehen kann, dass bei Ausscheiden oder Auflösung nicht mit einem Auseinandersetzungs- bzw. Abfindungsanspruch zugunsten der Insolvenzmasse zu rechnen ist. Alle anderen Gründe rechtfertigen demgegenüber, wie oben ausführlich dargestellt, eine Freigabe der Mitberechtigung nicht. Vor der Erklärung einer Freigabe muss sich der Verwalter deshalb über die Vermögenssituation der Gesellschaft umfassend informieren und sollte sich die erhaltenen Auskünfte durch Vorlage entsprechender Nachweise wie Jahresabschlüsse, betriebswirtschaftliche Auswertungen etc. bestätigen lassen. Stützt er hingegen seine diesbezügliche Entscheidung allein auf Mutmaßungen und stellt sich die Beteiligung des Schuldners im Nachhinein doch als werthaltig heraus, war das Verhalten des Verwalters insolvenzzweckwidrig mit der Folge der Gefahr einer persönlichen Haftung nach den §§ 60, 61 InsO.[785] Zur Fortführung der Gesellschaft mit

782 MK-Ulmer, BGB, § 728 Rn. 1; Röhricht/Graf von Westphalen-von Gerkan, HGB, § 131 Rn. 21.
783 BGHZ 51, 350, 351 f.
784 Staub-Habersack, HGB, Stand: 1.8.1998, § 145 Rn. 3 ff.
785 Mohrbutter/Ringstmeier, § 6 Rn. 212.

dem Insolvenzschuldner bedarf es ferner einer entsprechenden Klausel im Gesellschaftsvertrag oder eines Beschlusses der Gesellschafterversammlung unter den genannten Bedingungen. Nur bei Vorliegen beider Voraussetzungen kann das Gesellschaftsverhältnis auch mit dem Schuldner entgegen den bis auf diese Ausnahme zwingenden § 728 BGB, § 131 Abs. 3 Nr. 2 HGB fortgeführt werden.

3. Beendigung der Gesellschaft / Ausscheiden des Schuldners

Finden sich im Gesellschaftsvertrag hingegen keine Regelungen über die Auseinandersetzung im Falle der Insolvenz eines Gesellschafters und treffen die übrigen Mitberechtigten auch im Nachhinein keinen von den gesetzlichen Regelungen abweichenden Beschluss hierzu, scheidet der Schuldner entweder aus dem Rechtsverhältnis aus oder die Gesellschaft wird gänzlich aufgelöst. Für eine Freigabe der Mitberechtigung an den Insolvenzschuldner ist hier kein Raum. Selbiges gilt, falls die Gesellschafter zwar eine andere Art der Auseinandersetzung vereinbart haben, dies aber nichts am Ausscheiden des Schuldners aus der Gesellschaft ändert.

Unabhängig von der Werthaltigkeit der Beteiligung obliegt dem Verwalter bei Auflösung oder Ausscheiden des Schuldners nach § 159 InsO die Pflicht zur Verwertung des Anteils des Schuldners am Gesamthandsvermögen. Die Freigabe zöge aber gerade die Verwertung durch den Schuldner nach sich. Darüber hinaus lässt sich die Freigabe bei dieser Ausgangslage auch nicht mit den gesetzlichen Vorgaben des § 84 Abs. 1 Satz 1 InsO i. V. m. § 728 BGB bzw. § 131 Abs. 3 HGB vereinen. Nach § 80 InsO handelt der Insolvenzverwalter kraft seines alleinigen Verfügungsrechts in der Auseinandersetzung anstelle des Schuldners; insoweit beinhaltet § 146 Abs. 3 HGB eine allgemeingültige Bestimmung[786]. Durch die Wahrnehmung der Gesellschafterrechte und Pflichten wird einerseits eine Transparenz für die Insolvenzgläubiger geschaffen und ein ordnungsgemäßer Verfahrensablauf sichergestellt, so dass im Ergebnis auch tatsächlich derjenige Betrag zur Masse gelangt, der dem Schuldner als Abfindungs- oder Auseinandersetzungsguthaben zusteht. Andererseits besteht zu ihren Gunsten auch eine Kontrollmöglichkeit, die bei einer Verletzung zur Pflicht der sorgfältigen Masseverwertung seitens des Verwalters in der Auseinandersetzung wegen der hierin liegenden Schädigung der Gesamtgläubigerschaft haftungsrechtliche Ansprüche nach § 60 InsO bzw. § 92 InsO ihm gegenüber auslösen kann.[787]

III. Andere Formen der Freigabe

1. Modifizierte Freigabe

Zu denken ist weiterhin an eine modifizierte Freigabe der Mitberechtigung in der Art, dass der Insolvenzschuldner seine Gesellschafter- und Liquidationsrechte in der Auseinandersetzung des Gemeinschaftsverhältnisses auch nach der Eröffnung

---

786 Uhlenbruck-Hirte, § 84 Rn. 15.
787 Uhlenbruck, § 60 Rn. 17.

des Verfahrens selbst wahrnimmt, er sich aber dazu verpflichtet, einen hieraus eventuell resultierenden Guthaben- bzw. Abfindungsanspruch an die Insolvenzmasse auszukehren. Fraglich ist, ob eine solche Vorgehensweise des Verwalters nicht gegen die gesetzlichen Vorgaben verstößt. Die Rechtsprechung erkennt die modifizierte Freigabe als Handlungsmöglichkeit für den Insolvenzverwalter im Grundsatz nach wie vor an.[788] Währenddessen ist die Zulässigkeit der modifizierten Freigabe in der Literatur erst recht nach Einführung der Insolvenzordnung umstritten.[789] Teilweise wird die Meinung vertreten, der spätere Erlös aus dem vom Schuldner zu verwertenden Massebestandteil stünde als Neuerwerb im Sinne des § 35 InsO nunmehr ohnehin der Insolvenzmasse zu, weshalb für eine modifizierte Freigabe kein Bedarf mehr bestehe. Dafür, dass auch das Surrogat, also der Erlös, von der Freigabe erfasst sei, fänden sich keine gesetzlichen Anhaltspunkte.[790]

Den klassischen Anwendungsfall bilden diejenigen Fälle, bei denen der Verwalter den Gemeinschuldner dazu ermächtigt, ein zur Insolvenzmasse gehörendes Recht gerichtlich geltend zu machen. Dabei richten sich die Zulässigkeitsvoraussetzungen nach den allgemeinen Grundsätzen der gewillkürten Prozessstandschaft[791], d. h. der Insolvenzschuldner muss ein schutzwürdiges Interesse daran haben, durch Beitreibung der Forderung seine Verbindlichkeiten zu tilgen, um damit die Voraussetzungen für eine Weiterführung seiner geschäftlichen Tätigkeit nach Beendigung des Insolvenzverfahrens zu schaffen.[792] Bei der Auseinandersetzung einer Gesellschaft oder Gemeinschaft handelt es sich allerdings um ein außergerichtliches Verfahren. Die Grundsätze der gewillkürten Prozessstandschaft sind daher auf das Auseinandersetzungsverfahren nicht unmittelbar anzuwenden. Zumindest bei sinngemäßer Übertragung der Anforderungen an eine solche Prozessstandschaft wäre eine modifizierte Freigabe in dem oben genannten Sinne aber deshalb abzulehnen, weil es dem Gemeinschuldner an einem berechtigten Interesse hieran fehlt. Unabhängig davon, ob der Schuldner aus dem Gesellschaftsverhältnis bloß ausscheidet oder sich dieses mit Insolvenzeröffnung gänzlich auflöst, kommt eine Fortführung seiner Tätigkeit unter Beteiligung an der Gesellschaft nach Beendigung des Insolvenzverfahrens gerade nicht in Frage. Folglich kann die Wahrnehmung der Gesellschafterrechte und -pflichten in der Auseinandersetzung auch nicht dem Interesse dienen, seine diesbezügliche Tätigkeit nach Verfahrensbeendigung weiter auszuüben. Es besteht zwar die Möglichkeit einer Wiederaufnahme des Schuldners als Beteiligter in die Gesellschaft oder Gemeinschaft nach Ende des Insolvenzverfahrens oder unter Umständen sogar schon währenddessen, dies ist aber unabhängig von der Frage zu sehen, ob der Schuldner einen aus der Beteiligung resultierenden Nettoanteil für die Insolvenzmasse realisieren kann; maßgeblich ist insofern vielmehr allein der Wille der übrigen Berechtigten.

Hinzu kommt noch ein weiterer Aspekt. Üblicherweise ermächtigt der Insolvenzverwalter den Schuldner zur gerichtlichen Geltendmachung eines zur Insolvenz-

788 BGHZ 100, 217 ff.; BGHZ 35, 180, 182; BFH, ZIP 1993, 1247, 1248.
789 Adam, DZWIR 2007, 175, 176.
790 Haarmeyer, FS Kreft, 294 ff.
791 BGHZ 100, 217 ff.
792 BGHZ 100, 217, 220.

masse zählenden Rechts in eigenem Namen, um die Masse dadurch von dem Prozesskostenrisiko freizustellen.[793] Letztlich soll der in dem freigegebenen Recht liegende Wert im Falle des Obsiegens also wieder zur Masse gelangen, wohingegen bei negativem Prozessausgang die Prozesskosten allein der Schuldner trägt und keine Masseverbindlichkeiten entstehen. Diese Begründung trägt aber in dem hier zugrunde liegenden Fall nicht. Denn wie bereits bei der echten Freigabe ausführlich erläutert, können der Insolvenzmasse aus der Durchführung des Auseinandersetzungsverfahrens, abgesehen von denjenigen aus der Vornahme besonders eilbedürftiger Geschäfte nach § 118 Satz 1 InsO, keine Masseverbindlichkeiten erwachsen.

Allein mit dem zeitlichen Aufwand des Auseinandersetzungsverfahrens lässt sich die modifizierte Freigabe der Mitberechtigung ebenso wenig begründen. Zum einen gilt schon bei der echten Freigabe, dass die unverhältnismäßige Dauer einer Verwertungsmaßnahme nicht ausreicht, sondern eine Freigabe nur dann gerechtfertigt ist, wenn außerdem kein wirtschaftlicher Überschuss aus der Verwertung zu erwarten ist.[794] Zum anderen resultiert aus der Wahrnehmung der Gesellschafterrechte und -pflichten des Schuldners in der Auseinandersetzung letztlich keine Beschleunigung des Verfahrens. Vielmehr ist das Insolvenzverfahren nach § 196 Abs. 1 InsO auch hier erst abschlussreif, wenn sämtliche Verwertungsmaßnahmen abgeschlossen sind[795], d. h. auch das Auseinandersetzungs- bzw. Abfindungsguthaben aus der Beteiligung zur Masse geflossen ist. Andernfalls müsste wegen des im Wege der Auseinandersetzung erzielten Guthabens eine Nachtragsverteilung angeordnet werden, was wegen des zusätzlichen Arbeits- und Kostenaufwands nicht erstrebenswert ist.[796]

Letztlich wesentlich ist aber folgender Aspekt: Lässt sich die Nichtanwendung der materiellrechtlichen Vorschriften im Falle der echten Freigabe bei Wertlosigkeit des Schuldneranteils noch mit dem diesen Normen zugrunde liegenden Schutzzweck der Befriedigung der Privatgläubiger vereinen, so gilt dies nicht gleichsam für diejenigen Sachverhalte, bei denen von der Werthaltigkeit der Beteiligung des insolventen Gesellschafters auszugehen ist und der Schuldner ausscheidet oder sich das Rechtsverhältnis auflöst. Kommt es zu einem vertraglich vereinbarten oder gesetzlich vorgeschriebenen Auseinandersetzungsverfahren, stellt schon die echte Freigabe nach den obigen Ausführungen eine unzulässige Maßnahme dar. Nichts anderes kann auch für die modifizierte Freigabe gelten. Die Wahrnehmung der Gesellschafterrechte und -pflichten durch den Insolvenzverwalter dient einerseits einer höheren Transparenz für die Insolvenzgläubiger und andererseits der Sicherstellung eines ordnungsgemäßen Verfahrensablaufs, so dass im Ergebnis auch tatsächlich derjenige Betrag zur Masse gelangt, der dem Schuldner als Abfindungs- oder Auseinandersetzungsguthaben zusteht. Weiter besteht zugunsten der Gläubiger eine Kontrollmöglichkeit, die bei einer Verletzung zur Pflicht der sorgfältigen Masseverwertung seitens des Verwalters in der Auseinandersetzung wegen der hierin liegenden Schädigung der Gesamtgläubigerschaft haftungsrechtliche An-

793 MK-Lwowski, § 35 Rn. 88.
794 Smid, DZWIR 2006, 1, 4.
795 Mohrbutter/Ringstmeier, § 13 Rn. 1.
796 Mohrbutter/Ringstmeier, § 13 Rn. 4.

sprüche nach § 60 InsO bzw. § 92 InsO ihm gegenüber auslösen kann.[797] Handelt dagegen der Schuldner aufgrund einer modifizierten Freigabe anstatt des Verwalters in der Auseinandersetzung selbst, besteht die Gefahr einer Benachteiligung der Insolvenzmasse. Regelmäßig dürften die Mitgesellschafter dem Insolvenzschuldner aufgrund der früheren Zusammenarbeit näher stehen als seine Gläubiger. Auch fehlt es dem Schuldner, wie bereits dargestellt, an einem eigenen Interesse der Geltendmachung des Abfindungs- bzw. Auseinandersetzungsanspruchs. Im Endeffekt käme die modifizierte Freigabe der Beteiligung einer partiellen Eigenverwaltung des Schuldners gleich, die zumindest vor der Zustimmung der Gläubigerversammlung allein von der Entscheidung des Verwalters abhinge. Eine nur teilweise Eigenverwaltung ist in den §§ 270 ff. InsO aber gerade nicht vorgesehen. Nach § 159 InsO trifft im Regelinsolvenzverfahren die gesetzliche Pflicht und das Recht zur Verwertung der Insolvenzmasse ausschließlich den Verwalter.[798] Bei der echten Freigabe bildet die Herauslösung des Massebestandteils durch Abgabe einer Freigabeerklärung schon die Verwertungsmaßnahme.[799] Dient demgegenüber die modifizierte Freigabe allein dem Zweck einer Verwertung durch den Schuldner unter Einziehung des späteren Erlöses zur Insolvenzmasse, überträgt der Verwalter letztlich seine Verwertungsbefugnis auf den Insolvenzschuldner. Dies entzieht sich nicht nur jedweder gesetzlichen Grundlage, für eine solche Maßnahme besteht auch keine praktische Notwendigkeit. Will sich der Insolvenzverwalter die besonderen Sachkenntnisse des Schuldners in Bezug auf das Gesellschaftsverhältnis zunutze machen[800], bleibt es ihm unbenommen, sich dessen Fähigkeiten durch weitreichende Einschaltung als Hilfsperson in der Auseinandersetzung zu bedienen. Die Wahl der Mittel, d. h. die Art und Weise der Verwertung eines Massebestandteils, steht grundsätzlich im pflichtgemäßen Ermessen des Insolvenzverwalters.[801] Er kann bei der Verwertung auch Dritte beauftragen[802] oder den Schuldner als Hilfsperson einsetzen.

Im eröffneten Verfahren ist der Schuldner nicht nur bei der Feststellung und Verwaltung, sondern auch bei der Verwertung der Insolvenzmasse nach § 97 Abs. 2 InsO zur Mitwirkung verpflichtet.[803] Für seine Mitwirkungshandlungen kann der Insolvenzschuldner im Regelfall kein Entgelt verlangen. Etwas anderes gilt erst dann, wenn die Tätigkeit des Schuldners einer Vollzeitbeschäftigung entspricht[804], was aber bei einer Mitwirkung im Auseinandersetzungsverfahren einer Gesellschaft oder Gemeinschaft für gewöhnlich nicht der Fall sein dürfte. Über die Intensität der Einbeziehung des Schuldners bei der Verwertung entscheidet der Insolvenzverwalter im konkreten Einzelfall nach freiem Ermessen.[805] Für die Insolvenzgläubiger resultiert aus der Einschaltung des Schuldners in die Auseinandersetzung der Ge-

797 Uhlenbruck, § 60 Rn. 17.
798 HK-Flessner, § 159 Rn. 3.
799 K/P-Onusseit, § 159 Rn. 30.
800 MK-Passauer, § 97 Rn. 34.
801 Mohrbutter/Ringstmeier, § 23 Rn. 50 u. 52.
802 Mohrbutter/Ringstmeier, § 23 Rn. 56.
803 K/P-Lüke, § 97 Rn. 9.
804 Hess, § 97 Rn. 36.
805 MK-Passauer, § 97 Rn. 34.

sellschaft kein Nachteil. Falls der Verwalter dem Schuldner die Wahrnehmung der Rechte und Pflichten als Gesellschafter in der Auseinandersetzung aus praktischen Erwägungen weitestgehend überlässt und der später zur Insolvenzmasse fließende Nettoanteil durch ein Fehlverhalten des Schuldners gemindert wird, haftet der Verwalter der Gläubigergemeinschaft für die Einschaltung einer Hilfsperson nach § 278 BGB, weil es sich bei der sorgfältigen Verwertung des schuldnerischen Vermögens um die Erfüllung einer insolvenzspezifischen Pflicht handelt.[806]

Zeigt sich der Gemeinschuldner bei der Abwicklung des Insolvenzverfahrens indes nicht kooperativ[807] und muss er zur punktuellen Mitarbeit erst durch Zwangsmittel (§ 98 InsO) angehalten werden[808], erscheint eine Einschaltung des Schuldners in der Auseinandersetzung nicht sinnvoll. In einem solchen Fall käme aber auch eine modifizierte Freigabe nicht in Betracht. Der Insolvenzverwalter müsste hier befürchten, dass sich der Schuldner bei der Wahrnehmung seiner Gesellschafterrechte in der Liquidation nicht redlich verhält. Da sich der Ermessensspielraum des Insolvenzverwalters stets an dem Verfahrensziel der bestmöglichen Gläubigerbefriedigung ausrichtet, darf der Insolvenzverwalter den Anteil am Gesamthandsvermögen ohnehin nicht an einen obstruktiven Schuldner in Form einer modifizierten Freigabe herausgeben.

Zusammenfassend scheidet also eine modifizierte Freigabe der Mitberechtigung in dem Sinne, dass der Insolvenzschuldner seine Gesellschafter- und Liquidationsrechte in der Auseinandersetzung des Gemeinschaftsverhältnisses auch nach der Eröffnung des Verfahrens selbst wahrnimmt, er sich aber dazu verpflichtet, einen hieraus eventuell resultierenden Guthaben- bzw. Abfindungsanspruch an die Insolvenzmasse auszukehren, sowohl aus rechtlichen Gründen als auch aus praktischen Erwägungen aus.

2. Erkaufte Freigabe

Mit der sog. erkauften Freigabe kann der Verwalter dem Schuldner gegen Zahlung eines Entgeltes in die Insolvenzmasse einen Gegenstand oder ein Recht überlassen.[809] Zu differenzieren ist einerseits zwischen der eigentlichen Freigabe als einseitig empfangsbedürftige Willenserklärung, welche das Verfügungsgeschäft darstellt, und der schuldrechtlichen Abrede zwischen dem Schuldner und dem Verwalter als Verpflichtungsgeschäft mit dem Charakter eines Kaufvertrages auf der anderen Seite.[810] Durch das Verfügungsgeschäft lebt die Verfügungsbefugnis des Insolvenzschuldners bezüglich des Massebestandteils ohne eine Widerrufsmöglichkeit des Verwalters wieder auf, insofern handelt es sich also um eine echte Freigabe.[811]

806 K/P-Lüke, § 60 Rn. 40.
807 Smid, Praxishandbuch, § 14 Rn. 16.
808 MK-Passauer, § 97 Rn. 34.
809 K/P-Lüke, § 80 Rn. 64.
810 FK-Kohte, § 314 Rn. 13.
811 FK-Kohte, § 314 Rn. 12.

Zwar ist auch die erkaufte Freigabe im Bereich des Regelinsolvenzverfahrens nicht ausdrücklich geregelt. Im Verbraucherinsolvenzverfahren knüpft aber die vereinfachte Verteilung nach § 314 InsO an das Modell einer erkauften Freigabe an, mit dem Unterschied, dass sich an diese qualifizierte Form der Freigabe bei Nichterfüllung der Käuferpflichten durch den Schuldner eine unmittelbare verfahrensrechtliche Folge, nämlich die Versagung der Restschuldbefreiung, anschließt.[812] Dem Wortlaut des Gesetzestextes entsprechend kann aber auch nach § 314 Abs. 1 InsO nur teilweise von einer Verwertung der Masse abgesehen werden, d. h. es können nur einzelne Massebestandteile durch Zahlung des Schuldners abgelöst werden.

Für die Zulässigkeit einer erkauften Freigabe in Bezug auf die Mitberechtigung des Schuldners spricht ferner die Tatsache, dass es sich bei ihm um einen Beteiligten des Insolvenzverfahrens handelt, welches also auch seinen Interessen zu dienen bestimmt ist. Infolgedessen stellte schon das Reichsgericht fest, dass dem Gemeinschuldner die Gelegenheit zur Ablöse eines Massebestandteils eingeräumt werden müsse, was erst recht gelte, wenn der Schuldner dem Verwalter ein konkretes Angebot unterbreite.[813] In Teilen der Literatur wird in diesem Zusammenhang zusätzlich auf § 1 Abs. 2 InsO abgestellt, wonach die Durchführung des Insolvenzverfahrens auch dazu dient, dem Schuldner einen Neuanfang zu ermöglichen. Bei verfassungskonformer Auslegung der Vorschrift müsse die erkaufte Freigabe deshalb als zulässig erachtet werden.[814]

Im Gegensatz zur modifizierten Freigabe tritt durch das Modell der erkauften Freigabe zudem tatsächlich eine Verfahrensbeschleunigung ein. Denn durch den „Verkauf" der Beteiligung an den Schuldner wird der hierin liegende Wert sofort für die Masse verfügbar, der Verwalter muss nicht erst ein unter Umständen lange währendes Auseinandersetzungsverfahren abwarten.[815]

Andererseits darf der Verwalter, wie bei der modifizierten Freigabe bereits dargestellt, seine aus § 159 InsO folgende Pflicht zur Verwertung der Insolvenzmasse nicht auf den Insolvenzschuldner abwälzen. Bezweckt der Verwalter mit der erkauften Freigabe daher ausschließlich, dem Schuldner das Verwertungsrisiko hinsichtlich eines Gegenstandes oder Rechts der Masse aufzubürden, bzw. ist dem Schuldner die Zahlung einer Ablöse für den Massebestandteil nur durch eigene Verwertung desselben möglich, steht eine solche Freigabe nicht im Einklang mit den gesetzgeberischen Zielen des Insolvenzverfahrens und muss deshalb ausscheiden.[816]

Problematisch ist weiterhin die Unwiderruflichkeit der Freigabeerklärung des Verwalters. Dem Gemeinschuldner steht an liquiden Mitteln während der Dauer des Verfahrens lediglich sein unpfändbares Einkommen zur Verfügung. Dies dürfte aber in aller Regel gerade ausreichen, um davon seinen eigenen Lebensunterhalt bzw. auch den weiterer Familienangehöriger zu bestreiten. Die Zahlung einer Ablöse für einen Gegenstand oder ein Recht aus der Insolvenzmasse kann aber nur

812 Vallender, NZI 1999, 385.
813 RGZ 152, 125, 127.
814 FK-Kothe, § 314 Rn. 11.
815 Vallender, NZI 1999, 385.
816 K/P-Wenzel, § 314 Rn. 3.

entweder aus diesen unpfändbaren Einkünften oder durch die Zuwendung eines Dritten erfolgen. Einer erkauften Freigabe wird daher häufig der Einwand entgegengehalten, der Schuldner sei regelmäßig finanziell nicht dazu in der Lage, einen Ablösebetrag zur Insolvenzmasse zu zahlen.[817] Das Risiko der mangelnden Liquidität des Schuldners trage aufgrund des unwiderruflichen Charakters der Freigabe letztlich die Insolvenzmasse. Auch werde eine solche Freigabe den Interessen der Insolvenzgläubiger an einer optimalen Verwertung der Masse nicht gerecht. Als problematisch beurteilt sich zum einen die Bewertung des Massebestandteils bzw. die Bestimmung des durch den Schuldner zu zahlenden Ablösebetrages, zum anderen geht mit der Freigabe auch der Entzug des Verwertungsrechts des Verwalters einher, was gleichbedeutend mit dem Verlust von Einflussmöglichkeiten seitens der Gläubiger hinsichtlich der Verwertung ist. Im Rahmen des § 314 Abs. 1 InsO spricht man deshalb auch von einer Beschränkung der Gläubigerautonomie.[818]

Nach Ansicht des Verfassers führen die letztgenannten, allgemeinen Gesichtspunkte aber nicht zur Unzulässigkeit einer erkauften Freigabe der Beteiligung. Richtigerweise kommt eine derartige Freigabe nicht in Betracht, falls der Schuldner trotzdem aus der Gesellschaft ausscheidet bzw. sich diese bedingt durch seine Insolvenz gänzlich auflöst. Denn hier würde der Verwalter das Verwertungsrisiko nur auf den Gemeinschuldner abwälzen und sich seiner Pflicht zur Verwertung der Masse entziehen. Liegen aber die bereits bei der echten Freigabe formulierten, gesellschaftsrechtlichen Voraussetzungen, d. h. ein Beschluss oder eine vertragliche Regelung zur Fortführung des Gesellschaftsverhältnisses mit dem Schuldner vor, und entspricht dies auch dessen Willen, ergeben sich hinsichtlich einer erkauften Freigabe des Anteilsrechts keine Bedenken. Um die Insolvenzmasse nicht mit dem Liquiditätsrisiko bezüglich des Schuldners zu belasten, sollte die Freigabeerklärung entsprechend der Regelung des § 249 InsO für das Insolvenzplanverfahren erst erfolgen, wenn der Ablösebetrag zur Masse gelangt ist.[819]

Ohne eine Auseinandersetzungsbilanz kann sich die Feststellung des in der Beteiligung liegenden Wertes zwar im Einzelfall tatsächlich schwierig gestalten. Dies kann aber nicht zur generellen Unzulässigkeit der Maßnahme führen. Um seiner insolvenzspezifischen Verpflichtung zur optimalen Verwertung der Masse nachzukommen, bedarf der Verwalter vielmehr einer Zustimmung des Gläubigerausschusses nach § 160 Abs. 1 InsO, die sich auf einen konkreten Ablösebetrag bezieht. Auch wegen der damit einhergehenden Beschränkung der Gläubigerrechte stellt sich die erkaufte Freigabe als Rechtshandlung von besonderer Bedeutung dar, und zwar unabhängig davon, welchen Wertanteil sie von der gesamten Insolvenzmasse betrifft.[820] Aus denselben Gründen ist die Zustimmung zudem vor der Verwertungsmaßnahme einzuholen und nicht etwa erst durch eine nachträgliche Genehmigung im Sinne von § 184 Abs. 1 BGB.[821]

---

817 Vallender, NZI 1999, 385, 386.
818 Vallender, NZI 1999, 385, 386.
819 Vallender, NZI 1999, 285, 288.
820 Uhlenbruck, § 160 Rn. 12.
821 K/P-Onusseit, § 160 Rn. 3.

Hinsichtlich der „Umgehung" der materiellrechtlichen Vorschriften, die das Ausscheiden des Schuldners (§ 131 Abs. 3 HGB) bzw. die Auflösung der Gesellschaft (§ 728 BGB) anordnen, verbleibt es bei den zur echten Freigabe bei Wertlosigkeit der Beteiligung getroffenen Feststellungen. In Ansehung des diesen Normen zugrunde liegenden Gläubigerschutzgedankens besteht letztlich kein Unterschied, ob die Mitberechtigung von vorneherein als wertlos einzustufen ist und deshalb die Interessen der Gläubiger nicht verletzt werden, oder ob der in der Beteiligung liegende Wert auf andere Weise, nämlich durch Verkauf an den Schuldner, realisiert wird. Freilich trifft den Verwalter auch bei der Bewertung der Beteiligung und der Festlegung des Ablösebetrages ebenso wie bei der Feststellung der Wertlosigkeit eine umfassende Ermittlungspflicht. Erteilt der Gläubigerausschuss aber seine Zustimmung zum „Verkauf" der Beteiligung an den Schuldner, darf eine Anwendung der materiellrechtlichen Vorschriften, die allein den Interessen der Privatgläubiger des Schuldners dienen, nicht zu einer Vereitelung der Maßnahme führen. Eine Klausel im Gesellschaftsvertrag oder ein Beschluss, der entgegen den insoweit an sich zwingenden Rechtsfolgen der § 728 BGB, § 131 Abs. 3 HGB die Fortführung mit dem Schuldner vorsieht, ist im konkreten Einzelfall nicht nach § 126 BGB sittenwidrig, denn hier fehlt es an einer Gläubigerbenachteiligung. Daher verbleibt es bei dem Vorrang der gesellschaftsvertraglichen Vereinbarung vor den gesetzlichen Bestimmungen. Die § 728 BGB, § 131 Abs. 3 HGB finden keine Anwendung.

Im Ergebnis kommt demzufolge eine erkaufte Freigabe in Bezug auf die Beteiligung des Schuldners in Frage, falls die übrigen Mitgesellschafter einen entsprechenden Willen zur Fortführung mit dem Schuldner zum Ausdruck gebracht haben, der Insolvenzschuldner selbst zur Zahlung eines Ablösebetrages (sei es aus eigenen Mitteln oder in Form der Zuwendung Dritter), der dem vom Insolvenzverwalter ermittelten Wert der Mitberechtigung entspricht, bereit ist und der Gläubigerausschuss im Vorfeld durch einen Beschluss der Maßnahme zustimmt.

D. Ausschluss oder Beschränkung der Auseinandersetzung

I. Vertragliche Teilungsbeschränkungen

Nach § 84 Abs. 2 InsO binden Auseinandersetzungsbeschränkungen den Insolvenzverwalter nicht, sofern sie durch Vereinbarung der Gemeinschafter oder gemäß Satz 2 der Vorschrift durch letztwillige Verfügung zustande gekommen sind. Zweck der Regelung ist es zu verhindern, dass eine Verwertung des Anteils für die Masse durch vertragliche Bindungen erschwert oder vereitelt wird. Ansonsten bestünde seitens des Schuldners die Gefahr, das Vermögen durch Einbringung in eine Gemeinschaft dem Zugriff der Insolvenzgläubiger zu entziehen.[822] Der Verwalter kann daher in Abweichung zu dem Prinzip, dass seine Rechte nicht über die des Schuldners hinausgehen, trotz bestehender vertraglicher Beschränkung jederzeit die Auseinandersetzung verlangen. Dies gilt auch bei einer im Grundbuch eingetragenen und damit gemäß § 1010 Abs. 1 BGB dinglich wirkenden Beschränkung. Er

822 K/P-Lüke, § 84 Rn. 30.

ist sogar dazu berechtigt, die Auseinandersetzung auch dann zu betreiben, wenn die Gemeinschafter durch vertragliche Vereinbarung eine Teilung der Gesellschaft auf Zeit oder für immer gänzlich ausgeschlossen haben.[823] Dagegen kann der Gemeinschaftsbeteiligte keine vorzeitige Auseinandersetzung nach § 84 InsO verlangen.[824] Dies kommt höchstens unter den Voraussetzungen des § 749 Abs. 2 BGB in Betracht, sofern in der Insolvenz des Teilhabers ein wichtiger Grund im Sinne der Vorschrift gesehen wird.[825]

Nicht erfasst werden von Abs. 2 so genannte gesellschaftsvertragliche Klauseln, durch die für den Fall der Auseinandersetzung, des Ausscheidens oder des Gläubigerzugriffs der Anspruch auf das entsprechende Guthaben herabgesetzt oder sogar ausgeschlossen wird.[826] Dabei handelt es sich hierbei um die in der Praxis wohl häufigste Form der Ausgestaltung einer individuellen Teilungsbeschränkung. Gesellschaftsvertragliche Klauseln stellen im Allgemeinen ein Mittel zur Liquiditätserhaltung, zur Disziplinierung oder nur zur Vereinfachung der Abwicklung des Gemeinschaftsverhältnisses dar[827] und sind vorwiegend in Gesellschaftsverträgen von Personengesellschaften (OHG und KG), aber auch bei auf Dauer angelegten BGB-Gesellschaften zu finden[828]. Dem Interesse der übrigen Teilhaber an den vorgenannten Maßnahmen, insbesondere bei dem in der Insolvenz problematischen Fall einer Begrenzung der Abfindung des ausscheidenden Gesellschafters etwa in Form einer so genannten Buchwertklausel, steht das Vermögensinteresse des ausscheidenden Gesellschafters bzw., im Falle der Insolvenz des Gesellschafters, das Interesse des Verwalters, die Insolvenzmasse für die Verfahrensgläubiger zu sichern, gegenüber. Da gesellschaftsvertragliche Klauseln im Gegensatz zu den allgemeinen vertraglichen Teilungsbeschränkungen regelmäßig nicht unter die Regelung des § 84 Abs. 2 InsO fallen und somit vom Insolvenzverwalter grundsätzlich bei der Auseinandersetzung zu beachten sind, gilt es einen gerechten Ausgleich zwischen den oben beschriebenen widerstreitenden Interessen herzustellen. Deshalb richten sich die Grenzen der Wirksamkeit gesellschaftsvertraglicher Klauseln nicht ausschließlich nach dem Gesellschaftsrecht, sondern insbesondere auch nach den allgemeinen Bestimmungen des Zivilrechts, insbesondere nach § 138 BGB. Denn nicht selten wird in solchen Klauseln eine sittenwidrige Benachteiligung der Drittgläubiger des ausscheidenden Gesellschafters gesehen.[829] Jedenfalls dann, wenn die gesellschaftsvertragliche Klausel ausschließlich im Falle der Insolvenz des Gesellschafters oder des Zugriffs eines Privatgläubigers gelten soll, ist von ihrer Unwirksamkeit nach § 138 Abs. 1 BGB auszugehen.[830]

Ein Vorrang des Anfechtungsrechts als speziellere Regelung gegenüber § 138 BGB scheidet hingegen aus. Die von § 84 InsO betroffenen Gemeinschaften stehen einem Dauerschuldverhältnis in aller Regel sehr nahe. Dem werden die Anfechtungstatbe-

---

823 Uhlenbruck-Hirte, § 84 Rn. 28.
824 BGH, NJW 1961, 610, 612.
825 K/P-Lüke, § 84 Rn. 30.
826 Uhlenbruck-Hirte, § 84 Rn. 30.
827 Engel, NJW 1986, 345.
828 Ulmer, NJW 1979, 81.
829 Engel, NJW 1986, 345, 346.
830 BGHZ 65, 22, 28.

stände nicht gerecht.[831] Zudem entstünde wegen der Verkürzung der Anfechtungsfrist von früher dreißig auf nunmehr zehn Jahre angesichts von Gesellschaftsverträgen, deren Abschluss häufig länger als zehn Jahre zurück liegt, eine empfindliche Schutzlücke.

II. Gesetzliche Ausschlüsse und Beschränkungen

Gesetzliche Teilungsbeschränkungen haben demgegenüber auch für das Insolvenzverfahren Gültigkeit.[832] So ist in der Insolvenz des Wohnungseigentümers das Recht des Verwalters, die Aufhebung der Gemeinschaft zu verlangen, nach § 11 Abs. 2 WEG ausgeschlossen. Ähnliche gesetzliche Beschränkungen finden sich in § 1066 Abs. 2 BGB (bei Nießbrauch an einem Miteigentumsanteil erfolgt die Aufhebung der Miteigentümergemeinschaft nur mit Zustimmung des Nießbrauchers), § 2043 BGB (Aufschub der Auseinandersetzung einer Erbengemeinschaft bei zeitweiliger Unbestimmtheit der Erbteile) und § 2045 BGB (Aufschub der Auseinandersetzung bis zur Beendigung des Aufgebotverfahrens für Nachlassgläubiger). Dem Insolvenzverwalter bleibt in diesen Fällen als einzige Möglichkeit die Verwertung des Anteils durch Veräußerung, falls der Anteil übertragbar ist.[833]

---

831 Rasner, NJW 1983, 2905, 2910.
832 MK-Stodolkowitz, § 84 Rn. 22.
833 Jaeger/Henkel, § 16 Rn. 22.

5. Teil: Absonderungsrecht der Mitberechtigten

A. Allgemeines

Das Recht auf abgesonderte Befriedigung nach § 84 Abs. 1 Satz 2 InsO soll sicherstellen, dass die übrigen Mitglieder des Gemeinschaftsverhältnisses wegen ihrer auf diesem Rechtsverhältnis beruhenden Ansprüche nicht auf eine Insolvenzforderung angewiesen sind, soweit ein in die Insolvenzmasse fallender Anteil beim Schuldner vorhanden ist. Aus diesem Anteil sollen sie vorweg Befriedigung verlangen können. Falls sich der Erlösanteil bereits untrennbar mit der Insolvenzmasse vermischt hat, soll sogar ein Masseanspruch aus § 55 Abs. 1 Nr. 3 InsO bestehen.[834] Demgegenüber sind die Privatgläubiger auf den nach der Vorwegbefriedigung verbleibenden Anteil des Schuldners beschränkt.[835]

B. Voraussetzungen

I. Gemeinschaftliches Vermögen

Das Absonderungsrecht setzt Gemeinschafts- bzw. Gesamthandsvermögen voraus, weshalb eine Anwendung bei bloßen Innengesellschaften ohne gemeinsames Vermögen und insbesondere bei der Stillen Gesellschaft nicht in Betracht kommt.[836] Da nach § 35 InsO auch eine erst während des Verfahrens erlangte Beteiligung für die Anwendung des § 84 InsO ausreicht, braucht die Gemeinschaft nicht schon im Zeitpunkt der Verfahrenseröffnung bestanden haben.[837] Umgekehrt schadet es nicht, wenn die Gesellschaft schon vor Beginn des Insolvenzverfahrens die Auseinandersetzung betrieben hat, solange sie sich zum Zeitpunkt der Verfahrenseröffnung noch im Liquidationsstadium befindet.[838] War die Teilung oder sonstige Auseinandersetzung allerdings schon vor Eröffnung des Insolvenzverfahrens beendet, ohne dass die anderen Teilhaber ihren Anspruch auf bevorzugte Befriedigung geltend gemacht hätten, steht ihnen in einer späteren Insolvenz des anderen Teilhabers nur eine Insolvenzforderung zu.[839]

---

834 Wimmer/App, § 84 Rn. 36.
835 MK-Stodolkowitz, § 84 Rn. 23.
836 Wimmer/App, § 84 Rn. 33.
837 Uhlenbruck-Hirte, § 84 Rn. 20.
838 Wimmer/App, § 84 Rn. 34.
839 Uhlenbruck-Hirte, § 84 Rn. 20.

II. Forderung aus dem Gemeinschaftsverhältnis

Weiterhin setzt das Absonderungsrecht das Bestehen einer geeigneten Forderung aus dem Gemeinschaftsverhältnis voraus, deren Rechtsgrund gerade in der Stellung des Schuldners als Gemeinschafter liegt.[840] Auf das Gemeinschaftsverhältnis gründen sich Forderungen, wenn sie als Ausfluss des Gemeinschaftsverhältnisses zu sehen sind und deshalb bei der Auseinandersetzung mitberücksichtigt werden müssen.[841] Gemeint sind also Ansprüche aus dem Verhältnis der Gemeinschafter bzw. Gesellschafter untereinander.[842]

Die Geltendmachung eines Absonderungsrechts aus § 84 Abs. 1 Satz 2 InsO seitens der übrigen Gläubiger ist hingegen ausgeschlossen.[843] Ebenso können die Mitgesellschafter wegen anderer (persönlicher) Ansprüche gegen den Schuldner keine abgesonderte Befriedigung verlangen. Im Umkehrschluss bedeutet dies allerdings nicht, dass die Gemeinschaft die alleinige und ausschließliche Grundlage der Forderung bilden muss.[844]

Nach Auffassung des Reichsgerichts in einer Entscheidung vom 12.02.1912[845], welche die Auseinandersetzung einer Erbengemeinschaft betraf, gehören auch solche Forderungen mitberücksichtigt, die ihren Entstehungsgrund nicht in dem Gemeinschaftsverhältnis selbst, sondern in einem zu Lebzeiten des Erblassers zwischen ihm und dem Miterben errichteten Schuldverhältnisses haben und erst durch den Eintritt des Erbfalls gemeinschaftliche Forderungen der Erben geworden sind. Die gegenteilige Ansicht sei mit den gesetzgeberischen Motiven zu den §§ 730 ff. BGB, die gesamten schuldrechtlichen Ansprüche der Gemeinschaft zu berücksichtigen, unvereinbar.

C. Gegenstand der Absonderung

I. Grundsatz

Den Gegenstand der Absonderung bildet nach herrschender Auffassung nicht das Anteilsrecht des Schuldners am Gemeinschaftsgegenstand als solches, sondern lediglich der bei Auseinandersetzung ermittelte Anteil, d. h. der sich nach Begleichung aller Gemeinschaftsschulden und nach Rückerstattung ergebende Nettoanteil.[846]

---

840 K/P-Lüke, § 84 Rn. 35.
841 RGZ 78, 274.
842 HK-Eickmann, § 84 Rn. 15.
843 K/P-Lüke, § 84 Rn. 34.
844 Uhlenbruck-Hirte, § 84 Rn. 22.
845 RGZ 78, 273, 274 f.
846 RGZ 51, 344.

II. Eigenständiger Regelungsgehalt

1. Einleitung

In diesem Zusammenhang stellt sich allerdings die Frage, inwiefern der Bestimmung heute überhaupt noch ein eigenständiger Regelungsgehalt oder lediglich klarstellende Funktion beizumessen ist. In aller Regel wird den Teilhabern nach gegenwärtiger Rechtslage schon aufgrund der jeweils geltenden materiellen Regelungen des Gemeinschafts- bzw. Gesellschaftsrechts ein Separationsrecht zugebilligt.

Wie schon das Reichsgericht in einem Urteil vom 26.05.1902 zum Ausdruck brachte, handelt es sich bei dem in Rede stehenden Absonderungsrecht nicht um eine singuläre konkursrechtliche Bestimmung, sondern um die Ausprägung eines allgemeinen, die ganze Rechtsstellung des Teilhabers im materiellen Gesellschaftsrecht beherrschenden Prinzips.[847]

2. Ablehnende Auffassung

Teilweise wird daher in der Literatur vertreten, es bedürfe heute gar keiner Anwendung des § 84 Abs. 1 Satz 2 InsO mehr[848], da das oben genannte Prinzip nicht nur für die Offene Handelsgesellschaft und die Kommanditgesellschaft, sondern auch für alle übrigen Personengesellschaften und Gemeinschaften gelte.[849] Weil die Forderungen der Mitgesellschafter, sofern sie gesellschaftsrechtlicher Natur seien, ohnehin nicht getrennt geltend gemacht werden könnten, sondern in die Berechnung des Abfindungs- bzw. Auseinandersetzungsguthabens einzubeziehen seien, stelle § 84 Abs. 1 Satz 2 InsO allenfalls klar, dass die Saldierung in der Auseinandersetzungsbilanz nicht etwa an der zwischenzeitlichen Insolvenzeröffnung scheitere.[850] Eine Absonderung an dem im Zuge der Auseinandersetzung ermittelten Nettoanteil des insolventen Gesellschafters komme schon deshalb nicht in Betracht, weil es nach Feststellung des Nettoanteils keine Forderungen mehr gebe, die Gegenstand einer Absonderung seien könnten.[851] Die Vorschrift ließe sich daher nur historisch verstehen. Bei Einführung der Konkursordnung sei die Frage, ob der Gesellschaftsanteil der Befriedigung aller Konkursgläubiger diene oder den Teilhabern zunächst ein Separationsrecht wegen ihrer Forderungen aus dem Gemeinschaftsverhältnis zustehe, nicht eindeutig beantwortet gewesen. Deshalb habe der Gesetzgeber durch die Regelung insoweit Klarheit und Rechtssicherheit schaffen wollen.[852] Ziel der Vorschrift war es mithin, eine Situation zu verhindern, in der die Teilhaber zwar auf der einen Seite für die Verbindlichkeiten aus dem Gemeinschaftsverhältnis gesamtschuldnerisch haften, im Hinblick auf ihre aus der Gemeinschaft begründeten For-

---

847 RGZ 51, 343, 345.
848 Hess, KO, § 51 Rn. 1.
849 MK-Stodolkowitz, § 84 Rn. 23.
850 MK-Ulmer, BGB, § 728 Rn. 10.
851 MK-Stodolkowitz, § 84 Rn. 23.
852 MK-Stodolkowitz, § 84 Rn. 23.

derungen aber lediglich wie alle anderen Privatgläubiger des Schuldners behandelt werden, d. h. nur eine „einfache“ Konkursforderung im Verfahren anmelden können.

3. Gegenansicht

Nach anderer Auffassung ergänzt § 84 Abs. 1 Satz 2 InsO den schon nach den materiellrechtlichen Vorschriften bestehenden Aus- bzw. Absonderungsanspruch bezüglich bestimmter Ansprüche aus der Gemeinschaft.[853] Die Vorschrift habe die Funktion, den rein persönlichen Ansprüchen nach Maßgabe der §§ 731 Satz 2, 756, 2042 BGB, §§ 105 Abs. 2, 161 Abs. 2 HGB ein Absonderungsrecht auch im Insolvenzverfahren des Anspruchsgegners zu verleihen.[854] Auch wenn die Mitgesellschafter-Gläubiger regelmäßig eines solchen Absonderungsanspruchs nicht bedürften, spreche dieser Umstand aber nicht gegen dessen Bestehen, wenn eine geeignete Forderung aus dem Gesellschaftsverhältnis auf anderem Wege nicht befriedigt wurde.[855]

4. Bewertung

Nach den obigen Ausführungen stellt sich in der Tat die Frage, ob eine Sachverhaltskonstellation im letztgenannten Sinne denkbar ist, d. h. der Anspruch eines Mitgemeinschafters gegen den insolventen Teilhaber nach den Bestimmungen des materiellen Rechts nicht in der Auseinandersetzungsrechnung berücksichtigt wird, so dass erst § 84 Abs. 1 Satz 2 InsO dem Mitgemeinschafter ein diesbezügliches Absonderungsrecht zuweist.

a) *Wohnungseigentümergemeinschaft*

Exemplarisch ist hier etwa die Insolvenz eines Wohnungseigentümers. Zwar ist das Recht beim Wohnungseigentum, die Aufhebung der Gemeinschaft zu begehren, nicht nur für den Eigentümer selbst (§ 11 Abs. 1 WEG), sondern nach § 11 Abs. 2 WEG auch für den Verwalter ausgeschlossen.[856] § 84 Abs. 1 Satz 1 InsO kommt hier deshalb nicht zur Anwendung. Der Insolvenzverwalter kann das Wohnungseigentum des Schuldners aber freihändig verwerten.

Andererseits ist jeder Wohnungseigentümer den restlichen Wohnungseigentümern der Gemeinschaft gegenüber gemäß § 16 Abs. 2 WEG verpflichtet, die Lasten des gemeinschaftlichen Eigentums sowie die Kosten der Instandhaltung, Instandsetzung und sonstigen Verwaltung nach dem Verhältnis seines Miteigentumsanteils zu tragen.

Verkauft nun der Insolvenzverwalter den Miteigentumsanteil des Schuldners an der Wohnungseigentümergemeinschaft, um den hierin liegenden Wert für die Masse

---

853 Hess, § 84 Rn. 23.
854 Wimmer/App, § 84 Rn. 23.
855 K/P-Lüke, § 84 Rn. 34.
856 MK-Stodolkowitz, § 84 Rn. 7.

verfügbar zu machen, steht den übrigen Wohnungseigentümern unter Umständen ein Erstattungsanspruch wegen rückständiger Kosten und Lasten des gemeinschaftlichen Eigentums gegen den Schuldner zu. Zahlt nämlich ein Wohnungseigentümer nicht, so müssen die übrigen Teilhaber bei Verzug im Verhältnis ihrer Beitragspflicht für diese Kosten aufkommen.[857] In diesem Fall trägt also ein Wohnungseigentümer Kosten oder Lasten, die eigentlich den insolventen Teilhaber treffen und wegen der er Ausgleich nach § 426 Abs. 2 BGB verlangen kann.[858] Ohne ein Absonderungsrecht wäre dieser Wohnungseigentümer jedenfalls für die rückständigen Kosten und Lasten vor Verfahrenseröffnung auf eine einfache Insolvenzforderung beschränkt.[859] Die Teilungsregelungen der §§ 752 ff. BGB sind auf die Wohnungseigentümergemeinschaft nach einhelliger Auffassung[860] nicht entsprechend anzuwenden, so dass auch kein Recht auf Vorabbefriedigung aus dem Anteil gemäß der §§ 755, 756 BGB besteht. Der Anspruch aus § 426 Abs. 2 BGB ist lediglich schuldrechtlicher Natur und entfaltet keine dingliche Wirkung.

Das Reichsgericht hat in einer Entscheidung vom 07.12.1907[861] die freihändige Verwertung im Wege der Veräußerung des Miteigentumsanteils an einer Bruchteilsgemeinschaft durch den Verwalter aus ähnlichen Gründen als einen Fall der sonstigen Auseinandersetzung im Sinne des § 51 KO gewertet und den übrigen Teilhabern so ein Absonderungsrecht zugebilligt. Den Teilhabern steht zwar zunächst auch nach den §§ 755 Abs. 1, 756 BGB ein Anspruch auf Ausgleich einer Gesamtschuld gegen den insolventen Gemeinschafter zu. Bei einer freihändigen Verwertung des Miteigentumsanteils können die übrigen Teilhaber als Gesamtschuldner im Gegensatz zu dem gesetzlichen Aufhebungsverfahren aber nur dann vorab Befriedigung aus dem gemeinschaftlichen Gegenstand verlangen, wenn der Ausgleichsanspruch als Belastung in Abteilung II des Grundbuches eingetragen wurde. Andernfalls richtet sich der Anspruch in erster Linie nach §§ 755 Abs. 2, 756 Satz 2, 1010 Abs. 2 BGB gegen den Erwerber des Miteigentumsanteils.

Im Umkehrschluss heißt das für den Insolvenzverwalter, dass er bei einer Durchführung des Aufhebungsverfahrens unter Umständen schlechter steht als bei einer freihändigen Verwertung des Anteilsrechts.[862]

Um diesen Widerspruch zu lösen, behalf sich das Reichsgericht mit einer analogen Anwendung der Regelung über das konkursrechtliche Absonderungsrecht aus § 51 KO und wertete den freihändigen Verkauf als Fall der sonstigen Auseinandersetzung des Gemeinschaftsverhältnisses. Durch die Veräußerung des Miteigentumsanteils sei das Gemeinschaftsverhältnis zwischen dem Konkursschuldner und den anderen Teilhabern ebenfalls im Sinne der Vorschrift beendet und es sei zugleich der gemeinschaftliche Anteil an der Gemeinschaft ermittelt; er bestehe in dem für den Anteil erzielten Kaufpreis. Eine derartige rechtliche Wertung decke sich auch mit den sonstigen konkursrechtlichen Aussonderungsrechten, die ebenso durch die Veräußerung des betroffenen Gegenstandes nicht untergingen, sondern stattdessen der Erlös aus der Veräußerung zur Befriedigung diene.[863]

857 Bärmann/Pick/Merle, WEG, § 16 Rn. 106.
858 Bärmann/Pick/Merle, WEG, § 16 Rn. 106.
859 Röll, NJW 1976, 1473, 1475.
860 Bärmann/Pick, WEG, § 16 Rn. 2.
861 RGZ 67, 156.
862 Staudinger-Langhein, BGB, § 755 Rn. 11.
863 RGZ 67, 156, 158.

Nach Einführung des Wohnungseigentums wurde diese gesetzliche Wertung in den oben beschriebenen Ausgangslagen wegen der gleichsam bestehenden Regelungslücke auf den freihändigen Verkauf des Anteils an einer Wohnungseigentümergemeinschaft durch den Konkursverwalter entsprechend angewandt.

Lediglich das Landgericht Frankfurt lehnte in einer Entscheidung vom 08.09.1986[864] über Haushaltsrückstände im Konkurs über das Vermögen eines Wohnungseigentümers einen Fall der sonstigen Auseinandersetzung durch Veräußerung des Konkursverwalters ab und stellte sich damit inhaltlich gegen das Urteil des Reichsgerichts. In seiner Begründung vermengte das Landgericht allerdings in unzulässiger Weise die Frage, ob es sich bei den Haushaltsgeldrückständen um Masseschulden gemäß § 59 Nr. 1 KO handelt, mit der Frage, ob wegen dieser Haushaltsgeldforderungen ein Absonderungsrecht nach § 51 KO besteht. Demgegenüber schloss sich namentlich *Röll*[865] sowie im Ergebnis wohl auch das Oberlandesgericht Düsseldorf in einem Beschluss vom 05.01.1970[866] der Auffassung des Reichsgerichts an.

Nach der auch hier vertretenen Auffassung ist dem Absonderungsrecht des § 84 Abs. 1 Satz 2 InsO jedenfalls im Hinblick auf die Wohnungseigentümergemeinschaft nicht bloß eine klarstellende, sondern auch eine ergänzende Funktion beizumessen.

b) *Gesellschaft bürgerlichen Rechts*

Bei den eben beschriebenen Erstattungsansprüchen im Zusammenhang mit der Wohnungseigentümergemeinschaft handelt es sich aber nicht um den einzigen in Betracht kommenden Anwendungsfall, bei dem das Absonderungsrecht aus § 84 Abs. 1 Satz 2 InsO eigene Bedeutung erlangt. Auch bei der Gesellschaft bürgerlichen Rechts sind Sachverhaltskonstellationen denkbar, bei denen das Absonderungsrecht nach den gesetzlichen Regelungen des materiellen Rechts nicht besteht, so dass erst § 84 Abs. 1 InsO dem Teilhaber ein solches Recht zuweist. Zu nennen sind hier folgende Ausgangssituationen:

aa) Fortführung der Geschäfte

Zum einen kommt die geschäftliche Tätigkeit der Gesellschaft mit der Insolvenz eines Teilhabers und der dadurch bedingten Auflösung in der Regel nicht sofort zum Erliegen. Vielmehr werden die Geschäfte bei Auflösung des Gemeinschaftsverhältnisses einstweilen durch den vor Eröffnung geschäftsführungsbefugten Teilhaber im Rahmen der Notgeschäftsführung oder sogar in Unkenntnis der Auflösung fortgeführt.

Im erstgenannten Fall stehen dem geschäftsführenden Gesellschafter wegen seiner Tätigkeit nach Verfahrenseröffnung Aufwendungsersatz- und unter Umständen auch Vergütungsansprüche zu. Die Vorschrift des § 118 Satz 1 InsO räumt ihm bei Vorliegen der Voraussetzungen für die Notbesorgung nach den §§ 727 Abs. 2 Satz 2, 3, 728 Abs. 2 Satz 2 BGB wegen dieser Forderungen die Stellung eines Massegläubigers ein.[867]

---

864 LG Frankfurt, Rpfleger 1987, 31.
865 Röll, NJW 1976, 1473, 1475.
866 OLG Düsseldorf, NJW 1970, 1137.
867 Smid, § 118 Rn. 3 f.

Anders gestaltet sich die Rechtslage, wenn es sich nicht um die Abwicklung besonders eilbedürftiger Geschäfte gehandelt hat, aber der Geschäftsführer ohne eigenes Verschulden in Unkenntnis der Insolvenzeröffnung weiterhin für die Gesellschaft am Geschäftsleben teilgenommen hat, vergleiche insoweit § 729 BGB. Hier gilt er gemäß § 118 Satz 2, 1. Hs. InsO bezüglich seiner Aufwendungsersatz- und Vergütungsansprüche als Insolvenzgläubiger.[868] Aus der Bezeichnung „Insolvenzgläubiger" lässt sich aber nicht notwendig schlussfolgern, der geschäftsführende Gesellschafter sei in diesen Fällen auf die Möglichkeit der Geltendmachung einer einfachen Insolvenzforderung begrenzt. Vielmehr stellt § 118 Satz 2, 2. Hs. InsO klar, dass die Bestimmung des § 84 Abs. 1 InsO auch für derartige Forderungen unberührt bleibt.[869]

In diesem Kontext lohnt ein Vergleich mit der Vorgängerregelung des § 118 InsO, dem § 28 KO. Zwar ist hierin ausdrücklich nur von der Gesellschaft bürgerlichen Rechts die Rede. Sowohl in der Literatur als auch seitens der Rechtsprechung bestand jedoch Einigkeit darüber, die Norm entsprechend auch auf die Personenhandelsgesellschaften anzuwenden.[870]

Die Vorschrift des § 28 KO enthält ausschließlich einen Verweis auf § 51 KO, nicht hingegen auf die Bestimmung des § 16 KO. Daraus wird deutlich, dass § 118 InsO in seinem letzten Halbsatz mit der Formulierung „§ 84 Abs. 1 InsO bleibt unberührt" letztlich die Möglichkeit der abgesonderten Befriedigung aus Satz zwei des Absatzes meint. Im Ergebnis bedeutet dies für die hier in Rede stehenden Forderungen aus einer Geschäftsführung nach Verfahrenseröffnung in Unkenntnis der Insolvenz ein Recht auf abgesonderte Befriedigung unmittelbar aus § 84 Abs. 1 Satz 2 InsO.

Nun ließe sich die Auffassung vertreten, dass auch die Ansprüche des geschäftsführenden Gesellschafters nach Verfahrenseröffnung ohne weiteres in der Auseinandersetzung bei der Berechnung eines jeweiligen Auseinandersetzungsguthabens der Gesellschafter als unselbständige Rechnungsposten zu berücksichtigen sind, also insoweit wiederum eine Absonderung an dem Anteil des Schuldners schon nach den §§ 730 ff. BGB stattfindet, es mithin des Absonderungsrechts aus § 84 Abs. 1 InsO auch hier nicht bedürfe. Dem ist zuzustimmen, falls die GbR aufgrund ihrer Unternehmensstruktur und der dadurch bedingten unübersichtlichen finanziellen Verhältnisse, wie vielfach empfohlen[871], in Anlehnung an die Vorschrift des § 154 HGB eine Liquidationseröffnungsbilanz, ein Auseinandersetzungskonzept sowie eine Schlussrechnung ähnlich wie bei der OHG oder der KG erstellt[872] und hierdurch die im Abwicklungsstadium entstehenden Verbindlichkeiten mit in die Endrechnung eingehen.

Zu beachten ist aber, dass eine derartige Vorgehensweise nach den §§ 730 ff. BGB keineswegs vorgeschrieben ist.[873] In der Praxis wird häufig nur eine einfache

---

868 Hess, § 118 Rn. 11.
869 Hess, § 118 Rn. 11.
870 Hess, KO, § 28 Rn. 10.
871 Brandani, Die BGB-Gesellschaft in Liquidation, 168 ff.
872 MK-Ulmer, BGB, § 730 Rn. 46.
873 Soergel-Hadding, BGB, § 730 Rn. 12.

Schlussbilanz Grundlage der Auseinandersetzung. Bei leicht überschaubaren Vermögensverhältnissen, namentlich wenn das Aktivvermögen der GbR gering ausfällt oder es bereits zuvor unter den Gesellschaftern verteilt wurde, bedarf es gar keiner gesonderten Bilanzierung.[874] Vollzieht sich die Abwicklung der GbR lediglich anhand einer einzigen, einfachen Auseinandersetzungsbilanz, so ist für die Rechnungslegung, d. h. auch die Feststellung der Passiva und Aktiva, regelmäßig der Zeitpunkt der Auflösung der Gesellschaft maßgeblich.[875] In der Folge werden etwa Erstattungsansprüche des geschäftsführenden Gesellschafters wegen Erfüllung von Verbindlichkeiten der GbR nach Eröffnung des Insolvenzverfahrens und der damit zeitlich zusammenfallenden Auflösung in der Auseinandersetzung nicht mehr berücksichtigt. Hier kommt es also entscheidend auf das Absonderungsrecht aus § 84 Abs. 1 Satz 2 InsO an. Ansonsten stünde dem Geschäftsführer-Gesellschafter nämlich nur ein schuldrechtlicher Ausgleichsanspruch aus § 426 BGB zur Seite, den er, obwohl es sich letztlich auch um eine Forderung aus dem Gesellschaftsverhältnis handelt, nur als einfache Insolvenzforderung im Verfahren anmelden könnte.

bb) Ansprüche unter den Gesellschaftern

Zum anderen ist bei der BGB-Gesellschaft aber noch ein weiterer Aspekt von besonderer Relevanz. Nach der Rechtsprechung und einem Teil der Literatur rechtfertigt die Notwendigkeit eines Kontenausgleichs zwischen den Gesellschaftern einer GbR alleine nicht das Fortbestehen der Liquidationsgesellschaft.[876] Im Umkehrschluss lässt sich hieraus folgern, dass der Ausgleich unter den Gesellschaftern nicht Gegenstand der Auseinandersetzung nach den §§ 730 ff. BGB ist. Anders als bei der OHG und der KG, bei denen der Liquidationszweck erst erreicht ist, wenn kein Gesellschaftsvermögen mehr vorhanden ist und die Rechtsbeziehungen unter den Gesellschaftern vollständig abgewickelt wurden, stellen die gesetzlichen Auseinandersetzungsregelungen für die GbR dem Wortlaut des § 730 Abs. 1 BGB zufolge ausschließlich auf das Gesellschaftsvermögen ab.[877] Aus Sicht der Rechtsprechung ist die Harmonisierung der Liquidationsanteile[878], d. h. der Ausgleich zwischen den Gesellschaftern, deshalb nicht mehr Aufgabe des Auseinandersetzungsverfahrens. Gegenstand der Auseinandersetzung ist also nur die Feststellung solcher Ansprüche.

Folgt man dieser Auffassung, sind die Abwicklung des Gemeinschaftsverhältnisses auf der einen Seite und der interne Ausgleich zwischen den Teilhabern auf der anderen Seite voneinander zu trennen. Die Vollbeendigung der BGB-Gesellschaft tritt bereits ein, wenn die GbR kein Vermögen mehr besitzt.[879] Die Tätigkeit der Liquidatoren erschöpft sich also darin, das Gesellschaftsvermögen zur Begleichung der Schulden einzusetzen.[880] Infolgedessen besteht nach der „externen" Abwicklung

---

874 Erman-Westermann, BGB, § 730 Rn. 11.
875 Soergel-Hadding, BGB, § 730 Rn. 13.
876 BGHZ 24, 91, 93; BGH, ZIP 1993, 1307, 1309.
877 MK-Ulmer, BGB, § 730 Rn. 4.
878 Brandani, Die BGB-Gesellschaft in Liquidation, 177.
879 BGH, ZIP 1993, 1307, 1309.
880 Erman-Westermann, BGB, § 730 Rn. 1.

und der damit einhergehenden Vollbeendigung kein Absonderungsrecht der Gesellschafter mehr wegen Ansprüchen auf Ausgleich untereinander aus dem materiellen Recht. Auch hier erlangt demnach, jedenfalls bei Zugrundelegung der oben genannten Rechtsauffassung, das Recht aus § 84 Abs. 1 Satz 2 eigenständige Bedeutung.

5. Ergebnis

Auch wenn die Absonderung nach heutigem Recht in den allermeisten Fällen schon von den jeweils geltenden materiellrechtlichen Bestimmungen vorgegeben wird, liegt es nach den obigen Feststellungen nahe, im Ergebnis der einen eigenen Anwendungsbereich des § 84 Abs. 1 Satz 2 InsO bejahenden Auffassung zu folgen. Anhand der vorgenannten Beispiele wurde aufgezeigt, dass sehr wohl Sachverhaltskonstellationen existieren, bei denen eine Vorabbefriedigung am Anteil des insolventen Teilhabers seitens der anderen Mitberechtigten nach dem materiellen Recht nicht stattfindet, obwohl es sich um Forderungen aus dem Gemeinschaftsverhältnis handelt. Die obige Aufzählung von Beispielen ist dabei keinesfalls abschließend zu verstehen. Vielmehr ist aufgrund der unterschiedlichen Ausgestaltung von Gesellschaftsverträgen und insbesondere wegen des dispositiven Charakters der gesetzlichen Regelungen zur Auseinandersetzung etwa bei der BGB-Gesellschaft im Einzelnen gar nicht absehbar, in welchen Fällen es des Absonderungsrechts aus § 84 Abs. 1 Satz 2 InsO bedarf. Teilweise liegen die Gründe hierfür in der zeitlichen Divergenz zwischen der Vollbeendigung der Gesellschaft und der Realisierung des Absonderungsrechts durch die Mitberechtigten, teilweise sind sie aber auch inhaltlicher Natur. Jedenfalls spricht der Umstand, dass ein solches Recht regelmäßig schon nach den materiellen Regelungen besteht, nicht gegen eine ergänzende Anwendung des § 84 Abs. 1 Satz 2 InsO, falls eine geeignete Forderung aus dem Gesellschaftsverhältnis auf anderem Wege nicht befriedigt wurde.[881] Im Gegenteil ist es den Mitgesellschaftern in diesen Fällen nicht zuzumuten, mit einer einfachen Insolvenzforderung „abgespeist" zu werden. Hieran ändert auch die Vorschrift des § 118 InsO, die den geschäftsführenden Gesellschafter wegen seiner Ansprüche aus der Fortführung der Geschäfte als „Insolvenzgläubiger" bezeichnet, nichts. Wie bereits aufgezeigt, zielt der letzte Halbsatz der Regelung mit dem Verweis auf § 84 InsO letztlich sogar auf das Absonderungsrecht ab.

III. Insolvenzrechtliche Ausnahmen des Prinzips der Liquidationsbefangenheit

1. Problemstellung

Die positivrechtliche Bestimmung des Umfangs des Absonderungsrechts der übrigen Beteiligten an dem Anteil des Schuldners nach den Vorgaben des Gesellschafts- bzw. Gemeinschaftsrechts ist freilich nur die eine Seite der Medaille. Viel umstritte-

881 K/P-Lüke, § 84 Rn. 34.

ner ist dagegen die Frage, ob Forderungen, die dem Schuldner aufgrund von Leistungen im anfechtungsrelevanten Zeitraum zustehen, als unselbstständige Rechnungsposten in die Auseinandersetzungsbilanz mit eingehen oder gesondert zu vergüten sind.[882] Mit anderen Worten also die Frage, ob sich das Absonderungsrecht der Mitberechtigten auch auf solche Forderungen des Schuldners erstreckt, deren Rechtsgrund im kritischen Zeitraum vor der Insolvenzeröffnung oder gar im Verfahren gelegt wurde, mit der Folge, dass der Insolvenzmasse tatsächlich nur ein sich als Ergebnis der Auseinandersetzung eventuell ergebendes Auseinandersetzungsguthaben zusteht und dem Grunde nach bestehende insolvenzrechtliche Aufrechnungsverbote bzw. Anfechtungsansprüche wegen des in § 84 Abs. 1 statuierten Vorrangs der innergesellschaftsrechtlichen Abwicklung und insbesondere der von der Rechtsprechung entwickelten so genannten Durchsetzungssperre ins Leere gehen.

Rechtstechnisch gesehen handelt es sich bei dem Einstellen der Gesellschafteransprüche auf Vergütung oder beispielsweise Aufwendungsersatz in die Auseinandersetzungsbilanz um eine der Aufrechnung im Sinne des § 387 BGB nahestehende Verrechnung eigener Art ähnlich wie bei einem Kontokorrentverhältnis.[883] Der Unterschied zur gesetzlichen Aufrechnung besteht allein darin, dass die Ansprüche in der Bilanz nicht schon im Zeitpunkt ihres (ersten) Gegenüberstehens, sondern erst mit Abnahme der Schlussrechnung fällig werden. Im Gegensatz zu anderen Problemkreisen um die Vorschrift des § 84 InsO war diese Thematik schon häufig Gegenstand gerichtlicher Urteile, insbesondere im Zusammenhang der als GbR ausgestalteten sog. Bauarbeitsgemeinschaften (ARGE), und lag auch dem BGH bereits in mehreren Fällen zur Entscheidung vor.[884]

In seinem letzten Urteil vom 14.12.2006[885] hat der Insolvenzrechtssenat des Bundesgerichtshofes die Sperrwirkung des § 84 Abs. 1 Satz 1 InsO und den Vorrang der innergesellschaftsrechtlichen Auseinandersetzung nochmals bestätigt. Die Reichweite dieser Feststellungen ist allerdings in der Literatur unterschiedlich bewertet worden.[886] Im Anschluss bedarf es deshalb einer Klärung, ob die von der BGH-Rechtsprechung entwickelten Grundsätze tatsächlich zu einer generellen „Unanfechtbarkeit" der Auseinandersetzungsbilanz führen, oder ob nicht doch anhand des jeweils vorliegenden Einzelfalls und des Zeitpunkts der Vornahme der Leistung differenziert werden muss.[887] Insofern hat die Entscheidung nicht nur Bedeutung für den Fall des Ausscheidens des insolventen Gesellschafters aus der rechtlich als GbR ausgestalteten Bau-Arge, sondern führt gleichsam zu entsprechenden Konsequenzen, wenn es bei der gesetzlichen Auflösungsfolge des § 728 BGB verbleibt. Darüber hinaus gelten die Folgerungen des Urteils nicht nur für die GbR, sondern ebenso für weitere von ihr abgeleitete Rechtsformen des inländischen Gesellschaftsrechts wie die OHG und die KG. Ohne Relevanz ist die Entscheidung dagegen für

882 Hmb-Komm-Kuleisa, § 84 Rn. 19.
883 Spliedt, DZWIR 2000, 418, 420 ff.
884 BGH, ZIP 2000, 757; BGH, DB 2007, 455.
885 BGH, NJW 2007, 1067.
886 Bork, EWIR 2007, 343, 344; Wölfing-Hamm, NJW 2007, 1067, 1070; Schultze, IBR 2007, 135 ff.
887 Bork, EWIR 2007, 343, 344.

die sog. Dach-Arge, da hier das Verhältnis zwischen den Gesellschaftern und der Arge nicht durch den Gesellschaftsvertrag bestimmt wird, sondern zur Realisierung des jeweiligen Bauvorhabens zwischen den Mitgliedsfirmen und der Dach-Arge Nachunternehmerverträge mit entsprechenden Vergütungsvereinbarungen geschlossen werden.[888]

2. Überblick über die bisherigen Entscheidungen

a) Einführung

Den Ausgangspunkt der gerichtlichen Entscheidungen zu diesem Thema bildete in allen Fällen das insolvenzbedingte Ausscheiden eines deutschen Großbauunternehmens, namentlich der Philipp Holmann AG, aus verschiedenen Bauarbeitsgemeinschaften, die sich zuvor wegen der Durchführung von Bauvorhaben auf Grundlage eines Mustervertrages in der Rechtsform einer Gesellschaft bürgerlichen Rechts zusammengeschlossen hatten.

Diese Arge-Musterverträge sehen entgegen den gesetzlichen Vorgaben für die GbR das Ausscheiden des Gesellschafters im Falle seines Konkurses vor und orientieren sich damit an den Vorschriften für die Personenhandelsgesellschaften. Jedenfalls für die Ansprüche des Gesellschafters, den Zeitraum zwischen Stellung des Antrages auf Insolvenzeröffnung und der Eröffnung des Verfahrens betreffend, stellt sich das Problem der insolvenzrechtlichen Zulässigkeit einer Aufrechnung jedoch in gleicher Weise bei einer Auseinandersetzung nach den gesetzlichen Vorschriften. Unabhängig davon, ob sich die Gesellschaft wegen der Insolvenzeröffnung auflöst oder der insolvente Gesellschafter lediglich aus dem Gemeinschaftsverhältnis ausscheidet, bilden die in Rede stehenden Forderungen, um unnötiges Hin- und Herzahlen zu vermeiden, nach der Rechtsprechung unselbständige Rechnungsposten in der Auseinandersetzungsrechnung.[889]

Nun erbrachte die Philipp Holzmann AG als Mitglied der jeweiligen Arbeitsgemeinschaft in der Zeit zwischen Antragstellung und Eröffnung des Insolvenzverfahrens und zum Teil auch noch nach Ausscheiden weiterhin Leistungen. Dabei handelte es sich im Wesentlichen um die Überlassung von Personal und diversen Geräten. In sämtlichen Verfahren klagte der Insolvenzverwalter auf Vergütung dieser Leistungen, welche die Arbeitsgemeinschaften unter Berufung auf die gesellschaftsvertragliche Mitwirkungs- bzw. Beitragspflicht von der Schuldnerin angefordert hatten. Die übrigen Mitgliedsfirmen der jeweiligen Bauarbeitsgemeinschaften vertraten hingegen die Auffassung, dass die dem Grunde nach unbestrittenen Forderungen als unselbständige Rechnungsposten in die Auseinandersetzungsbilanz einzustellen seien und nicht isoliert geltend gemacht werden könnten.

---

888 Palandt/Sprau, BGB, § 730 Rn. 7, § 705 Rn. 29 m. w. N.
889 BGH, ZIP 2000, 757, 758.

b) Entscheidungen des Landgerichts Frankfurt

Das Landgericht Frankfurt hat in seinen Entscheidungen vom 03.12.2004[890], 30.12.2004[891] und 22.02.2005[892] dem Zahlungsbegehren des Insolvenzverwalters stattgegeben. Nach Auffassung des Gerichts handelte es sich bei den Leistungen nicht um einen Beitrag der Insolvenzschuldnerin als Gesellschafterin im Sinne des § 706 BGB, sondern um eine vergütungspflichtige Drittleistung. Dies folge insbesondere aus der Fußnote des § 4.1 des Mustervertrages, wonach solche Leistungen aufgrund zweiseitigen schuldrechtlichen Rechtsgeschäfts erfolgten. Durch diese Regelung solle bezweckt werden, dass die Vergütung unmittelbar erfolge, d. h. der Leistung ein unmittelbares Äquivalent zufließe. Dem in der Regelung eindeutig zum Ausdruck kommenden Parteiwillen dürfe nicht durch Einstellen des Vergütungsanspruchs in die Auseinandersetzungsbilanz widersprochen werden.[893] Dem stünde auch § 84 InsO nicht entgegen. Andernfalls bestehe die Gefahr, das mit § 96 InsO angestrebte Ziel der gleichmäßigen Befriedigung aller Insolvenzgläubiger mittels einer entsprechenden gesellschaftsvertraglichen Konstruktion zu vereiteln.

c) Entscheidung des Landgerichts Bonn

Gemäß der Ansicht des Landgerichts Bonn handelte es sich bei den geltend gemachten Ansprüchen nicht um Ansprüche aus einem Drittverhältnis, sondern um Lieferungen und Leistungen, welche die Schuldnerin als Gesellschafterin der Arbeitsgemeinschaft im Rahmen ihrer Beitragspflicht erbracht hatte.[894] Ein Anspruch aus dem Gesellschaftsverhältnis könne aber wegen § 733 BGB in der Auseinandersetzungsphase nicht mehr im Sinne des § 717 BGB eigenständig geltend gemacht werden. Nur der Gesellschaftsanteil der Schuldnerin gehöre zu ihrem gemäß § 35 InsO insolvenzbefangenen Vermögen. Um das in diesem Anteil gebundene Vermögen zu verwerten, sei der Verwalter auf die gesellschaftsrechtlichen Ansprüche der insolventen Gesellschafterin auf Abrechnung und Abfindung beschränkt. Die Auseinandersetzung richte sich gemäß § 84 Abs. 1 Satz 1 InsO ausschließlich nach dem Gesellschaftsrecht, wodurch nach Auffassung des Landgerichts Bonn auch die insolvenzrechtlichen Anfechtungsvorschriften nicht anwendbar seien. Die Verrechnung mit Vergütungsansprüchen sei somit nicht gemäß § 96 Abs. 1 Nr. 3 InsO wegen eines anfechtbaren Rechtsgeschäfts nach § 130 InsO gesperrt.[895]

d) Entscheidung des Landgerichts Berlin

Nach Meinung des Landgerichts Berlin sind die seitens des Insolvenzverwalters geltend gemachten Vergütungsansprüche aus den Leistungen der Insolvenzschuldnerin zwischen Antragstellung und Ausscheiden selbstständig durchsetzbar.[896] Damit teilt das Gericht im Ergebnis die Auffassung des Landgerichts Frankfurt, es nimmt allerdings eine abweichende rechtliche Würdigung des Sachverhalts vor.

Die entsprechenden Leistungen seien aufgrund der Kenntnis der Gesellschaft von der Insolvenzreife der Philipp Holzmann AG gemäß §§ 96 Abs. 1 Nr. 3, 130 Abs. 1 Nr. 2, 132

890 LG Frankfurt, Urt. v. 03.12.2004-2/31 O 203/04.
891 LG Frankfurt, Urt. v. 30.12.2004-2/31 O 202/04.
892 LG Frankfurt, Urt. v. 22.02.2004-2/12 O 210/04.
893 Vgl. auch IBR 2005, 151 u. 425.
894 LG Bonn, Urt. v. 04.02.2005-18 O 248/04.
895 IBR 2005, 205.
896 LG Berlin, Urt. v. 23.02.2005-2 O 300/04.

Abs. 1 Nr. 2 InsO ab Antragsstellung anfechtbar. Die Vorschrift des § 84 Abs. 1 InsO hindere die selbständige Durchsetzbarkeit der Forderungen nicht, da anfechtbare Forderungen von vorneherein nicht in die Auseinandersetzungsbilanz eingingen. Die Arbeitsgemeinschaft hätte ab Kenntnis der Krise, wie jeder andere Gläubiger auch, nur noch Bargeschäfte i. S. d. § 142 InsO mit der Schuldnerin abschließen können.[897] Ohne Bedeutung sei in diesem Zusammenhang die Frage, ob es sich bei der Bereitstellung von Personal und Geräten um eine Drittleistung handele. Denn auch die Einstufung der Leistungen als Gesellschafterbeiträge gemäß § 706 BGB ändere nichts an der Anfechtbarkeit ihrer Entgegennahme. Von dem Zeitpunkt der Antragstellung auf Eröffnung des Insolvenzverfahrens hätten die Beklagten erkennen müssen, dass jede Leistung, die die Schuldnerin für das gemeinsame Bauvorhaben erbrachte, ohne Gegenleistung aus ihrem Vermögen abgeflossen sei.

3. Die Entscheidungen des Insolvenzrechtssenats des Bundesgerichtshofes

a) *Urteil vom 09.03.2000*

Der dem BGH-Urteil vom 09.03.2000 zugrunde liegende Sachverhalt unterscheidet sich in zweierlei Hinsicht von den Ausgangskonstellationen in den übrigen Fällen. Zum einen waren hier Leistungen der insolventen Gesellschafterin streitgegenständlich, die sie erst nach ihrem Ausscheiden erbracht hatte. Der Gesellschaftsvertrag enthielt eine Klausel, nach der ein Gesellschafter bereits zwingend mit Stellung des Antrages auf Eröffnung eines Konkursverfahrens über sein Vermögen ausschied. Zum anderen wurde die Verrechnung der Vergütungsansprüche nicht im Wege des Einstellens in die Auseinandersetzungsbilanz vorgenommen, sondern durch Erklärung der Aufrechnung mit dem bereits in der Schlussrechnung festgestellten negativen Auseinandersetzungsguthaben.[898]

Dennoch enthält die Urteilsbegründung über die Entscheidung des Einzelfalls hinaus allgemeingültige Aussagen, die auch für die oben beschriebene Sachverhaltskonstellation, d. h. die Vergütungs- und Aufwendungsersatzansprüche für die Zeit zwischen Antragstellung und Eröffnung des Verfahrens bei Ausscheiden des Gesellschafters erst mit Eröffnung bzw. hierdurch bedingter Auflösung der GbR, äußerst relevant sind. Nach Auffassung des BGH tritt nämlich die Verrechnungslage der gesellschaftsrechtlichen Ansprüche bereits mit Abschluss des Gesellschaftsvertrages ein und wird damit regelmäßig vor der Krise begründet:[899]

„Ansprüche des Gesellschafters auf Zahlung der Abfindung oder des Auseinandersetzungsguthabens gehören mit Abschluss des Gesellschaftsvertrages zu den von § 54 KO geschützten Ansprüchen. Zwar handelt es sich dabei zunächst lediglich um zukünftige Forderungen. Deren Rechtsgrund ist jedoch mit Wirksamwerden des Gesellschaftsvertrages bereits gelegt. Dieser Rechtsakt verschafft dem Gesellschafter eine gesicherte Position in Form einer bestimmten Erwerbsaussicht, so dass der Anspruch auch abgetreten werden kann."

897 IBR 2005, 424.
898 BGH, ZIP 2000, 757.
899 BGH, ZIP 2000, 757, 759.

Eine gesicherte Rechtsposition im oben genannten Sinne liege immer dann vor, wenn lediglich ein Element der rechtlichen Voraussetzungen noch nicht erfüllt sei und die verschaffte Position ohne weiteres Zutun des Gesellschafters zu einem vollwertigen Anspruch erstarke. Dies sah das Gericht vorliegend als gegeben an. Der Umstand, dass die Ansprüche der Schuldnerin erst durch das Abrufen der Gesellschafterleistungen entstanden sind und bei Abschluss des Gesellschaftsvertrages keineswegs sicher war, ob der Fall der Antragstellung auf Eröffnung des Insolvenzverfahrens durch die Gesellschafterin auch tatsächlich eintritt, rechtfertigt nach Auffassung des BGH eine gegenteilige Annahme nicht.[900]

Folgerichtig kam daher nach Ansicht des Gerichts als anfechtbare Rechtshandlung allein nur die Vereinbarung der Lösungsklausel in Betracht. Da sich die Bestimmung jedoch an den gesetzlichen Regelungen für die Personenhandelsgesellschaften orientierte, fehlte es in dem vom BGH zu entscheidenden Fall an der Voraussetzung einer Gläubigerbenachteiligung, so dass im Ergebnis sowohl das Aufrechnungsverbot nach § 96 Abs. 1 Nr. 3 InsO nicht zum Tragen kam als auch eine unmittelbare insolvenzrechtliche Anfechtung nach den §§ 129 ff. InsO ausschied.

b) *Urteil vom 14.12.2006*

Durch neuerliche Entscheidung vom 14.12.2006[901] hat der Insolvenzrechtssenat des Bundesgerichtshofs die oben genannten Feststellungen nochmals bekräftigt und darüber hinaus der isolierten Geltendmachung solcher Vergütungs- bzw. Aufwendungsersatzansprüche durch den Insolvenzverwalter eine generelle Absage erteilt.[902] Nach Auffassung des BGH ist die gesellschaftsrechtlich gebotene Verrechnung im Wege der Kontenangleichung bei vertragsgerechtem Verhalten der Gesellschafter unter nahezu allen in Betracht zu ziehenden Gesichtspunkten insolvenzfest.

Eine Anwendung des § 95 InsO scheide von vorneherein aus. Die Vorschrift setze eine Aufrechnungslage im Sinne des § 387 BGB voraus, d. h. zwei selbständige Forderungen, die in einem Gegenseitigkeitsverhältnis stehen und gleichartig sind. Weiter bestimme § 389 BGB, dass solche Forderungen, soweit sie sich decken, als in dem Zeitpunkt erloschen gelten, in welchem sie sich zur Aufrechnung geeignet gegenüberstehen. Bei den Vergütungsansprüchen handele es sich hingegen um unselbständige Rechnungsposten, die gebunden und gelähmt seien, weshalb die oben genannten Wirkungen schon begrifflich nicht eintreten könnten. Zu der nach § 95 Abs. 1 Nr. 1–3 und Abs. 2 Satz 1 InsO maßgeblichen Frage, ob die Erwartung des Gläubigers, mit Rücksicht auf das Entstehen einer Aufrechnungslage seine Forderung ohne Schwierigkeiten durchzusetzen, auch im Insolvenzverfahren schutzwürdig ist, komme es daher in den vorliegenden Fällen gar nicht an. Zwar würde die Regelung des § 94 InsO neben der gesetzlichen Aufrechnungslage auch die Aufrechnungsvereinbarung erwähnen. Der Gesetzgeber habe mit der Bestimmung aber ausschließlich auf vertragliche Erweiterungen gesetzlicher Aufrechnungslagen abgezielt, die den Aufrechnungsvollzug einer späteren einseitigen Erklärung vorbehalten.[903] Die gesellschaftsrecht-

900 BGH, ZIP 2000, 757, 758 f.
901 vorgehend OLG Köln, Urt. v. 19.10.2005, NZI 2006, 36.
902 BGH, DB 2007, 452.
903 Häsemeyer, Insolvenzrecht, Rn. 19.01 u. 19.30.

liche Verrechnung im Wege der Kontenangleichung falle nicht hierunter, da es sich insoweit nicht um die Erweiterung einer gesetzlichen Aufrechnungslage handele, sondern um eine Verrechnung eigener Art.[904]

Weiter ist der BGH der Argumentation des Insolvenzverwalters der Philipp Holzmann AG entschieden entgegengetreten, wonach das Abrufen der Gesellschafterleistung ab Stellung des Insolvenzantrages der Schuldnerin gemäß § 130 Abs. 1 Nr. 1 InsO anfechtbar sei und anfechtbare Forderungen wegen § 96 Abs. 1 Nr. 3 InsO von vornherein nicht in die Auseinandersetzungsbilanz eingingen, also bei der Ermittlung des Saldos nicht berücksichtigt werden dürften.[905] Inhaltlich greift das Gericht insoweit vollumfänglich den bereits in der BGH-Entscheidung vom 09.03.2000 vertretenen Standpunkt auf.

Weder sei eine unmittelbare Anfechtung nach § 130 Abs. 1 Satz 1 Nr. 2 InsO zulässig noch könne sich der Verwalter auf das Aufrechnungsverbot des § 96 Abs. 1 Nr. 3 InsO berufen. Die Verrechnungslage bei Bauarbeitsgemeinschaften hinsichtlich der gesellschaftlichen Ansprüche trete bereits mit Abschluss des Gesellschaftsvertrages und damit regelmäßig vor der Krise ein. Zwar entstünde der Vergütungsanspruch letztlich erst mit Abrufen der Gesellschafterleistung durch die Arge. Auch habe das Abrufen der Leistungen in der kritischen Zeit zu einer wirtschaftlichen Aufwertung der bereits mit Gesellschaftsvertrag angelegten Verrechungsbefugnis zu Lasten der Masse und zu Gunsten der übrigen Mitgesellschafter geführt. Dies rechtfertige indes nicht ein Abweichen von dem vorbenannten Grundsatz, dass die Verrechnungsbefugnis bereits mit Entstehung der Gesellschaft dem Grunde nach angelegt und daher insolvenzfest sei. Die Aufrechnungslage sei nicht erst durch das Abrufen der Leistungen entstanden, weshalb als Anknüpfungspunkt für eine Anfechtung nur die Vereinbarung im Gesellschaftsvertrag selbst und nicht das Abrufen der Gesellschafterleistungen in Frage käme. Sowohl die Anwendung der insolvenzrechtlichen Anfechtungsvorschriften unmittelbar als auch diejenige des Aufrechnungsverbots nach § 96 Abs. 1 Nr. 3 InsO setzten eine verselbständigte Forderung voraus, an der es nach Auffassung des BGH gerade fehle.

Darüber hinaus könne die Insolvenzordnung im Hinblick auf die einzelnen Gesellschafteransprüche ohnehin nicht eingreifen, weil nur die Beteiligung des insolventen Gesellschafters und nicht die Gesellschaft selbst zur Insolvenzmasse zähle. Letztlich folge die Nichtanwendung der insolvenzrechtlichen Anfechtungs- und Aufrechnungsvorschriften auch aus dem Vorrang der innergesellschaftlichen Auseinandersetzung, der nach § 84 InsO auch im Anwendungsbereich der Insolvenzordnung Gültigkeit habe. Dazu führt der BGH wie folgt aus:

„Die Gläubiger des insolventen Gesellschafters oder Mitgliedes können grundsätzlich nur auf den nach den Regelungen des Gesellschaftsrechts ermittelten Nettoanteil des ausgeschiedenen Schuldners zugreifen. Dazu stände es im Widerspruch, die vertragsmäßig in die Auseinandersetzungsbilanz eingestellten Rechnungsposten ähnlich wie die Herstellung einer Aufrechnungslage in der Weise für anfechtbar zu halten, dass der Durchsetzung des außerhalb des Insolvenzverfahrens gelähmten Zahlungsanspruchs innerhalb des Insolvenzverfahrens die anfechtungsfest vereinbarte Kontenangleichung nicht entgegengehalten werden kann.

904 BGH, DB 2007, 452, 453.
905 OLG Köln, NZI 2006, 36 f.; BGH, DB 2007, 452, 453 f.

Verhalten sich die Gesellschafter vertragsgerecht, erscheint es somit auch bei wertender Betrachtung nicht gerechtfertigt, in das Gefüge des Gesellschaftsvertrages im Wege der Insolvenzanfechtung einzugreifen.“[906]

4. Rechtliche Würdigung

a) *Der Beitragscharakter der Gesellschafterleistungen nach § 4.1 Arge Mustervertrag*

Für eine Prüfung, ob und inwieweit eine isolierte Geltendmachung von Vergütungsansprüchen für Leistungen des Schuldners im kritischen Zeitraum in Betracht kommt, bedarf es zunächst der Klärung einer Vorfrage. Etwaige insolvenzrechtliche Anfechtungsansprüche nach den §§ 129 ff. InsO bzw. ein aus der Anfechtbarkeit der Abrufung solcher Leistungen in der Krise resultierendes Aufrechnungsverbot nach § 96 Abs. 1 Nr. 3 InsO kollidieren nämlich nur dann mit dem gesellschaftsrechtlichen Prinzip der Liquidationsbefangenheit, wenn die Vergütungsforderungen tatsächlich als unselbständige Rechnungsposten in die Auseinandersetzungsrechnung der Bauarbeitsgemeinschaft eingingen.

In seiner Entscheidung vom 14.12.2006 nahm der Bundesgerichtshof dies ohne weiteres an, da nach § 11.4 des Mustervertrages die Bezahlung von Gesellschafterrechnungen, unabhängig davon, ob sie durch Leistungen mit Beitragscharakter oder durch Leistungen auf Grundlage eines „Drittgeschäftes“ begründet wurden, allein im Wege der Kontenangleichung erfolgen sollte.

Zwar ist es aufgrund der insoweit eindeutigen Regelung in § 11.4 Mustervertrag im Ergebnis nicht zu beanstanden, dass sich die Abrechnung solcher Gesellschafterleistungen durch das Einstellen in die Bilanz im Wege der Kontenangleichung vollzieht. Hierbei dürfte es sich aber letztlich um eine bloße Zahlungsmodalität handeln. Nach der Kommentierung zu § 11.4 Mustervertrag regelt die Klausel, dass auch die Bezahlung der Gesellschafterrechnungen im Rahmen der monatlichen Kontenangleichungen erfolgt. Es läge daher im Interesse aller Gesellschafter, ihre Rechnungen möglichst zeitnah einzureichen, um so die eigene Liquidität sicherzustellen und einer Aufforderung zur Ausgleichung eines ansonsten gegebenenfalls entstehenden Rückstandes vorzubeugen.[907] Diese Aussage orientiert sich an § 11.25 Mustervertrag, wonach bei Feststellung eines entsprechenden Überschusses durch Vornahme der monatlichen Kontenangleichung der Gewinn nach dem Beteiligungsverhältnis an die Gesellschafter ausgeschüttet werden kann, wenn dies der Finanzplan der Arge zulässt.[908] Ob diese aufgrund der Vielzahl der Gesellschafterleistungen sinnvolle Zahlungsvereinbarung, wonach die Abrechnung in einer Art Kontokorrentverhältnis erfolgt, es allerdings alleine rechtfertigt, solche Vergütungsansprüche auch in der Auseinandersetzungsrechnung zwischen ausscheidendem Gesellschafter und der Arge als von der Durchsetzungssperre erfasst anzusehen, erscheint zumindest zweifelhaft. So hat das Landgericht Frankfurt im Hinblick auf die Vergütung für die Bereitstellung von Personal in der oben zitierten Entschei-

906 BGH, DB 2007, 452, 453 f.
907 Jagenburg/Schröder-Baldringer, Arge-Vertrag, § 11 Rn. 404.
908 Pfülb/Burchhardt, Arge-Vertrag, § 11 Rn. 15c.

dung vom 06.04.2005 bei der Frage nach der isolierten Geltendmachung dieser Ansprüche eine vom Bundesgerichtshof abweichende Wertung vorgenommen.

Nach Auffassung des Landgerichts sei nicht die unstreitig im Wege der Kontenangleichung zu erfolgende Bezahlung der Gesellschafterrechnungen maßgeblich, sondern die Einordnung der Gesellschafterleistung als Beitrag oder als vergütungspflichtige Drittleistung. Entsprechend der Fußnote zu § 4.1 Mustervertrag erfolgten Leistungen wie die Bereitstellung von Personal aufgrund eines zweiseitigen schuldrechtlichen Rechtsgeschäfts. Infolgedessen seien sie nach § 706 BGB nicht als Gesellschafterbeitrag, sondern als vergütungspflichtige Drittleistung anzuerkennen.[909]

In der Tat kann auch nach der hier vertretenen Ansicht die rechtliche Behandlung der Vergütungsforderungen des Insolvenzschuldners wegen in der Krise erbrachter Leistungen von Stoffen, Geräten und Personal nicht losgelöst von einer Einordnung der Leistungen nach § 4.1 Mustervertrag vollzogen werden. Der in § 84 Abs. 1 InsO zum Ausdruck kommende Vorrang der innergesellschaftlichen Abwicklung ist schon dem Grunde nach nur dort gerechtfertigt, wo es sich auch nach dem geltenden materiellen Recht um Ansprüche aus dem Gesellschaftsverhältnis handelt und nicht um solche, bei denen der ausscheidende Gesellschafter der Bauarbeitsgemeinschaft wie ein Dritter gegenübersteht. Ebenso wie § 84 Abs. 1 Satz 2 InsO als Voraussetzung für das Absonderungsrecht eines Teilhabers einen auf dem Gemeinschaftsverhältnis begründeten Anspruch verlangt, können spiegelbildlich nur solche Forderungen Gegenstand des Absonderungsrechts sein, die dem Rechtsverhältnis auch materiell rechtlich zuzuordnen sind. Andernfalls läge in der Befangenheit der Forderung in der innergesellschaftlichen Liquidation ein nicht von § 84 Abs. 1 InsO gedeckter Verstoß gegen den insolvenzrechtlichen Grundsatz der Gläubigergleichbehandlung.

Nach dem Wortlaut des § 705 BGB folgt die Verpflichtung der Gesellschafter, den Zweck ihres Zusammenschlusses zu fördern und insbesondere die vereinbarten Beiträge zu leisten, unmittelbar aus dem Gesellschaftsvertrag. Dementsprechend ordnet § 4.1 Mustervertrag die Pflicht der Arge-Gesellschafter an, zur Erreichung des Gesellschaftszwecks im Verhältnis ihrer Beteiligung Beiträge und Leistungen an die Arbeitsgemeinschaft zu erbringen und den sich aus diesem Vertrag ergebenden Verpflichtungen ordnungsgemäß und zeitgerecht nachzukommen. Soweit diese Generalklausel von Leistungen und Beiträgen spricht, bleibt festzuhalten, dass jeder Beitrag Leistung, aber umgekehrt wegen des weiter gefassten Leistungsbegriffs nicht jede Leistung auch Beitrag ist.[910]

Nach früherer Ansicht zählten diejenigen Leistungen nicht als Beitrag, denen im Hinblick auf den Zweck der Bauarbeitsgemeinschaft keine Förderungsfunktion zukam. Danach wäre die hier in Rede stehende Bereitstellung von Personal und Gerätschaften zweifelsohne als Beitrag zu klassifizieren, da sie dem Gesellschaftszweck, nämlich der Errichtung bzw. Durchführung eines bestimmten Bauvorhabens, dient. Eine solche Auslegung verbietet allerdings schon der vorbenannte Wortlaut der neuerlichen Fassung des Arge-Mustervertrages aus dem Jahre 2005, wonach sich

909 BGH, BauR 2005, 1368.
910 Jagenburg/Schröder-Baldringer, Arge-Vertrag, § 4 Rn. 189.

die Förderungspflicht sowohl auf die Beiträge als auch auf die Leistungen bezieht. Ebenso überholt ist die hinsichtlich des ursprünglichen Mustervertrages für Bauarbeitsgemeinschaften aus dem Jahre 1971 überwiegend vertretene Ansicht zur Abgrenzung, wonach keine Beiträge Leistungen waren, die ein Gesellschafter gegenüber der Arge aufgrund besonderen Vertrages oder im Arge-Vertrag selbst, gegebenenfalls unter Hervorhebung einer besonderen Vergütung, übernahm, wenn er der Arge darin wie ein Dritter gegenüberstand.[911] Nach nunmehr verbreiteter Ansicht kann auch die Leistung von Beiträgen vergütungspflichtig sein.

Grundsätzlich kann die Erfüllung der Beitragspflicht durch Einbringung in drei unterschiedlichen Varianten erfolgen: die Einbringung zu Eigentum, die Einbringung dem Werte nach und die Einbringung zum Gebrauch bzw. zur Nutznießung. Letztere Art der Einbringung könnte entsprechend auf die hier in Rede stehende sog. Beistellung von Geräten, Stoffen und Personal zutreffen. Andererseits bedarf es angesichts der gesellschaftsvertraglichen Grundlage für die Art der Erfüllung der Beitragspflicht regelmäßig nicht des Abschlusses einer schuldrechtlichen Vereinbarung.[912] Dies spricht dem ersten Anschein nach für die vom Landgericht vorgenommene Bewertung der Fußnote zu § 4.1 Mustervertrag, die Personalüberlassung als Drittleistung des Gesellschafters und nicht als Beitrag zu qualifizieren. So wird in Teilen der Literatur auch die Meinung vertreten, Leistungen im Bereich von Personal- und Sachmitteln im Wege so genannter Drittgeschäfte seien stets solche ohne Beitragscharakter.[913] Die Fußnote zu § 4.1 Mustervertrag spricht allerdings von den in der Klausel genannten Beistellungen. Hierzu zählen nicht nur die Überlassung von Personal und Sachmitteln, sondern auch die Leistung von Geldmitteln und Bürgschaften, bei denen es sich klassischerweise auch um Gesellschafterbeiträge handeln kann. Noch dazu ist die Aufzählung in § 4.1 Mustervertrag nicht abschließend. Eine Begrenzung derart, dass nur die Leistung von Personal und Sachmitteln durch Drittgeschäft erfolge und diese Leistungen daher nicht als Beitrag qualifiziert werden könnten, ist mit dem Wortlaut bzw. der Systematik des Vertragstextes unvereinbar. Vielmehr liegt die Schlussfolgerung nahe, dass sowohl Beiträge als auch sonstige Leistungen durch Drittgeschäft erfolgen können.[914]

Richtig erscheint es deshalb, eine Differenzierung nach der Grundlage der Leistung vorzunehmen. Danach sind Beiträge diejenigen Leistungen, zu denen die Gesellschafter kraft ausdrücklicher gesellschaftsvertraglicher Regelung verpflichtet sind. Alle nicht ausdrücklich im Gesellschaftsvertrag geregelten Leistungspflichten, insbesondere solche, die sich erst im späteren Betrieb der Arge ergeben, sind sonstige Leistungen im Sinne der Klausel.[915]

Sämtlichen vorbenannten Rechtsstreitigkeiten lagen Leistungen eines deutschen Großbauunternehmens im Bereich von Personal- und Sachmitteln zugrunde, konkret Personal, Geräte und Stoffe, die in den §§ 12–14 Mustervertrag ausdrücklich

911 Jagenburg/Schröder-Baldringer, Arge-Vertrag, § 4 Rn. 190.
912 Jagenburg/Schröder-Baldringer, Arge-Vertrag, § 4 Rn. 192.
913 Burchhardt in Burchhardt/Pflüg, § 4 Rn. 9.
914 Jagenburg/Schröder-Baldringer, Arge-Vertrag, § 4 Rn. 190 u. 194.
915 Jagenburg/Schröder-Baldringer, Arge-Vertrag, § 4 Rn. 190.

geregelt werden. Die in Rede stehenden Leistungen sind somit ausnahmslos als Gesellschafterbeiträge zu qualifizieren. Die Tatsache, dass die Beitragspflicht auch nach dem Arge-Mustervertrag durch Beistellung im Wege von Drittgeschäften zu erfolgen hatte und nicht im herkömmlichen Sinne durch Einbringung, ändert an dem Beitragscharakter der Leistungen nichts. Die Annahme eines Drittgeschäfts ist mithin für die Frage, ob die Ansprüche als unselbstständige Rechnungsposten in die Auseinandersetzungsbilanz eingehen und somit von der Durchsetzungssperre erfasst werden, letztlich nicht maßgeblich. Sofern die Leistungen, wie hier, aufgrund der ausdrücklichen vertraglichen Bestimmungen als Beitrag einzustufen sind, beruhen sie zweifelsohne auf dem Gesellschaftsverhältnis. Im Ergebnis der Rechtsprechung des Bundesgerichtshofs folgend, sind die Vergütungsansprüche für die Leistungen im maßgeblichen Zeitraum nicht nur formal nach § 12.4 Mustervertrag, sondern auch bei wertender Betrachtung nach § 4.1 Mustervertrag vorbehaltlich etwaiger Anfechtungsansprüche oder Aufrechnungsverbote zunächst in die Bilanz der Arge als bloße Verrechnungsposten einzustellen.

b) Die Prüfung der Verrechenbarkeit nach den §§ 94 ff. InsO

Gemäß den obigen Ausführungen ist es nach den Vorgaben des Arge-Mustervertrages und ergänzend den §§ 705 ff. BGB zulässig und geboten, die Vergütungsansprüche zunächst als unselbstständige Rechnungsposten in die Auseinandersetzungsbilanz aufzunehmen. Hieraus ohne weiteres zu schlussfolgern, dass auch die Verrechnung der Vergütungsforderungen in der Auseinandersetzung im Einklang mit der Insolvenzordnung steht und eine isolierte Geltendmachung durch den Insolvenzverwalter ausscheidet, ist allerdings etwas voreilig. Die innergesellschaftliche Verrechnung ist ihrem Wesen nach antizipierte Aufrechnungsvereinbarung. Der Unterschied zur gesetzlichen Aufrechnung besteht allein darin, dass die Ansprüche in der Bilanz nicht schon im Zeitpunkt ihres (ersten) Gegenüberstehens, sondern erst mit Abnahme der Schlussrechnung fällig werden. Zur Prüfung der Frage der Verrechenbarkeit sind daher jedenfalls im Grundsatz die §§ 94 ff. InsO heranzuziehen.

aa) Ausschluss nach § 95 Abs. 1 InsO

Zu überzeugen vermögen zunächst die Feststellungen des BGH in Bezug auf das Nichtvorliegen der Voraussetzungen des § 95 Abs. 1 InsO. Eine unmittelbare Anwendung der Vorschrift auf die Verrechnung der Vergütungsansprüche des insolventen Gesellschafters im Wege der Kontenangleichung scheidet in der Tat aus. Zutreffend führt der Insolvenzrechtssenat in seinem Urteil vom 14.12.2006 insoweit aus, dass die Norm lediglich Aufrechnungslagen aus der Zeit nach Verfahrenseröffnung schützt, auf deren Eintritt der Insolvenzgläubiger vertrauen durfte. Die Voraussetzungen der Aufrechnung richten sich aber auch im Insolvenzverfahren nach § 387 BGB, der eine selbstständige Forderung verlangt. D. h. nach der Vorschrift muss die Forderung nicht nur zu Recht bestehen, sondern sie muss auch vollkommen, d. h. rechtlich erzwingbar sein.[916] Daran fehlt es, wenn ihr die Rechtsord-

---

916 Staudinger-Kaduk, BGB, § 387 Rn. 93 f.

nung, wie hier, die Durchsetzbarkeit versagt. Das Merkmal einer vollkommenen Forderung im Sinne der Vorschrift erfüllen die unselbstständigen Rechnungsposten in der Auseinandersetzungsbilanz aufgrund der Durchsetzungssperre mithin nicht, da sie gebunden und gelähmt sind. Folgerichtig ist auch die in § 389 BGB angeordnete Wirkung der Aufrechnung, ein Erlöschen der Forderungen im Zeitpunkt ihres ersten Gegenüberstehens, schon begrifflich bei den Rechnungsposten einer Auseinandersetzungsbilanz ausgeschlossen.[917]

Ebenso wenig kommt eine analoge Anwendung des § 95 Abs. 1 Satz 1 u. 2 InsO in Betracht. Der dem Urteil des Bundesgerichtshofs zugrunde liegende Fall unterschied sich zwar von den vorangegangen Rechtsstreitigkeiten dadurch, dass der Gesellschafter erst durch die Insolvenzeröffnung und nicht schon infolge der Stellung des Insolvenzantrages aus der Bauarbeitsgemeinschaft ausschied. Infolgedessen stützte der Insolvenzverwalter die isolierte Geltendmachung seines Anspruchs auf die Behauptung, der Anspruch der Insolvenzschuldnerin auf Vergütung ihrer Leistungen sei vor dem im Wege der Auseinandersetzung ermittelten Verlustausgleichsanspruch der Gesellschaft fällig geworden, weshalb die Verrechnung nach § 95 Abs. 1 Satz 1 u. 3 InsO unzulässig sei.[918] In zeitlicher Hinsicht (also in Bezug auf die Fälligkeit der Vergütungsansprüche aus den Gesellschafterleistungen vor der Fälligkeit der Auseinandersetzungsbilanz) erkannte der BGH die Voraussetzungen nach Satz 3 des ersten Absatzes der Vorschrift entsprechend des Klägervorbringens auch als gegeben an. Letztlich reicht allein der zeitliche Aspekt zur Annahme einer Vergleichbarkeit zu den an sich von § 95 Abs. 1 InsO erfassten Fällen jedoch nicht aus.

In die gesellschaftsrechtliche Auseinandersetzungsbilanz fließen beliebig viele Forderungen mehrerer Personen ein. Im Unterschied hierzu kann bei der Aufrechnung nach § 387 BGB zwar auch mit oder gegen mehrere Forderungen aufgerechnet werden, es handelt sich aber schon dem Gesetzeswortlaut nach klassischerweise um ein Zweipersonenverhältnis. Typischerweise vollzieht sich die gesetzliche Aufrechnung ferner durch einseitige Erklärung und nicht, wie im vorliegenden Falle, im Wege einer Verrechnungsabrede.[919] Auch insoweit fehlt es an einer Vergleichbarkeit der Saldierung in der Auseinandersetzungsbilanz mit der Aufrechnung nach den §§ 387 ff. BGB.

Weiter kann über das Fehlen einer gesetzlichen Aufrechnungslage auch die Vorschrift des § 94 InsO, in der von einer Aufrechnungsvereinbarung die Rede ist, nicht hinweghelfen. Der BGH hat zu Recht festgestellt, dass sich diese Regelung nur auf die vertragliche Erweiterung gesetzlicher Aufrechnungslagen bezieht.[920] In der Vereinbarung im Arge-Mustervertrag, die Ansprüche der Gesellschafter im Wege der Kontenangleichung zu verrechnen, liegt jedoch nicht die Erweiterung einer gesetzlichen Aufrechnungslage, sondern eine Verrechnung eigener Art. Nicht anders beurteilt sich die Rechtslage, wenn man den Mustervertrag in Ansehung des § 738 Abs. 1 BGB bewertet. Die für die Ermittlung des Auseinandersetzungs- bzw. Abfindungs-

917 BGH, NJW 2007, 1067, 1068.
918 BGH, NJW 2007, 1067 f.
919 Obermüller, Insolvenzrecht in der Bankpraxis, Rn. 3.92.
920 BGHZ 160, 107, 110 f.

guthabens nach der Regelung erforderliche Saldierung bildet keinen gesetzlichen Fall einer Aufrechnung. Dies verdeutlicht insbesondere der zweite Absatz der Regelung, wonach das Gesellschaftsvermögen bei der für die Ermittlung des Guthabens erforderlichen Verrechnung notfalls im Wege der Schätzung ermittelt werden kann. Im Rahmen des § 387 BGB wäre eine solche Vorgehensweise undenkbar.

Im Ergebnis kommt also weder ein unmittelbarer Ausschluss durch § 95 Abs. 1 InsO in Frage, noch ist die innergesellschaftsrechtliche Saldierung derart mit der gesetzlichen Aufrechnung vergleichbar, dass dies eine analoge Anwendung der vorbenannten Vorschrift rechtfertigen könnte.

bb) Aufrechnungsverbot gemäß § 96 Abs. 1 Nr. 3 InsO

Demgegenüber vermag die Ablehnung der Voraussetzungen des § 96 Abs. 1 Nr. 3 InsO durch den BGH nicht vollends zu überzeugen. Die oben genannten Argumente hinsichtlich der Unselbstständigkeit der Forderungen treffen zwar inhaltlich gleichsam auch auf das Aufrechnungsverbot aus § 96 Abs. 1 Nr. 3 InsO zu. Offen bleibt indes, warum der Insolvenzrechtssenat die Verrechnung im Kontokorrentverhältnis einer Bank jedenfalls dem Grunde nach für anfechtbar erachtet und den § 96 Abs. 1 Nr. 3 InsO auf das Kontokorrentverhältnis im Gegensatz zu der hier in Rede stehenden Verrechnung anwendet[921], obwohl es sich auch nach Auffassung des BGH bei der gesellschaftsrechtlichen Saldierung im Wege der Kontenangleichung um eine dem Kontokorrentverhältnis sehr ähnliche Verrechnung eigener Art handelt[922]. So erfassen die Aufrechnungsverbote des § 96 InsO nach ständiger Rechtsprechung[923] nicht nur die einseitige, gesetzliche Aufrechnung nach §§ 387, 388 BGB, sondern auch die einem Kontokorrentverhältnis immanente antizipierte Verrechnungsvereinbarung.[924]

Die unterschiedliche Behandlung beider Sachverhalte erschließt sich nicht unbedingt. Auch der nicht näher begründete Verweis auf den Vorrang der innergesellschaftsrechtlichen Abwicklung, welcher durch § 84 Abs. 1 InsO bloß bestätigt werde, vermag nicht alle Zweifel auszuräumen. Die Vorschrift ordnet die Auseinandersetzung der Gesellschaft nach materiellem Recht an. Allein der Umstand, dass die Gesellschaft außerhalb des Insolvenzverfahrens nach dem für sie geltenden Bestimmungen abgewickelt wird, schließt nicht per se die Anfechtung aus. Im Gegenteil sind auch sonstige Rechtsgeschäfte des Schuldners nach dem materiellen Recht im vorinsolvenzlichen Zeitraum wirksam. Die Anfechtung verfolgt nur den Zweck, diejenigen zunächst wirksamen Verfügungen des Insolvenzschuldners rückabzuwickeln, die im Hinblick auf das Verfahrensziel der gleichmäßigen Gläubigerbefriedigung eine nicht hinnehmbare Benachteiligung der Insolvenzgläubiger begründen.[925]

---

921 BGH, DZWIR 2008, 153–155.
922 BGH, NJW 2007, 1067, 1069.
923 OLG Karlsruhe, NZI 2008, 247–249.
924 Obermüller, Insolvenzrecht in der Bankpraxis, Rn. 3.92 ff.
925 Cranshaw, jurisPR-InsR 10/2007, Anm. 3

Auch leuchtet die Erwägung, eine Anfechtung sei schon allein dadurch ausgeschlossen, dass nur die Beteiligung des Schuldners in die Insolvenzmasse fiele[926], nicht zwingend ein. Zweifelsohne scheidet eine Anfechtung von Rechtshandlungen der Bauarbeitsgesellschaften durch den Gesellschafter-Insolvenzverwalter aus. Bei der Beistellung von Personal- und Sachmitteln handelt es sich aber, wie oben aufgezeigt, um die Erfüllung einer aus der Gesellschafterstellung folgenden Leistungs- bzw. Beitragspflicht, mithin um eine Rechtshandlung, die maßgeblich die Beteiligung des Schuldners selbst betrifft. Ob den Anknüpfungspunkt einer insolvenzrechtlichen Anfechtung die Abrufung dieser Leistungen durch die Arge, die Leistungshandlung selbst oder das Einstellen der sich hieraus ergebenden Vergütungsansprüche in die Auseinandersetzungsbilanz bildet, vermag im Einzelfall streitig sein. Der „Vermögensabfluss" seitens des Schuldners resultiert aber letztlich aus der Vornahme der Leistung selbst ohne entsprechende Vergütung und damit einer der Gesellschafterstellung (bzw. Beteiligung) und nicht der Gesellschaft zuzuordnenden Rechtshandlung. Der Hinweis, die Insolvenzordnung könne insoweit nicht eingreifen, weil nur die Beteiligung und nicht die Gesellschaft selbst zur Insolvenzmasse zähle, ist somit wenig erhellend. Es kommt vielmehr auf die rechtliche Wertung des Verhältnisses zwischen dem Vorrang der innergesellschaftsrechtlichen Abwicklung und den §§ 129 ff. InsO an. Sofern der Insolvenzrechtssenat die Sperrwirkung hinsichtlich der insolvenzrechtlichen Vorschriften über die Aufrechnung und die Anfechtung in erster Linie auf § 84 Abs. 1 InsO stützt, zugleich aber dessen rein deklaratorische Natur betont, liegt hierin eine gewisse Widersprüchlichkeit. Als reine Verweisungsnorm kann der Vorschrift eine Erklärung dergestalt, dass die Auseinandersetzung des Gesellschaftsverhältnisses insolvenzfest ist, nicht ohne weiteres entnommen werden. Der Erklärungsgehalt erschöpft sich vielmehr in der Klarstellung, dass sich die Verwertung der Beteiligung nach den hierfür maßgeblichen Vorschriften des jeweils geltenden materiellen Rechts richtet. Allein aus der Anwendbarkeit des materiellen Rechts folgt aber keineswegs per se eine Sperre der insolvenzrechtlichen Rechtsinstitute. Eine derartige Aussage vermag man allenfalls noch in die Wendung „außerhalb des Insolvenzverfahrens" hineinlesen können. Eine dahingehende Auslegung der Vorschrift dehnt das bisherige Verständnis der Norm aber jedenfalls weiter aus. Es läge demnach nahe, in Ansehung einer Sperrwirkung der Vorschrift, insoweit von einer konstitutiven Wirkung bzw. einem eigenständigen Regelungsgehalt auszugehen.

Freilich drängt sich angesichts der Ausführungen des Bundesgerichtshofes zur deklaratorischen Natur des § 84 InsO noch eine andere rechtliche Konstruktion der Sperrwirkung auf. Der tatsächliche Rechtsgrund für die Nichtanwendung der insolvenzrechtlichen Vorschriften über die Aufrechnung und die Anfechtung liegt wohl weniger in dem Verweis in § 84 Abs. 1 Satz 1 InsO, sondern vielmehr in der von der Rechtsprechung entwickelten gesellschaftsrechtlichen Durchsetzungsperre. Dieses nicht unmittelbar aus den gesetzlichen Regelungen der §§ 730 ff. BGB folgende Rechtsinstitut ordnet für die Auseinandersetzung der GbR die Gesamtsaldierung sämtlicher Ansprüche an und führt dazu, dass etwaige Gesellschafterforderungen nach materiellem Recht, wie etwa der Anspruch auf die Rückerstattung der Ein-

---

926 BGH, NJW 2007, 1067, 1069.

lagen, mit wenigen Ausnahmen in der Auseinandersetzungsphase nicht mehr isoliert geltend gemacht werden können. Aus hiesiger Sicht erscheint es daher rechtsdogmatisch konsequenter, die behauptete Sperrwirkung als Ausprägung des Rechtsinstituts der Durchsetzungssperre, also letztlich als höchstrichterliche Rechtsfortbildung zu verstehen, anstatt den Verweis in § 84 Abs. 1 Satz 1 InsO in seiner Bedeutung zu überdehnen.

Andererseits geht der Bundesgerichtshof offenbar selbst von einer Vergleichbarkeit der Verrechnung im Kontokorrentverhältnis und der gesellschaftsrechtlichen Saldierung im Wege der Kontenangleichung aus. Er betont nämlich, dass sich die Sachlage bei vertragswidrigem Verhalten der übrigen Gesellschafter anders darstelle, hier also anscheinend in Parallele zum Bankkontokorrent eine Anfechtung wegen inkongruenter Deckung möglich sein soll.[927] Diese mehrgleisige Argumentation legt auf den ersten Blick die Vermutung nahe, die Urteilsbegründung des BGH sei in sich widersprüchlich. Denn der Bundesgerichtshof verneint eine Aufrechnung im Sinne des § 387 BGB und gelangt infolgedessen zu dem Schluss, dass § 95 Abs. 1 Satz 3 InsO für unselbständige Rechnungsposten im Rahmen der Kontenangleichung nicht gilt.[928] Andererseits wird die Anwendung des § 96 Abs. 1 Nr. 3 i. V. m. § 130 Abs. 1 Satz 1 Nr. 2 InsO mit der Begründung abgelehnt, die Aufrechnungslage sei bereits mit Abschluss des Gesellschaftsvertrages entstanden, obwohl nach Auffassung des BGH die im Vertrag vereinbarte Verrechnung gerade keine Aufrechnung im Rechtsinne darstellt.[929] Vor dem Hintergrund, dass der BGH in seiner Urteilsbegründung aber nicht nur die Anfechtbarkeit der Rechtshandlung im Rahmen des in § 96 Abs. 1 Nr. 3 InsO geregelten Aufrechnungsverbots prüft, sondern sich dabei inzident die Frage stellt, ob bei einem Negieren des Aufrechnungsverbots nicht trotzdem eine unmittelbare Anfechtung nach den §§ 129 ff. InsO in Betracht kommt, löst sich der vorgenannte Widerspruch nahezu auf.

cc) Anfechtungsrecht nach § 130 Abs. 1 Nr. 2 InsO

Im Rahmen der Prüfung der Anfechtbarkeit der Herstellung der Verrechnungslage nach § 130 Abs. 1 Nr. 2 InsO misst der erkennende Senat die Verrechnungsabrede im Gesellschaftsvertrag zunächst am Maßstab des § 119 InsO. Denn nach Ansicht des BGH ist die Verrechnungsbefugnis bereits mit Entstehung der Gesellschaft dem Grunde nach angelegt.

Da als anfechtbare Rechtshandlung allein die Vereinbarung der Verrechnungsbefugnis maßgeblich sei, rechtfertige der Umstand, dass der Vergütungsanspruch letztlich erst mit Abrufen der Gesellschafterleistung durch die Arge entstehe und das Abrufen der Leistungen in der kritischen Zeit zweifelsfrei zu einer wirtschaftlichen Aufwertung der bereits mit Gesellschaftsvertrag angelegten Verrechungsbefugnis zu Lasten der Masse und zu Gunsten der übrigen Mitgesellschafter geführt habe, keine andere Sichtweise.

Folgerichtig gelangt der Insolvenzrechtssenat zu dem Schluss, die Regelung orientiere sich an den §§ 736, 738 BGB und stehe darüber hinaus in Einklang mit den ge-

---

927 BGH, NJW 2007, 1067, 1069.
928 BGH, DB 2007, 452, 453.
929 BGH, DB 2007, 452, 453 f.

setzlichen Vorgaben im Falle der Gesellschafterinsolvenz bei den Personenhandelsgesellschaften. Im Ergebnis stelle die Verrechnungsvereinbarung im Mustervertrag daher keine gesetzeswidrige Benachteiligung der Privatgläubiger eines Gesellschafters dar und liege zudem weit außerhalb des nach § 130 Abs. 1 Nr. 2 InsO anfechtbaren Zeitraums.

Sodann befasst sich der BGH mit der Frage, ob der Gesellschaftsvertrag von allen Gesellschaftern weiter erfüllt wurde und insbesondere, ob Gesellschafter im Nachhinein zu ursprünglich nicht geschuldeten Leistungen angewiesen wurden, um Forderungen der Gesellschaft wertmäßig aufzufüllen.[930] Offenbar prüft der BGH also, ob durch späteres, vertragswidriges Verhalten der Gesellschafter nicht dennoch ein Fall der inkongruenten Deckung eingetreten ist, mit der Folge, dass die Herstellung der Verrechnungslage einer Anfechtung nach § 131 Abs. 1 Nr. 1–3 InsO unterliegt. Mangels erkennbar vertragswidriger Handlungen der übrigen Gesellschafter lehnt der erkennende Senat im Ergebnis aber auch die Voraussetzungen einer inkongruenten Deckung ab.

Demgegenüber hat das Landgericht Berlin die isolierte Geltendmachung der Vergütungsansprüche der Schuldnerin durch den Insolvenzverwalter mit der Begründung zugelassen, die entsprechenden Leistungen seien aufgrund der Kenntnis der Gesellschaft von der Insolvenzreife des Großbauunternehmens gemäß §§ 96 Abs. 1 Nr. 3, 130 Abs. 1 Nr. 2, 132 Abs. 1 Nr. 2 InsO ab der Antragstellung anfechtbar und gingen daher von vorneherein nicht in die Auseinandersetzungsbilanz mit ein. Die Arbeitsgemeinschaft hätte ab Kenntnis der Krise, wie jeder andere Gläubiger auch, nur noch Bargeschäfte i. S. d. § 142 InsO mit der Schuldnerin abschließen können.[931] Das Landgericht hat also letztlich nicht auf den Abschluss des Gesellschaftsvertrages bzw. die Vereinbarung der Verrechnungsabrede, sondern auf die Vornahme der Leistungen bzw. der schuldrechtlichen Vereinbarung hierzu als anfechtbares Rechtsgeschäft abgestellt. Diese Rechtsauffassung dürfte aber mit der BGH-Entscheidung vom 14.12.2006 nunmehr überholt sein.

Nichtsdestotrotz deckt sich das Urteil des Landgerichts Berlin durchaus mit vorangegangenen Entscheidungen des Bundesgerichtshofes zur insolvenzrechtlichen Anfechtung in anderen Rechtsgebieten. Im Grundsatz hat der BGH in der Vergangenheit die Herstellung der Aufrechnungslage im Einzelfall für anfechtbar erklärt, obwohl das die Aufrechnungsbefugnis herbeiführende Rechtsgeschäft als solches unanfechtbar war.[932] Regelmäßig sind Grund- und Erfüllungsgeschäft hinsichtlich ihrer Anfechtbarkeit gesondert voneinander zu betrachten.[933] Selbst für die hier in Rede stehenden Vergütungsansprüche wegen Beistellungen der Gesellschafterin von Personal und Geräten an die Bauarbeitsgemeinschaft war der BGH noch im Jahre 1983 selbst von der Anfechtbarkeit der Verrechnung ab dem Zeitpunkt der Stellung des Konkursantrages ausgegangen. In dem Urteil vom 26.01.1983[934] heißt es bei der Prüfung einer Anfechtung nach § 30 Nr. 1 Alt. 2 KO wörtlich:

---

930 Wölfing-Hamm, NJW 2007, 1067, 1070.
931 IBR 2005, 424.
932 BGH, ZInsO 2005, 884; Hmb-Komm.-Rogge, § 129 Rn. 85.
933 RGZ 20, 180, 182.
934 BGH, NJW 1983, 1123, 124.

„Solange die Gesellschafterin noch nicht aus der Arbeitsgemeinschaft ausgeschieden war, erfolgte gemäß 11.1 und 14.3 des Arge-Vertrages (Fassung 1971 des vom Hauptverband der Deutschen Bauindustrie e. V. und des Deutschen Baugewerbes e. V. herausgegebenen Formularvertrages) eine Bezahlung der Mietzinsforderungen der Gemeinschuldnerin als Gesellschafterleistung nur im Rahmen der Kontenausgleichung. Mit dem Ausschluss der Gemeinschuldnerin aus der Arbeitsgemeinschaft durch die Beklagte verwandelten sich die seit Konkursantragstellung entstandenen Verrechnungsansprüche der Gemeinschuldnerin wegen Bereitstellung von Personal und Geräten in rechtlich selbständige Forderungen und ermöglichten damit der Beklagten erst die Aufrechnung."

Zwar hatte das Gericht über einen in einzelnen Punkten von den vorbenannten Urteilen abweichenden Sachverhalt zu entscheiden, u. a. enthielt die maßgebliche Vertragsregelung für den Fall der Beantragung des Konkursverfahrens lediglich eine Option zur Kündigung der Gesellschafterstellung und ordnete erst mit Verfahrenseröffnung zwingend das Ausscheiden des insolventen Mitgliedes an. Auch lehnte der BGH in seiner Entscheidung vom 26.01.1983 die Anfechtung wegen des Fehlens einer objektiven Gläubigerbenachteiligung letztlich ab.[935] In Abweichung zu seinen neuerlichen Entscheidungen ging der Senat aber als Folge des Konkurses ohne weiteres davon aus, dass sich die unselbständige Rechnungsposten im Hinblick auf die Vergütung für die Gesellschafterleistungen spätestens mit Eröffnung des Konkursverfahrens in selbständige Forderungen verwandelten, ohne dies etwa an einer Regelung des Mustervertrages festzumachen.

Zunächst stellt sich die Frage, ob die hier vorliegende Sachverhaltskonstellation überhaupt mit dem typischerweise im Rechtsverkehr auftretenden Verhältnis von Grund- und Erfüllungsgeschäft vergleichbar ist. Verpflichten sich beispielsweise die Parteien in einem Grundstückskaufvertrag dazu, gegen Zahlung eines bestimmten Kaufpreises eine Immobilie zu übereignen, gehen die Parteien jedenfalls bei Abschluss der schuldrechtlichen Vereinbarung auch von der Vornahme der Übereignung bzw. der Erfüllung des Vertrages aus. Der Arge-Mustervertrag enthält demgegenüber zwar Regelungen über das (insolvenzbedingte) Ausscheiden eines Mitgliedes. Bei Abschluss des Gesellschaftsvertrages steht aber keinesfalls fest, ob ein Mitglied tatsächlich wegen Insolvenz aus dem Gemeinschaftsverhältnis ausscheidet. Im Gegenteil dürften die Gesellschafter in Ansehung der Fertigstellung des Bauvorhabens regelmäßig darauf vertrauen, dass alle Mitgliedsfirmen hieran bis zum Ende mitwirken. Vor diesem Hintergrund erschiene es daher zumindest vertretbar, die auch nach dem Arge-Mustervertrag auf Grundlage eines Drittgeschäftes erfolgende Bereitstellung des Personals bzw. der Geräte und Stoffe im Zeitraum nach der Antragstellung anfechtungsrechtlich isoliert nach § 131 Abs. 1 InsO zu betrachten. Eine kongruente Deckung setzt eine durch die Verrechnungsabrede im Gesellschaftsvertrag gesicherte Rechtsposition in Form einer bestimmten Erwerbsaussicht voraus, wovon der BGH in seiner Entscheidung im Jahre 2000 aufgrund der Aufrechnungsmöglichkeit noch ausging.[936] Dies überzeugt auch im gewöhnlichen Ablauf der Arge, wo das Entstehen der Vergütungsansprüche nur noch das Abrufen der Leistung voraussetzt. Ob allerdings auch noch von einer gesicherten Rechtsposi-

935 BGH, NJW 1983, 1123, 124.
936 BGH, ZIP 2000, 757, 758 f.

tion hinsichtlich derjenigen Leistungen gesprochen werden kann, die ein Gesellschafter nach Beantragung der Eröffnung eines Insolvenzverfahrens über sein Vermögen oder gar nach seinem hierdurch bedingten Ausscheiden aus der Arbeitsgemeinschaft erbringt, ist zweifelhaft. Zum einen stand bei Gründung der Arge das Ausscheiden des Gesellschafters keinesfalls fest. Zum anderen stellt sich etwa bezüglich sich einer in der Krise befindlichen Mitgliedsfirma die Frage, ob sie zur Beistellung von Personal- und Sachmitteln finanziell und organisatorisch noch in der Lage ist.

Die obigen Bedenken einmal außer Acht gelassen, führt ein unanfechtbares oder nicht angefochtenes Grundgeschäft im Hinblick auf das sich anschließende Erfüllungsgeschäft zu den erschwerten Bedingungen für eine Anfechtung nach § 130 InsO.[937] Im Rahmen des § 130 Abs. 1 InsO geht aber die Rechtsprechung trotz kongruenter Deckung regelmäßig dann von einer Anfechtbarkeit aus, wenn ein Gläubiger des Verfahrensschuldners sich nach Eintritt der Zahlungsunfähigkeit für seine Forderung dadurch Deckung verschafft, dass er seinerseits vom Verfahrensschuldner Waren kauft und vereinbarungsgemäß seine Forderungen gegen den Kaufpreis verrechnet. Die Gläubigerbenachteiligung liegt in solchen Fällen nicht in der Verrechnungsvereinbarung, sondern in dem Kaufvertrag und der dadurch geschaffenen Verrechnungsmöglichkeit.[938] Diese Sachverhaltskonstellation weist zu der hier in Rede stehenden Verrechnung erhebliche Parallelen auf. Ebenso wie die Aufrechnungsvereinbarung in der Geschäftsbeziehung der ständigen Vertragspartner ist die Verrechnungsabrede im Gesellschaftsvertrag als solche nicht anfechtbar. Sobald aber der Gläubiger sich dadurch einen unrechtmäßigen Vorteil verschafft, dass er in Kenntnis der Insolvenzreife des Schuldners Waren kauft und anschließend die Aufrechnung seiner Forderung mit der Kaufpreisforderung erklärt, stellt dies eine von der Insolvenzordnung nicht mehr geduldete Besserstellung des Gläubigers dar. Bei den Bauarbeitsgesellschaften liegt der Sachverhalt nicht wesentlich anders. Regelmäßig ist davon auszugehen, dass die übrigen Teilhaber spätestens ab der Stellung des Insolvenzantrages Kenntnis von der Zahlungsunfähigkeit ihres Mitgesellschafters erlangen. Fordert die Gesellschaft nun von ihrem insolventen Mitglied weiterhin Leistungen in Form der Bereitstellung von Personal- und Sachmitteln ein, besteht für das Mitglied die Gefahr, für die Leistungserbringung keinerlei Äquivalent mehr zu erhalten. Zwar lässt sich dem entgegenhalten, dass etwaige Vergütungsforderungen des Schuldners jedenfalls rein rechnerisch bei der Ermittlung seines Abfindungsguthabens berücksichtigt werden. Wenn aber angesichts der vermögensrechtlichen Situation der Gesellschaft oder etwa eines im Zeitpunkt der Auseinandersetzung defizitären Gesellschafterkontos des Ausscheidenden ohnehin nicht mit einem Guthaben für den Insolvenzschuldner zu rechnen ist, bleibt die Leistungserbringung tatsächlich ohne jeden Gegenwert. In diesem Fall werten die übrigen Gesellschafter ihren Anteil an der Gesellschaft durch das Abrufen der Leistung in einer Weise auf, die aus insolvenzrechtlicher Sicht zu einer nicht hinnehmbaren Benachteiligung der Verfahrensgläubiger führt. Zutreffend hat namentlich Cranshaw in seinen Urteilsanmerkungen ausgeführt, dass die Annahme eines Vorrangs

---

937 Hmb-Komm.-Rogge; § 129 Rn. 116.
938 RGZ 26, 81, 84; BGH, WM 1971, 908.

der innergesellschaftlichen Auseinandersetzung hier zu einer erheblichen faktischen Beeinträchtigung der par conditio creditorum führt.[939] Besonders deutlich wird dies im Falle der gesellschaftsvertraglichen Begrenzung des Abfindungsguthabens auf den Buchwert. Unter der Annahme, dass dem Insolvenzverwalter der Weg einer Anfechtung des Abrufens der Gesellschafterleistungen nach § 130 InsO versperrt ist, verbliebe ihm schlussendlich nur die Option, die Bauarbeitsgemeinschaft auf Leistung des Verkehrswertes des Anteilsrechts klageweise in Anspruch zunehmen, um so wenigstens einen gewissen Gegenwert der Gesellschafterleistungen für die Insolvenzmasse zu realisieren.[940]

In diesem Zusammenhang lohnt ein Vergleich mit der insolvenzrechtlichen Behandlung von Dauerschuldverhältnissen. Bereits festgestellt wurde, dass es sich bei einem Gesellschaftsvertrag um eine der Rechtsnatur von Dauerschuldverhältnissen ähnliche Vertragsart handelt, obgleich das Wahlrecht aus § 103 Abs. 1 InsO auf Gesellschaftsverträge nach der hier vertretenen Auffassung keine Anwendung findet. Wählt ein Insolvenzverwalter nun nach § 103 Abs. 1 InsO die Erfüllung etwa eines Miet- oder Pachtvertrages, muss er selbst anstelle des Schuldners den Vertrag erfüllen und kann seinerseits auch vom anderen Teil die Erfüllung verlangen. Auch hier richten sich die Rechtsfolgen zunächst nach den zivilrechtlichen Regelungen zum Mietverhältnis, an die der Insolvenzverwalter des Schuldners (und Mieters) insoweit vergleichbar zur rechtlichen Stellung des Gesellschafter-Insolvenzverwalters gebunden ist. Dennoch ist die Aufrechnung mit rückständigen Mietzinsforderungen für den Zeitraum vor Verfahrenseröffnung nach § 96 Abs. 1 InsO seitens des Vermieters ausgeschlossen.[941] Der Grund für den Ausschluss der Aufrechnung wird hier allgemein darin gesehen, dass die Aufrechnungslage vor dem Erfüllungsverlangen nicht werthaltig war und eine entsprechende Aufrechnungsberechtigung dem Vertragspartner infolgedessen eine ihm nicht gebührende Besserstellung gegenüber anderen Insolvenzgläubigern verschaffen würde.[942] Ebenso wie in den hier behandelten Fällen der Gesellschaftsvertrag ist aber der Mietvertrag und die hiermit angelegte Aufrechnungsberechtigung selbst nicht anfechtbar und infolge der Erfüllungswahl sogar im eröffneten Verfahren weiterhin wirksam. Der Bundesgerichtshof behandelt aber beide Vertragsverhältnisse, obwohl durch die Erfüllungswahl des Verwalters beim Mietvertrag die materiellrechtlichen Vorschriften zur Anwendung kommen, wie dies bei der Bau-Arge schon nach dem Verweis in § 84 Abs. 1 Satz 1 InsO der Fall ist, unterschiedlich. Den Grund hierfür mag die Verrechnungsabrede im Arge-Mustervertrag bilden, an der es im Mietvertrag fehlt. Auch ist in der Jurisprudenz nach wie vor streitig, was das Erfüllungsverlangen des Insolvenzverwalters rechtstechnisch für das Schuldverhältnis bedeutet. Es besteht aber größtenteils Einigkeit darüber, dass hierdurch der Erfüllungsanspruch der Masse nur für solche Leistungen neu begründet wird, die nach Insolvenzeröffnung erbracht wurden.[943]

Wenn aber der BGH schlussendlich auch zu der Frage gelangt, ob es sich bei dem Abrufen der Gesellschafterleistungen um eine inkongruente Deckung nach § 131

939 Cranshaw, jurisPR-InsR 10/2007, Anm. 3.
940 Cranshaw, jurisPR-InsR 10/2007, Anm. 3.
941 BGHZ 116, 156; Kreft, ZIP 1997, 865, 868.
942 Franken/Dahl, Mietverhältnisse in der Insolvenz, 90.
943 BGHZ 129, 336.

Abs. 1 InsO handelt, schließt er demzufolge eine Anfechtbarkeit nicht grundsätzlich aus. Bei einer Anwendung der Anfechtungsvorschriften auf beide Sachverhalte bleibt aber der Grund für die Ungleichbehandlung offen. Zumal das Eingreifen des Aufrechnungsverbots gemäß § 96 Abs. 1 InsO im Zusammenhang mit dem Erfüllungsverlangen des Insolvenzverwalters nach § 103 Abs. 1 InsO auf einer prinzipiellen Erwägung beruht. Die Aufrechnung müsse unzulässig sein, da die Aufrechterhaltung des Vertragsverhältnisses mit Konkurseröffnung den Vertrag der freien Verfügung der Parteien entzogen und zum Zwecke der Befriedigung den gesamten Gläubigern des Schuldners unterstellt habe.[944] Die Kritik, dem Vertragspartner werde durch die Sperre der Aufrechnungsmöglichkeit ein Sonderopfer abverlangt[945], wurde in diesen Ausgangslagen mit der Begründung abgelehnt, der Partner stünde im Ergebnis nicht besser dar als vor der Konkurseröffnung, weil der Schuldner dann keine weiteren Leistungen erbracht hätte. Zutreffend kann die Ausübung des Wahlrechts in § 103 Abs. 1 InsO schon deshalb nicht mit dem Verweis in § 84 Abs. 1 Satz 1 InsO gleichgesetzt werden, weil sie eine bewusste Entscheidung des Insolvenzverwalters für den Vertrag beinhaltet. Andererseits lässt gerade dieser Umstand eher eine stärkere Bindungswirkung an die materiellrechtlichen Regelungen und die vertraglichen Vereinbarungen der Parteien vermuten. Wenn hier dennoch eine Aufrechnung nach § 96 Abs. 1 InsO nach ganz herrschender Meinung ausgeschlossen ist, lässt dies jedenfalls bezüglich der Entscheidung des BGH zur Verrechnungsvereinbarung im Gesellschaftsvertrag Zweifel aufkommen. Wie auch immer der Verweis in § 84 Abs. 1 Satz 1 InsO gewertet wird, im Vordergrund dieser Norm steht wohl unstreitig neben der Berücksichtigung der gesellschaftsrechtlichen Bindungen auch das Verfügbarmachen des in dem Gesellschaftsanteil liegenden Wertes für die Insolvenzgläubiger. Damit dient die gesellschaftsrechtliche Auseinandersetzung, obwohl sie sich nach materiellem Recht vollzieht, zumindest auch dem Interesse der Verfahrensgläubiger. Vor diesem Hintergrund erscheint es nach hiesigem Verständnis mit dem Hauptanliegen des Insolvenzverfahrens, der par conditio creditorum, nicht vereinbar, der Bau-Arge bzw. den übrigen Gesellschaftern durch das Abrufen der Gesellschafterleistungen trotz Kenntnis der Krise ab Antragstellung, eine zusätzliche Verrechnungsmöglichkeit mit den Vergütungsforderungen des Schuldners in der Auseinandersetzung zu verschaffen. Dies gilt erst recht in denjenigen Fällen, bei denen nicht mit einem Abfindungsguthaben des Insolvenzschuldners zu rechnen ist. Nicht minder fatal für die Insolvenzmasse wäre beispielsweise auch die wirksame Vereinbarung einer Vertragsklausel, wonach sich das Auseinandersetzungsguthaben von vorneherein auf den Buchwert beschränkt, mit der Folge, dass die im Wege der Kontenangleichung verrechneten Vergütungsansprüche noch nicht einmal rechnerisch bei der Ermittlung der Abfindung berücksichtigt würden.

Ferner weicht der „Normalfall" von Grund- und Erfüllungsgeschäft von dem hier zu beurteilenden Sachverhalt bezüglich der Konnexität ab. Verpflichten sich die Parteien beispielsweise in einem Grundstückskaufvertrag dazu, gegen Zahlung eines bestimmten Kaufpreises eine Immobilie zu übereignen, gehen die Parteien

---

944 Kreft, ZIP 1997, 865, 866.
945 Bork, FS Zeuner, 1994, 297 ff.

jedenfalls bei Abschluss der schuldrechtlichen Vereinbarung auch von der Vornahme der Übereignung bzw. der Erfüllung des Vertrages aus. Der Arge-Mustervertrag enthält demgegenüber zwar Regelungen über das (insolvenzbedingte) Ausscheiden eines Mitgliedes. Bei Abschluss des Gesellschaftsvertrages steht aber keinesfalls fest, ob ein Mitglied tatsächlich wegen Insolvenz aus dem Gemeinschaftsverhältnis ausscheidet. Im Gegenteil dürften die Gesellschafter in Ansehung der Fertigstellung des Bauvorhabens regelmäßig darauf vertrauen, dass alle Mitgliedsfirmen hieran bis zum Ende mitwirken. Vor diesem Hintergrund erschiene es daher zumindest vertretbar, die auch nach dem Arge-Mustervertrag auf Grundlage eines Drittgeschäftes erfolgende Bereitstellung des Personals bzw. der Geräte und Stoffe im Zeitraum nach der Antragstellung anfechtungsrechtlich isoliert nach § 131 Abs. 1 InsO zu betrachten.

dd) Rechtsnatur der Verrechnungsbefugnis im Gesellschaftsvertrag

Der Bundesgerichtshof führt hinsichtlich der gesellschaftsrechtlichen Verrechnung im Wege der Kontenangleichung zutreffend aus, dass es sich um eine mit der Verrechnung im Bankkontokorrent vergleichbare Saldierung handelt.[946] Das Kontokorrent im Sinne des § 355 HGB setzt im Allgemeinen eine Geschäftsverbindung mit einem Kaufmann voraus, in deren Rahmen Ansprüche entstehen und Leistungen bewirkt werden. Die hieraus entstehenden Forderungen zwischen den Parteien werden aber nicht einzeln geltend gemacht, sondern nur in den nach Abschluss der Rechnungsperiode ermittelten Saldo einbezogen und verrechnet. Bei der rechtlichen Konstruktion des Kontokorrents wird zwischen vier Verträgen unterschieden: dem Geschäftsvertrag, der Kontokorrentabrede, dem Verrechnungsvertrag, und dem Anerkenntnisvertrag.[947] Von diesen vier Rechtsgeschäften ist lediglich der Geschäftsvertrag obligatorischer Natur, die restlichen Verträge weisen Verfügungscharakter auf.

Es stellt sich insoweit die Frage, inwieweit sich die Verrechnungsklausel im Arge-Mustervertrag in dieses Gefüge einordnen lässt. Entscheidend im Hinblick auf das Eingreifen eines Aufrechnungsverbots aus § 96 Abs. 1 Nr. 3 InsO bzw. einer möglichen insolvenzrechtlichen Anfechtbarkeit ist insbesondere die Abgrenzung zwischen einer Aufrechnung durch Vertrag oder dem Vertrag über eine Aufrechnung. Während bei klassischen Aufrechnungsverträgen (Aufrechnung durch Vertrag) kausale und abstrakte Elemente miteinander verschmelzen, kann bei Verträgen über eine Aufrechnung durchaus zwischen Grund- und Erfüllungsgeschäft unterschieden werden. Der Vertrag über eine Aufrechnung stellt gerade kein Verfügungsgeschäft, sondern den Erwerb eines Rechts dar.[948] Eingeordnet in das zivilrechtliche System bedeutet dies, dass der Vertrag über eine Aufrechnung als schuldrechtliche Vereinbarung noch nicht den Anforderungen der Bestimmtheit oder Bestimmbarkeit genügen muss, wohingegen der klassische Aufrechnungsvertrag als Verfügung von vorne herein am sachenrechtlichen Spezialitätsgrundsatz zu messen ist.[949]

946 BGH, DB 2007, 452, 453.
947 Schwahn, Aufrechnungsvertrag, 109.
948 Bötticher, FS Schima, 95 ff.
949 Schwahn, Aufrechnungsvertrag, 28.

Im Ergebnis kann die Verrechnungsabrede nur einen Vertrag über eine Aufrechnung und nicht einen Aufrechnungsvertrag im klassischen Sinne darstellen. Zwar verpflichten sich die Gesellschafter mit Abschluss des Gesellschaftsvertrages zur Erfüllung ihrer Beitragspflicht sowie sonstiger vertraglicher Leistungen. Welche Leistungen jede Partei konkret schuldet, steht aber im Zeitpunkt des Vertragsschlusses keinesfalls fest. Vielmehr ergeben sich etliche Leistungspflichten erst im weiteren Verlauf der Durchführung des Bauprojekts, vor dessen Hintergrund die Bau-Arbeitsgemeinschaft gegründet wurde. So können zu einem späteren Zeitpunkt Leistungspflichten entstehen, an welche die Teilhaber bei Abschluss des Gesellschaftsvertrages noch nicht einmal gedacht haben. Genau aus diesem Grund erfolgt auch die hier streitgegenständliche Bereitstellung von Personal, Stoffen und Gerätschaften, unabhängig davon, ob man sie als Beitrag qualifiziert, auf Grundlage eines Drittgeschäftes der Gesellschaft mit dem jeweiligen Gesellschafter. Als causa genügt die Verrechnungsvereinbarung im Gesellschaftsvertrag daher noch nicht dem sachenrechtlichen Bestimmtheitsgrundsatz sondern ist ausschließlich obligatorischer Natur und als solche weniger mit dem eigentlichen Verrechnungsvertrag im Kontokorrent sondern vielmehr mit dem Geschäftsvertrag des Kontokorrents vergleichbar. In ihrer schuldrechtlichen Natur ähnelt sie eher einer Konzernverrechnungsklausel, bei der typischerweise im Zeitpunkt der Vereinbarung noch gar nicht feststeht, ob die Parteien von der späteren Verrechnungsbefugnis überhaupt Gebrauch machen.[950]

Ausgehend von dieser Prämisse muss auch bei der hier behandelten gesellschaftsvertraglichen Verrechnung im Wege der Kontenangleichung zwischen der Verrechnungsvereinbarung als schuldrechtliche causa (Vertrag über eine Aufrechnung) und dem späteren Abrufen der Leistungen bzw. deren Vornahme auf Grundlage eines Drittgeschäftes als Verfügung unterschieden werden. Anfechtungsrechtlich kann daher nichts anderes gelten als im Verhältnis zwischen Grund- und Verfügungsgeschäft in sonstigen Fällen. Es bestätigen sich die obigen Ausführungen, wonach die Anfechtung des Abrufens der Gesellschafterleistung isoliert von der Anfechtbarkeit der Verrechungsvereinbarung im Gesellschaftsvertrag zu betrachten ist. Bei gegenteiliger Annahme käme schon der Aufrechnungsbefugnis für sich genommen der Charakter eines Absonderungsrechts zu Teil. Dies kann im Ergebnis nicht richtig sein, weil zum einen die Vereinbarung, wie eben aufgezeigt, lediglich schuldrechtlicher und nicht dinglicher Natur ist. Zum anderen wird die Aufrechnung im Insolvenzrecht zwar im Allgemeinen wie ein Befriedigungsvorrecht behandelt, dabei darf aber nicht übersehen werden, das der Gesetzgeber selbst die Aufrechnung als zusätzliche Schuldenbefreiungsoption begreift (Tilgungsfunktion) und nicht etwa als Mittel, sich selbst zu befriedigen (Vollstreckungsfunktion).[951]

c) Kontrollüberlegungen

Das Schicksal der Vergütungsansprüche hängt im Wesentlichen also von der Beurteilung der oben aufgeworfenen, größtenteils eher als rechtsdogmatisch einzuordnenden Fragen ab. Hierbei dürfen jedoch die Interessenlagen der Beteiligten nicht

950 Schwahn, Aufrechnungsvertrag, 28.
951 Schwahn, Aufrechnungsvertrag, 16.

außer Acht gelassen werden. Die rechtliche Bewertung ist stets vor dem Hintergrund zu sehen, ob bei wertender Betrachtung das Vertrauen der übrigen Gesellschafter in eine vor der Krise der Gesellschaft angelegte Verrechnungsbefugnis berechtigt ist oder aber ob hierdurch die Insolvenzmasse ungerechtfertigt geschmälert wird und die übrigen Insolvenzgläubiger in einer Weise benachteiligt werden, die dem Insolvenzzweck der gleichmäßigen, quotalen Befriedigung aller Gläubiger zuwider läuft. In der Literatur sind die (allgemein gültigen) Feststellungen des Insolvenzrechtssenats des Bundesgerichtshofes in seinem letzten Urteil vom 14.12.2006 überwiegend auf Zustimmung gestoßen.[952]

Die Verrechnung der Vergütungsansprüche in der Auseinandersetzungsbilanz könne nicht anfechtbar sein, da dem ausscheidenden Mitglied nie ein selbständiger Anspruch zugestanden habe. Infolgedessen könnten die Insolvenzgläubiger auch durch die Saldierung innerhalb des Gesellschaftsverhältnisses nicht benachteiligt werden. Nur auf diese Weise werde vermieden, dass ein unselbstständiger Rechnungsposten durch die Insolvenz ungerechtfertigt zu einem selbständigen Anspruch erstarke.[953]

In diesem Zusammenhang wird wiederholt die Vorschrift des § 84 Abs. 1 Satz 1 InsO herangezogen, der ausdrücklich klarstelle, dass sich ein „Herausnehmen" einzelner Positionen aus der Saldierung aufgrund des Vorrangs der innergesellschaftsrechtlichen Auseinandersetzung verbiete.[954]

Hingegen haben die obigen Ausführungen gezeigt, dass andererseits aus insolvenzrechtlicher Sicht bei einem generellen Ausschluss der Anfechtbarkeit des Abrufens der Gesellschafterleistungen in der Krise Bedenken in Bezug auf die Einhaltung des Grundsatzes der Gläubigergleichbehandlung bestehen, insbesondere wenn die übrigen Teilhaber um die Zahlungsunfähigkeit oder die Beantragung des Insolvenzverfahrens über das Vermögen eines ihrer Mitglieder wissen.[955] Denn ohne Berücksichtigung des Vorrangs der innergesellschaftsrechtlichen Abwicklung lägen die Voraussetzungen einer Anfechtung ab dem Zeitpunkt der Stellung des Insolvenzantrages regelmäßig vor, so dass eine isolierte Geltendmachung der Vergütungsansprüche des insolventen Gesellschafters durch seinen Insolvenzverwalter in Betracht käme.[956] Aufgrund der Ablehnung einer Anfechtung erhalten die übrigen Teilhaber im Rahmen ihrer Bau-Arbeitsgemeinschaft eine Position, die sie in die Lage versetzt, durch das Abrufen der Gesellschafterleistungen in der Krise im Wege der Kontenangleichung eigene Forderungen und solche der Gesellschaft zu befriedigen. In der Gesamtschau der schützenswerten Interessen aller Beteiligten erschließt sich die unterschiedliche Handhabung etwa im Vergleich zum Bankkontokorrent nicht unbedingt. Es fehlt an einer sachlichen Begründung, warum die übrigen Teilhaber wegen ihrer Aufrechnungsbefugnis allein aufgrund der Besonderheit des zugrunde liegenden Rechtsverhältnisses zu schützen sind, obwohl Ihnen die Zahlungsunfähigkeit des Schuldners spätestens mit dessen Antrag auf Eröffnung eines Insolvenzverfahrens bekannt ist. Die Erklärungsansätze beschränken sich insoweit auf formalrechtliche Erwägungen.

---

952 Bork, EWIR 2007 343, 344; Schultze, IBR 2007, 135.
953 Jagenburg/Schröder-Jordans, Arge-Vertrag, § 24 Rn. 632.
954 Schultze, IBR 2007, 135.
955 Schmitz, EWIR 2006, 371–372.
956 Fehl/Streicher, DZWIR 2005, 320, 323.

Soweit der Insolvenzrechtssenat die „Besserstellung" der Mitgesellschafter trotz deren Kenntnis von der Insolvenzreife des Schuldners allein mit dem Vorrang der innergesellschaftsrechtlichen Auseinandersetzung begründet, liegt hierin eine Wertung, die sich nicht unmittelbar aus dem Wortlaut der zugrunde liegenden Normen ergibt. Im zentralen Blickpunkt dieser Wertung steht die Vorschrift des § 84 InsO. Offenbar versteht der erkennende Senat die Regelung im ersten Satz des ersten Absatzes der Vorschrift nicht als bloßen Verweis, sondern interpretiert die Regelung im Ganzen als eine Art Aussonderungsrecht. Dies deckt sich mit dem Verständnis des historischen Gesetzgebers der Vorgängernorm, wonach für den Fall, dass „das ganze Gemeinschaftsobjekt" nicht in die Konkursmasse falle, ein erweitertes Aussonderungsrecht geschaffen werden sollte.[957]

Zutreffend bezweckt der Verweis in § 84 Abs. 1 Satz 1 InsO die Verwertung des Anteils an einer Gesellschaft nach den hierfür geltenden materiellrechtlichen Vorschriften, um die Rechte der übrigen Teilhaber an dem Gemeinschaftsverhältnis nicht zu verletzten. Damit wird dem Umstand Rechnung getragen, dass nach § 35 InsO nur die Beteiligung selbst als pfändbares Vermögen Bestandteil der Insolvenzmasse ist, nicht aber Gegenstände des Gesellschaftsvermögens oder gar die Gesellschaft selbst.[958] Gleichzeitig regelt die Vorschrift mit dem Verweis in das materielle Recht aber auch, wie der Anteil des Schuldners zu verwerten ist.[959] D.h. der Zweck der Vorschrift besteht darin, den in der Beteiligung liegenden Wert unter Wahrung der Rechte der übrigen an dem Rechtsverhältnis Berechtigten für die Insolvenzmasse verfügbar zu machen. Im Umkehrschluss bedeutet dies aber für das Insolvenzverfahren, dass sich die Verwertung des Anteils zwar nicht nach der Insolvenzordnung richtet, aber die Auseinandersetzung der Gesellschaft mit dem Schuldner nach dem materiellen Recht auch und nicht zuletzt im Interesse der Gläubigergesamtheit des Insolvenzverfahrens erfolgt. Damit darf das Hauptverfahrensziel der Insolvenz, die gleichmäßige und quotale Befriedigung aller Gläubiger, auch bei der materiellrechtlichen Auseinandersetzung nicht unberücksichtigt bleiben. Eine Auslegung der Vorschrift des § 84 Abs. 1 Satz 1 InsO, wonach die Regelung eine generelle Sperrwirkung hinsichtlich der §§ 94 ff. und §§ 129 ff. InsO entfaltet, verbietet sich daher nach Ansicht des Verfassers. Zumal die Vorschrift wegen der Teilung oder sonstigen Auseinandersetzung bezüglich des Gemeinschaftsverhältnisses auf die materiellrechtlichen Vorschriften verweist. Infolgedessen sind die Regelungen in der Insolvenzordnung über die Verwertung der Insolvenzmasse nicht anwendbar. Ob die Aufrechnungs- und Anfechtungsvorschriften hierher gehören, ist aber schon begrifflich sehr zweifelhaft. Auch bietet die systematische Stellung des § 84 InsO keinerlei Anhaltspunkte dafür, dass die Vorschrift vor der Anwendung des insolvenzanfechtungsrechtlich aufgeladenen Anfechtungsverbots oder einer unmittelbaren Anfechtung schützt.[960] Nach Meinung einiger Stimmen in der Literatur hat der BGH in seiner letzten Entscheidung vom 14.12.2006 eben diese Sperrwirkung auf die Vorschrift des § 84 Abs. 1 Satz 1 InsO gestützt und dadurch für sämtliche

---

957 Hahn, Materialien zur Konkursordnung, Begr. zu § 14 (= § 16 KO), 61.
958 K/P-Lüke, § 84 Rn. 2.
959 Hmbg-Komm-Kuleisa, § 84 Rn. 1.
960 Schmitz, EWIR 2006, 371, 372.

Fälle die Insolvenzfestigkeit der gesellschaftsrechtlichen Auseinandersetzung insgesamt festgelegt. Bei der Bauarbeitsgemeinschaft kann eine solche Insolvenzfestigkeit, wie bereits zuvor festgestellt, wohl nicht allein auf den Verweis in § 84 Abs. 1 Satz 1 InsO geschlussfolgert werden. Rechtsgrund kann letztlich nur die von der Rechtsprechung entwickelte Durchsetzungssperre sein. Im Übrigen bedarf es im Einklang mit dem BGH, der auch von einer anderen Sach- und Rechtslage bei vertragswidrigem Verhalten der anderen Gesellschafter ausging, einer differenzierten Betrachtung des Einzelfalls.

d) *Ergebnis und Auswirkungen für die Praxis*

Im Ergebnis bedarf es zwingend einer Differenzierung nach dem Zeitpunkt der Entstehung der Vergütungsansprüche für die Beistellung von Personal- und Sachmitteln. Maßgeblich für die vorzunehmende Abgrenzung sind zum einen zunächst der Zeitpunkt der Stellung des Antrages auf Eröffnung eines Insolvenzverfahrens über das Vermögen des Arge-Mitgliedes und zum anderen der Zeitpunkt des Ausscheidens dieses Mitgliedes. Im weiteren Verlauf ist sodann der Stichtag der Insolvenzeröffnung relevant.

aa) Gesellschafterleistungen vor dem Eröffnungsantrag

Hier richten sich die Rechtsfolgen nach dem Gesellschaftsvertrag, d. h., die Vergütungsforderungen werden als Gesellschafterrechnungen im Sinne des § 12.4 Arge-Mustervertrages ausschließlich im Wege der Kontenangleichung beglichen. Der Argumentation der Rechtsprechung folgend, kommt das Eingreifen eines insolvenzrechtlichen Aufrechnungsverbots schon allein deshalb nicht in Betracht, da die Vergütungsforderungen gemäß dem Arge-Vertrag lediglich unselbständige Rechnungsposten darstellen. Anders ist die Situation nur zu beurteilen, wenn die übrigen Mitglieder bereits im anfechtbaren Zeitraum vor der Antragstellung die Zahlungsunfähigkeit des betroffenen Teilhabers kennen.

Nutzen die Teilhaber diese Situation bewusst aus und verlangen dem insolventen Mitglied weitere Beiträge in Form der Beistellung von Personal, Geräten und Stoffen ab, um eigene Forderungen bzw. solche der Gesellschaft durch Verrechnung im Wege der Kontenangleichung zu befriedigen, etwa weil die Bauarbeitsgemeinschaft vermögensrechtlich ihrerseits selbst nicht gut aufgestellt ist, bedarf es auch nach den Ausführungen des Bundesgerichtshofes zumindest einer Prüfung, ob das Verhalten noch durch den Gesellschaftsvertrag gedeckt ist oder infolge des bewussten Ausnutzens als vertragswidrig einzustufen ist, so dass wegen Inkongruenz eine Anfechtung nach § 131 Abs. 1 InsO oder gar nach § 133 InsO in Betracht kommt.

Nach den obigen Feststellungen mag sich darüber hinaus im Falle der Kenntnis von der Insolvenzreife des Mitgliedes die Frage stellen, ob nicht auch im Zeitraum vor der Stellung des Eröffnungsantrages eine Anfechtung nach § 130 Abs. 1 Nr. 1 InsO möglich ist. Eine solche Annahme steht aber zum einen im Widerspruch zu der obigen Rechtsprechung des Bundesgerichtshofes zur gesellschaftsrechtlichen Bindungswirkung. Zum anderen spricht auch der Vergleich mit der Anfechtung einer Verrechnung im Bankkontokorrent hiergegen. Denn die Verrechnung von Gutschriften mit dem Sollsaldo des Schuldners seitens des Kreditinstituts ist regelmäßig erst nach Kündigung des Kontokorrentverhältnisses anfechtbar. Erlangt die Bank hingegen Kenntnis von der Zahlungsunfähigkeit des Schuldners, unterlässt es aber, das Kontokorrentverhältnis zu kündigen, so bewirkt die diesem Kontokorrentverhältnis zugrunde liegende und weiterhin wirksame Verrechnungsvereinbarung zwischen der Bank und ihrem Kunden nach ständiger Rechtsprechung, dass die Verrechnung trotz des Wissens um die finanzielle Situation des Schuldners zulässig bleibt. Im vorinsolvenzlichen Zeitraum kann die Verrechnung im Bankkontokorrent mithin regelmäßig nur unter den Voraussetzungen des § 131 Abs. 1 InsO und nicht nach § 130 Abs. 1 InsO angefochten werden.[961]

bb) Leistungen in der Krise

Eine der wesentlichen Folgen der BGH-Entscheidung besteht darin, dass sich der den Anfechtungsvorschriften der §§ 129 ff. InsO dem Grunde nach unterliegende Zeitraum vor Antragstellung von demjenigen danach in der rechtlichen Handhabung nur noch dann unterscheidet, wenn das Mitglied aufgrund gesellschaftsvertraglicher Vereinbarung bereits mit der Stellung des Antrages aus der Bauarbeitsgemeinschaft ausscheidet.[962] Andernfalls verbleibt es bei den vorbenannten Feststellungen.

Scheidet die spätere Insolvenzschuldnerin bereits mit der Beantragung der Eröffnung des Insolvenzverfahrens über ihr Vermögen aus der Gesellschaft aus (anders als in dem vom BGH am 14.12.2006 entschiedenen Fall), kann aus der gesellschaftsvertraglichen Bindung kein Ausschluss des Anfechtungsrechts des Insolvenzverwalters mehr geschlussfolgert werden. Insbesondere weil es der Bauarbeitsgemeinschaft in diesen Fällen regelmäßig nur darum gehen wird, durch das Abrufen von Gesellschafterleistungen ihre meist wertlosen Insolvenzforderungen auf Verlustausgleich aus der Auseinandersetzungsbilanz aufzuwerten, spricht viel dafür, hier dem Insolvenzverwalter eine Anfechtungsmöglichkeit zu gewähren.[963]

Zum einen muss bei Ausscheiden des Mitgliedes mit Insolvenzbeantragung ein späteres Abrufen von Gesellschafterleistungen nicht nur unter den erschwerten Bedingungen nach § 131 Abs. 1 InsO, sondern auch nach § 130 Abs. 1 InsO anfechtbar sein. Denn nach Ausscheiden erfolgt das Abrufen der Leistungen durch die Arge nicht mehr automatisch, sondern aller Voraussicht nach aufgrund ausdrücklichen Verlangens.[964] Zum anderen dürfte eine Klausel im Gesellschaftsvertrag, worin die Mitglieder auch nach ihrem Ausscheiden verpflichtet werden, weiterhin Leistungen an die Arge zu erbringen, eine sittenwidrige Benachteiligung der Privatgläubiger darstellen und in Konsequenz dessen entweder unmittelbar nach § 134 BGB oder wegen bewusster Gläubigerbenachteiligung aufgrund des langen Anfechtungszeitraums im Wege der Anfechtung nach § 133 InsO unwirksam sein. Im Ergebnis führt die Unwirksamkeit einer solchen Gesellschaftsvertragsklausel auch zur Anwendbarkeit der §§ 94 ff. InsO. Ist das Abrufen der Gesellschafterleistung nach Ausschei-

961 BGH, ZIP 2008, 235, 237.
962 Wölfing-Hamm, NJW 2007, 1067, 1070.
963 LG Berlin, IBR 2005, 424; Schmitz, EWIR 2006, 371 f.
964 Wölfing-Hamm, NJW 2007, 1067, 1070.

den des Mitgliedes nämlich nicht mehr durch den Arge-Vertrag gedeckt, unabhängig davon, ob eine zuvor vereinbarte Klausel unwirksam ist oder aber tatsächlich nie existiert hat, bilden die Vergütungsforderungen wegen dieser Leistungen keine unselbständigen Verrechnungsposten mehr und dürfen daher auch nicht im Rahmen der Kontenangleichung abgegolten werden. Somit greifen nicht nur § 96 Abs. 1 Nr. 3 sowie die §§ 129 ff. InsO ein. Vielmehr muss darüber hinaus nach § 95 InsO geprüft werden, welche der Forderungen zuerst fällig war.[965] Wurde im Hinblick auf das Abrufen der Gesellschafterleistungen nach Ausscheiden von vorneherein keine rechtfertigende Klausel im Gesellschaftsvertrag vereinbart, überschreiten die übrigen Teilhaber durch das Leistungsverlangen das innergesellschaftliche „Deckungsverhältnis", so dass in jedem Fall eine inkongruente Deckung nach § 131 Abs. 1 InsO gegeben ist. Überdies können solche Vergütungsforderungen dann naturgemäß nicht in die stichtagsbezogene Auseinandersetzungsbilanz eingehen, wenn die Bilanz nur den Zeitraum bis zum „formalen" Ausscheiden erfasst, mithin also der Stichtag mit dem Datum des Insolvenzantrages bzw. mit dessen Eingang bei Gericht gleichzusetzen ist.[966]

cc) Leistungen nach Eröffnung des Insolvenzverfahrens

Unabhängig davon, ob das Arge-Mitglied schon aufgrund des Insolvenzantrages oder erst durch die Eröffnung des Insolvenzverfahrens aus der Bauarbeitsgemeinschaft ausscheidet, sind Leistungen des Insolvenzschuldners nach Verfahrenseröffnung unstreitig vergütungspflichtig. Es handelt sich dann um eine Leistung aus der Insolvenzmasse, mit der Folge, dass auch eine Aufrechnung mit Insolvenzforderungen per se ausscheidet.[967] Der Sachverhalt mag sich ausnahmsweise anders beurteilen, wenn der Insolvenzverwalter über die Erbringung solcher Leistungen auch in der Insolvenz einen Nachunternehmervertrag oder eine sonstige schuldrechtliche Vereinbarung mit der Arge geschlossen oder er den Gesellschaftsanteil gegenüber dem Insolvenzschuldner freigegeben hat.

dd) Praktische Auswirkungen und Ausblick

Für die Praxis der Insolvenzverwaltung führt das Urteil in erster Linie zu Konsequenzen in der vorläufigen Insolvenzverwaltung. Um die Sanierungschancen etwa einer Mitgliedsfirma zu wahren, besteht seitens des vorläufigen Verwalters praktisch keine andere Möglichkeit, als die Leistungspflichten der Insolvenzschuldnerin weiterhin zu erfüllen.[968] Um das Risiko eines Ausfalls mit den Vergütungsforderungen wegen dieser Leistungen zu minimieren, wird der vorläufige Verwalter regelmäßig den Weg in eine wie auch immer geartete vertragliche Vereinbarung mit der Arge suchen, sei es in Form eines Nachunternehmervertrages oder durch eine einfache schriftliche Zusicherung, die eine Bezahlung durch die Arge außerhalb der Auseinandersetzungsbilanz sicherstellt.[969]

---

965 Wölfing-Hamm, NJW 2007, 1067, 1070.
966 BGH, NJW 1983, 1123, 1124.
967 BGHZ 147, 28.
968 Wölfing-Hamm, NJW 2007, 1067, 1070.
969 Schultze, IBR 2007, 135.

Im Gegensatz dazu bedeutet das letzte Urteil des BGH vom 14.12.2006 für die Bauarbeitsgemeinschaften, wenn eine gesonderte Vereinbarung mit dem Insolvenzverwalter im vorbenannten Sinne nicht vorliegt, dass ihnen eine Verrechnung mit den Vergütungsforderungen des insolventen Mitgliedes bis zu seinem Ausscheiden im Grundsatz möglich ist und insoweit, um es drastisch zu formulieren, das Gesellschaftsrecht das Insolvenzrecht bricht, solange sich die Arge bzw. die für sie handelnden Gesellschafter redlich und vertragsgerecht verhalten. Zu den Folgen zählt beispielsweise auch eine Verrechnung der Vergütungsforderungen mit etwaigen Gewährleistungsrückstellungen der Arge.[970]

Ob allerdings die BGH-Rechtsprechung zu einer generellen Insolvenzfestigkeit der gesellschaftsvertraglichen Auseinandersetzung führt und eine Differenzierung, wie dies nach einigen Stimmen in der Literatur bereits teilweise angeklungen ist, nach dem Einzelfall in Zukunft hinfällig wird, darf nach den obigen Ausführungen bezweifelt werden. Vielmehr bedarf es immer dort eines näheren Hinsehens, wo sich die Gesellschaft und ihre Mitglieder durch das Abrufen der Leistungen in Kenntnis der Krise einen Sondervorteil gegenüber der Gläubigergesamtheit verschaffen, indem sie die Vergütungsforderungen aus den Leistungen mit eigenen Forderungen, die den Status einer Insolvenzforderung haben, verrechnen, weil sie andernfalls mit der meistens gegen null gehenden Quote zu bedienen wären. Dieser allgemeingültige Grundsatz entspricht der ständigen Rechtsprechung des BGH im Falle anderweitiger vertraglicher Bindungen des Schuldners, die nach dem materiellen Recht eine Aufrechnungsmöglichkeit des Vertragspartners schaffen, und zwar bereits im Geltungszeitraum der Konkursordnung.[971] Nach den bisherigen Ausführungen erscheint aus hiesiger Sicht ein Abweichen von diesem Grundsatz ohne Ausnahme bei der Auseinandersetzung von Personen- oder Personenhandelsgesellschaften allein mit dem Verweis in § 84 InsO nicht zu begründen. Das letzte Urteil des Bundesgerichtshofes vom 14.12.2006 hat zur Präzision der Abgrenzung zwischen dem Vorrang der innergesellschaftsvertraglichen Auseinandersetzung und dem Grundsatz der Gläubigergleichbehandlung einen wichtigen Beitrag geleistet. Eine generalisierende These im oben genannten Sinne lässt sich den Entscheidungsgründen aber nach wie vor nicht entnehmen. Im Gegenteil ließ der Insolvenzrechtssenat erkennen, dass er zumindest eine unmittelbare Anfechtung des Abrufens solcher Gesellschafterleistungen bzw. des Einstellens der Vergütungsansprüche in die Auseinandersetzungsbilanz nicht für jeden Fall ausschließt. Gerade vor dem Hintergrund, dass es sich bei dem vom BGH zu entscheidenden Sachverhalt um eine für die Bau-Arge bezogen auf den Zeitpunkt des Ausscheidens eher ungewöhnliche Fallgestaltung gehandelt hat, darf mit Spannung erwartet werden, wo die Rechtsprechung zukünftig die Trennlinie zwischen dem Vorrang der gesellschaftsvertraglichen Auseinandersetzung und dem Hauptverfahrensziel der gleichmäßigen, quotalen Befriedigung aller Gläubiger ziehen wird.

970 Linnertz, IBR 2005, 205.
971 BGH, ZIP 1995, 926, 929.

6. Teil: Schlussbemerkung und Zusammenfassung der Ergebnisse

I. Schlussbemerkung

Schon die der Arbeit zugrunde liegende Fragestellung nach den insolvenzspezifischen Besonderheiten bei der Auseinandersetzung einer Gemeinschaft oder Gesellschaft nach § 84 InsO birgt in sich, dass es ein einheitliches Untersuchungsendergebnis im Sinne einer einzigen oder mehrerer allgemeingültiger Feststellungen nicht geben kann. Vielmehr richten sich die auftretenden, insolvenzbedingten Besonderheiten und Probleme danach, welches Gemeinschaftsverhältnis zugrunde liegt, welche materiellrechtlichen Vorschriften zur Anwendung gelangen und was die Teilhaber individuell vereinbart haben.

Hieraus folgt andererseits gleichzeitig, dass auch das abschließende Herausarbeiten sämtlicher möglicher Konfliktherde oder nur der durch das Handeln des Insolvenzverwalters anstelle des Schuldners zu berücksichtigenden Einzelheiten in der materiellrechtlichen Auseinandersetzung aufgrund des generellen Verweises in § 84 Abs. 1 Satz 1 InsO den Umfang dieser Arbeit zu sprengen vermag. Neben den im Rahmen der Untersuchung behandelten Beteiligungen an den klassischen Gesellschafts- und Gemeinschaftsformen, wie der Bruchteilsgemeinschaft, der Gesellschaft bürgerlichen Rechts oder der Offenen Handelsgesellschaft, fallen ferner auch „Exoten“ wie die Europäische Wirtschaftliche Interessenvereinigung unter den Anwendungsbereich der Norm. Darüber hinaus wird eine analoge Anwendung bei den Unternehmensverträgen sowie beispielsweise den Gemeinschaftskonten erwogen. Die Untersuchung des Verfahrensgangs bei den „üblichen“ Beteiligungsformen des Schuldners führt allerdings zu Fragestellungen, bei denen es immer wieder auch auf das gesetzgeberische Verständnis der Vorschrift des § 84 InsO maßgeblich ankommt. Die insoweit angestellten Erwägungen, von denen einige wesentliche Punkte nachfolgend nochmals zusammenfassend dargestellt werden, dürften daher unabhängig davon, um welche Gemeinschafts- oder Gesellschaftsform es sich handelt, bei Zweifelsfragen stets heranzuziehen sein.

Angesichts der innerhalb dieser Arbeit aufgezeigten Vielzahl an Einzelproblemen ist mit einer gewissen Verwunderung zur Kenntnis zu nehmen, dass die Vorschrift des § 84 InsO trotz ihres (wenn auch in sprachlich leicht veränderter Fassung) hundertjährigen Bestehens bisher weder häufig Gegenstand gerichtlicher Entscheidungen war noch ihr in der gesellschaftsrechtlichen und insolvenzrechtlichen Literatur besonders viel Beachtung zu teil kam. Eine mögliche Erklärung mag darin liegen, dass frühere Konkursverwalter offensichtlich den Weg der gütlichen Einigung mit den übrigen Teilhabern gesucht haben oder aber die Beteiligung des Schuldners nicht als werthaltig eingeschätzt und deshalb eher „stiefmütterlich“ behandelt haben. Hier hat sich in der näheren Vergangenheit allerdings eine ansteigende Tendenz abgezeichnet, da immer häufiger in solchen Gesellschaften und damit auch in dem Anteilsrecht des Schuldners ein beträchtlicher Vermögenswert liegt. Zudem werden die rechtlichen Möglichkeiten zur Feststellung und Sicherung der Insolvenzmasse seitens der Verwalter immer mehr ausgeschöpft. An Bedeutung wird § 84 InsO in Zukunft auch deshalb weiter gewinnen, weil sich der Anwendungsbereich auf neu geschaffene Gesellschaftsformen, wie etwa in der Vergangenheit die Partnerschaftsgesellschaft, oder nunmehr neue Gestaltungsformen der Kommanditgesellschaft, etwa mit einer englischen Limited als Komplementärin, ausdehnt. Die Regelung des § 84 InsO im Spannungsfeld zwischen Insolvenzverfahren und den Gläubigerinteressen einerseits und dem Gemeinschafts- und Gesellschaftsrecht und den Interessen der Mitberechtigten an einer vorrangigen Befriedigung andererseits wird also auch künftig weiterer Konkretisierung bedürfen.

II. Zusammenfassung der Ergebnisse

1. Der Insolvenzverwalter ist in der Auseinandersetzung der Gemeinschaft oder Gesellschaft weitestgehend an die jeweiligen Vorgaben der materiellrechtlichen Regelungen und den dort an sich dem Schuldner zuteil werdenden Rechte und Pflichten gebunden. Durch die Insolvenz bedingte Sonderbefugnisse stehen ihm nur in sehr geringem Umfang zur Verfügung. Er ist im Grundsatz nicht einmal aus eigenem Recht dazu befugt, die Auseinandersetzung des Gemeinschaftsverhältnisses nach materiellem Recht zu verlangen, solange ein solches Recht dem Schuldner nicht zustünde.

a) Bei der Gesellschaft bürgerlichen Rechts folgt zwar aus § 730 Abs. 2 BGB, dass zuvor erteilte Einzelgeschäftsführungsbefugnisse erlöschen und die Gesellschafter während der Auseinandersetzungsphase sowohl gemeinschaftlich geschäftsführungsbefugt als auch nach § 714 BGB nur gemeinsam zur Vertretung der Gesellschaft nach außen berechtigt sind. Im Falle der gesellschafterinsolvenzbedingten Auflösung nimmt der Insolvenzverwalter also sowohl an der Gesamtvertretung der Gesellschaft im Rechtsverkehr als auch an der Gesamtgeschäftsführung für den Schuldner teil. Dem Charakter nach handelt es sich aber bei den Bestimmungen um abdingbare Zweifelsregelungen, d. h. es kann durch Gesellschaftsvertrag oder zwischenzeitlich erfolgten Beschluss eine hiervon abweichende Regelung getroffen werden, die den Schuldner und damit letztlich auch den Insolvenzverwalter von der Geschäftsführung und der Vertretung der Gesellschaft ausschließt. Eine rechtliche Handhabe hiergegen besteht für den Insolvenzverwalter grundsätzlich nur dann, wenn in einer solchen Vereinbarung eine anstößige Benachteiligung der Privatgläubiger des Schuldners liegt oder es für eine entsprechende Vereinbarung oder einen Beschluss der Gesellschaft in zeitlicher Hinsicht schon auf die Zustimmung des für den Schuldner handelnden Insolvenzverwalters angekommen wäre.

b) Im Ergebnis gleich beurteilt sich der Sachverhalt bei den Personenhandelsgesellschaften, wenn sich die OHG oder die KG infolge der Insolvenz eines ihrer Gesellschafter entgegen den gesetzlichen Bestimmungen auflösen. Auch hier ordnet die Regelung des § 146 Abs. 3 HGB nicht etwa an, dass der Insolvenzverwalter selbst Liquidator wird und seiner Liquidatorenbefugnisse nicht mehr beraubt werden kann, vielmehr ist er nur zur Wahrnehmung der Aufgaben und Befugnisse eines Liquidators berufen, soweit das Liquidatorenamt an sich für den Schuldner vorgesehen ist. Im Extremfall beschränken sich die Befugnisse des Verwalters gar nur auf die Ausübung des Stimmrechts des Schuldners in den Gesellschafterversammlungen und die eigentliche Liquidation ist aufgrund einer nicht angreifbaren Gesellschaftsvertragsklausel einem Dritten überlassen.

c) Die vorbeschriebene rechtliche Ausgangslage führt in der Praxis der Insolvenzverwaltung zu sehr begrenzten Einflussnahmemöglichkeiten des Verwalters bei der Verwertung gemeinschaftlichen Vermögens im Rahmen der Auseinandersetzung der Gemeinschaft oder Gesellschaft. Aus dem Zusammenspiel der §§ 80, 84 InsO und dem jeweils geltenden materiellen Recht folgt zunächst, dass sich der Übergang der Verfügungsbefugnisse zwischen Schuldner und Insolvenzverwalter stets nur auf die Beteiligung, nicht aber unmittelbar auf das zugrunde liegende Rechtsverhältnis beziehen kann. Konkret stellt sich die aus § 80 InsO folgende Verfügungsbeschränkung des Schuldners bei der Verwertung von Grundeigentum einer Gesamthandsgesellschaft nur als ein Problem ihrer wirksamen Vertretung nach außen bzw. einer veränderten Gesamtgeschäftsführungsbefugnis in der Auseinandersetzung dar. Die gegenteilige Annahme einer dinglichen Verfügungsbeschränkung der Gesamthand und einer Pflicht zur Eintragung eines Insolvenzvermerks im Grundbuch bezüglich etwaiger sich im Eigentum der Gesellschaft befindlicher Grundstücke wird spätestens dort ad absurdum geführt, wo der Gesellschafter mit Eröffnung des Insolvenzverfahrens über sein Vermögen, wie es bei den BGB-Außengesellschaften häufig der Fall ist, in Anlehnung an § 131 Abs. 3 Nr. 2 HGB aus der Gesellschaft ausscheidet. Hier einen Insolvenzvermerk in das Grundbuch einzutragen, obwohl der Schuldner mit Eröffnung des Verfahrens auch seine Eigentümerstellung hinsichtlich des Gesamthandsvermögens verliert und der Insolvenzverwalter sogar, je nachdem ob man das Grundbuch insoweit als unrichtig erachtet oder von einer bloß falschen Bezeichnung der Gesellschaft ausgeht, dazu verpflichtet sein kann, bei der grundbuchlichen Löschung des Schuldners mitzuwirken, wird weder der Rechts- noch der Interessenlage gerecht.

d) Formalrechtlich gestaltet sich die Rechtslage des Insolvenzverwalters hingegen bei der Bruchteilsgemeinschaft wegen der freien Veräußerlichkeit des Anteilsrechts vorteilhafter. Praktisch dürfte der Verwalter freilich schon wegen der ihn treffenden Verpflichtung zur bestmöglichen „Masseverwertung“ äußerst selten auf die Möglichkeit einer freihändigen Verwertung nur des Anteilsrechts zurückgreifen. Unabhängig, ob im Wege der Zwangsversteigerung oder durch Verkauf des Anteilsrechts, bleibt der erzielte Erlös regelmäßig unterhalb desjenigen Betrages, welcher bei einer Verwertung des gesamten Objekts anteilig auf den Schuldner entfiele. Das Wirtschaftlichkeitspostulat führt daher de facto auch hier in den allermeisten Fällen zu einer Pflicht des Insolvenzverwalters, das gesetzliche Aufhebungsverfahren und eine gemeinschaftliche Verwertung des gesamten Grundstücks anzustrengen.

2. Angesichts dieses starren Korsetts der materiellrechtlichen Regelungen zur Auseinandersetzung stellt sich sodann die Frage, inwiefern nicht doch im Rahmen der Abwicklung der Beteiligung des Schuldners bzw. des Rechtsverhältnisses im Ganzen aufgrund der Insolvenz eines Mitgliedes Abweichungen von der Auseinan-

dersetzung in sonstigen Fällen zwingend zu berücksichtigen sind oder zumindest dem anstelle des Schuldners handelnden Insolvenzverwalter im Einzelfall „Sonderbefugnisse" zuzubilligen sind.

a) In der Praxis problematisch ist zunächst vor allem die Übergangsphase. Für den vorinsolvenzlichen Zeitraum besonders hervorzuheben sind die Feststellungen in dem zuletzt behandelten Kapitel. Anhand der bisherigen Rechtsprechung zu Beteiligungen eines Schuldners an den so genannten Bauarbeitsgemeinschaften hat sich die Auffassung des Insolvenzrechtssenats des Bundesgerichtshofes herauskristallisiert, dem § 84 Abs. 1 InsO eine Sperrwirkung im Hinblick auf die insolvenzrechtlichen Aufrechnungsverbote in §§ 94 ff. InsO sowie die Anfechtungsvorschriften nach §§ 129 ff. InsO zu entnehmen und hierdurch einen Vorrang der innergesellschaftsrechtlichen Abwicklung zu statuieren, der sich bereits auf Leistungen des Schuldners in der Krise auswirkt, solange der Gesellschaftsvertrag bzw. die hierin vereinbarte Verrechnungsabrede nicht ihrerseits anfechtbar sind und sich die übrigen Teilhaber fortwährend vertragsgerecht verhalten haben. Die neuerlichen Ausführungen des Bundesgerichtshofes stellen gewissermaßen eine Fortentwicklung der Zielsetzung des historischen Gesetzgebers bei Schaffung der Vorgängernorm dar, wonach für den Fall, dass „das ganze Gemeinschaftsobjekt" nicht in die Konkursmasse falle, ein erweitertes Aussonderungsrecht geschaffen werden sollte.[972]

Zwar bestehen aus Sicht des Verfassers aus den bereits benannten Gründen Zweifel an einer derart generalisierenden Aussage und es bedarf einer weiteren Präzisierung der Trennlinie zwischen dem Hauptverfahrensziel der Insolvenzordnung einer gleichmäßigen Gläubigerbefriedigung einerseits und dem Recht auf abgesonderte Befriedigung bzw. dem Vorrang der innergesellschaftsrechtlichen Auseinandersetzung andererseits. Die künftige obergerichtliche Rechtsprechung hierzu darf daher mit Spannung erwartet werden. Ausgehend vom Status quo legen die Feststellungen innerhalb der Untersuchung aber jedenfalls nahe, dem § 84 Abs. 1 InsO einen eigenständigen Regelungsgehalt beizumessen und nicht bloß deklaratorischen Charakter. Dies folgt zum einen aus dem Umstand, dass aus dem Verweis in das materielle Recht nicht per se die Sperrwirkung sämtlicher insolvenzrechtlicher Institute resultiert. Zum anderen wurde im Rahmen des letzten Kapitels auch aufgezeigt, dass durchaus Sachverhaltskonstellationen auftreten können, bei denen sich das Recht auf abgesonderte Befriedigung nicht schon aus dem materiellen Recht ergibt. Wählt der Insolvenzverwalter etwa anstatt des gesetzlichen Aufhebungsverfahrens die freihändige Veräußerung nur des Anteilsrechts an einer Bruchteilsgemeinschaft, kann § 84 Abs. 1 Satz 2 InsO nach der hier vertretenen Auffassung eigenständige Bedeutung erlangen.

Für den Zeitraum unmittelbar nach der Eröffnung des Insolvenzverfahrens rückt ferner bei Auflösung des Rechtsverhältnisses die Vorschrift des § 118 InsO in den Blickpunkt. Die Vorschrift gewährt dem vor Auflösung geschäftsführungsbefugten Gesellschafter bei Gefahr im Verzuge das Recht und auch die Pflicht, die besonders eilbedürftigen Geschäfte in der Übergangszeit entsprechend § 730 Abs. 2 BGB einstweilen fortzuführen. Das Fortbestehen der Gesellschaft wird für diesen Zeitraum

972 Hahn, Materialien zur Konkursordnung, Begr. zu § 14 (= § 16 KO), 61.

fingiert. Die Übernahme der „Notgeschäftsführung" durch den berechtigten Mitgesellschafter geschieht nicht zuletzt im Interesse der Insolvenzmasse. Deshalb stuft die Vorschrift des § 118 InsO die Ansprüche des die Geschäfte fortführenden Gesellschafters auf Aufwendungsersatz und Vergütung seiner Tätigkeit als Masseforderung ein. Dies gilt natürlich nur, soweit sich die Ansprüche des betroffenen Gesellschafters tatsächlich gegen die Insolvenzmasse richten, d. h. soweit sie nicht schon in der Auseinandersetzung gedeckt werden. Nichtsdestotrotz ist für den Insolvenzverwalter Eile dabei geboten, sich im Falle der Beteiligung des Schuldners an einem Rechtsverhältnis im Sinne des § 84 Abs. 1 InsO auch Überblick über dessen rechtliche und wirtschaftliche Verhältnisse zu verschaffen, um die Insolvenzmasse gar nicht erst der Gefahr von Masseforderungen auszusetzen.

Für die Personenhandelsgesellschaften folgt eine Eilbedürftigkeit darüber hinaus auch aus dem öffentlichen Glauben des Handelsregisters. Wegen § 15 Abs. 1 HGB besteht im Hinblick auf den bereits vor der Verfahrenseröffnung nach § 125 HGB vertretungsberechtigten Gesellschafter in der aufgelösten Personenhandelsgesellschaft die Gefahr einer Aushöhlung des Abfindungs- bzw. Auseinandersetzungsguthabens. Selbiges gilt in Ansehung nachteiliger Verfügungen anderer, zuvor vertretungsberechtigter Mitglieder. Im Interesse der Insolvenzgläubiger ist daher für den Verwalter rasches Handeln bei der Eintragung der Liquidation bzw. ihrer Liquidatoren im Sinne des § 148 Abs. 1 HGB geboten.

Hier ist dem Insolvenzverwalter ein Recht zur Anmeldung der Liquidatoren nach § 148 Abs. 1 HGB zuzubilligen. Eine Ablehnung des Rechts einer Anmeldung der Liquidation zum Handelsregister seitens des Insolvenzverwalters aufgrund einer rein formalen Betrachtung, wonach der Insolvenzschuldner als Rechtsinhaber des Liquidatorenamtes zu begreifen ist und dem Verwalter nur die diesbezügliche Ausübung der Befugnisse obliegt, verbietet sich in dem Zusammenhang. Dies folgt schon aus § 148 Abs. 1 Satz 2 HGB, der die Änderungen in der Person des Liquidators oder in ihrer Vertretungsmacht regelt. Für das Handelsregister und damit den Rechtsverkehr ist nämlich allein entscheidend, welche Personen zur organschaftlichen Vertretung der Liquidationsgesellschaft berechtigt sind. Insoweit ist es unbeachtlich, dass der Insolvenzverwalter die Liquidatorentätigkeit nicht in eigenem Namen ausübt.

d) Vor dem Hintergrund der Neuregelung des § 35 Abs. 2 InsO und der Bestimmung des § 145 Abs. 2 HGB war sodann im Rahmen der Arbeit zu klären, inwieweit eine insolvenzrechtliche Freigabe des Anteilsrechts des Schuldners in Betracht kommt. Als Ergebnis der Untersuchung ist zunächst festzuhalten, dass eine modifizierte Freigabe der Mitberechtigung in der Gestalt, dass der Insolvenzschuldner seine Gesellschafter- und Liquidationsrechte in der Auseinandersetzung des Gemeinschaftsverhältnisses auch nach der Eröffnung des Verfahrens selbst wahrnimmt, er sich aber dazu verpflichtet, einen hieraus eventuell resultierenden Guthaben- bzw. Abfindungsanspruch an die Insolvenzmasse auszukehren, sowohl aus rechtlichen Gründen als auch aus praktischen Erwägungen abzulehnen ist.

Eine so genannte echte Freigabe allein zur Vermeidung von Masseverbindlichkeiten scheidet ebenso aus. Im Ergebnis der Untersuchung besteht die Gefahr von Masseverbindlichkeiten im Zusammenhang mit dem Gemeinschaftsverhältnis außerhalb der Regelung des § 118 InsO im eröffneten Gesellschafterinsolvenzverfahren tatsächlich nicht. Die Zulässigkeit der Freigabe ausschließlich mit dem Zeit- und Arbeitsaufwand des Insolvenzverwalters hinsichtlich der Auseinandersetzung zu begründen erscheint jedoch problematisch. Allerdings hat der Gesetzgeber mit der Änderung des § 35 InsO einen Willen zum Ausdruck gebracht, der sich für den hier zugrunde liegenden Sachverhalt auch in einer Weise interpretieren lässt, dem Schuldner eine fortwährende selbständige Tätigkeit unter aktiver Beteiligung an einem Gesellschafts- oder Gemeinschaftsverhältnis zu ermöglichen. Allein ausschlaggebend für die Zulässigkeit einer Freigabe der Mitberechtigung kann aber auch dieser Aspekt nicht sein. Nach der hier vertretenen Rechtsauffassung kommt eine echte Freigabe des Gesellschafts- oder Gemeinschaftsanteils des Insolvenzschuldners nur dort in Betracht, wo der Insolvenzverwalter berechtigterweise davon ausgehen kann, dass bei Ausscheiden oder Auflösung nicht mit einem Auseinandersetzungs- bzw. Abfindungsanspruch zugunsten der Insolvenzmasse zu rechnen ist. Zur Fortführung der Gesellschaft mit dem Insolvenzschuldner bedarf es ferner einer entsprechenden Klausel im Gesellschaftsvertrag oder eines Beschlusses der Gesellschafterversammlung unter den genannten Bedingungen. Weiterhin muss auch der Schuldner, auch wenn es sich bei der Freigabe an sich um eine einseitige empfangsbedürftige Willenserklärung des Verwalters handelt, einer Fortführung mit seiner Person konsequenterweise zustimmen. Nur bei Vorliegen aller Voraussetzungen kann das Gesellschaftsverhältnis auch mit dem Schuldner entgegen den § 728 BGB, § 131 Abs. 3 Nr. 2 HGB fortgeführt werden. Für die Personenhandelsgesellschaften liegt es überdies nahe, die in § 145 Abs. 2 HGB geregelte Fortführung der Gesellschaft mit dem Schuldner in insolvenzrechtlicher Hinsicht über das Institut der Freigabe zu konstruieren. Letztlich muss daher auch eine sog. erkaufte Freigabe bei Werthaltigkeit der Beteiligung rechtlich zulässig sein, wenn neben dem vorbenannten, in der entsprechenden Form zum Ausdruck gebrachten Willen der übrigen Teilhaber als weitere Voraussetzung der Insolvenzschuldner selbst zur Zahlung eines Ablösebetrages (sei es aus eigenen Mitteln oder in Form der Zuwendung Dritter), der dem vom Insolvenzverwalter ermittelten Wert der Mitberechtigung entspricht, bereit ist und der Gläubigerausschuss nach § 160 Abs. 1 InsO der Maßnahme im Vorfeld zustimmt. Scheidet der Schuldner hingegen nach den gesetzlichen Vorgaben aus dem Rechtsverhältnis aus oder löst sich dieses infolge der Insolvenz eines Beteiligten gänzlich auf, scheidet die Freigabe der Mitberechtigung durch den Insolvenzverwalter demgegenüber nach der hier vertretenen Auffassung aus. Ein Verkaufen der Mitberechtigung an den Schuldner im Wege der Freigabe stellt gar eine unzulässige Abwälzung des Verwertungsrisikos auf den Insolvenzschuldner dar und ist überdies mit den materiellrechtlichen Bestimmungen und den insolvenzspezifischen Pflichten des Verwalters nicht vereinbar.

e) Als typischerweise in Verbindung mit dem Gesellschafterinsolvenzverfahren und der gesellschaftsrechtlichen Auseinandersetzung auftretende Spannungsfelder sind darüber hinaus die Probleme der gesellschaftsrechtlichen Treuepflichten und der temporären Massekostenunterdeckung zu nennen. Die gesellschaftsrechtlichen Treuepflichten des Schuldners treffen in der Auseinandersetzung wegen § 80 InsO auch den für ihn handelnden Insolvenzverwalter. Hat der Gesellschafter nun zuvor der Gesellschaft Vermögensgegenstände wie beispielsweise Geräte und Maschinen zur Nutzung überlassen, kann es zur Beendigung bzw. Fortführung der Geschäfte der Gesellschaft die Treuepflicht erfordern, sie einstweilen dem Unternehmen zu überlassen. Eigentlich stehen diese Gegenstände aber im Eigentum des Schuldners und werden daher vollumfänglich von dem Insolvenzbeschlag des § 35 InsO erfasst. Um eine weitere Wertminderung durch den Gebrauch und die Abnutzung der Gegenstände zu verhindern und sie möglichst bald selbst für die Masse verfügbar zu machen, etwa durch einen freihändigen Verkauf, will der Verwalter den Rückforderungsanspruch gegenüber der Gesellschaft daher schnellstmöglich realisieren. Zudem trägt etwa die BGB-Gesellschaft nach § 732 Satz 2 BGB in der Abwicklungsphase weder die Gefahr des zufälligen Untergangs noch diejenige der Verschlechterung der Sache. Hier verbietet sich jedoch jede allgemeingültige Aussage, vielmehr sollte eine Abwägung im Einzelfall die konkreten Gegebenheiten, wie etwa den Wert der Gegenstände, das konkrete Risiko der Verschlechterung der Sachen oder das Ausmaß der Erforderlichkeit zu ihrer weiteren Nutzung seitens der Gesellschaft hinreichend berücksichtigen.

Selbiges gilt im Zusammenhang mit dem Problem der temporären Massekostenunterdeckung. Dies betrifft in der Praxis immer diejenigen von dem Anwendungsbereich der Vorschrift des § 84 InsO erfassten Ausgangslagen, bei denen die Beteiligung den einzigen vermögenswerten und für die Insolvenzmasse verwertbaren „Gegenstand" des Insolvenzschuldners darstellt. Bis wann ein Zuwarten auf die Realisierung des in der Beteiligung liegenden Wertes den Verfahrensgläubigern und dem Insolvenzverwalter zuzumuten und welche konkreten Anforderungen im Vorfeld an die Aussicht auf einen späteren Erlös für die Insolvenzmasse zu stellen sind, kann letztlich nur einzelfallabhängig beurteilt werden.

Literaturverzeichnis

I. Kommentare:

Bauer, Hans Joachim Freiherr von Oefele, Helmut	Grundbuchordnung, Kommentar, 2. Auflage, Leinen 2006 (zit. Bauer/von Oefele, GBO)
Baumbach, Adolf Hopt, Klaus	Kommentar zum Handelsgesetzbuch mit GmbH & Co., Handelsklauseln, Bank- und Börsenrecht, Transportrecht (ohne Seerecht), 33. Auflage, München 2008 (zit. Baumbach/Hopt, HGB)
Baumbach, Adolf Hueck, Alfred	Kommentar zum Gesetz betreffend die Gesellschaften mit beschränkter Haftung, 18. Auflage, München 2006 (zit. Baumbach/Hueck, GmbHG)
Baumbach, Adolf Hartmann, Peter	Zivilprozessordnung mit Gerichtsverfassungsgesetz und anderen Nebengesetzen, Kurzkommentar, 65. völlig neu überarbeitete Auflage, München 2007 (zit. Baumbach/Hartmann-Bearbeiter, ZPO)
Breutigam, Axel Blersch, Jürgen Goetsch, Hans-Werner	Kommentar der Insolvenzordnung und der Insolvenzvergütungsverordnung mit Schriftsätzen und Mustern für die Insolvenzrechtspraxis, Lose-Blatt Ausgabe, 23. Ergänzungslieferung, Berlin und Haufe 2005 (zit. Breutigam/Blersch/Goetsch)
Braun, Eberhard	Kommentar zur Insolvenzordnung, 2. Auflage, München 2004 (zit. Braun)
Burchhardt, Hans-Peter Pfülb, Wolfgang	ARGE-Kommentar, Juristische und betriebswirtschaftliche Erläuterungen: ARGE-Vertrag 2005, Dach-ARGE-Vertrag 2005, Bietergemeinschaftsvertrag 2003, herausgegeben vom Hauptverband der Deutschen Bauindustrie, Zentralverband des Deutschen Baugewerbes, 4. völlig neu überarbeitete und erweiterte Auflage, Gütersloh 2006 (zit. Bearbeiter in Burchhardt/Pfülb, Arge-Vertrag)
Dassler, Gerhard Schiffhauer, Horst Gerhardt, Walter Muth, Johannes	Gesetz über die Zwangsversteigerung und die Zwangsverwaltung einschließlich EGZVG und ZwVwV, Kommentar, 12. Auflage, Stuttgart 1991 (zit. Dassler/Schiffhauer/Gerhardt/Muth-Bearbeiter, ZVG)
Dauner-Lieb, Barbara Heidel, Thomas Lepa, Manfred Ring, Gerhard	AnwaltKommentar BGB in zwei Teilbänden, 2. Teilband: Schuldrecht 2: §§ 611 bis 853 BGB, 1. Auflage, Bonn 2005 (zit. Dauner-Lieb/Heidel/Lepa/Ring-Bearbeiter, BGB)
Demharter, Johann Henke, Fritz Horber, Ernst	Grundbuchordnung mit dem Text der Grundbuchverfügung und weiterer Vorschriften, 26. Auflage, München 2008 (zit. Demharter, GBO)

Ebenroth, Carsten Thomas Boujong, Karlheinz Joost, Detlev	Handelsgesetzbuch in zwei Bänden, Band 1: §§ 1–342, 1. Auflage, München 2001 (zit. Ebenroth/BoujongJoost-Bearbeiter, HGB)
Eickmann, Dieter	Heidelberger Kommentar zur Insolvenzordnung, 4. Auflage, Heidelberg 2006 (zit. HK-Bearbeiter)
Ensthaler, Jürgen Bandasch, Georg	Gemeinschaftskommentar zum Handelsgesetzbuch mit UN-Kaufrecht, 7. neu bearbeitete und erweiterte Auflage, Neuwied 2007 (zit. Ensthaler, HGB)
Erman, Walter Aderhold, Lutz Westermann, Harm Peter	Handkommentar zum Bürgerlichen Gesetzbuch in zwei Bänden, 11. neu bearbeitete Auflage, Münster 2004 (zit. Erman-Bearbeiter, BGB)
Glanegger, Peter Güroff, Georg Kirnberger, Christian Kusterer, Stefan Peuker, Monika Stuhlfelner, Ulrich	Heidelberger Kommentar zum Handelsgesetzbuch mit den Rechnungslegungsvorschriften nach dem Bilanzrichtlinien-Gesetz und den Steuern der kaufmännischen Personenunternehmen, 6. Auflage, Heidelberg 2002 (zit. Glanegger/Bearbeiter)
Gursky, Karl-Heinz Habermeier, Stefan Reuter, Dieter	Julius von Staudingers Kommentar zum Bürgerlichen Gesetzbuch, 2. Buch: Recht der Schuldverhältnisse, §§ 705–740 (Gesellschaftsrecht), 13. Bearbeitung 2003, 3. Buch: Sachenrecht, §§ 883–902, Neubearbeitung 2008 (zit. Staudinger-Bearbeiter, BGB)
Hahn, Carl	Die gesamten Materialien zu den Reichs-Justizgesetzen, Band 4: Materialien zur Konkursordnung, Neudruck der Ausgabe Berlin 1881 (zit. Hahn, Materialien zur Konkursordnung)
Hess, Harald Weis, Michaela Wienberg, Rüdiger	Großkommentar zur Insolvenzordnung mit Einführungsgesetz, Band 1, Insolvenzordnung, 2. Auflage, Heidelberg 2001 (zit. Hess/Weis/Wienberg)
Hüffer, Uwe	Kurzkommentar zum Aktiengesetz, 5. Auflage, München 2002 (zit. Hüffer, AktG)
Hügel, Stefan	Grundbuchordnung Kommentar: Grundstücksrecht, Erbbaurecht, Vermögensfragen-DDR Grundstücksbewertung, Treuhandanstalt Grundbuchrecht, 1. Auflage, Leinen 2007 (zit. Hügel-Bearbeiter, GBO)
Jaeger, Ernst	Konkursordnung, Großkommentar, 9. Auflage, Berlin und New York 1997 (zit. Jaeger/Bearbeiter)
Jagenburg, Werner Schröder, Cartsen	Der ARGE-Vertrag, Kommentar zum Arbeitsgemeinschaftsvertrag, 2. neu bearbeitete und erweiterte Auflage, Neuwied 2008 (zit. Jagenburg/Schröder-Bearbeiter, Arge-Vertrag)
Kilger, Joachim Schmidt, Karsten	Insolvenzgesetze: KO, VerglO, GesO; Kommentare zur Konkursordnung, 17. Auflage, München 1997 (zit. Kilger/Schmidt, Insolvenzgesetze)
Kirchhof, Hans-Peter	Münchner Kommentar zur Insolvenzordnung, Band 1:

Luwowski, Hans-Jürgen
Stürner, Rolf — §§ 1–102 und insolvenzrechtliche Vergütungsverord nung, 1. Auflage, München 2001 (zit. MüKo-Bearbeiter, InsO)

Kübler, Bruno M.
Prütting, Hanns
Noack, Ulrich — Kommentar zur Insolvenzordnung, Sonderband I, Gesellschaftsrecht, 1. Auflage Köln, 1999 (zit. K/P, Gesellschaftsrecht)

Kübler, Bruno M.
Prütting, Hanns — Kommentar zur Insolvenzordnung, Loseblatt-Ausgabe, Band I, 24. Lieferung, Köln 2005 (zit. K/P-Bearbeiter)

Michalski, Lutz
Römermann, Volker — Kommentar zum Partnerschaftsgesellschaftsgesetz, 3. Auflage, Köln 2005 (zit. Michalski, PartGG)

Palandt, Otto
Bassenge, Peter — Kommentar zum Bürgerlichen Gesetzbuch, 66. neu bearbeitete Auflage, München 2007 (zit. Palandt-Bearbeiter)

Pick, Eckhart
Merle, Werner
Bärmann, Johannes — Wohnungseigentumsgesetz, Gesetz über das Wohnungseigentum und das Dauerwohnrecht, Kommentar, 10. Auflage, München 2008 (zit. Pick/Merle, WEG)

Rabe, Dieter — Seehandelsrecht: fünftes Buch des Handelsgesetzbuches mit Nebengesetzten und internationalen Übereinkommen, 4. neu bearbeitete Auflage, München 2000 (zit. Rabe, SeehandelsR)

Rebmann, Kurt
Säcker, Franz Jürgen
Rixecker, Roland — Münchener Kommentar zum Bürgerlichen Gesetzbuch, Band 5: Schuldrecht Besonderer Teil III, 3. Auflage, München 1997 (zit. MüKo-Bearbeiter, BGB)

Röhrich, Volker
Graf von Westphalen, Friedrich — Kommentar zu Handelsstand, Handelsgesellschaften, Handelsgeschäften und besonderen Handelsverträgen, 2. Auflage, Köln 2001 (zit. Röhrich/Graf von Westphalen, HGB)

Saenger, Ingo
Dörner, Heinrich — Zivilprozessordnung Handkommentar, 2. Auflage, Baden Baden 2007 (zit. Hk-ZPO/Bearbeiter)

Schlegelberger, Franz
Geßler, Wolf-Gunther — Handelsgesetzbuch, 3. Halbband: §§ 105–160, 5. neu bearbeitete Auflage, München 1992 (zit. Schlegelberger-Bearbeiter, HGB)

Schmidt, Andreas
Ahrendt, Achim — Hamburger Kommentar zum Insolvenzrecht, 2. Auflage, Münster 2007 (zit. Hmb-Komm/Bearbeiter)

Schmidt, Karsten — Münchener Kommentar zum Handelsgesetzbuch, Band 2, Zweites Buch. Handelsgesellschaften u. stille Gesellschaft, 1. Auflage, München 2004 (zit. Müko-Bearbeiter, HGB)

Smid, Stefan — Insolvenzordnung mit insolvenzrechtlicher Vergütungsverordnung, Kommentar, 2. Auflage, Stuttgart 2001 (zit. Smid)

Soergel, Hans Theodor — Bürgerliches Gesetzbuch mit Einführungsgesetz und Nebengesetzen, Kommentar, Band 4, Schuldrecht III, 11. Auflage, Stuttgart 1985 (zit. Soergel/Bearbeiter)

Staub, Hermann Brüggemann, Dieter Canaris, Claus-Wilhelm	Handelsgesetzbuch Großkommentar, Band II: §§ 105–237, 4. neu bearbeitete Auflage, Berlin 2004 (zit. Staub-Bearbeiter, HGB)
Stöber, Kurt Zeller, Friedrich	Kommentar zum Zwangsversteigerungsgesetz der Bundesrepublik Deutschland mit einem Anhang einschlägiger Texte und Tabellen, 18. völlig neu überarbeitete Auflage, München 2006 (zit. Stöber, ZVG)
Uhlenbruck, Wilhelm	Kommentar zur Insolvenzordnung, 12. Auflage, München 2003 (zit. Uhlenbruck-Bearbeiter)
Ulmer, Peter	Gesellschaft Bürgerlichen Rechts und Partnerschaftsgesellschaft, systematischer Kommentar, Sonderausgabe, 3. Auflage, München 2007 (zit. Ulmer, GbR u. PartG)
Wimmer, Klaus	Frankfurter Kommentar zur Insolvenzordnung, 4. Auflage, Neuwied 2006 (zit. Wimmer/Bearbeiter)

II. Monographien und Lehrbücher:

Armbruster, Ekkehard	Die Stellung des haftenden Gesellschafters in der Insolvenz der Personenhandelsgesellschaft nach geltendem und künftigen Recht, 1. Auflage, Berlin 1996 (zit. Armbruster)
Blaurock, Uwe	Handbuch der Stillen Gesellschaft, Gesellschaftsrecht, Steuerrecht, 6. Auflage, Köln 2003 (zit. Blaurock, Stille Gesellschaft)
Brandani, Andrea	Die BGB-Gesellschaft in der Liquidation, 1. Auflage, Frankfurt am Main 2002 (zit Brandani, Die BGB-Gesellschaft in Liquidation)
Canaris, Claus-Wilhelm	Bankvertragsrecht, Sonderausgabe, 3. Auflage, Berlin 1988 (zit. Canaris, Bankvertragsrecht)
Castan, Björn	Die Partnerschaftsgesellschaft: Recht, Steuer, Betriebswirtschaft, 2. neu bearbeitete Auflage, Bielefeld 1998 (zit. Castan, Partnerschaftsgesellschaft)
Franken, Thomas Dahl, Michael	Mietverhältnisse in der Insolvenz, 2. Auflage, München 2006 (zit. Franken/Dahl, Mietverhältnisse in der Insolvenz)
Frege, Michael Keller, Ulrich Riedel, Ernst	Insolvenzrecht, 6. Auflage, München 2002 (zit. Frege/Keller/Riedel)
Giefers, Hans-Werner Ruhkamp, Martin	Die Gesellschaft bürgerlichen Rechts, umfassende Erläuterungen, Beispiele und Musterformulare für die Rechtspraxis, 5. überarbeitete und ergänzte Auflage, Freiburg im Breisgau 2003 (zit. Giefers/Ruhkamp, GbR)
Gottwald, Peter Braun, Eberhard	Insolvenzrechts-Handbuch, 2. völlig neu bearbeitete Auflage, München 2001 (zit. Gottwald/Bearbeiter, InsRHdb)

Großfeld, Bernhard	Unternehmens- und Anteilsbewertung im Gesellschaftsrecht, 4. völlig neu überarbeitete Auflage, Köln 2002 (zit. Großfeld, Unternehmens- und Anteilsbewertung)
Grunewald, Barbara	Gesellschaftsrecht, 6. völlig neu überarbeitete Auflage, Tübingen 2005 (zit. Grunewald, Gesellschaftsrecht)
Gummert, Hans	Münchener Handbuch des Gesellschaftsrechts, Band I: BGB-Gesellschaft, offene Handelsgesellschaft, Partnergesellschaft, Partnerreederei, EWIV, 3. Auflage, München 2007 (zit. MüHdB-Bearbeiter, GesellR, Band I)
Gummert, Hans	Münchener Handbuch des Gesellschaftsrechts. Band II: Kommanditgesellschaft, GmbH & Co. KG, Publikumsgesellschaft, Stille Gesellschaft, 3. Auflage, München 2007 (zit. MüHdB-Bearbeiter, GesellR, Band II)
Gummert, Hans	Münchener Anwaltshandbuch Personengesellschaftsrecht, 1. Auflage München 2005 (zit. Gummert/Bearbeiter, MAH Personengesellschaftsrecht)
Haarmeyer, Hans Hirte, Heribert Kirchhof, Hans Peter	Verschuldung, Haftung, Vollstreckung, Insolvenz, Festschrift zum 65. Geburtstag von Gerhard Kreft, 1. Auflage, Münster 2004 (zit. Bearbeiter in FS Kreft)
Häsemeyer, Ludwig	Insolvenzrecht, 4. vollständig überarbeitete Auflage, Köln 2007 (zit. Häsemeyer, Insolvenzrecht)
Hueck, Alfred	Das Recht der offenen Handelsgesellschaft – Eine systematische Darstellung –, 4. neu bearbeitete Auflage, Berlin 1971 (zit. Hueck, OHG)
Kesseler, Christian	Das Insolvenzverfahren über das Vermögen einer Partnerschaftsgesellschaft, ein Beitrag zum Verständnis des Insolvenzverfahrens der Personengesellschaften nach neuem Insolvenzrecht, 1. Auflage, Köln 2004 (zit. Kesseler, Partnerschaftsgesellschaft)
Kraft, Alfons Kreutz, Peter	Handels- und Gesellschaftsrecht, 12. neu bearbeitete Auflage, Neuwied 2005 (zit. Kraft, Handels- u. GesellschR)
Lambert-Lang, Heidi Briesemeister, Lothar	Handbuch der Grundstückspraxis. 2. neu bearbeitete und wesentlich erweiterte Auflage, Recklinghausen 2005 (zit. Lambert-Lang/Briesemeister, Grundstückspraxis)
Mohrbutter, Harro Drischler, Karl Radtke, Manfred	Die Zwangsversteigerungs- und Zwangsverwaltungspraxis: Eine Darstellung des gesamten Immobiliarvollstreckungsrechts, 7. neu bearbeitete Auflage Köln 1990 (zit. Mohrbutter, Zwangsversteigerungspraxis)
Mohrbutter, Harro Ringstmeier, Andreas	Handbuch der Insolvenzverwaltung, 8. neu bearbeitete Auflage, Köln 2008 (zit. Mohrbutter/Ringstmeier-Bearbeiter)
Bähr, Biner Nehrlich, Jörg Althaus, Christian	Münchener Anwaltshandbuch: Sanierung und Insolvenz, 1. Auflage, München 2006 (zit. Bearbeiter in MüAnwaltsHdB)

Obermüller, Manfred Kuder, Karen	Insolvenzrecht in der Bankpraxis, 7. neu bearbeitete Auflage, Köln 2007 (zit. Obermüller, Insolvenzrecht in der Bankpraxis)
Paulick, Heinz	Handbuch der stillen Gesellschaft, Systematische Darstellung in gesellschaftsrechtlicher und steuerrechtlicher Sicht, 4. Auflage, Köln 1988 (zit. Paulick, Stille Gesellschaft)
Raddatz Anselm	Die Nachlasszugehörigkeit vererbter Personengesellschaftsanteile, 1. Auflage, Münster 1991 (zit. Raddatz, Personengesellschaftsanteile)
Reusch, Peter	Die Stille Gesellschaft als Publikumspersonengesellschaft, 1. Auflage, Berlin 1989 (zit. Reusch, Stille Gesellschaft)
Schmidt, Christian Zagel, Stefan	OHG, KG und Publikumsgesellschaft, umfassende Erläuterungen, Beispiele und Musterformulare für die Rechtspraxis, 1. Auflage, Freiburg im Breisgau 2004 (zit. Schmidt/Zagel-Bearbeiter, OHG, KG u. PublikumsG)
Schmidt, Karsten	Gesellschaftsrecht, 4. völlig neu überarbeitete und erweiterte Auflage, Köln 2002 (zit. Schmidt, Gesellschaftsrecht)
Schöner, Hartmut Stöber, Kurt	Grundbuchrecht, 13. neu bearbeitete Auflage, München 2004 (zit. Schöner/Stöber, Grundbuchrecht)
Schreiber, Klaus	Immobilienrecht, Handbuch, 2. überarbeitete und erweiterte Auflage, Berlin 2005 (zit. Schreiber, Immobilienrecht)
Schwahn, Alexander	Der Aufrechnungsvertrag in der Insolvenz. Konzernverrechnungsklauseln, Kontokorrent, Skontration, Inter-Banken-Abrechnungsverkehr, 1. Auflage, Berlin 2002 (zit. Schwahn, Aufrechnungsvertrag)
Smid, Stefan	Praxishandbuch Insolvenzrecht, 5. völlig neu bearbeitete und stark erweiterte Auflage, Berlin 2007 (zit. Smid, Praxishandbuch)
Steding, Rolf	Handels- und Gesellschaftsrecht, 3. neu bearbeitete Auflage, Baden Baden 2002 (zit. Steding, Handels- u. GesellR)
Sudhoff, Heinrich Buß, Thomas	Personengesellschaften, 8. völlig neu überarbeitete und wesentlich erweiterte Auflage, München 2004 (zit. Sudhoff, Personengesellschaften)
Wiedemann, Herbert Frey Kasper	Gesellschaftsrecht, 7. völlig neu überarbeitete Auflage, München 2007 (zit. Wiedemann, Gesellschaftsrecht)
Wieland, Carl	Beiträge zum Handelsrecht: Festgabe zum 70. Geburtstag von Carl Wieland, 1. Auflage, Basel 1934 (zit. Wieland, Handelsrecht)

III. Aufsätze und Urteilsanmerkungen:

Albertus, Marcus Fischer, Tobias	Gesellschaftsrechtliche Folgen der Eröffnung des Insolvenzverfahrens über das Vermögen eines Gesellschafters in der zweigliedrigen GmbH & Co. KG im Fall

der Simultaninsolvenz mit der KG, Zeitschrift für das gesamte Insolvenzrecht, Jahrgang 2005, S. 246–251
(zit. Albertus/Fischer, ZInsO 2005)

Andres, Dirk
Pape, Gerhard
Die Freigabe des Neuerwerbs als Mittel zur Bewältigung der Probleme einer selbständigen Tätigkeit des Schuldners, Neue Zeitschrift für das Recht der Insolvenz und Sanierung, das gesamte Verfahren der Unternehmens- und Verbraucherinsolvenz, Jahrgang 2005, S. 141–147
(zit. Andres/Pape, NZI 2005)

Bachmann, Walter
Auswirkungen der Sicherungsmaßnahmen nach § 21 InsO auf das Grundbuchverfahren, Der Deutsche Rechtspfleger, Jahrgang 2001, S. 105–112
(zit. Bachmann, Rpfleger 2001)

Bergmann, Alfred
Die Verwaltungsbefugnis des Insolvenzverwalters über einen zur Insolvenzmasse gehörenden GmbH-Geschäftsanteil, Zeitschrift für das gesamte Insolvenzrecht, Jahrgang 2004, S. 225–229
(zit. Bergmann, ZInsO 2004)

Bötticher, Eduard
Die „Selbstexekution“ im Wege der Aufrechnung und die Sicherungsfunktion des Aufrechnungsrechts, Festschrift für Hans Schima, 1. Auflage Wien 1969, S. 95 ff.
(zit. Bötticher, FS Schima)

Bork, Reinhard
Insolvenzfähigkeit der Bruchteilsgemeinschaft?, Zeitschrift für Wirtschaftsrecht und Insolvenzpraxis, Jahrgang 2001, S. 545–551
(zit. Bork, ZIP 2001)

Bork, Reinhard
Jacoby, Florian
Das Ausscheiden des einzigen Komplementärs, Zeitschrift für Unternehmens- und Gesellschaftsrecht, Jahrgang 2005, S. 611–653
(zit. Bork/Jacoby, ZGR 2005)

Bork, Reinhard
Keine Insolvenzanfechtung bei Verrechnung von Forderungen eines insolvenzbedingt ausgeschiedenen ARGE-Gesellschafters in der Auseinandersetzungsbilanz, Anmerkung zum BGH Urteil vom 14.12.2006 – IX ZR 19405 –, Entscheidungen zum Wirtschaftsrecht, Jahrgang 2007, S. 343–344
(zit. Bork, EWIR 2007)

Bork, Reinhard
Zur Dogmatik des § 17 KO, Festschrift für Albrecht Zeuner zum 70. Geburtstag, 1. Auflage, Tübingen 1994, S. 297–317
(zit. Bork, FS Zeuner)

Butzer, Hermann
Die Liquidation von Personenhandelsgesellschaften: ein Überblick, Juristische Ausbildung, Jahrgang 1994, Heft 16, S. 628–635
(zit. Butzer, Jura 1994)

Cranshaw, Friedrich
Die Auseinandersetzung der BGB-Gesellschaft bei Insolvenz eines Gesellschafters, Anmerkungen zu BGH Urteil vom 14.12.2006, IX ZR 194/05, Juris Praxisreport Insolvenzrecht 10/2007, Anmerkung 3
(zit. Cranshaw, jurisPR-InsR 10/2007, Anm. 3)

Dinstühler, Klaus-Jürgen	Die Abwicklung massearmer Verfahren nach der Insolvenzordnung, Zeitschrift für Wirtschaftsrecht und Insolvenzpraxis, Jahrgang 1998, S. 1697–1707 (zit. Dinstühler, ZIP 1998)
Eickmann, Dieter	Die Gesellschaft bürgerlichen Rechts im Grundbuchverfahren, Der Deutsche Rechtspfleger, Jahrgang 1985, S. 85–94 (zit. Eickmann, Rpfleger 1985)
Eidenmüller, Horst	Die GmbH im Wettbewerb der Rechtsformen, Zeitschrift für Unternehmens- und Gesellschaftsrecht, Jahrgang 2007, S. 168–211 (zit. Eidenmüller, ZGR 2007)
Engel, Christoph	Abfindungsklauseln – eine systematische Übersicht, Neue Juristische Wochenschrift 1986, S. 345–350 (zit. Engel, NJW 1986)
Fehl, Norbert Streicher, Saskia	Neuere Entscheidungen zur insolvenzkonformen Auslegung von § 84 InsO, Deutsche Zeitschrift für Wirtschafts- und Insolvenzrecht, Jahrgang 2005, Heft 8, S. 320–324 (zit. Fehl/Streicher, DZWIR 2005)
Flume, Werner	Die Erbennachfolge in den Anteil an einer Personengesellschaft und die Zugehörigkeit des Anteils zum Nachlass, Neue Juristische Wochenschrift, Jahrgang 1988, S. 161–164 (zit. Flume, NJW 1988)
Frey, Kaspar Von Bredow, Felix	Der Wegfall des einzigen Komplementärs nach der HGB-Reform, Zeitschrift für Wirtschaftsrecht und Insolvenzpraxis, Jahrgang 1998, S. 1621–1625 (zit. Frey/von Bredow, ZIP 1998)
Frind, Frank	Bruchteilsgemeinschaft statt Wohnungseigentümergemeinschaft – Keine Umgehung von § 22 BauGB, aber insolvenzgefährdet? –, Zeitschrift für Miet- und Raumrecht, Jahrgang 2001, S. 429–431 (zit. Frind, ZMR 2001)
Fuchs, Karlhans	Erste Erfahrungen mit dem InsO-Änderungsgesetz 2001, Zeitschrift für das gesamte Insolvenzrecht, Jahrgang 2002, S. 298–309 (zit. Fuchs, ZInsO 2002)
Graf-Schlicker, Marie Luise Kexel, Thomas	Erneute Reformen im Insolvenzrecht – der Regierungsentwurf eines Gesetzes zur Entschuldung mittelloser Personen, zur Stärkung der Gläubigerrechte sowie zur Regelung der Insolvenzfestigkeit von Lizenzen-, Zeitschrift für Wirtschaftsrecht und Insolvenzpraxis, Jahrgang 2007, S. 1833–1837 (zit. Graf-Schlicker/Kexel, ZIP 2007)
Grote, Hugo	Anmerkungen zu BGH, Beschluss vom 20.03.2003 (IX ZB 388/02), Zeitschrift für das gesamte Insolvenzrecht, Jahrgang 2003, S. 416–417 (zit. Grote, ZInsO 2003)
Grote, Hugo Pape, Gerhard	Stellungnahme zum Referentenentwurf eines Gesetzes zur Änderung der Insolvenzordnung, des Kreditwesengesetzes und anderer Gesetze, Zeitschrift für das gesamte Insolvenzrecht, Jahrgang 2004, S. 993–1005 (zit. Grote/Pape, ZInsO 2004)

Grundlach, Ulf
Frenzel, Volkhard
Schmidt, Nikolaus
Die Simultaninsolvenz einer GmbH & Co. KG und ihrer Komplementär-GmbH, Deutsches Steuerrecht, Jahrgang 2004, S. 1658–1662
(zit. Grundlach/Frenzel/Schmidt, DStR 2004)

Grundlach, Ulf
Frenzel, Volkhard
Schmidt, Nikolaus
Der Auseinandersetzungsanspruch des stillen Gesellschafters in der Insolvenz des Unternehmensträgers, zugleich Beitrag zu § 84 InsO, Zeitung für Wirtschaftsrecht und Insolvenzpraxis, Jahrgang 2006, S. 501–504
(zit. Grundlach/Frenzel/Schmidt, ZIP 2006)

Haarmeyer, Hans
Die „Freigabe“ selbstständiger Tätigkeit des Schuldners und die Erklärungspflichten des Insolvenzverwalters, Zur praktischen Umsetzung der Neuregelung des § 35 Abs. 2 und 3 InsO, Zeitschrift für das gesamte Insolvenzrecht, Jahrgang 2007, S. 696–698
(zit. Haarmeyer, ZInsO 2007)

Heilmann, Hans
Rang der bevorrechtigten Konkursforderungen des Konkurses der OHG oder KG im Konkurs eines persönlich haftenden Gesellschafters, Konkurs-, Treuhand- und Schiedsgerichtswesen, Jahrgang 1981, S. 359–364
(zit. Heilmann, KTS 1981)

Herchen, Axel
Zur Verfahrensunterbrechung bei Doppelinsolvenz in der zweigliedrigen GmbH & Co. KG, Entscheidungen zum Wirtschaftsrecht, Jahrgang 2005, S. 809–810
(zit. Herchen, EWIR 2005)

Hülsmann, Christoph
Gesellschafterabfindung und Unternehmensbewertung in Deutschland nach der Ertragswertmethode im Lichte der Rechtsprechung, Zeitschrift für Wirtschaftsrecht und Insolvenzpraxis, Jahrgang 2001, S. 450–455
(zit. Hülsmann, ZIP 2001)

Institut der Wirtschaftsprüfer
Die Wirtschaftsprüfung, der Berater der Wirtschaft, betriebswirtschaftliches Archiv und Fachorgan für das wirtschaftliche Prüfungs- und Treuhandwesen, Jahrgänge 1983, 1998, 2000 und 2005, Düsseldorf
(zit. IDW, WPg)

Joost, Detlef
Eigenkapitalersetzende Kommanditistenleistung, Zeitung für Unternehmens- und Wirtschaftsrecht, Jahrgang 1987, S. 370–402
(zit. Joost, ZGR 1987)

Keller, Ulrich
Probleme der Rechtsfähigkeit und Grundbuchfähigkeit der Gesellschaft bürgerlichen Rechts unter Berücksichtigung insolvenzrechtlicher Verfügungsbeeinträchtigungen, Zeitung für notarielle Beurkundungs- und Beglaubigungspraxis 2001, S. 397–404
(zit. Keller, NotBZ 2001)

Keller, Ulrich
Insolvenzvermerk im Grundbuch bei der Gesellschaft bürgerlichen Rechts, Der Deutsche Rechtspfleger 2000, S. 201–205
(zit. Keller, Rpfleger 2000)

Keller, Ulrich
Insolvenzvermerk im Grundbuch, Deutsche Zeitschrift für Wirtschafts- und Insolvenzrecht 2004, S. 38–43
(zit. Keller, DZWIR 2004)

Kesseler, Christian
Eintragung eines Insolvenzvermerks auch bei bloßer Mitberechtigung des Schuldners am Grundstück der

	GbR oder Erbengemeinschaft, Entscheidungen zum Wirtschaftsrecht, Jahrgang 2006, S. 597– 598 (zit. Kesseler, EWIR 2006)
Kesseler, Christian	Grundbuchfähigkeit der GbR unter eigenem Namen, Zeitschrift für Wirtschaftsrecht und Insolvenzpraxis, Jahrgang 2006, S. 419–423 (zit. Kesseler, ZIP 2006)
Knof, Bela	Die neue Insolvenzverursacherhaftung nach § 64 S. 3 RegE-GmbHG Teil I, Deutsches Steuerrecht, Jahrgang 2007, Heft 35, S. 1536–1542 (zit. Knof, DStR 2007)
Kreft, Gerhard	Die Wende in der Rechtsprechung zu § 17 KO, Zeitschrift für Wirtschaftsrecht und Insolvenzpraxis, Jahrgang 1997, S. 865–869 (zit. Kreft, ZIP 1997)
Liebs, Rüdiger	Offene Fragen der Insolvenz einer zweigliedrigen GmbH & Co. KG, Zeitschrift für Wirtschaftsrecht und Insolvenzpraxis, Jahrgang 2002, S. 1716–1718 (zit. Liebs, ZIP 2002)
Linnertz, Jörn	Gesellschaftsrecht bricht Insolvenzrecht, Beitrag zu LG Bonn, Urteil vom 04.02.2005 – 18 O 248/04, Immobilien und Baurecht, Jahrgang 2005, S. 205 (zit. Linnertz, IBR 2005)
Nuredini, Stephanie	Reaktionspflichten und -möglichkeiten des Insolvenzverwalterbüros in der Insolvenz der aktiv Selbstständigen Zeitschrift für das Insolvenzbüro, Jahrgang 2006, Ausgabe 7, S. 242–256 (zit. Nuredini, InsbürO)
Paulus, Christoph	Konzernrecht und Konkursanfechtung, Zeitung für Wirtschaftsrecht 1996, S. 209–214 (zit. Paulus, ZIP 1996)
Piltz, Detlev Jürgen Wissmann, Eike	Unternehmensbewertung beim Zugewinnausgleich nach Scheidung, Neue Juristische Wochenschrift, Jahrgang 1985, S. 2673–2684 (zit. Piltz/Wissmann, NJW 1985)
Rasner, Henning	Abfindungsklauseln in OHG- und KG-Verträgen, Neue Juristische Wochenschrift 1983, S. 2905–2911 (zit. Rasner, NJW 1983)
Rittstieg, Andreas	Zur Problematik von Abfindungsbeschränkungen im GmbH-Recht, Der Betrieb 1985, S. 2285–2289 (zit. Rittstieg, DB 1985)
Röll, Ludwig	Die gemeinschaftlichen Kosten und Lasten als Problem des Wohnungseigentums, Neue Juristische Wochenschrift, Jahrgang 1976, S. 1473–1477 (zit. Röll, NJW 1976)
Schlitt, Michael	Die Auswirkungen des Handelsrechtsreformgesetzes auf die. Gestaltung von GmbH & Co. KG-Verträgen, Neue Zeitschrift für Gesellschaftsrecht, Jahrgang 1998, Heft 15, S. 580 ff. (zit. Schlitt, NZG 1998)
Schmidt, Karsten	HGB-Reform und gesellschaftsrechtliche Gestaltungspraxis, Der Betrieb, Jahrgang 1998, S. 61 ff. (zit. Schmidt, DB 1998)

Schmidt, Karsten — Das Vollstreckungs- und Insolvenzrecht der stillen Gesellschaft, Zeitung für Konkurs-, Treuhand- und Schiedsgerichtswesen, Jahrgang 1977, Heft 1, S. 1–22
(zit. Schmidt, KTS 1977)

Schmidt, Karsten — Zur Haftung und Enthaftung der persönlich haftenden Gesellschafter bei Liquidation und Konkurs der Personengesellschaft, Korrekturen im Rechtsbild der §§ 128, 159, 160 HGB, Zeitschrift für das gesamte Handelsrecht und Wirtschaftsrecht, Jahrgang 1988, S. 105–122
(zit. Schmidt, ZHR 152 (1988))

Schmidt, Karsten — Die Handels-Personengesellschaft in Liquidation, Zeitschrift für das gesamte Handels- und Wirtschaftsrecht, Jahrgang 1989, S. 270–299
(zit. Schmidt, ZHR 1989)

Schmidt, Karsten — Insolvenz und Insolvenzabwicklung bei der typischen GmbH & Co. KG, Thesen und Fragen zur Verzahnung von Insolvenzverwaltung und -abwicklung bei der GmbH & Co. KG, GmbH-Rundschau, Jahrgang 2002, S. 1209–1217
(zit. Schmidt, GmbHR 2002)

Schmidt, Karsten — Ehegatten-Miteigentum oder Eigenheim-Gesellschaft? – Rechtszuordnungsprobleme bei gemeinschaftlichem Grundeigentum –, Archiv für die civilistische Praxis, Jahrgang 1982, S. 481–514
(zit. Schmidt, AcP 182 (1982))

Schmidt, Karsten
Bitter, Georg — Doppelberücksichtigung, Ausfallprinzip und Gesellschafterhaftung in der Insolvenz, Eine Analyse der §§ 43, 52, 93 InsO und § 32a Abs. 2 GmbHG, Zeitschrift für Wirtschaftsrecht und Insolvenzpraxis, Jahrgang 2000, S. 1077–1089
(zit. Schmidt/Bitter, ZIP 2000)

Schmittmann, Jens — Besonderheiten bei der insolventen GmbH & Co. KG, Zeitschrift für das gesamte Insolvenzrecht, Jahrgang 2005, S. 1314–1316
(zit. Schmittmann, ZInsO 2005)

Schmitz, Claus — Keine Insolvenzanfechtung bei Verrechnung der Forderungen eines insolvenzbedingt ausgeschiedenen ARGE-Gesellschafters in der Auseinandersetzungsbilanz, Anmerkung zu OLG Köln – Urteil v.19.10.2005 – 2 U 2805, Entscheidungen zum Wirtschaftsrecht, Jahrgang 2006, S. 371–372
(zit. Schmitz, EWIR 2006)

Schultze, Thilo — Keine Insolvenzanfechtung innerhalb der ARGE Auseinandersetzung, Immobilien- und Baurecht, Jahrgang 2007, S. 135
(zit. Schultze, IBR 2007)

Schulze-Osterloh, Joachim — Das Auseinandersetzungsguthaben des ausscheidenden Gesellschafters einer Personengesellschaft nach § 738 Abs. 1 S. 2 BGB, Zeitschrift für Unternehmens- und Gesellschaftsrecht, Jahrgang 1986, S. 545–564
(zit Schulze-Osterloh, ZGR 1986)

Smid, Stefan — Struktur und systematischer Gehalt des deutschen Insolvenzrechts in der Judikatur des IX. Zivilsenats des Bundesgerichtshofs, Deutsche Zeitschrift für Wirtschafts- und Insolvenzrecht, Jahrgang 2006, Heft 1, S. 1–23
(zit. Smid, DZWIR 2006)

Smid, Stefan — Zur Stellung des Insolvenzverwalters in der Auseinandersetzung der Gemeinschaft zwischen von Insolvenzschuldner und Drittem, Insolvenz und Vollstreckung, Jahrgang 2006, Heft 2, S. 45–51
(zit. Smid, InVo 2006)

Smid, Stefan — Freigabeerklärungen des Insolvenzverwalters/Treuhänders bei selbständiger Tätigkeit des Insolvenzschuldners? : Zugleich Bemerkungen zu den Änderungsvorschlägen zu § 35 InsO im Referentenentwurf eines Gesetzes zur Änderung der InsO, Wertpapier-Mitteilungen, Band 59, Jahrgang 2005, Heft 14, S. 625–633
(zit. Smid, WM 2005)

Spliedt, Jürgen — Aufrechnung und Anfechtung während des Eröffnungsverfahrens erwirtschafteter Ansprüche, zugleich Anmerkung zum BGH-Urteil vom 9.3.2000 – IX ZR 355/98, Deutsche Zeitschrift für Wirtschafts- und Insolvenzrecht, Jahrgang 2000, Heft 10, S. 418–426
(zit. Spliedt, DZWIR 2000)

Sternal, Werner — Das Gesetz zur Vereinfachung des Insolvenzverfahrens, Neue Juristische Wochenschrift, Jahrgang 2007, S. 1909–1914
(zit. Sternal, NJW 2007)

Stöber, Kurt — Vorkaufsrechte in der Zwangsversteigerung, Neue Juristische Wochenschrift, Jahrgang 1988, S. 3121–3125
(zit. Stöber, NJW 1988)

Stöber, Kurt — Erlöschen der Auflassungsvormerkung und Erbbauzins-Reallast bei der Insolvenzverwalterversteigerung, Neue Juristische Wochenschrift, Jahrgang 2000, S. 3600–3605
(zit. Stöber, NJW 2000)

Tetzlaff, Christian — Rechtliche Probleme in der Insolvenz des Selbständigen: ein Überblick über aktuelle Entwicklungen in der Rechtsprechung und in der Praxis diskutierte Probleme, Zeitschrift für das gesamte Insolvenzrecht, Jahrgang 2005, S. 393–403
(zit. Tetzlaff, ZInsO 2005)

Theißen, Thomas — Gesellschafterbürgschaften in der Insolvenz der OHG nach neuem Recht, Zeitschrift für Wirtschaftsrecht und Insolvenzpraxis, Jahrgang 1998, S. 1625–1630
(zit. Theißen, ZIP 1998)

Tillmann, Bert — Gesellschafts- und Bilanzrecht: Kapitalausstattung der GmbH – zivil- und steuerrechtlich, GmbH-Rundschau mit Sonderfragen der GmbH & Co., Jahrgang 1987, Heft 9, S. 329–337
(zit. Tillmann, GmbHR 1987)

Uhlenbruck, Wilhelm — Die Freigabe von Massegegenständen durch den Insolvenzverwalter als Problem der Gläubigergleichbehand-

	lung, Konkurs- Treuhand- und Schiedsgerichtswesen, Jahrgang 2004, S. 275–290 (zit. Uhlenbruck, KTS 2004)
Ulmer, Peter	Abfindungsklauseln in Gesellschaftsverträgen, Neue Juristische Wochenschrift, Jahrgang 1979, S. 81–348 (zit. Ulmer, NJW 1979)
Ulmer, Peter Steffek, Felix	Grundbuchfähigkeit einer rechts- und parteifähigen GbR, Neue Juristische Wochenschrift, Jahrgang 2002, S. 330–338 (zit. Ulmer/Steffek, NJW 2002)
Undritz, Sven Holger	Kein Insolvenzvermerk im Grundbuch der als Eigentümerin eingetragenen GbR bei Insolvenzeröffnung über Vermögen eines Gesellschafters, Entscheidungen zum Wirtschaftsrecht, Jahrgang 2004, S. 73–74 (zit. Undritz, EWIR 2004)
Vahle, Roolf	Die Beteiligung eines ausgeschiedenen Gesellschafters am Ergebnis schwebender Geschäfte, Der Betrieb, Jahrgang 1983, S. 1964–1968 (zit. Vahle, DB 1983)
Vallender, Heinz	Die vereinfachte Verteilung im Verbraucherinsolvenzverfahren, Neue Zeitschrift für das Recht der Insolvenz und Sanierung, Jahrgang 1999, S. 385 ff. (zit. Vallender, NZI 1999)
von Ohlshausen, Eberhard	Doppelberücksichtigung, Ausfallprinzip und Gesellschafterhaftung in der Insolvenz, Zeitschrift für Wirtschaftsrecht und Insolvenzpraxis, Jahrgang 2003, S. 1321–1330 (zit. v. Ohlshausen, ZIP 2003)
Wagner, Klaus-Richard	Der atypische Stille Gesellschafter im Konkurs der Massengesellschaft, Konkurs-, Treuhand- und Schiedsgerichtswesen, Jahrgang 1979, S. 53–59 (zit. Wagner, KTS 1979)
Weipert, Lutz	Keine Beteiligung des ausscheidenden Gesellschafters an Dauerschuldverhältnissen der Gesellschaft im Rahmen seiner Abfindung nach § 738 BGB, Entscheidungen zum Wirtschaftsrecht, Jahrgang 1986, S. 777–778 (zit. Weipert, EWIR 1986)
Wertenbruch, Johannes	Die Parteifähigkeit der GbR : die Änderungen für die Gerichts- und Vollstreckungspraxis, Neue Juristische Wochenschrift, Jahrgang 2002, S. 324–329 (zit. Wertenbruch, NJW 2002)
Westermann, Harm Peter	„Satzungsgleiche" Gesellschaftervereinbarungen bei der GmbH – Zum Für und Wider der Trennung zwischen Satzung und schuldrechtlicher Gesellschafterabreden, Festschrift für Volker Röhricht zum 65. Geburtstag, Köln 2005, S. 633 ff. (zit. Westermann, FS Röhricht)
Wieser, Eberhard	Die zwecklose Zwangsversteigerung, Der Deutsche Rechtspfleger, 93. Jahrgang 1985, Heft 3, S. 96–100 (zit. Wieser, Rpfleger 1985)
Wilmowsky, Peter von	Gesetzliche Sicherungsrechte für Altlastsanierungspflichten, Juristenzeitung, Band 52, Jahrgang 1997, S. 817–825 (zit. Wilmowsky, JZ 1997)

Wölfing-Hamm, Isolde
Anmerkung zu BGH Urteil IX ZR 194/05 v. 14.12. 2006, Neue Juristische Wochenschrift, Jahrgang 2007, S. 1067–1070
(zit. Wölfing-Hamm, NJW 2007)

Stichwortverzeichnis

FSC
www.fsc.org
MIX
Papier | Fördert gute Waldnutzung
FSC® C083411

Kolibri 360 GmbH
Ferdinand-Jühlke-Straße 7
99095 Erfurt, Deutschland
produktsicherheit@kolibri360.de